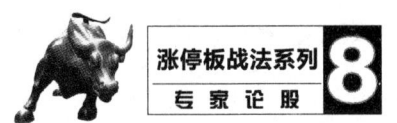
涨停板战法系列 8
专家论股

主升浪
之 交易策略

张华 ◎ 著

四川人民出版社

图书在版编目（CIP）数据

主升浪之交易策略/张华著. —成都：四川人民出版社，2021.4
（涨停板战法系列）
ISBN 978-7-220-10763-4

Ⅰ.①主… Ⅱ.①张… Ⅲ.①股票交易-基本知识 Ⅳ.①F830.91

中国版本图书馆CIP数据核字（2021）第070982号

ZHUSHENGLANG ZHI JIAOYI CELÜE
主升浪之交易策略
张　华　著

出 品 人	黄立新
策划组稿	王定宇
责任编辑	王定宇
版式设计	戴雨虹
封面设计	李其飞
责任校对	何佳佳
责任印制	王　俊
出版发行	四川人民出版社（成都市槐树街2号）
网　　址	http://www.scpph.com
E-mail	scrmcbs@sina.com
新浪微博	@四川人民出版社
微信公众号	四川人民出版社
发行部业务电话	(028) 86259624　86259453
防盗版举报电话	(028) 86259624
照　　排	四川胜翔数码印务设计有限公司
印　　刷	成都蜀通印务有限责任公司
成品尺寸	185mm×260mm
印　　张	16
字　　数	284千字
版　　次	2021年4月第1版
印　　次	2021年4月第1次印刷
书　　号	ISBN 978-7-220-10763-4
定　　价	49.80元

■版权所有·侵权必究

本书若出现印装质量问题，请与我社发行部联系调换
电话：(028) 86259453

编者絮语

自2013年接手张华老师的图书的编辑出版工作后，我与张老师共同打磨每一本新书，又惊喜地看着每本图书不断再版，不知不觉，这已经是我与张老师合作的第7本书了。在本书即将付梓之际，应张老师之嘱写下此文，作为我们共同经历中国股市近十年来发展的见证。

作为职业编辑，我曾为众多作者编辑出版过林林总总的股票类书籍，张老师的书以其"真、仁、实、律和系统性"而与众不同，这也是我愿意在这里写下这些话的原因。

所谓"真"，主要体现在张老师的书绝不是"天下文章一大抄"，而是自己认真观察、认真复盘、认真总结得出的"真知灼见"，是真正的感悟、体验和对经验与教训的深刻反思所得，是真正心血的结晶。在这个浮躁的时代，仅这一个"真"字，已经实属不易。

所谓"仁"，最有意思的体现是，他总是规劝没有做好准备的读者远离股市，不要炒股。在我编辑过的7本书里，张老师无一例外地都在讲，如果你分不清真假主力、看不懂主升浪、不明白市场波动的本质，那就赶紧离开，越远越好。作为股票书作者，能苦口婆心地劝读者远离股市的，所见不多，在这一点上不得不说张老师真乃一个"奇葩"作者！而这一切的背后，凸显的是张老师对各位读者的"拳拳仁心"。

所谓"实"，则主要体现在两个方面：一是相关案例都源自股市的真实事件，可查、可考，既生动、形象，又能增强读者的切身之感、亲切感、代入感和现场感；二是提出的相关建议具有很强的可操作性，许多地方张老师简直恨不能手把手地教每个读者如何操作，其心之切、其意之诚，实在不可多见。

所谓"律"，则可能和张老师的生平与经历有关。张老师曾是一名军人，严格遵守纪律的军旅生涯练就了他常人难以企及的"自律"性。他视股市如战场、视投资如打仗、视纪律如生命的时时处处严以律己的风格，充满字里行间。书品如人品，投资如打仗；"兵者，国之大事矣"，投资，乃人人之大事矣，不可不慎、不可不"律"。

此外，张老师的书还有个特点，一方面每册自成体系，可以独立使用；另一方面，又相互联系，是个完整的整体。从第一本首次提出涨停板位置、性质、顶部三信号与"涨停板战法黄金忠告100条"；到第二本讲如何猎取主升浪、破解骗线、抓主升浪；第三本解析"酒田战法"78种形态；第四本对历史经典实例进行解析；第五本从均线、价格、成交量、筹码、盘口、基本面六个方面对涨停板战法的全方位阐述；第六本（清华大学出版社2017年9月出版发行）谈炒股的"三大纪律和八项注意"；到第七本分析如何构建自己的"有灵魂"的交易系统；以及本册重点讨论的"主力"问题，张老师全面、系统地总结和阐释了自己多年的成功经验、对市场的深入分析和思考。为了避免片面强调某个点可能带来的偏误，建议读者循序渐进地进行学习，不要操之过急，欲速反而不达。

诚然，张老师的书还有其他特点，比如"新"。他的书，总能结合每年的国际国内局势、经济形势、市场动态进行分析，从宏观到微观、从人气变化到资金流动，只要对市场有关键、重大影响的东西，都能成为其分析的对象。这也突出了张老师所著丛书的又一特点，也是张老师这套书的重要亮点之一：抓住关键点。众所周知，影响市场的因素众多，只有抓住关键点，才能避免陷入"杂而无序"，以致什么都想说却什么也没说清，做到"透过现象、直击本质"。

涨停板战法系列丛书，浩浩八大本，几句"一斑"之言，显然不足以"尽其善"。事实上，作为一名财经图书编辑，更希望各位读者不仅要学习张老师教导的战法和战术，更要学习张老师的为人与做事，像张老师那样将投资融于生活，时时修炼自己的人品和心性，才能学到真正的精髓和本质，将战法融于生活中的点点滴滴，也才能做到"从心所欲，而行不逾矩"，成为股市的常胜之王。

谨以此志。

王定宇
2021年4月于成都

前　言

2020年8月24日注册制开始在创业板实施之后，游资在天山生物上一阵狂欢，遭遇两次"特停"之后，市场的风向变了，变成机构抱团炒一个或几个板块来牟利，如白酒板块……形成2021年春节前少量板块、少量个股持续上涨，指数翻红上涨到3655.09点，而大量个股持续下跌、绝大多数散户持续亏损的状态，同一个股市却是冰火两重天。这就是中国股市从"散户时代"向"多层次、机构化时代"转型带来的阵痛。

这种转型撕裂了市场，在指数繁荣的背后是散户的累累亏损；散户如果还想在股市里活下去，就必须认清大势，顺势而为才可以找到一条生路。

股票一旦进入二级市场，完成了IPO的使命，就沦为炒作的对象；既有炒作、就有多空，既有多空、就有战斗，既有战斗、就有战场；在这个看不见硝烟的战场，最大的赢家是资本家。

股市的资本家是手持大量资金或大量股票来交易套利的机构和游资。

股市最大的资本家第一是机构，第二是游资。机构包括基金、券商、社保、保险以及上市公司等，它们是集团资本家。游资包括境内游资、境外游资；境内游资大多是个人，境外游资大多是合伙，亦有个人。

股市除了最大的资本家，还有众多的散户，他们是把自己的血汗钱当成资本来交易的最小套利人，这些人绝大多数会成为资本家鱼肉的对象，只有极少数人才能获利，或不断晋升为游资类型的资本家。

资本家不但把散户看成韭菜来收割，也互相斗智斗勇、互相巧取豪夺，由此演绎了股市的波浪运动，也推动了股市的发展壮大。发展到最后，必然像华尔街那样由资本家控制市场的运行，由资本家垄断98%以上的社会财富，再最后……只有伟大的政治经济学家能看清楚它的未来，如马克思所说"资本主义正一手创造出它的掘墓人"。

在太平洋彼岸，当资本主义的掘墓人团结起来暴打机构的时候，有的机构已经被迫清仓；这是凤凰卫视2021年1月28日星期四早间新闻报道的美国"散户暴打机构"的消息。然而，一天后，全球最大的奇闻发生了，为了不让散户赚钱，华尔街的机构不惜拔网线、关服务器，甚至把股票代码都删了……当华尔街无法用规则战胜散户的时候，他们就更改规则——资本主义的丑陋面目暴露无遗。当然，这只会在资本主义国家发生，我们的股市不会发生类似的事情，请股民不要担心。

一般股民不管它的未来，只追求当下能盈利。

如何在这个诡异多变、尔虞我诈的资本市场生存下去，是每一个散户的资本面临的生死攸关的头等大事。在我看来，散户想在股市里赚钱，首先必须改正自身的许多失误，然后紧紧抓住三个要点，这样才可能赚钱；否则竹篮打水一场空。

第一个要点，找到股市里的风口；

第二个要点，找到风口里的热点板块；

第三个要点，找到热点板块里炒作的主力。

本书用十二章的篇幅记录和研究了注册制开始在创业板实施后股市跌宕起伏、扣人心弦、冰火两重天的波浪运动，力图在这巨大变化的波浪运动中探寻散户随机应变的生存能力……寻找风口、寻找热点板块、寻找主力，只有跟上拉升的主力才有主升浪，只有主升浪才有暴利，暴利必须成为散户的目标。

在注册制之前的股市，机构玩机构的价值投资股，游资玩游资的概念炒作股；随着注册制的实施，机构与游资都在随机应变、取长补短。在目前的A股市场，能够上涨的股票大概有三种类型：一种是机构抱团牟利的股票，一种是游资炒作的股票，一种是机构与游资合力炒作的股票（机构与游资在题材炒作的选择上正逐步接近）。唯有跟上这三类股票，才可能从股市里分得一杯羹，否则只能守株待兔地碰运气。用国外成熟市场的理论来指导国内还不那么成熟的市场，不是东施效颦吗？注册制实施后A股市场有了根本性的改变，去散户化、由散户市场向机构型市场转型，未来只有专业人士才可以纵横股市，散户除非晋级为专业人士，否则将会输得更惨，这就是本书要告诉大家的关键之处。市场在改变，你是否能唯变所适？如果你不能做到随机应变，也不能唯变所适，那么离开股市也许是你的最佳选择。

　　许多股票书写的是常态下炒股的思维与技术，本书的不同之处在于写的是非常态下炒股的思维与技术；非常态下才有大风大浪，才有涨停板，才有主升浪。

　　常态是基础，非常态是升华；散户没有基础就只能是任人屠宰的羔羊，有基础没有升华也赚不了大钱，也成不了纵横股市的游资。

　　有了基础，才有升华；有了升华，才能笑傲股市。

目 录

第一章　创业板迈进注册制 …………………………………………… 001
　　第一节　创业板注册制首批18家企业敲钟上市 …………………… 001
　　第二节　创业板注册制交易新规则 ………………………………… 002
　　第三节　创业板N－C18前5天收盘数据 …………………………… 004

第二章　风口上的天山生物 …………………………………………… 010
　　第一节　好风好借力 ………………………………………………… 010
　　第二节　五连板后收到了关注函 …………………………………… 013
　　第三节　七连板遭遇"特停" ………………………………………… 016
　　第四节　九连板后再次"特别风险提示" …………………………… 022

第三章　浪尖上的天山生物 …………………………………………… 028
　　第一节　强者恒强 …………………………………………………… 028
　　第二节　历史性的一刻 ……………………………………………… 033
　　第三节　天山生物再次遭遇"特停" ………………………………… 035

第四章　媒体的作用力 ………………………………………………… 039
　　第一节　新华时评——坚决遏制创业板炒小炒差"歪风" ………… 039
　　第二节　一石激起千层浪 …………………………………………… 042
　　第三节　一天市值蒸发上千亿 ……………………………………… 046
　　第四节　中国证券监督管理委员会公告 …………………………… 046

第五章　政策的导向 …………………………………………………… 049
　　第一节　国家的新能源汽车政策 …………………………………… 049
　　第二节　回顾股改的政策 …………………………………………… 052

第三节　2020年年终指数数据 …………………………………… 054
　　第四节　未来的关注重点 …………………………………………… 056

第六章　大盘与板块 …………………………………………………… 058
　　第一节　大盘指数的失真 …………………………………………… 058
　　第二节　板块的分化 ………………………………………………… 061
　　第三节　看行业板块形态 …………………………………………… 064
　　第四节　看概念板块 ………………………………………………… 068

第七章　游资在巧取豪夺 ……………………………………………… 082
　　第一节　佛山绿景路阻击仁东控股 ……………………………… 082
　　第二节　宁波桑田路撬底宁波海运 ……………………………… 089
　　第三节　章盟主顺势全力做多 …………………………………… 102
　　第四节　方新侠高位取舍雅化集团 ……………………………… 114
　　第五节　赵老哥逆势买进天齐锂业 ……………………………… 118
　　第六节　境外游资巨量卖出海康威视 …………………………… 122

第八章　机构在抱团牟利 ……………………………………………… 126
　　第一节　公募基金机构抱团的重仓股 …………………………… 126
　　第二节　机构抱团牟利的龙头股 ………………………………… 128
　　第三节　下跌后买进机构抱团的股票 …………………………… 129

第九章　机构与游资合力炒作 ………………………………………… 132
　　第一节　游资与机构合力买进酒鬼酒 …………………………… 132
　　第二节　游资与机构击鼓传花太阳能 …………………………… 144
　　第三节　机构与游资对倒卖出豫能控股 ………………………… 151
　　第四节　机构与游资合力炒作云南白药 ………………………… 157

第十章　机构与游资的盘口语言 ……………………………………… 162
　　第一节　封板的盘口语言 ………………………………………… 165
　　第二节　封板后委买盘口的888 …………………………………… 169
　　第三节　出货前的盘口语言 ……………………………………… 172
　　第四节　封板后委卖委买盘的444 ………………………………… 176
　　第五节　路畅科技的"能而示之不能" …………………………… 187
　　第六节　南方轴承的"不能而示之能" …………………………… 191

第十一章　散户的误区 · 195

第一节　看抖音学炒股的误区 · 195

第二节　跌破发行价的误区 · 198

第三节　市盈率的误区 · 201

第四节　长期持有的误区 · 206

第五节　代客理财的误区 · 210

第六节　重复换股的误区 · 213

第七节　读书的误区 · 214

第八节　贷款炒股的误区 · 216

第十二章　股市里冰火两重天 · 220

第一节　牛市里的股灾 · 220

第二节　创业板背离牛回头 · 224

第三节　四大指数全部大跌 · 229

第四节　牛回头止跌缩量再上涨诱多 · 237

第五节　路在何方 · 240

第六节　芝麻开门 · 240

后　记 · 242

第一章
创业板迈进注册制

第一节 创业板注册制首批 18 家企业敲钟上市

2020 年 8 月 24 日星期一，深圳证券交易所举行了创业板改革并试点注册制首批企业上市仪式上的敲钟仪式（见图 1—1、图 1—2，新华社记者毛思倩拍摄），这是 2020 年证券市场的重大举措。

图 1-1 注册制首批企业上市仪式上的敲钟仪式

图1-2 注册制首批企业上市仪式上的敲钟仪式

证监会主席易会满在创业板改革并试点注册制首批企业上市仪式上说:"要坚持以创为先,不断改进对创新创业企业的支持和服务;坚持从严监管,把好入口和出口两道关,促进优胜劣汰;坚持稳字当头,守住风险底线,确保各项改革开放措施平稳落地。"

深交所理事长王建军表示,改革后的创业板将积极践行"建制度、不干预、零容忍",坚持以信息披露为核心,真正把选择权交给市场。

这次创业板改革系统完善了交易机制,同时适用于创业板增量公司和存量公司,新旧交易制度随着创业板注册制首批首发企业上市切换完成。

创业板注册制首批18家企业敲钟上市"扬帆起航",这也意味着创业板正式迈入注册制时代。

第二节 创业板注册制交易新规则

自2020年8月24日起,创业板注册制下第一只新股上市后,整个创业板的交易机制将向科创板靠拢,投资者必须清楚,最明显的就是涨跌幅限制比例变为20%。

一、新股前5个交易日不设涨跌幅限制

根据创业板交易特别规定,创业板注册制下,新上市股票前5个交易日不设涨跌幅限制,之后涨跌幅限制从之前的10%调整为20%。

二、所有股票涨跌幅变为 20%

必须注意的是，在第一家创业板注册制股票上市当天，所有存量的创业板股票涨跌幅自动由 10% 变为 20%。

三、增加临时停牌机制

该机制规定，在无涨跌幅限制下，较开盘价首次上涨或下跌达到或超过 30% 和 60% 的，各停牌 10 分钟。

四、增加了盘后定价交易

申报时间为每个交易日上午 9:15 至 11:30 和下午 1:00 至 3:30，交易时间为 15:05 至 15:30。增加连续竞价期间"价格笼子"。规定连续竞价阶段限价申报的买入申报价格不得高于买入基准价格的 102%，卖出申报价格不得低于卖出基准价格的 98%。

五、新增股票特殊字母标识

创业板注册制实施之后，部分股票名称中可能会出现字母标识，比如"N""C""U""V""W"等。股票简称中的字母 N，代表股票上市首日；字母 C 代表股票上市后次日至第五日；股票简称中如果标有字母 U，表示这家公司尚未盈利，若实现盈利，这个标识就会取消；股票简称中标有字母 W，代表股票发行人具有表决权差异安排；字母 V 则代表股票发行人具有协议控制架构或者类似特殊安排。

六、实施 ST 风险警示

之前创业板没有 ST 风险警示制度，注册制之后，上市公司股票交易被实施其他风险警示的，在股票简称前冠以"ST"字样；存在退市风险警示和其他风险警示的，在股票简称前冠以"*ST"字样。

七、优化退市机制

取消暂停上市、恢复上市环节；交易类退市不再设置退市整理期。

八、调整交易公开信息披露指标

当日收盘价格涨跌幅偏离值 ±7% 调整为涨跌幅 ±15%，价格振幅由 15% 调整为 30%，换手率指标由 20% 调整为 30%，连续 3 个交易日内日收盘价格涨跌幅偏离值累计达到 ±20% 调整为 ±30%，取消其他异动指标，增加严重异常波动指标。

九、设置单笔最高申报数量上限

设置限价申报单笔数量不超过 10 万股，市价申报单笔数量不超过 15 万股。保留现行创业板每笔最低申报数量为 100 股的制度安排。

十、新增创业板个人投资者须满足前 20 个交易日日均资产不低于 10 万元，且具

备 24 个月的 A 股交易经验的门槛。同时，删除原规则中 2 日、5 日冷静期要求

十一、允许创业板战略投资者、网下投资者在承诺的持有期限内，出借配售股票，深交所公布配售股票出借信息。明确公募基金、社保基金、保险资金等机构投资者可以作为出借人出借股票

创业板股票的风险较大，可以直接退市，需要在证券公司开通了创业板权限，才可以买创业板股票。

第三节 创业板 N－C18 前 5 天收盘数据

第一天，2020 年 8 月 24 日星期一，开盘 1 秒钟 N－18 全部红盘（见图 1－3），直至收盘都是全部红盘（见图 1－4）。

	代码	名称		涨幅%	现价	振幅%	换手%	量比	地区	细分行业
1	300869	N康泰	R	476.8	58.60	68.90	7.39	0.00	河北	医疗保健
2	300863	N卡倍亿	R	410.9	96.00	52.90	10.76	0.00	浙江	汽车配件
3	300875	N捷强		192.5	155.30	18.83	4.49	0.00	天津	专用机械
4	300865	N大宏立		181.1	56.78	14.85	3.66	0.00	四川	专用机械
5	300876	N蒙泰		168.8	54.00	30.41	4.25	0.00	广东	化纤
6	300872	N天阳		140.4	51.30	21.60	3.31	0.00	西藏	软件服务
7	300866	N安克		111.9	140.50	17.04	2.87	0.00	湖南	元器件
8	300867	N圣元		101.6	38.99	5.58	3.13	0.00	福建	环境保护
9	300870	N欧陆通	R	98.37	73.02	6.79	2.98	0.00	深圳	元器件
10	300862	N蓝盾		97.29	66.98	9.43	2.08	0.00	安徽	电器仪表
11	300864	N南大		93.64	138.86	9.76	3.34	0.00	江苏	环境保护
12	300871	N回盛		85.30	62.28	7.56	2.00	0.00	湖北	生物制药
13	300878	N维康		76.58	73.00	14.49	3.00	0.00	浙江	中成药
14	300860	N锋尚		66.63	229.98	14.49	3.86	0.00	北京	文教休闲
15	300873	N海晨		69.79	52.16	11.23	3.16	0.00	江苏	仓储物流
16	300877	N金春		65.36	50.50	9.79	2.77	0.00	安徽	纺织
17	300868	N杰美特	R	61.20	66.51	9.67	2.57	0.00	深圳	通信设备
18	300861	N美畅		43.92	62.98	11.91	4.26	0.00	陕西	矿物制品

图 1-3 2020 年 8 月 24 日 N-18 开盘数据

序号	代码	名称	涨幅%	现价	振幅%	换手%	量比	地区	细分行业
1	300869	N康泰	1061	118.00	2538.6	68.61	0.00	河北	医疗保健
2	300863	N卡倍亿	743.3	158.45	341.25	77.71	0.00	浙江	汽车配件
3	300872	N天阳	258.6	76.53	240.44	63.40	0.00	西藏	软件服务
4	300865	N大宏立	226.7	66.00	98.96	66.13	0.00	四川	专用机械
5	300876	N蒙泰	201.4	60.55	89.20	69.48	0.00	广东	化纤
6	300875	N捷强	173.1	145.00	45.80	44.46	0.00	天津	专用机械
7	300867	N圣元	136.7	45.78	90.74	65.82	0.00	福建	环境保护
8	300864	N南大	131.5	166.02	103.19	61.53	0.00	江苏	环境保护
9	300870	N欧陆通	130.9	85.00	85.28	54.19	0.00	深圳	元器件
10	300866	N安克	121.4	146.86	61.64	61.08	0.00	湖南	元器件
11	300878	N维康	96.03	81.04	52.42	57.90	0.00	浙江	中成药
12	300877	N金春	92.53	58.80	43.35	57.86	0.00	安徽	纺织
13	300862	N蓝盾	90.52	64.68	42.56	50.83	0.00	安徽	电器仪表
14	300873	N海晨	88.77	57.99	32.52	52.61	0.00	江苏	仓储物流
15	300871	N回盛	84.02	61.85	42.31	47.58	0.00	湖北	生物制药
16	300868	N杰美特	82.43	75.27	51.60	53.87	0.00	深圳	通信设备
17	300861	N美畅	60.10	70.06	46.23	56.27	0.00	陕西	矿物制品
18	300860	N锋尚	43.10	197.50	43.33	55.74	0.00	北京	文教休闲

图1-4 2020年8月24日N-18收盘数据

注册制N-18上市交易的第一天,除4只股(N捷强、N蓝盾、N回盛、N锋尚)高开低走收阴外,其余14只股低开高走全部收阳;相对于中签价则表现出全部红盘报收。

其中,最刺激的是N康泰,尾盘瞬间冲高回落留下长长的上影线,振幅高达2538.6%;涨幅第二名是N卡倍亿,高达743.3%,第三名是N天阳,高达258.6%,第四名是N大宏立,高达226.7%,第五名是N蒙泰,高达201.4%,其余涨幅都在200%之下(具体数据如图1-4所示)。

8月24日,A股三大指数早盘下探回升,午后横盘震荡。沪指全天维持震荡整理态势,深成指收涨逾1%,其中创业板指走势较强,收盘上涨近2%。

截至收盘,沪指上涨0.15%,报收3385.85点,深成指上涨1.40%,报收13666.69点,创业板指上涨1.98%,报收2684.63点。两市成交额8909.59亿元。

第二天,2020年8月25日星期二,C-18除第一天大幅上涨的C卡倍亿收阴外,其余17只个股全部上涨红盘报收,其数据见图1-5。

序号	代码	名称	涨幅%	现价	振幅%	换手%	量比	地区	细分行业
1	300869	C康泰	17.79	138.99	60.84	76.09	1.11	河北	医疗保健
2	300863	C卡倍亿	-1.80	155.60	40.08	83.56	1.08	浙江	汽车配件
3	300872	C天阳	7.28	82.10	32.24	62.92	0.99	西藏	软件服务
4	300865	C大宏立	27.27	84.00	41.24	72.72	1.10	四川	专用机械
5	300876	C蒙泰	36.56	82.69	49.73	74.05	1.07	广东	化纤
6	300875	C捷强	12.96	163.79	18.24	41.83	0.94	天津	专用机械
7	300867	C圣元	56.07	71.45	81.83	75.83	1.15	福建	环境保护
8	300864	C南大	5.11	174.51	23.74	53.51	0.87	江苏	环境保护
9	300870	C欧陆通	17.06	99.50	26.12	59.55	1.10	深圳	元器件
10	300866	C安克	11.27	163.41	13.69	57.95	0.95	湖南	元器件
11	300878	C维康	23.38	99.99	44.18	61.39	1.06	浙江	中成药
12	300877	C金春	76.87	104.00	66.33	69.12	1.19	安徽	纺织
13	300862	C蓝盾	22.71	79.37	43.57	57.20	1.13	安徽	电器仪表
14	300873	C海晨	37.70	79.85	41.39	60.56	1.15	江苏	仓储物流
15	300871	C回盛	26.29	78.11	50.43	57.79	1.21	湖北	农业综合
16	300868	C杰美特	14.36	86.08	34.00	57.42	1.07	深圳	通信设备
17	300861	C美畅	12.76	79.00	29.09	54.58	0.97	陕西	矿物制品
18	300860	C锋尚	5.32	208.00	16.00	41.96	0.75	北京	文教休闲

图 1-5 2020 年 8 月 25 日 C-18 收盘数据

第三天，2020 年 8 月 26 日星期三，C-18 红盘只有 4 只，其余 14 只个股全部下跌阴线报收（见图 1-6）。

序号	代码	名称	涨幅%	现价	振幅%	换手%	量比	地区	细分行业
1	300869	C康泰	-17.40	114.80	17.54	52.29	0.72	河北	医疗保健
2	300863	C卡倍亿	-20.47	123.75	17.10	52.81	0.65	浙江	汽车配件
3	300872	C天阳	-13.53	70.99	14.64	40.58	0.64	西藏	软件服务
4	300865	C大宏立	8.10	90.80	33.10	74.29	1.07	四川	专用机械
5	300876	C蒙泰	8.84	90.00	29.63	70.30	0.98	广东	化纤
6	300875	C捷强	-3.76	157.63	16.90	37.53	0.87	天津	专用机械
7	300867	C圣元	-6.52	66.79	24.93	66.96	0.95	福建	环境保护
8	300864	C南大	2.80	179.40	25.65	57.74	1.00	江苏	环境保护
9	300870	C欧陆通	-14.07	85.50	13.06	42.37	0.74	深圳	元器件
10	300866	C安克	-16.71	136.10	12.11	43.11	0.72	湖南	元器件
11	300878	C维康	-12.00	87.99	13.15	44.61	0.75	浙江	中成药
12	300877	C金春	-17.88	85.40	17.31	60.41	0.95	安徽	纺织
13	300862	C蓝盾	4.46	82.91	25.82	59.39	1.10	安徽	电器仪表
14	300873	C海晨	-11.98	70.28	16.64	50.92	0.90	江苏	仓储物流
15	300871	C回盛	-7.57	72.20	14.04	45.71	0.87	湖北	农业综合
16	300868	C杰美特	-9.53	77.88	17.01	44.23	0.79	深圳	通信设备
17	300861	C美畅	-1.25	78.01	13.28	47.38	0.85	陕西	矿物制品
18	300860	C锋尚	-11.06	185.00	10.12	27.48	0.56	北京	文教休闲

图 1-6 2020 年 8 月 26 日 C-18 收盘数据

第四天，2020年8月27日星期四，A股止跌反弹，但走势却是冰火两重天，最惨的是C—18，只有1只股红盘报收，其余17只股全部下跌（见图1—7），平均跌幅13%以上。很多之前追进去的，大概亏了40%左右。

代码	名称		涨幅%	现价	振幅%	换手%	量比	地区	细分行业
300869	C康泰	R	-3.93	110.29	21.21	41.00	0.62	河北	医疗保健
300863	C卡倍亿	R	-5.37	117.10	23.67	52.19	0.73	浙江	汽车配件
300872	C天阳	R	-15.48	60.00	21.17	37.33	0.67	西藏	软件服务
300865	C大宏立	R	-22.51	70.36	20.53	59.20	0.83	四川	专用机械
300876	C蒙泰	R	-22.32	69.91	30.00	57.53	0.81	广东	化纤
300875	C捷强	R	-14.41	134.91	13.40	27.18	0.66	天津	专用机械
300867	C圣元	R	-18.55	54.40	26.07	55.19	0.79	福建	环境保护
300864	C南大	R	-16.83	149.20	16.72	42.59	0.74	江苏	环境保护
300870	C欧陆通	R	6.20	90.80	17.78	50.13	0.96	深圳	元器件
300866	C安克	R	-6.16	127.72	6.45	29.99	0.56	湖南	元器件
300878	C维康	R	-11.99	77.44	14.38	32.96	0.60	浙江	中成药
300877	C金春	R	-16.38	71.41	16.24	40.91	0.65	安徽	纺织
300862	C蓝盾	R	-12.07	72.90	25.15	54.36	0.97	安徽	电器仪表
300873	C海晨	R	-13.77	60.60	17.79	38.26	0.70	江苏	仓储物流
300871	C回盛	R	-15.61	60.93	14.40	36.96	0.73	湖北	农业综合
300868	C杰美特	R	-15.00	66.20	13.97	38.15	0.74	深圳	通信设备
300861	C美畅	R	-17.70	64.20	16.02	39.79	0.75	陕西	矿物制品
300860	C锋尚	R	-12.14	162.55	12.67	24.80	0.59	北京	文教休闲

图1—7 2020年8月27日C—18收盘数据

第五天，2020年8月28日星期五，四大指数止跌后上涨，而C—18却不尽如人意，18只个股仅仅2只红盘，唯一表现强势的是C欧陆通，其余全部下跌收阴（见图1—8），其中8只个股跌破第一天的开盘价。

同步	代码	名称	•	涨幅%	现价	振幅%	换手%	量比	地区	细分行业
1	300869	C康泰	R	-17.67	90.80	18.41	42.83	0.72	河北	医疗保健
2	300863	C卡倍亿	R	-18.95	94.91	14.81	48.55	0.73	浙江	汽车配件
3	300872	C天阳	R	-13.08	52.15	11.40	30.88	0.60	西藏	软件服务
4	300865	C大宏立	R	-14.89	59.88	21.29	49.10	0.72	四川	专用机械
5	300876	C蒙泰	R	-20.48	55.59	17.98	48.08	0.71	广东	化纤
6	300875	C捷强	R	-11.56	119.31	15.05	24.57	0.65	天津	专用机械
7	300867	C圣元	R	-18.40	44.39	14.17	45.83	0.69	福建	环境保护
8	300864	C南大	R	-10.94	132.88	8.75	30.70	0.57	江苏	环境保护
9	300870	C欧陆通	R	6.07	96.31	26.10	61.41	1.19	深圳	元器件
10	300866	C安克	R	0.06	127.80	7.75	27.40	0.57	湖南	元器件
11	300878	C维康	R	-10.63	69.21	10.98	28.70	0.58	浙江	中成药
12	300877	C金春	R	-4.78	68.00	14.82	35.63	0.62	安徽	纺织
13	300862	C蓝盾	R	-18.59	59.35	13.17	45.64	0.82	安徽	电器仪表
14	300873	C海晨	R	-12.52	53.01	10.35	34.10	0.67	江苏	仓储物流
15	300871	C回盛	R	-12.26	53.46	12.74	30.32	0.64	湖北	农业综合
16	300868	C杰美特	R	-11.48	58.60	10.44	29.71	0.61	深圳	通信设备
17	300861	C美畅	R	-13.15	55.76	10.93	29.11	0.59	陕西	矿物制品
18	300860	C锋尚	R	-4.51	155.22	8.88	19.27	0.51	北京	文教休闲

图 1-8　2020 年 8 月 28 日 C-18 收盘数据

由创业板首批注册制前 5 天的交易数据、走势形态来看，第一天开盘逢低介入比较好，第二天大都会红盘报收有利可图，其后 3 天除个别股表现较好之外，绝大多数都走向下跌之路。

上市前 5 日不设涨跌幅限制，既可暴涨，也可暴跌，特别是第四个交易日下跌收阴的股票，最后一天继续下跌的概率更大。

创业板注册制开始了，新上市的创业板股票必须按前 5 个交易日新规运行。

创业板存量股票也开启了 2.0 新时代，但没有前 5 个交易日新规定的限制。

至本书截稿之日（2021 年 2 月 10 日），创业板 2020 年 8 月 24 日开启 2.0 时代的 18 只先锋股的走势不尽如人意，仅有安克创新（300866）1 只股运行在上市首日开盘价之上，其他 17 只股均在上市首日开盘价之下运行，具体走势读者自己分析后就可得出结论。

交易策略

注册制出台后，有很多人在思考"涨停板战法"还有用吗？会不会过时了？

我是这样思考的：注册制改变了交易规则，提高了涨停板的幅度，但涨停板的本质没有变，内在的逻辑没有变，炒作的主力没有变，它的规律也不会变，反而会带来更大的空间。在200多年前的日本大米期货市场上，也没有涨停板的限制，却诞生了"酒田战法"，其中的大阳线可以认为就是涨停板。这是资本市场人性的反映，也是资本本质的反映，更是必然的规律。

那么，注册制新的交易规则实行后，创业板的涨停板会如何运行？其实与原先的涨停板大同小异。从目前出现的形态看，与两百多年前日本大米期货时期本宗间久写的一些形态、与一百多年前美国人利弗莫尔写的一些形态大同小异，难怪有人说"股市里没有新生事物"。有了运作10%涨停板的能力，你就具备了运作20%涨停板的基础；没有基础不要心动。

需要注意的是，无论是运作10%还是20%的涨停板，没有大主力的运作，都是不可能实现的；所有的涨停板都是在主力做好准备之后才有可能。

第二章
风口上的天山生物

小米公司的老总雷军说过这样一段话:"其实,不是我们厉害,是我们运气好,我们找到了一个台风口。在台风口,猪都能飞上天。"雷军找到的台风口在哪里?按他自己的话说,是"移动互联网",即与潮流这个巨大能量的对接点;你对接得好,就能借潮流之势取得成功。

请你思考一下什么叫"台风口"?股市里的台风口在哪里?你又如何将股市里的台风口巧妙地借为己用。

第一节　好风好借力

2020年8月24日星期一,是创业板改革并试点注册制首批企业上市,如果你无缘中签那18只个股,怎么办?800多家创业板按新规则开张,这就是当时最大的风口,而里面有没有借风起航的个股?开盘前7:49我在今日头条中提示"8月24日可以重点关注创业板",并附选出的个股,第一个是汇金股份(300368),第二个是天山生物(300313)……(见图2-1)。

周回	代码	名称	·	涨幅%	现价	振幅%	换手%	量比	地区	细分行业	连涨天
1	999999	上证指数		0.50	3380.68	1.07	0.79	0.77			1
2	399001	深证成指		1.18	13478.00	1.31	2.12	0.86	2020.8.21收盘数据		1
3	399005	中小板指		1.79	9057.33	1.34	2.29	0.84	8.24可以重点关注创业板		1
4	399006	创业板指		1.72	2632.45	1.40	3.25	0.98			1
5	300368	汇金股份		1.91	13.34	9.85	20.91	1.59	河北	IT设备	2
6	300313	天山生物		10.07	7.76	14.47	17.88	2.14	新疆	农业综合	5
7	300254	仟源医药		10.04	9.10	5.93	5.58	1.36	山西	化学制药	1
8	300801	泰和科技	H	10.02	27.56	9.86	24.54	1.99	山东	化工原料	1
9	300857	协创数据	H	10.01	39.33	9.09	35.53	1.11	深圳	IT设备	1
10	300846	首都在线	H	10.01	34.50	5.45	30.95	1.77	北京	软件服务	2
11	300647	超频三		10.01	10.66	10.01	8.97	1.96	深圳	元器件	2
12	300787	海能实业		10.01	59.37	0.00	4.87	0.32	江西	通信设备	1
13	300733	西菱动力		10.00	14.74	11.49	38.63	2.14	四川	汽车配件	2
14	300449	汉邦高科		9.98	14.65	9.38	9.13	1.76	北京	IT设备	2

图 2-1 2020 年 8 月 21 日收盘数据和附选出的 10 只个股

而此时，天山生物已经连续 3 个涨停板了（前 3 个涨停是按 10% 的规则运行，3 天已经上涨了 33.10%），还能再涨吗？你敢买吗？

2020 年 8 月 24 日，天山生物跳空高开高走，回档均线附近后再度上涨，开盘不到半小时直接封板，大涨 19.97%，成为创业板存量股里的龙头股（见图 2-2、图 2-3）。

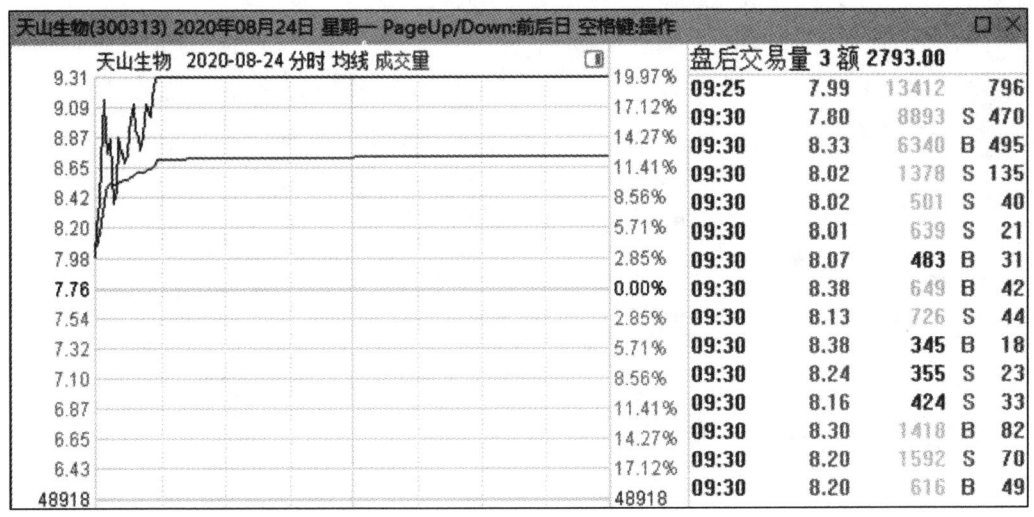

图 2-2 2020 年 8 月 24 日天山生物分时走势图

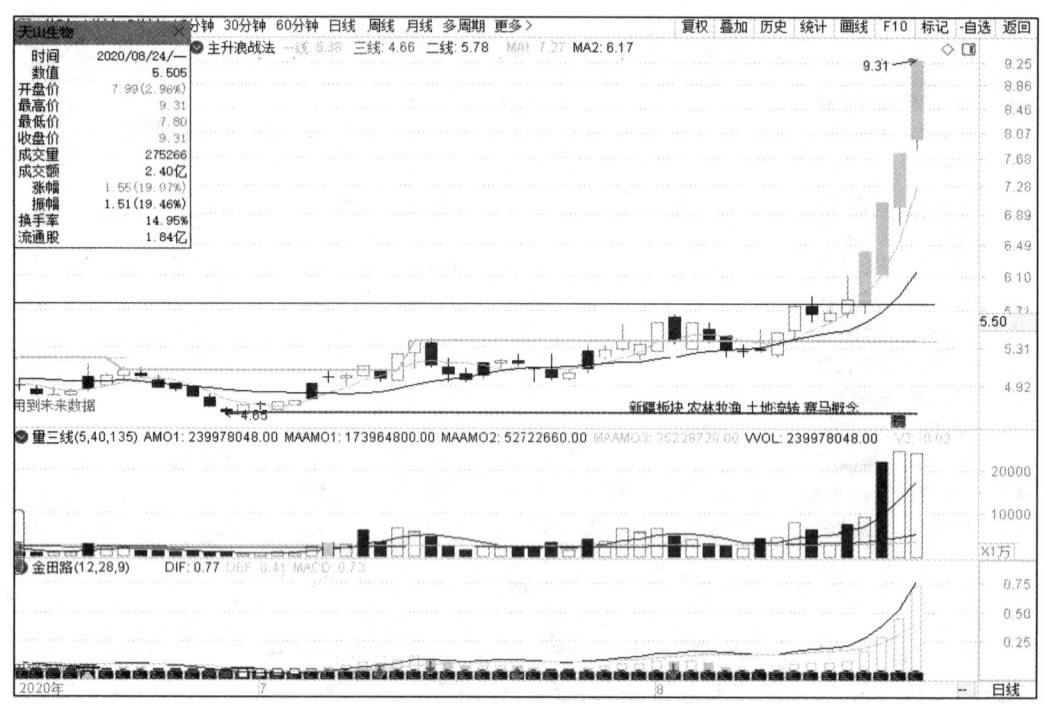

图 2-3　2020 年 8 月 24 日天山生物股价走势图

2020 年 8 月 25 日，天山生物跳空高开，且拉出第二个 20% 的涨停板（见图 2-4）。

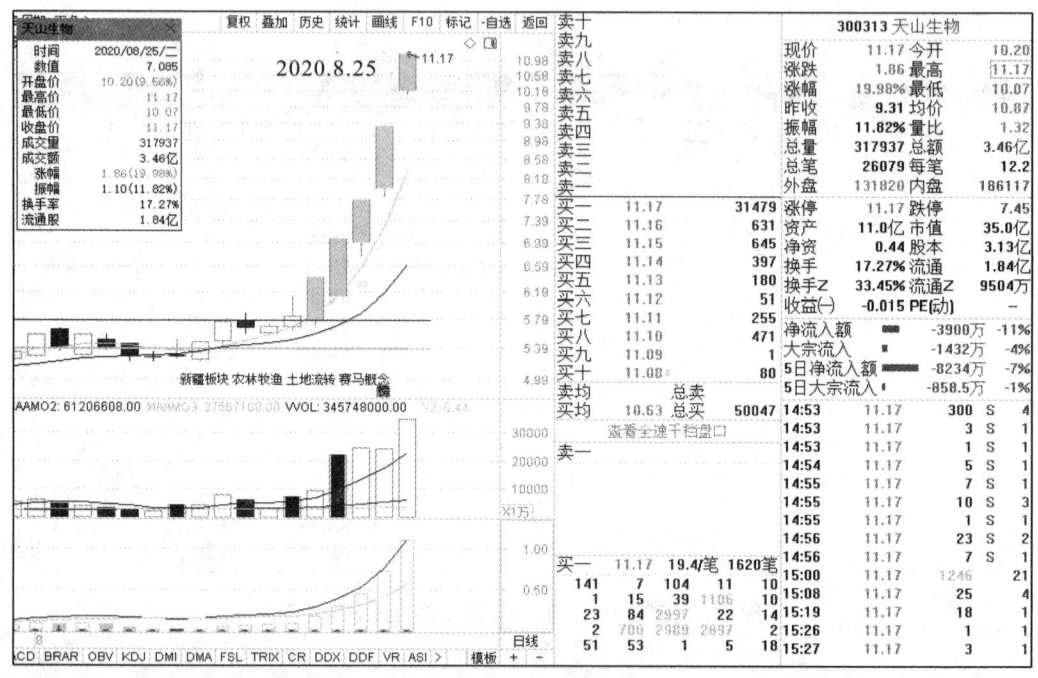

图 2-4　2020 年 8 月 25 日天山生物第二个 20% 的涨停板（五连板）

第二节　五连板后收到了关注函

2020年8月25日，天山生物继续上涨19.98%，拉出五连板，此后却收到了深交所的关注函。

2020年8月26日00：00，天山生物发布了公告：《关于对新疆天山畜牧生物工程股份有限公司的关注函》：

新疆天山畜牧生物工程股份有限公司董事会：你公司股票价格自2020年8月17日以来连续上涨，截至8月26日累计涨幅为136.75%，与同期创业板指偏离度较大，其间两次达到股票交易异常波动标准。我部对此表示关注，请你公司核实并说明以下事项：

1. 你公司于8月25日晚间披露的《股票交易异常波动公告》（以下简称《异动公告》）显示，你公司全资子公司通辽天山牧业有限公司（以下简称通辽天山牧业）从事肉牛育肥业务，该公司成立于2020年5月，截至目前存栏量育肥牛596头，尚未出栏，未对公司收入和利润产生贡献。请结合肉牛养殖周期、养殖成本、销售单价、在手订单等说明截至回函日通辽天山牧业的盈利情况，该项业务预计对公司全年经营业绩的影响。

2.《异动公告》显示，你公司拟通过全资子公司通辽天山牧业投资设立控股孙公司从事肉牛育肥业务，控股孙公司注册资本拟定为7,500万元人民币，通辽天山牧业出资4,125万元，占比55%，资金来源为公司自有资金及自筹资金等，该事项计划提交公司于2020年8月27日召开的董事会审议。

（1）请说明公司筹划设立控股孙公司事项的具体时点及详细过程，在前述事项筹划的信息保密方面采取的措施，是否存在内幕信息对外泄露的情况，是否存在内幕交易的情形，并报备有关内幕信息知情人名单。

（2）你公司于8月21日晚间披露的《股票交易异常波动公告》（以下简称前次异动公告）称不存在应披露而未披露的重大事项，也不存在处于筹划阶段的其他重大事项，请说明前次异动公告的描述是否真实、准确，是否存在重大遗漏及误导投资者的情形。

3. 你公司于2020年7月21日披露《畜牧业务发展规划（2020年—2025年）》，称重启"大肉牛战略"，大力布局肉牛育肥相关业务。2019年度，你公司归属于母公司股东净利润（以下简称净利润）为亏损6,079.10万元，且截至2019年12月31日，你公司流动负债高于流动资产77,529.89万元，年审会计师认为公司存在与持续经营相关的重大不确定性。请结合你公司截至2020年6月30日货币资金、银行借款、经营活动现金流等说明你公司短期内是否具备大力布局肉牛育肥业务所需的资金、人员、销售渠道、订单等条件，并请充分提示相关风险。

4. 你公司2020年第一季度净利润为亏损484.14万元。你公司在2020年第一季度报告中预测，因公司业务调整中，现有业务盈利能力尚不足，预计年初到下一报告期末（即2020年1—6月）的累计净利润为亏损。请结合市场需求、在手订单、成本费用控制以及公司业务调整的具体情况等详细说明公司上半年经营亏损的原因，相关因素是否可能对公司2020年度经营业绩持续产生不利影响。

5. 请进一步核实你公司股价短期内涨幅较大的原因，与公司经营业绩等基本面情况是否匹配，并结合你公司经营业绩、股价走势，对比同行业上市公司估值水平，就公司股价异常波动进行充分的风险提示。

6. 请核查你公司控股股东、实际控制人、持股5%以上股东、董事、监事、高级管理人员及其直系亲属近一个月买卖你公司股票的情况，是否存在内幕交易、操纵市场的情形，未来6个月内是否存在减持计划，并报备交易明细和自查报告。

7. 截至目前，公司涉及与33个重组交易对象股权转让纠纷案，同时大象广告重组事项相关交易对方涉嫌合同诈骗案尚未结案，请全面梳理公司涉及的诉讼、资产被查封或冻结、控股股东股份质押或其他权利受限等情况，同时充分提示风险。

8. 说明公司是否存在其他应披露未披露的重大事项。请你公司就上述事项做出书面说明，在2020年8月28日前将有关说明材料报送我部并对外披露，同时抄送新疆证监局上市公司监管处。

同时，提醒你公司：上市公司必须按照国家法律、法规和《深圳证券交易所创业板股票上市规则（2020年修订）》，认真和及时地履行信息披露义务。上市公司的董事会全体成员必须保证信息披露内容真实、准确、完整，没有虚假记载、误导性陈述或重大遗漏，并就其保证承担个别和连带的责任。

特此函告

(http://reportdocs.static.szse.cn/UpFiles/fxklwxhj/NMK30031334923.pdf)

当天，天山生物继续上涨19.96%，拉出了6连板（见图2—5）。

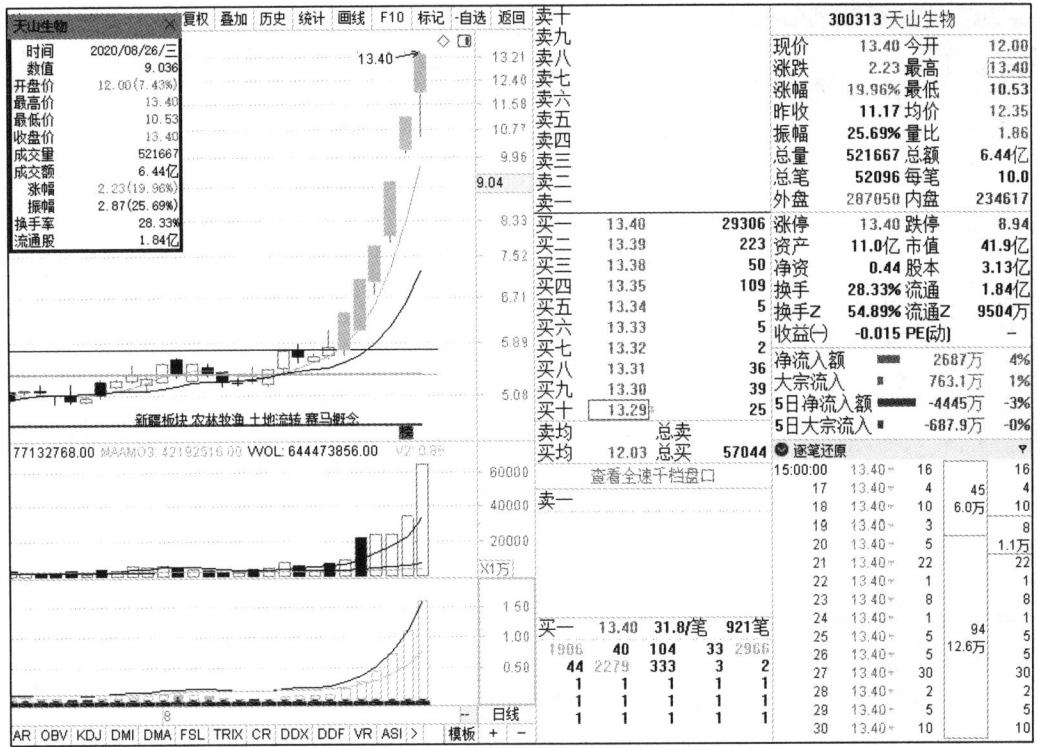

图2-5　2020年8月26日天山生物第三个20%的涨停板（六连板）

处在台风口上的天山生物在2020年8月24日前拉出了10%的3连板，之后又拉出20%的三连板，合计六连板，更让人瞠目的是，风口上的天山生物股价并没有理会管理层的关注函，2020年8月27日又涨停板了（见图2-6）。成功的交易者与绝大多数普通交易者的不同之处在于能在主升浪中待住，不到主力出局的时候绝对不出局。

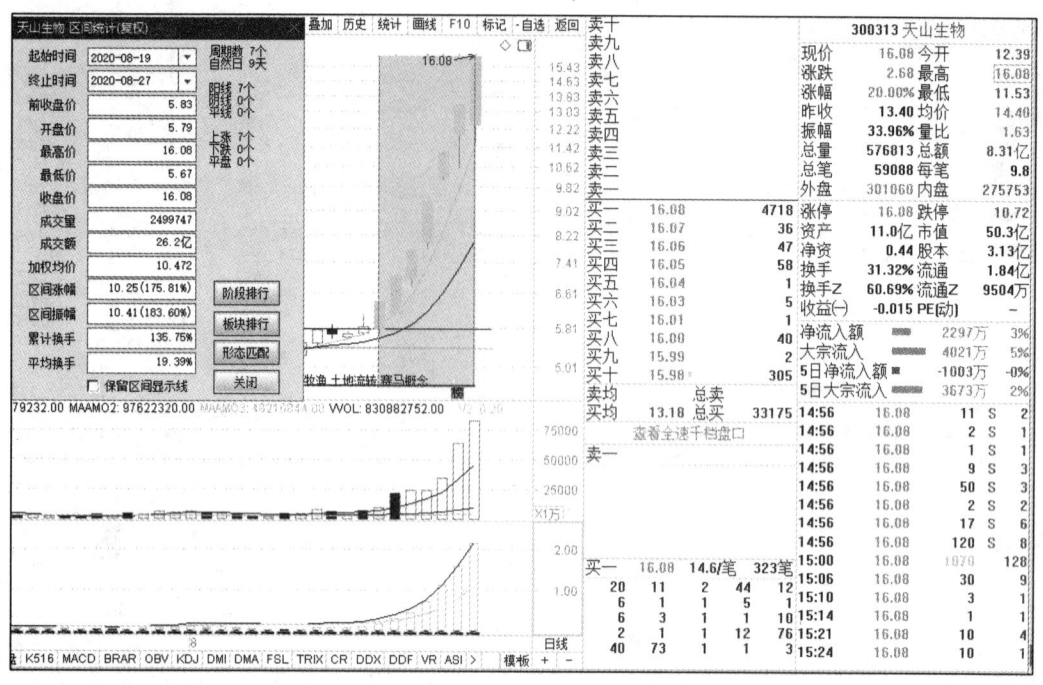

图 2-6　2020 年 8 月 27 日天山生物第四个 20% 的涨停板（七连板）

天山生物从 2020 年 8 月 24 日创业板新规涨幅 20% 后又连拉 4 个 20% 的涨停板，7 个交易日七连板，区间涨幅 175.81%，充分彰显了风口上龙头股的十足妖气。

天山生物为什么炒得这么疯狂？除了风口上的原因外，据说飙涨和牛肉价格上涨有关！但不可思议的是，天山生物目前只有 596 头牛，过去的 6 年时间，合计亏损超 20 亿，差一点就退市……这是价值投资者嗤之以鼻的股票啊！

第三节　七连板遭遇"特停"

2020 年 8 月 27 日 22:11，天山生物发布了《股票交易异常波动、严重异常波动暨停牌核查公告》：

新疆天山畜牧生物工程股份有限公司（以下简称"公司"）2020 年 8 月 26 日、2020 年 8 月 27 日连续 2 个交易日股票收盘价格涨幅偏离值累计超过 30%，依据《深圳证券交易所创业板交易特别规定》第 4.2 条，属于股票交易异常波动的情形。同时，因公司股票交易价格连续 10 个交易日内日收盘价格涨幅偏离值累计达到 100%，依据《深圳证券交易所创业板交易特别规定》第 4.3 条之规定，属于严重异常波动情形，根据《深圳证券交易所创业板股票上市规则（2020年修订）》第8.1.2条，公司股票自2020年8月28日开市起停牌核查，自披露核查公告后复牌。公司提醒广大投资者注意二级市场交易风险。

公司郑重提醒广大投资者：《证券时报》《上海证券报》及巨潮资讯网为公司选定的信息披露媒体，公司所有信息均以在上述指定媒体刊登的信息为准，请广大投资者理性投资，注意风险。

(http://static.cninfo.com.cn/finalpage/2020—08—28/1208282769.PDF)

管理层对天山生物下了特停令，这是极其罕见的。

经过3个交易日的停牌后，2020年9月1日20:36天山生物发布了《关于公司股票停牌核查结果暨复牌公告》。

特别提示：

公司股票将于2020年9月2日（星期三）开市起复牌。

一、关于公司股票停复牌情况的说明

新疆天山畜牧生物工程股份有限公司（以下简称"公司"）2020年8月26日、2020年8月27日连续2个交易日股票收盘价格涨幅偏离值累计超过30%，依据《深圳证券交易所创业板交易特别规定》第4.2条，属于股票交易异常波动的情形。同时，因公司股票交易价格连续10个交易日内日收盘价格涨幅偏离值累计达到100%，依据《深圳证券交易所创业板交易特别规定》第4.3条之规定，属于严重异常波动情形。根据《深圳证券交易所创业板股票上市规则（2020年修订）》第8.1.2条，公司股票自2020年8月28日开市起停牌核查，自披露核查公告后复牌。

近期，公司就股票交易的相关事项进行必要的核查。鉴于相关自查工作已完成，根据《深圳证券交易所创业板股票上市规则》等相关规定，经公司申请，公司股票将于2020年9月2日（星期三）开市起复牌。

二、公司核查的情况说明

上市公司股票出现异常波动、严重异常波动情形，公司关注并核实了相关情况，公司停牌自查结果如下：

（一）公司董事会已对公司、控股股东及实际控制人等就相关事项进行了核实，现将有关情况说明如下：

1. 公司未发现前期披露的信息存在需要更正、补充之处。

2. 公司未发现近期公共传媒报道了可能或已经对本公司股票交易价格产生较大影响的未公开重大信息。

3. 公司目前经营情况及内外部经营环境未发生重大变化。

4. 经核查，公司、控股股东和实际控制人不存在关于本公司的应披露而未披露的重大事项，也不存在处于筹划阶段的其他重大事项。

5. 经核查，公司控股股东、实际控制人、持股5%以上股东、董事、监事、高级管理人员及其直系亲属在最近一个月内均未买卖公司股票，不存在内幕交易、操纵市场的情形。公司控股股东、实际控制人未来6个月内不存在通过二级市场减持公司股票的计划。公司董事、监事、高级管理人员未持有公司股票。

6. 经自查，公司不存在违反公平信息披露规定的情形。

7. 公司不存在导致股票交易严重异常波动的未披露事项，且公司不存在其他可能导致股票交易严重异常波动的事项。

（二）公司不存在应披露而未披露信息的说明

公司董事会确认，除已公告事项外，公司目前没有任何根据深交所《创业板股票上市规则》等有关规定应予以披露而未披露的事项或与该事项有关的筹划、商谈、意向、协议等；董事会也未获悉公司有根据深交所《创业板股票上市规则》等有关规定应予以披露而未披露的、对公司股票及其衍生品种交易价格产生较大影响的信息；公司前期披露的信息不存在需要更正、补充之处。公司不存在导致股票交易严重异常波动的未披露事项。

（三）公司存在股价严重偏离同行业上市公司合理估值情形

公司股价自2020年8月16日至今，公司股价累计涨幅为184.10%，同期创业板综指涨幅为2.85%，偏离值为181.25%。根据Wind资讯的数据，截至2020年8月27日，公司静态市盈率为-82.79倍，滚动市盈率为-87.99倍。根据中证指数有限公司官方网站发布的数据，公司所属的畜牧业的行业最近一个月平均静态市盈率为19.15倍，最近一个月平均滚动市盈率为15.82倍，本公司市盈率显著高于行业平均值。

三、重大风险提示

本公司郑重提请投资者注意：投资者应充分了解股票市场风险及本公司披露的风险提示，切实提高风险意识，应当审慎决策、理性投资。

本公司特别提醒投资者再次关注，公司存在以下重大风险事项：

1. 公司股价自 2020 年 8 月 16 日至今，公司股价累计涨幅为 184.10%，同期创业板综指涨幅为 2.85%，偏离值为 181.25%。根据 Wind 资讯的数据，截至 2020 年 8 月 27 日，公司静态市盈率为 −82.79 倍，滚动市盈率为 −87.99 倍。根据中证指数有限公司官方网站发布的数据，公司所属的畜牧业的行业最近一个月平均静态市盈率为 19.15 倍，最近一个月平均滚动市盈率为 15.82 倍，本公司市盈率显著高于行业平均值。

公司近期经营情况及内外部经营环境未发生重大变化，但短期内公司股价涨幅较高，与同期创业板综指偏离度较大，且显著高于同行业估值水平。本公司郑重提请投资者注意：投资者应充分了解股票市场风险，切实提高风险意识，应当审慎决策、理性投资。

2. 公司 2019 年归属于上市公司股东的净利润为 −60,790,981.91 元，公司 2020 年 1—6 月归属于上市公司股东的净利润为 −7,647,886.82 元，虽然同比减亏 58.91%，但公司基本面尚未发生重大变化，目前公司股价缺乏业绩支撑。敬请广大投资者理性投资，注意风险。

3. 截至目前，公司被大象广告合同诈骗事项涉及刑事案件尚未结案，相关 33 个交易对方的撤销交易之诉尚处于管辖权异议阶段，最终认定结果均存在不确定性，敬请广大投资者理性投资，注意风险。

4. 因公司被合同诈骗事项尚未结案，2019 年年报审计会计师尚无法就公司对大象广告有限责任公司控制权及相关列报处理获取充分、适当的审计证据，无法确定是否有必要对这些金额进行调整，因此对公司 2019 年年度审计报告形成保留意见，且因公司对大象广告借款担保及立案调查等事项影响，认为存在可能导致对公司持续经营能力产生重大疑虑的重大不确定性。公司仍存在保留意见事项未消除的风险，敬请广大投资者理性投资，注意风险。

5. 公司于 2019 年 1 月 23 日收到中国证券监督管理委员会《调查通知书》（新证调查字 2019001 号）。因公司涉嫌信息披露违法违规，根据《中华人民共和国证券法》的有关规定，中国证券监督管理委员会决定对公司进行立案调查。截至本公告发布日，中国证监会调查工作仍在进行中，公司尚未收到中国证监会就上述立案调查事项的结论性意见或决定。公司仍存在处罚风险，敬请广大投资者理性投资，注意风险。

6. 近期媒体报道牛肉价格持续走高。公司全资子公司通辽天山牧业从事肉牛育肥业务，该公司成立于 2020 年 5 月，经营时间较短，截至目前存栏量育肥牛 596 头，尚未出栏，未对公司收入和利润产生贡献。截止到2020年6月30日，公司的资产负债率为85.14%，公司的流动比率为0.0897，流动比率指标相对较低，公司可能存在一定的短期偿债风险。虽然公司已对肉牛育肥业务所需的资金、人员、销售渠道、订单等方面做了筹划，但受资金到位进度、人员磨合程度、架子牛收购情况、育肥后期养殖受天气情况、管理水平、饲料营养、牧场环境、育肥出栏进度以及当时的市场价格等多种因素影响，牛育肥业务对公司业绩的影响具有不确定性。特别提醒广大投资者，注意投资风险，避免概念题材炒作，理性判断，谨慎投资。

7. 公司为大象广告向浙商银行申请的剩余不超过5,600万元银行借款提供担保。鉴于目前大象广告公司偿债能力存在重大不确定性，公司将存在履行担保责任的风险。

8. 疫病是畜禽养殖业面临的最大风险。国内外曾多次爆发疯牛病、口蹄疫、禽流感等疫情，导致大量畜禽死亡或被宰杀，给畜禽养殖业造成很大的损失。作为良种繁育企业，公司需要养殖大量种公牛和母牛以生产冻精、繁育后备种公牛，因此，公司也面临牛发生疫病的风险。牛容易发生肢蹄病、口蹄疫、流感、乳房炎、子宫炎等疫病，这些疫病的发生不仅影响牛的生产、繁殖能力，还影响冻精和牛奶的产量和质量，严重的将导致病牛丧失生产和繁殖能力。如果爆发大规模的动物疫情，有可能导致大量的牛死亡或被宰杀，将对公司生产经营造成重大影响。

9. 公司业务扩张、投资子公司数量的增加、境外投资项目及并购重组项目的开展，对公司运营管理的要求不断提高，如当前的管理体系不能适应业务规模迅速发展的要求，则可能对公司的经营发展带来一定的不利影响。同时，境外公司的设立及投资、收购行为的增多，对管理、技术、业务等方面人才需求增加，如不能建立科学的引人、用人、育人机制，将加大公司管理风险。

公司郑重提醒广大投资者：《证券时报》《上海证券报》及巨潮资讯网为公司选定的信息披露媒体，公司所有信息均以在上述指定媒体刊登的信息为准，请广大投资者理性投资，注意风险。

(http://static.cninfo.com.cn/finalpage/2020—09—02/1208373606.PDF)

公告发布后，9月2日天山生物仍然跳空高开高走，继续我行我素的涨停板（见图2—7），成为市场里名副其实的大妖股。

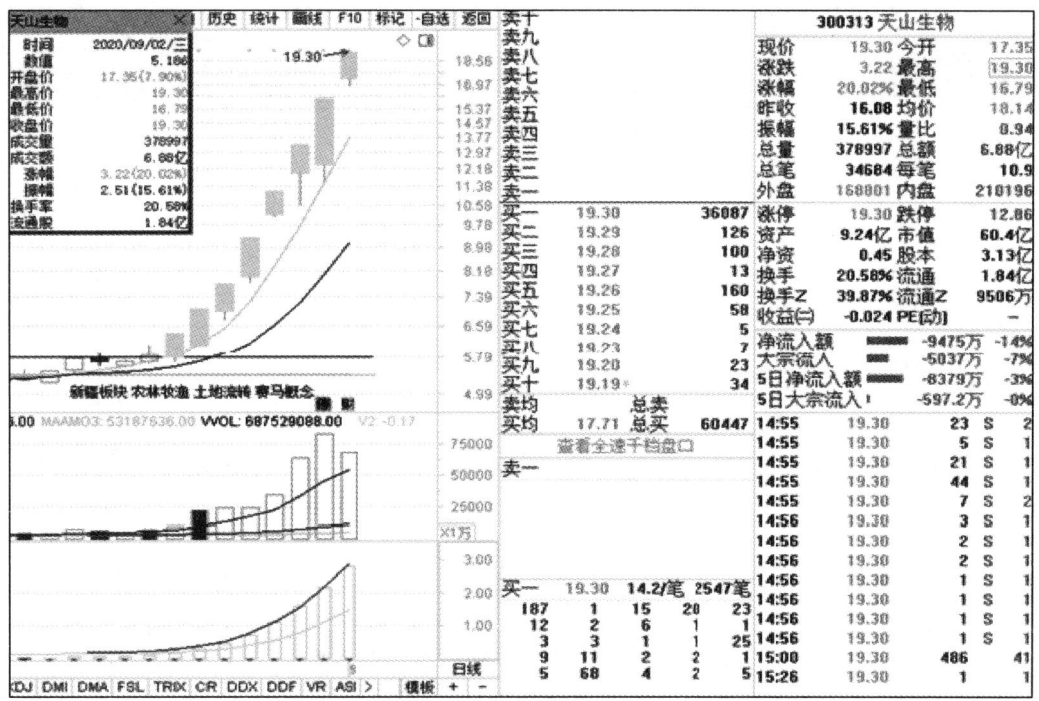

图 2-7　2020 年 9 月 2 日天山生物第五个 20% 的涨停板（八连板）

2020 年 9 月 3 日，天山生物拉出第九个涨停板，不过，这个涨停板是在尾盘封板的（见图 2-8、图 2-9）。

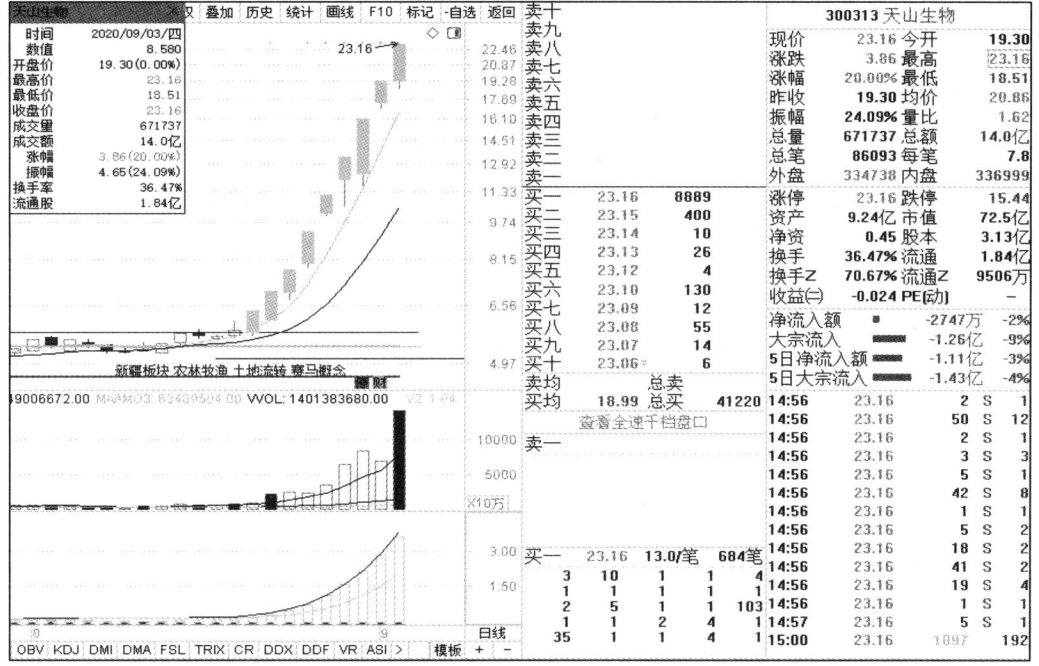

图 2-8　2020 年 9 月 3 日天山生物第六个 20% 的涨停板（九连板）

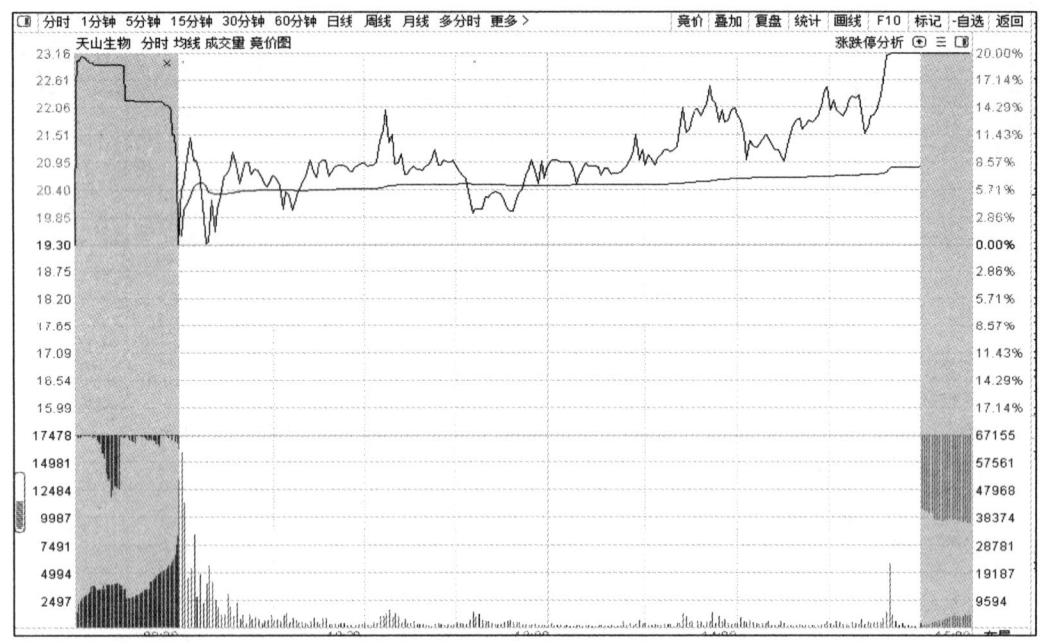

图 2-9　2020 年 9 月 3 日天山生物分时走势图

第四节　九连板后再次"特别风险提示"

2020 年 9 月 3 日 23:39，天山生物又发布了《股票交易异常波动公告》：

特别风险提示：

2020 年 8 月 19 日至 9 月 3 日，公司股票收盘价累计涨幅为 297%，累计换手率为 192.79%，其间 4 次触及股票交易异常波动，1 次触及股票交易严重异常波动，近期公司股价累计涨幅较大、换手率高。此外，截至 2020 年 8 月 31 日，公司前 100 名流通股股东持股数为 118,879,941 股，剔除公司控股股东天山农牧业发展有限公司、5% 以上股东新疆维吾尔自治区畜牧总站持有的流通股数量（89,105,998 股）后剩余股份数为 29,773,943 股（占总股本的 9.51%），自然人股东户数占剔除后前 100 名流通股股东户数的 95.92%，自然人股东持股数量占剔除后前 100 名流通股股东持股数量的 98.28%。

综上，公司投资者以自然人为主，股价已严重偏离基本面，特别提醒广大投资者，注意投资风险，避免概念题材炒作，理性判断，谨慎投资。

1. 股票交易风险提示

（1）二级市场交易风险

公司 2020 年 9 月 3 日股票收盘价较前 20 日收盘价上涨 331.28%，同期创业板综指上涨1.23%，公司股价与同期创业板综指严重偏离；2020年8月19日至9月3日累计换手率为192.79%，且其间4次触及股票交易异常波动，1次触及股票交易严重异常波动。鉴于近期公司股价累计涨幅较大、换手率高，公司特别提醒广大投资者理性投资，注意二级市场交易风险。

（2）公司市净率显著高于同行业平均水平的风险

截至2020年9月3日，公司市净率为48.58，同行业上市公司平均市净率为6.73，本公司市净率显著高于行业平均值。

公司近期经营情况及内外部经营环境未发生重大变化，但短期内公司股价涨幅较高，与同期创业板综指偏离度较大，且显著高于同行业估值水平。本公司郑重提请投资者注意：投资者应充分了解股票市场风险，切实提高风险意识，应当审慎决策、理性投资。

2. 业绩风险

除2017年公司归属于上市公司股东净利润（以下简称"净利润"）为盈利744.43万元以外，公司2015年、2016年、2018年、2019年归属于上市公司股东的净利润分别为－3,566.00万元、－13,962.98万元、－194,574.40万元、－6,079.10万元。公司盈利能力较差。2019年公司收入为22,900.57万元，其中活畜业务收入占比为70%，公司活畜收入主要来自于麦盖提县恒大扶贫项目的安格斯牛进口采购业务，活畜业务毛利率为4.66%，毛利水平较低。公司基本面近期未发生重大变化，目前公司股价缺乏业绩支撑。敬请广大投资者理性投资，注意风险。

3. 被中国证监会立案调查阶段，公司不符合实施发行股份购买资产条件、不符合实施再融资条件的风险

公司于2019年1月23日收到中国证券监督管理委员会《调查通知书》（新证调查字2019001号）。因公司涉嫌信息披露违法违规，根据《中华人民共和国证券法》的有关规定，中国证券监督管理委员会决定对公司进行立案调查。目前，公司正处于中国证监会的立案调查阶段，提请投资者关注以下规定对公司可能产生的影响：

（1）根据《上市公司重大资产重组管理办法》第四十三条上市公司发行股份购买资产，应当符合下列规定：

（三）上市公司及现任董事、高级管理人员不存在因涉嫌犯罪被司法机关立案侦查或涉嫌违法违规正被中国证监会立案调查的情形，但是涉嫌犯罪或者违法违规的行为已经终止满3年，交易方案有助于消除该行为可能造成的不良后果，且不影响对相关行为人追究责任的除外。

(2) 根据《创业板上市公司证券发行注册管理办法（试行）》第十条上市公司存在下列情形之一的，不得向不特定对象发行股票："……（二）上市公司及其现任董事、监事和高级管理人员最近三年受到中国证监会行政处罚，或者最近一年受到证券交易所公开谴责，或者因涉嫌犯罪正在被司法机关立案侦查或者涉嫌违法违规正在被中国证监会立案调查；第十一条上市公司存在下列情形之一的，不得向特定对象发行股票：（三）现任董事、监事和高级管理人员最近三年受到中国证监会行政处罚，或者最近一年受到证券交易所公开谴责。"

目前，公司仍处于立案调查阶段，不符合《上市公司重大资产重组管理办法》规定的发行股份购买资产条件，不符合《创业板上市公司证券发行注册管理办法（试行）》规定的向特定对象、不特定对象发行股票条件，向不特定对象发行可转换公司债券的条件。截至本公告发布日，中国证监会调查工作仍在进行中，公司尚未收到中国证监会就上述立案调查事项的结论性意见或决定。公司存在处罚风险，敬请广大投资者理性投资，注意风险。

4. 资金链紧张的风险

受未决诉讼案件及证监会立案调查影响，公司融资能力变弱，流动性受限；因疫情影响，公司产能有所下降，销售开展和应收款回收受到一定影响，而养殖成本费用均正常发生；诉讼案件致使公司支付律师费、诉讼费等相关费用，加大流动性压力。2020 年 6 月 30 日，公司货币资金余额为 1,734.84 万元，短期借款、长期借款余额合计 18,988.83 万元，公司资产负债率为 85.14%，流动比率为 0.0897，公司存在资金链紧张的风险。

5. 保留意见事项未消除风险

因公司被合同诈骗事项尚未结案，2019 年年报审计会计师尚无法就公司对大象广告有限责任公司控制权及相关列报处理获取充分、适当的审计证据，无法确定是否有必要对这些金额进行调整，因此对公司 2019 年年度审计报告形成保留意见，且因公司对大象广告借款担保及立案调查等事项影响，认为存在可能导致对公司持续经营能力产生重大疑虑的重大不确定性。目前，上述保留意见事项未消除，不符合《上市公司重大资产重组管理办法》规定的发行股份购买资产条件，不符合《创业板上市公司证券发行注册管理办法（试行）》规定的向特定对象、不特定对象发行股票条件，向不特定对象发行可转换公司债券的条件。公司存在保留意见事项未消除的风险，敬请广大投资者理性投资，注意风险。

6. 控股股东股票高质押及后续债务解决存在不确定性的风险

截至目前，公司控股股东天山农牧业发展有限公司（以下简称"天山农牧业"）持有公司股份 57,426,801 股，占公司总股本的 18.35%，天山农牧业控制下的呼图壁县天山农业发展有限公司持有公司股份 11,784,511 股，占公司总股本的 3.77%，上述股份全部处于质押状态。此前，由于公司股价长期低于质押协议约定的平仓线，且相关债务逾期未偿还，该质押处于违约状态，具有高平仓风险。

由于公司实控人李刚先生和公司控股股东天山农牧业多投资于农牧领域，农牧业投资周期长，回报慢，且资产绝大多数涉农，融资能力有限，质押置换和债务偿还均存在较大障碍。因豁免承诺事项未通过公司股东大会审议通过，后续债务解决存在不确定性，请投资者注意投资风险。

7. 诉讼风险

截至目前，公司被大象广告合同诈骗事项涉及刑事案件尚未结案，相关 33 个交易对方的撤销交易之诉尚处于管辖权异议阶段，最终认定结果均存在不确定性，敬请广大投资者理性投资，注意风险。

8. 承担担保责任风险

公司为大象广告向浙商银行申请的剩余不超过 5,600 万元银行借款提供担保。鉴于目前大象广告公司偿债能力存在重大不确定性，公司将存在履行担保责任的风险。

9. 牛育肥业务对业绩影响不确定性风险

近期媒体报道牛肉价格持续走高。公司全资子公司通辽天山牧业从事肉牛育肥业务，该公司成立于 2020 年 5 月，经营时间较短，截至目前存栏量育肥牛 596 头，尚未出栏，未对公司收入和利润产生贡献。截止到 2020 年 6 月 30 日，公司的资产负债率为 85.14%，公司的流动比率为 0.0897，流动比率指标相对较低，公司可能存在一定的短期偿债风险。虽然公司已对肉牛育肥业务所需的资金、人员、销售渠道、订单等方面做了筹划，但受资金到位进度、人员磨合程度、架子牛收购情况、育肥后期养殖受天气情况、管理水平、饲料营养、牧场环境、育肥出栏进度以及当时的市场价格、动物疫病等多种因素影响，牛育肥业务对公司业绩的影响具有不确定性。特别提醒广大投资者，注意投资风险，避免概念题材炒作，理性判断，谨慎投资。

一、股票交易异常波动的情况介绍

天山生物连续两个交易日内日收盘价涨幅偏离值累计达 30%，根据深圳证券交易所的有关规定，属于股票交易异常波动的情况。

二、说明关注、核实情况

针对公司股票交易异常波动，公司董事会对公司、控股股东及实际控制人等就相关事项进行了核实，现将有关情况说明如下：

1. 公司未发现前期披露的信息存在需要更正、补充之处。

2. 公司未发现近期公共传媒报道了可能或已经对本公司股票交易价格产生较大影响的未公开重大信息。

3. 公司目前经营情况及内外部经营环境未发生重大变化。

4. 经核查，公司、控股股东和实际控制人不存在关于本公司的应披露而未披露的重大事项，也不存在处于筹划阶段的其他重大事项。

5. 经核查，公司、控股股东和实际控制人在股票异常波动期间不存在买卖公司股票的情形。

6. 经自查，公司不存在违反公平信息披露规定的情形。

三、是否存在应披露而未披露信息的说明

公司董事会确认，除已公告事项外，公司目前没有任何根据深交所《创业板股票上市规则》等有关规定应予以披露而未披露的事项或与该事项有关的筹划、商谈、意向、协议等；董事会也未获悉公司有根据深交所《创业板股票上市规则》等有关规定应予以披露而未披露的、对公司股票及其衍生品种交易价格产生较大影响的信息；公司前期披露的信息不存在需要更正、补充之处。

四、必要的风险提示

本公司郑重提请投资者注意：投资者应充分了解股票市场风险及本公司披露的风险提示，切实提高风险意识，应当审慎决策、理性投资。风险提示详见本公告特别风险提示。

公司郑重提醒广大投资者：《证券时报》《上海证券报》及巨潮资讯网为公司选定的信息披露媒体，公司所有信息均以在上述指定媒体刊登的信息为准，请广大投资者理性投资，注意风险。

(http://static.cninfo.com.cn/finalpage/2020－09－04/1208390027.PDF)

交易策略

股民都有赚钱的渴望，都希望以小博大；但大多数股民都有个相同的问题，看见股票上涨就害怕，股票下跌反而不慌了，正因为如此，很多人炒股时间很长，却一直没有赚钱。

股市大炒家杰西·利弗莫尔说过："我很早就发现华尔街没有什么新的东西，也不可能有什么新东西，因为股票投机历史悠久，今天在股市发生的一切都在以前发生过，也将在未来不断地发生。我进场之前就知道我判断正确的时候，我总会赚到钱。使我犯错误的是没有足够的毅力按计划做，即只有在先满足我入场条件时才入场……"这段话，在我看来今天依然非常实用。

大家都知道，无论是股市大炒家杰西·利弗莫尔，还是期货作手斯坦利·克罗，都是在找出每个市场中持续进行的主趋势，然后顺着这个主控全局的趋势交易，这才是顺势交易；否则就不要进场！斯坦利·克罗说，一旦趋势确立，他希望能赶紧上车，不管是在主趋势的反转之处进场，还是在支撑点显著突破处（做空时）或压力点显著突破之处（做多时）进场都可以，但他永远都处于持续性的主要趋势中。

以我之见，天山生物 2020 年 8 月 24 日之前的 3 个涨停板，正是最显著的突破之处。突破后恰逢创业板注册制新规实行的台风口，台风口就是大胆做多的时候，更是大胆做多龙头股的时候。股市里的台风口没有出现的时候，一些股价尽管有了突破，但很少会扶摇直上，直至出现台风口。

突破＋台风口＝暴利。这是盈利的法宝。

在股市里，等待突破、等待台风口出现才是最能自控的交易者！

遗憾的是许多人不会等待突破、不会乘风而行，而是整天、整月乃至整年浸泡在股市里面博差价。

为什么不能等待突破、为什么不在风口上行动？这是人性使然，也源自大多数人不能认识自己。

"人啊，认识你自己！"这是雅典德尔菲神庙里祭奠太阳神阿波罗的石柱上镌刻的一句举世闻名的哲学名言。

人们最不容易做到的就是认识自己，老子说过"知人者智，自知者明"。

东西方文化不同，但在认识自己的角度上却殊途同归。股市里的每一个交易者，都要认识自己，认识自己对趋势的判断、对题材的把握、对盘中主力的了解、对技术的运用、对资金的管理、对纪律的执行是否正确。只有认识自己，你才能知道你要干什么、你将如何干，你才能知道下一步应该怎么走。

一个台风口过去了，下一个台风口又在什么地方？应该在你我都会等待的地方。

第三章
浪尖上的天山生物

第一节 强者恒强

2020年9月3日美股闪崩,美三大股指重挫,道指狂泻逾800点,纳指跌近5%。2020年9月4日星期五,开盘后四大指数及天山生物全部跳空低开(见图3—1、图3—2、图3—3、图3—4、图3—5、图3—6)。

同步	代码	名称	涨幅%	现价	振幅%	换手%	量比	地区	细分行业
1	999999	上证指数	-1.43	3336.41	0.00	0.01	3.27		
2	399001	深证成指	-1.96	13501.91	0.00	0.03	3.20		2020.9.4开盘数据
3	399005	中小板指	-2.20	8957.98	0.00	0.03	3.08		
4	399006	创业板指	-2.06	2690.29	0.00	0.09	3.52		
5	300313	天山生物	-9.50	20.96	0.00	0.59	5.30	新疆	农业综合

图3—1 2020年9月4日四大指数及天山生物开盘数据

图 3-2　2020 年 9 月 4 日天山生物开盘数据

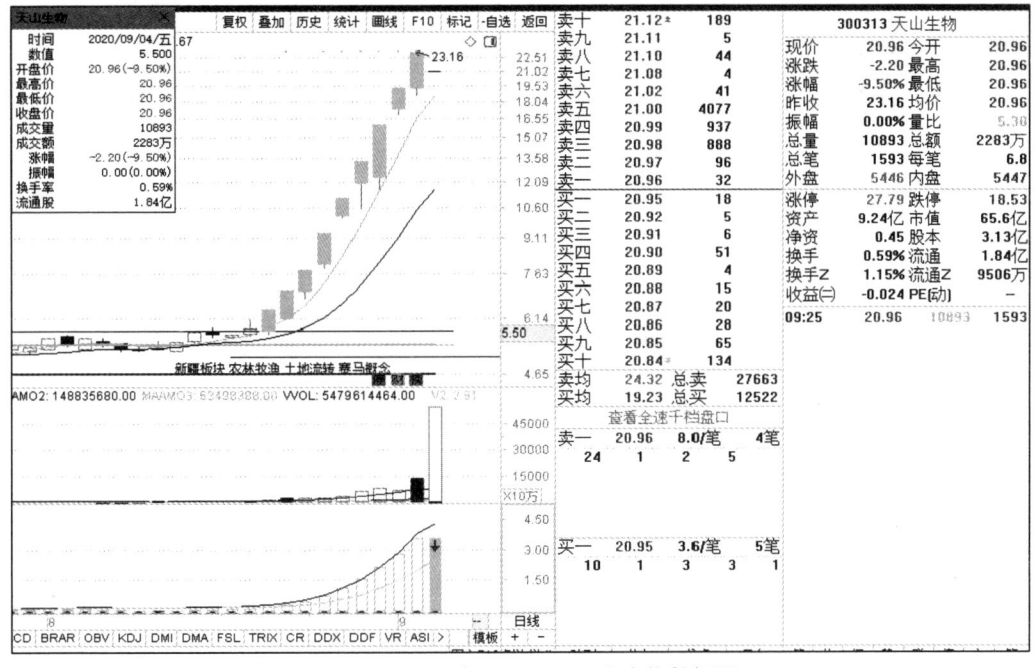

图 3-3　2020 年 9 月 4 日天山生物数据图

2020年9月4日，虽然天山生物接近跌停板跳空低开，但开盘后稍微下探之后即反弹，回调之后则迅速上涨（见图3-5），最终以阳线报收，上涨幅度为3.93%（见图3-5）。

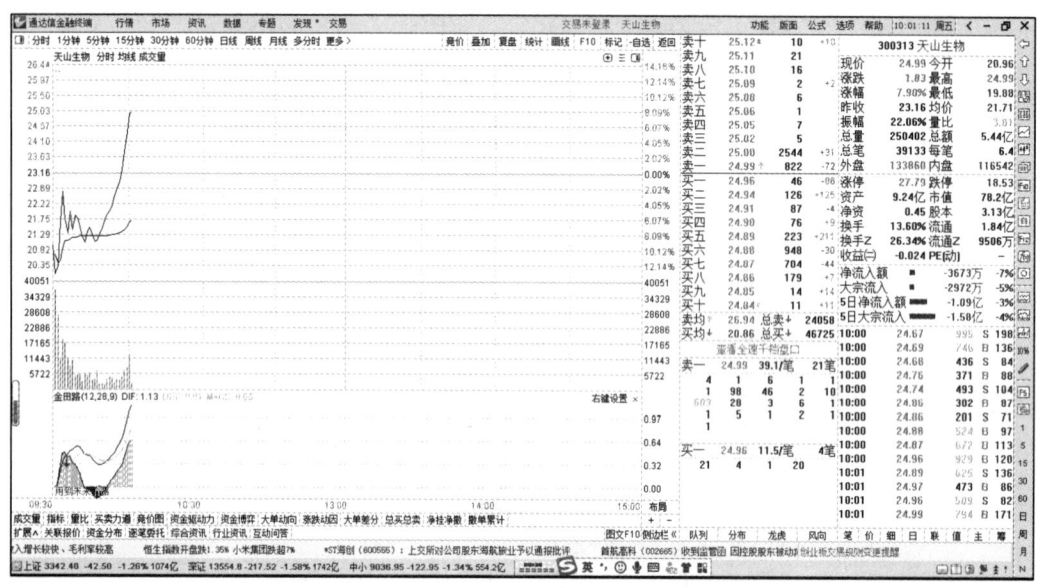

图3-4 2020年9月4日天山生物分时走势图

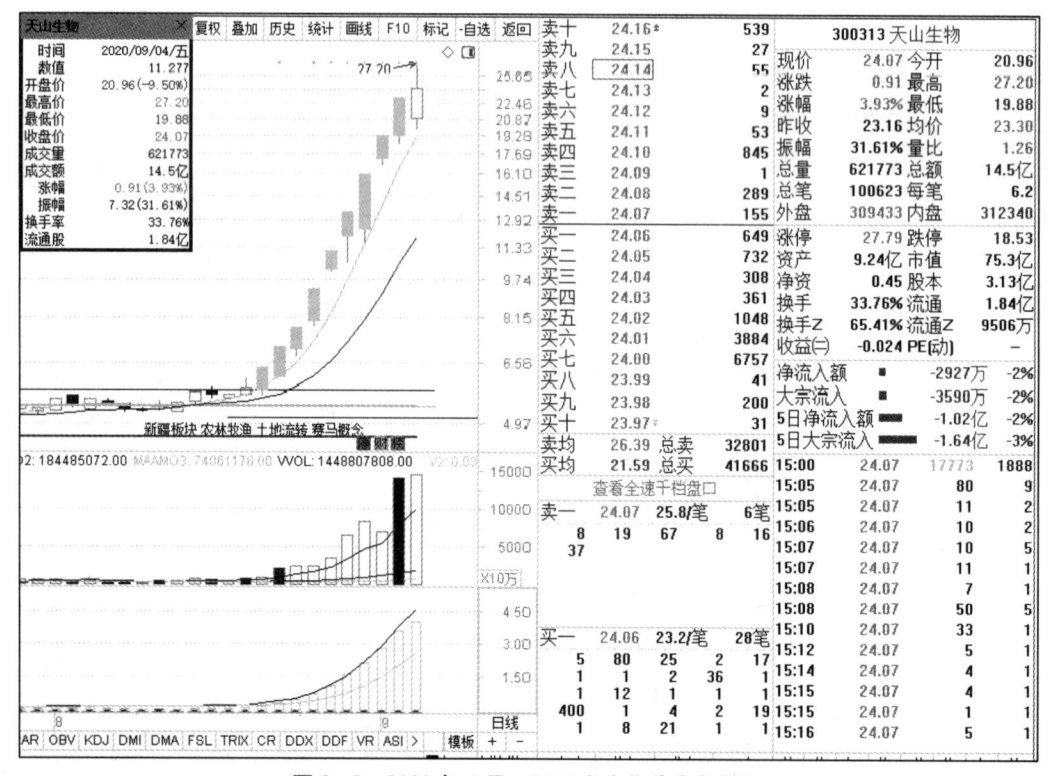

图3-5 2020年9月4日天山生物收盘数据图

第三章 浪尖上的天山生物

2020年9月4日，四大指数均以阴线报收，而在此环境之下，天山生物走势依然很强（见图3—7）。

同步	代码	名称	涨幅%	现价	振幅%	换手%	量比	地区	细分行业
1	999999	上证指数	-0.87	3355.37	0.93	0.61	0.82	2020.9.4收盘数据	
2	399001	深证成指	-0.84	13656.66	1.40	2.39	0.95		
3	399005	中小板指	-0.82	9084.62	1.60	1.79	0.91		
4	399006	创业板指	-0.54	2732.15	1.93	6.52	1.07		
5	300313	天山生物	3.93	24.07	31.61	33.76	1.26	新疆	农业综合

图3-6　2020年9月4日四大指数及天山生物收盘数据

如果你在8月24日上车、9月4日下车，7个交易日，你的获利幅度是210.18%（见图3—7）；正像股谚所云"炒股就像吃甘蔗，掐头去尾吃中间，中间一段最甜"，选择中间，既省去了选股的困惑，又避免了顶部的风险，何乐不为。

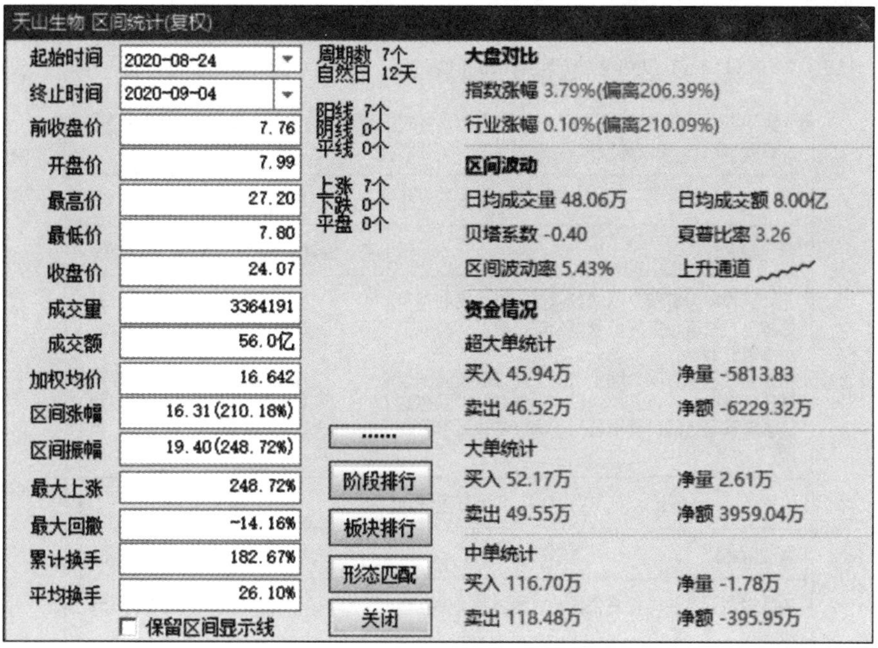

图3-7　天山生物区间统计

2020年9月7日，天山生物在各路游资的炒作下又封板了（见图3—8），这是天山生物第七个20%的涨停板（共10板）。

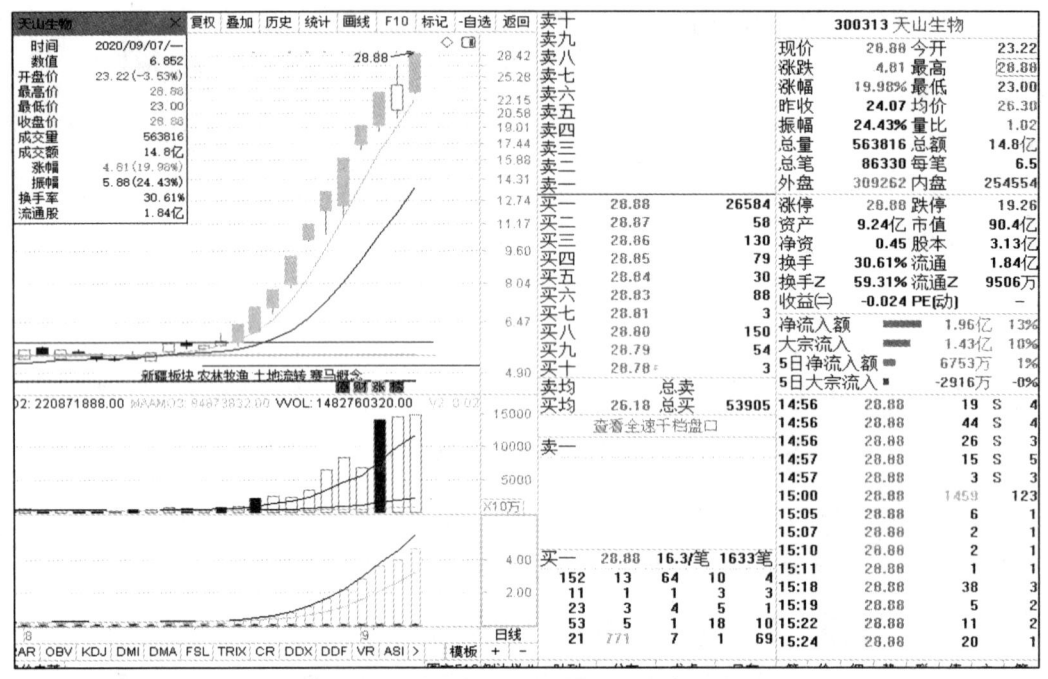

图 3-8 2020 年 9 月 7 日天山生物第十个涨停板

从 2020 年 9 月 7 日龙虎榜数据中我们看到，游资在交易（见图 3-9）。

图 3-9 2020 年 9 月 7 日龙虎榜数据

第二节 历史性的一刻

2020年9月8日,天山生物又再度封板,这是第八个20%的涨停板,合计已经是第十一个涨停板了(见图3—10、图3—11、图3—12)。

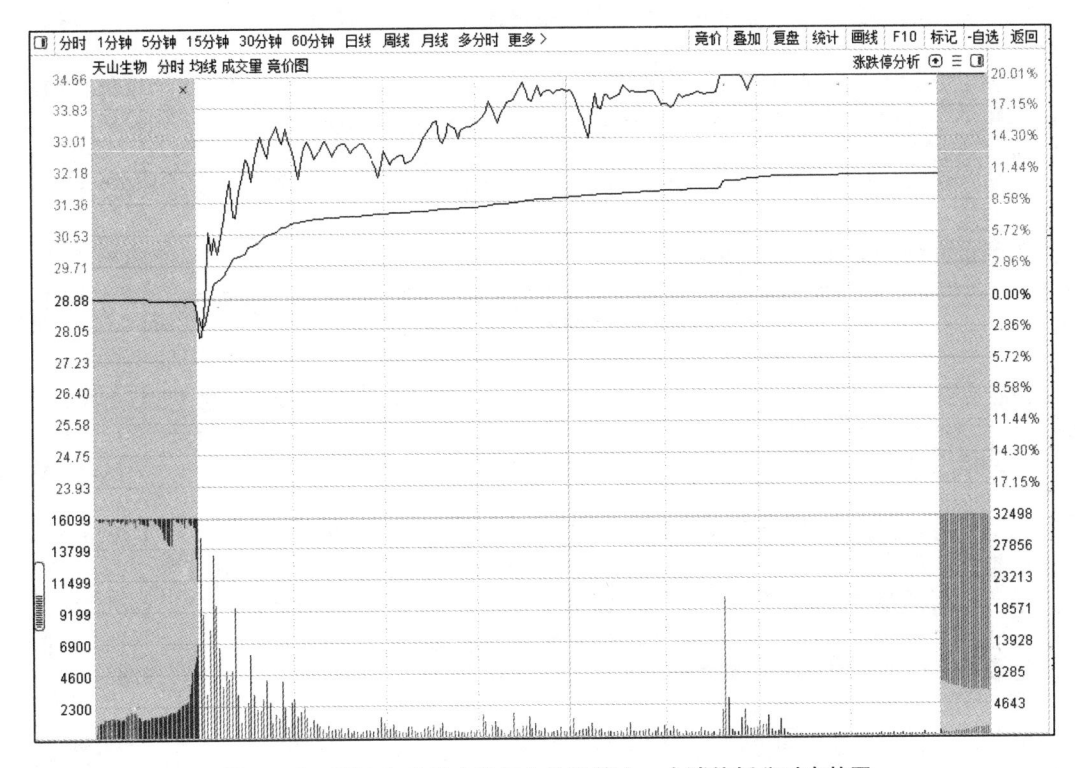

图3—10 2020年9月8日天山生物第十一个涨停板分时走势图

●交易日期:2020-09-08　信息类型:有价格涨跌幅限制的连续3个交易日内收盘价格涨幅偏离值
涨跌幅(%):20.01　成交量(万股):4889.60　成交额(万元):156644.49

买入前五营业部		
营业部名称	买入金额(万元)	卖出金额(万元)
国泰君安证券股份有限公司南京太平南路证券营业部	2844.74	88.72
东莞证券股份有限公司北京分公司	2736.86	1248.75
西藏东方财富证券股份有限公司拉萨团结路第二证券营业部	2480.84	3034.61
东方财富证券股份有限公司拉萨东环路第二证券营业部	2360.68	2405.84
招商证券股份有限公司深圳深南东路证券营业部	1988.44	828.11

卖出前五营业部		
营业部名称	买入金额(万元)	卖出金额(万元)
中国银河证券股份有限公司北京阜成路证券营业部	43.70	3371.97
西藏东方财富证券股份有限公司拉萨团结路第二证券营业部	2480.84	3034.61
东方财富证券股份有限公司拉萨东环路第二证券营业部	2360.68	2405.84
国泰君安证券股份有限公司上海江苏路证券营业部	1290.94	2341.54
财信证券有限责任公司杭州庆春路证券营业部	1737.85	2027.43

图3-11　2020年9月8日天山生物龙虎榜数据

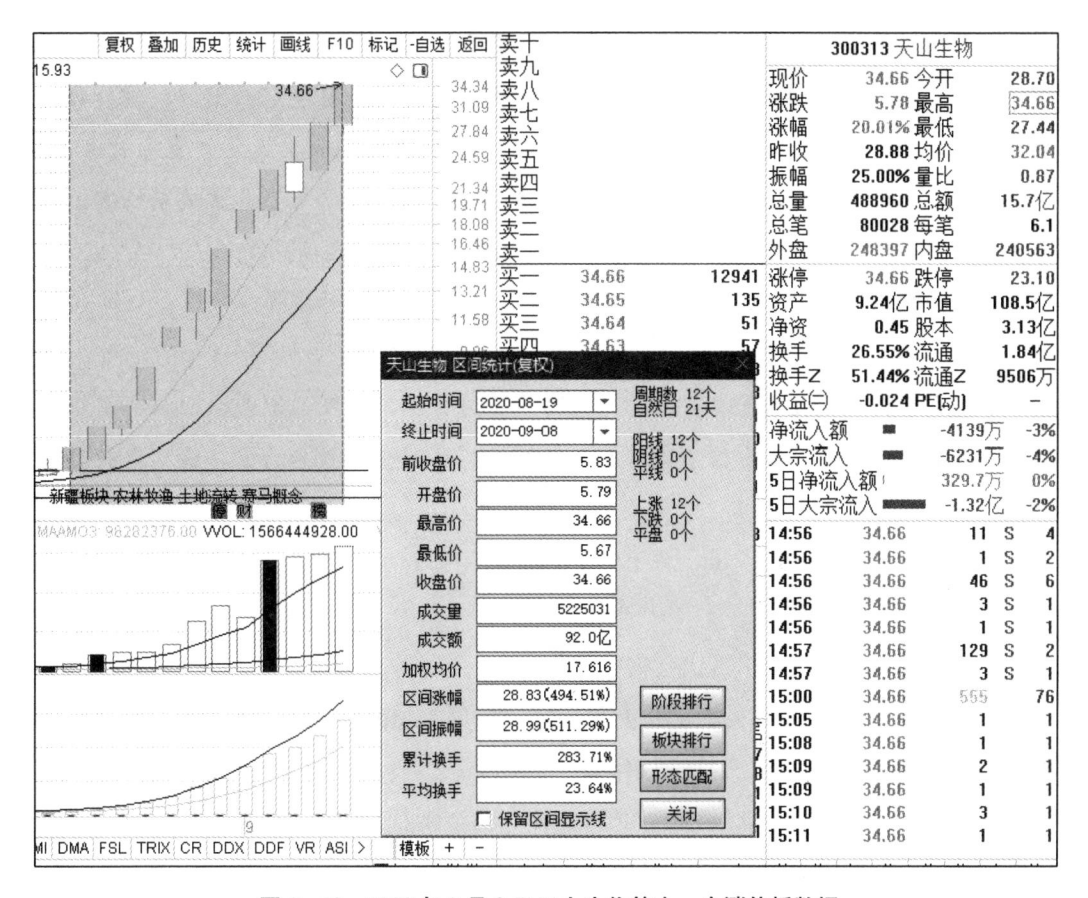

图 3-12 2020 年 9 月 8 日天山生物第十一个涨停板数据

2020 年 9 月 8 日可谓是历史性一刻，创业板成交 3374.56 亿，首次超过了沪指的 3202.30 亿！上证指数报收 3316.42 点，上涨 0.72%，成交额 3202.30 亿；深证成指报收 13293.33 点，上涨 0.07%，成交额 6041.53 亿；创业板指报收 2650.63 点，上涨 0.36%，成交额 3374.56 亿。沪深两市合计成交 9243.83 亿。

当天，天山生物连续 12 天上涨，区间涨幅达 494.51%。

第三节 天山生物再次遭遇"特停"

2020 年 9 月 8 日 20:48，天山生物再次发布《股票交易异常波动暨停牌核查公告》：

新疆天山畜牧生物工程股份有限公司（以下简称"公司"）2020 年 9 月 7 日、2020 年 9 月 8 日连续 2 个交易日股票收盘价格涨幅偏离值累计超过 30%，根据《深圳证券交易所交易规则》的有关规定，属于股票交易异常波动的情况。

公司股票自2020年8月19日至9月8日收盘价累计涨幅为494.51%，累计换手率为283.71%，其间5次触及股票交易异常波动，1次触及股票交易严重异常波动。因近期公司股价异常波动，为维护投资者利益，公司将就股票交易异常波动情况进行核查。经公司申请，公司股票（股票简称：天山生物，股票代码：300313）自2020年9月9日开市起停牌，自披露核查公告后复牌。公司提醒广大投资者注意二级市场交易风险。

公司郑重提醒广大投资者：《证券时报》《上海证券报》及巨潮资讯网为公司选定的信息披露媒体，公司所有信息均以在上述指定媒体刊登的信息为准，请广大投资者理性投资，注意风险。

(http://static.cninfo.com.cn/finalpage/2020－09－09/1208414012.PDF)

这一次深交所再次要求天山生物停牌核查！

这一次深交所直接下狠手，长方集团（300301）、豫金刚石（300064）双双"特停"，天山生物更是第二次"特停"。

2020年9月22日，天山生物、长方集团、豫金刚石复牌。复牌的3只"妖股"均以跌停板开盘，结果盘中全部开板！豫金刚石则上演了"地天板"，这是创业板第一根40CM，真的可以载入A股历史了（见图3-13、图3-14、图3-15、图3-16、图3-17）。

同步	代码	名称	涨幅%	现价	振幅%	换手%	量比	地区	细分行业
1	999999	上证指数	-0.79	3290.67	0.00	0.01	2.48		
2	399001	深证成指	-0.74	13052.08	0.00	0.02	2.32	2020.9.22	
3	399005	中小板指	-0.64	8687.02	0.00	0.02	2.37	开盘价	
4	399006	创业板指	-0.50	2556.46	0.00	0.05	2.16		
5	300313	天山生物	-19.99	27.73	0.00	0.19	1.51	新疆	农业综合
6	300301	长方集团	-20.00	6.64	0.00	0.30	3.73	深圳	半导体
7	300064	豫金刚石	-20.03	5.31	0.00	0.35	4.40	河南	矿物制品

图3-13 2020年9月22日四大指数及三大"妖股"开盘数据

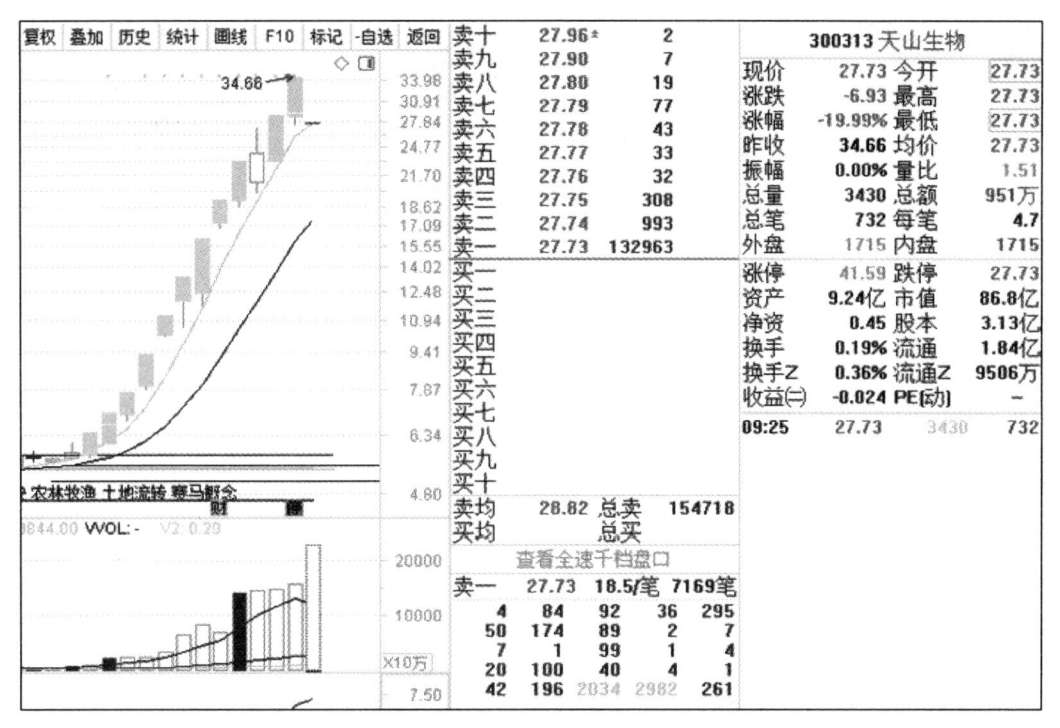

图 3-14　2020 年 9 月 22 日天山生物跌停板开盘

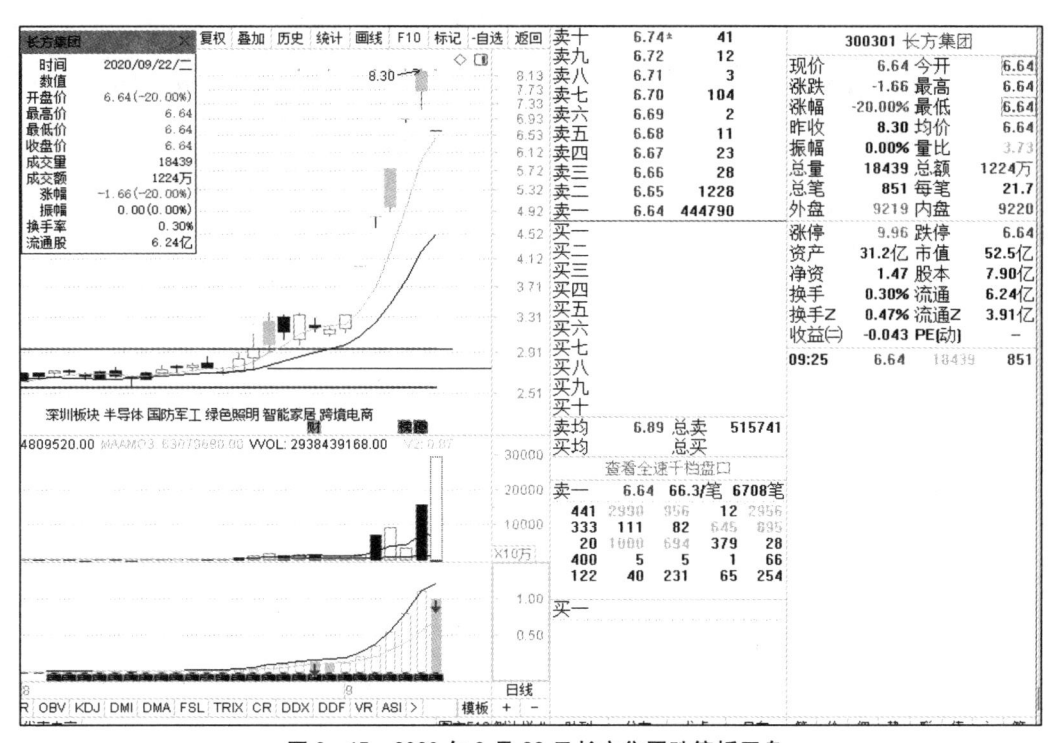

图 3-15　2020 年 9 月 22 日长方集团跌停板开盘

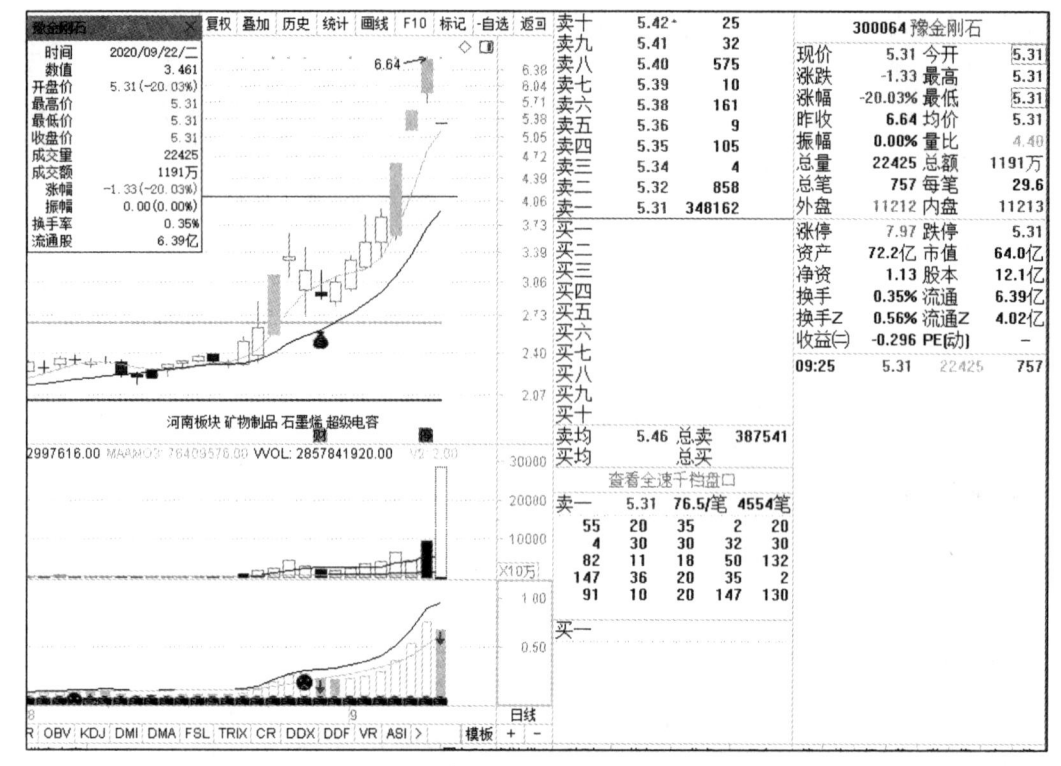

图 3-16 2020 年 9 月 22 日豫金刚石跌停板开盘

同步	代码	名称	涨幅%	现价	振幅%	换手%	量比	地区	细分行业
1	999999	上证指数	-1.29	3274.30	1.64	0.59	1.00		
2	399001	深证成指	-0.96	13023.43	1.75	1.91	0.94		2020.9.22 收盘数据
3	399005	中小板指	-0.93	8661.88	1.79	1.58	0.96		
4	399006	创业板指	-0.53	2555.54	1.92	4.53	0.89		
5	300313	天山生物	-19.99	27.73	15.20	29.19	0.99	新疆	农业综合
6	300301	长方集团	-20.00	6.64	18.80	39.14	2.06	深圳	半导体
7	300064	豫金刚石	8.13	7.18	40.06	35.47	1.85	河南	矿物制品

图 3-17 2020 年 9 月 22 日四大指数及三大"妖股"收盘数据

交易策略

买进天山生物就是顺势，你看了几本、几十本乃至上百本股票书，或许对顺势而为的思想深入骨髓，但你看到天山生物的上涨，或许才真正弄懂了顺着风口去操作才叫真正的顺势而为，其他都是纸上谈兵。

这个势何时结束？只要你学会量化分析，就能把握住主力运作的幅度，不到主力出局的时候就大胆地与庄共舞，才能大幅度地锁定利润。

第四章
媒体的作用力

2020年9月9日，当天山生物遭遇再次"特停"后，的确起到了杀一儆百的作用。

第一节 新华时评——坚决遏制创业板炒小炒差"歪风"

2020年9月9日18:31新华时评：新华社记者刘慧发表了一篇文章《坚决遏制创业板炒小炒差"歪风"》（见图4－1、图4－2）。

新华时评：坚决遏制创业板炒小炒差"歪风"-新华网

www.xinhuanet.com 2020-09-09 18:31

新华社北京9月9日电 题：坚决遏制创业板炒小炒差"歪风"

新华社记者刘慧

图4－1 新华时评截图

> **坚决遏制创业板炒小炒差"歪风"**
>
> 2020年09月10日 11:12:33　来源：新华每日电讯7版　【字号 大小】【留言】【打印】【关闭】
>
> 近期，"天山XX""豫XX石""长方XX"等少数流通市值小、价格低、基本面差的创业板股票，股价短期快速上涨，炒作现象突出，受到市场高度关注。
>
> 股价疯狂的背后是显而易见的炒作。以"天山XX"为例，在短短12个交易日内，其股价已实现近5倍涨幅。对于一个连年亏损、毫无业绩支撑的上市公司来说，这种股价表现早已脱离了其实际价值。前赴后继的投资者也将自己置身于击鼓传花的危险游戏中。

图4-2　新华每日电讯

下面是新华社记者刘慧《坚决遏制创业板炒小炒差"歪风"》一文的原文：

(2020年09月10日 11:12:33　来源：新华每日电讯7版)

近期，"天山××""豫××石""长方××"等少数流通市值小、价格低、基本面差的创业板股票，股价短期快速上涨，炒作现象突出，受到市场高度关注。

股价疯狂的背后是显而易见的炒作。以"天山××"为例，在短短12个交易日内，其股价已实现近5倍涨幅。对于一个连年亏损、毫无业绩支撑的上市公司来说，这种股价表现早已脱离了其实际价值。前赴后继的投资者也将自己置身于击鼓传花的危险游戏中。

在创业板试点注册制落地初期，这种炒小炒差的"歪风"容易形成恶劣的示范效应，不利于各项改革措施的平稳运行及资本市场健康稳定发展。此风绝不可长，监管部门该出手时就要出手。

8月27日，"天山××"触发严重异常波动标准，深交所根据创业板上市规则要求公司停牌核查，并对该股交易持续重点监控。9月8日"天山××"又一次触发异常波动标准，深交所依规再次对其要求停牌核查。"豫××石""长方××"交易与"天山××"具有相似特征，均触发严重异常波动标准，两家公司同样被要求停牌核查。

买入以个人投资者为主、户均交易金额小、持股集中度明显下降、短线交易特征明显……在交易所的密切监控下，"天山××"等股票本轮炒作的模式被一一"解剖"，其中部分交易可能涉嫌新型股价操纵行为。

随着注册制试点改革的落地，创业板正朝着越来越市场化的方向发展，也为市场功能的发挥打开越来越多的空间。对市场"不干预"的同时，监管一定会对市场乱象保持"零容忍"的高压态势，交易所密集出手已经释放出了鲜明的信号。

对于投资者来说，价值投资、长期投资才是参与创业板交易的制胜法宝。面对脱离公司业绩的炒作，应该树立风险意识，切忌炒小炒差，避免遭受不必要的投资损失，依法合规参与交易，共同维护市场秩序，促进市场健康稳定发展。

(记者刘慧)

新华社北京 9 月 9 日电

其间，新华社还发布了刘道伟、王琪作的漫画（见图 4-3、图 4-4）。

炒小炒差有风险　　　　　　　　　　　　　　新华社发　刘道伟　作

图 4-3　刘道伟"炒小炒差有风险"漫画

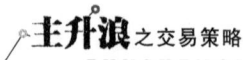

图 4-4 王琪"遏制炒差'歪风'"漫画

在媒体的署名文章、署名漫画发布的当口，2020 年 9 月 9 日，创业板 850 只股票中仅有 156 只以红盘报收，13 只股平盘，下跌股高达 681 只（占比 80%）。沪深两市 3977 只股票中，红盘股票仅仅 687 只，98 只股平盘，下跌股高达 3191 只（占比 80%）。

第二节　一石激起千层浪

2020 年 9 月 10 日星期四，沪深两市 3979 只股票，红盘的仅 499 只，除 45 只停牌、平盘外，3435 只股票全部下跌收阴（见图 4-5、图 4-6、图 4-7）。

▼2020-9-10 代码	名称		涨幅%	现价	振幅%	换手%	量比	地区	细分行业
487 002595	豪迈科技	R	0.07	27.42	4.93	1.02	0.76	山东	专用机械
488 600233	圆通速递	R	0.07	15.01	4.27	1.07	0.46	辽宁	仓储物流
489 600421	ST仰帆		0.06	15.62	3.97	0.23	0.51	湖北	综合类
490 603987	康德莱		0.06	16.11	5.96	1.48	0.80	上海	医疗保健
491 603909	合诚股份		0.06	17.51	9.60	2.91	1.06	福建	建筑工程
492 601318	中国平安	R	0.05	76.52	1.23	0.49	0.86	深圳	保险
493 000021	深科技		0.05	20.51	4.00	1.74	0.70	深圳	IT设备
494 002675	东诚药业		0.04	24.00	4.59	1.05	0.83	山东	化学制药
495 688018	乐鑫科技	K	0.04	162.95	2.71	1.22	0.98	上海	半导体
496 600259	广晟有色	R	0.03	31.27	2.34	0.85	0.99	海南	小金属
497 603589	口子窖	R	0.02	52.60	3.61	1.08	0.58	安徽	白酒
498 002901	大博医疗		0.01	89.23	4.28	2.65	0.71	福建	医疗保健
499 603338	浙江鼎力	R	0.01	95.32	4.18	0.64	1.14	浙江	专用机械
500 603389	*ST亚振		0.00	4.05	5.19	2.06	4.18	江苏	家居用品
501 603158	腾龙股份		0.00	21.85	3.71	1.00	0.66	江苏	汽车配件
502 601577	长沙银行	R	0.00	9.01	2.00	1.60	1.20	湖南	银行
503 600870	ST厦华		0.00	2.78	3.96	0.62	1.77	福建	家用电器
504 600674	川投能源	R	0.00	9.92	2.02	0.24	1.36	四川	水力发电

图 4-5　2020 年 9 月 10 日红盘的股票只有 499 只

▼2020-9-10 代码	名称		涨幅%	现价	振幅%	换手%	量比	地区	细分行业
541 000697	炼石航空		0.00	11.77	4.84	2.02	1.25	陕西	航空
542 000620	新华联	R	0.00	3.86	3.89	0.36	0.97	北京	全国地产
543 000029	深深房A		--	--	0.00	--	0.00	深圳	区域地产
544 000007	全新好		0.00	9.12	3.84	2.01	0.92	深圳	酒店餐饮
545 002568	百润股份	R	-0.04	50.76	3.25	0.90	0.69	上海	红黄酒
546 002384	东山精密	R	-0.04	25.26	3.48	1.35	0.65	江苏	元器件
547 300443	金雷股份		-0.04	23.37	5.13	4.61	1.05	山东	专用机械
548 002891	中宠股份		-0.05	40.48	4.89	1.59	0.85	山东	饲料
549 000403	双林生物	R	-0.06	34.00	5.09	0.57	0.97	山西	生物制药
550 001979	招商蛇口	R	-0.06	16.17	2.72	0.14	1.17	深圳	全国地产
551 002614	奥佳华		-0.07	15.05	4.32	3.27	0.57	福建	医疗保健
552 601100	恒立液压		-0.08	64.80	4.92	0.43	0.68	江苏	工程机械
553 002841	视源股份		-0.09	98.01	2.96	0.35	0.94	广东	元器件
554 603901	永创智能		-0.10	9.90	5.75	1.71	0.74	浙江	专用机械
555 002773	康弘药业	R	-0.10	47.84	4.78	0.72	0.88	四川	化学制药
556 603032	德新交运	R	-0.11	18.56	4.57	1.41	0.92	新疆	公路
557 603353	和顺石油	N	-0.11	62.45	4.13	1.72	0.58	湖南	石油贸易
558 600153	建发股份	R	-0.11	8.90	3.14	0.54	0.74	福建	商贸代理

图 4-6　2020 年 9 月 10 日停牌、平盘的股票有 45 只

	2020代码10	名称		涨幅%	现价	振幅%	换手%	量比	地区	细分行业
3966	300722	新余国科		-20.01	27.06	17.11	41.82	0.88	江西	专用机械
3967	300591	万里马		-20.02	7.67	18.77	20.91	1.86	广东	服饰
3968	300179	四方达		-20.02	7.31	14.99	21.94	1.08	河南	矿物制品
3969	300414	中光防雷	R	-20.02	14.18	16.41	10.46	0.80	四川	通信设备
3970	300736	百邦科技		-20.03	11.30	14.15	20.47	1.41	北京	通信设备
3971	300210	森远股份		-20.03	4.95	18.26	15.63	0.89	辽宁	专用机械
3972	300185	通裕重工		-20.03	4.83	22.02	26.39	1.15	山东	工程机械
3973	300102	乾照光电		-20.03	9.30	14.19	25.85	1.21	福建	半导体
3974	300099	精准信息	R	-20.04	9.02	14.89	21.20	0.92	山东	电器仪表
3975	300311	任子行	R	-20.04	8.58	15.10	30.68	1.51	深圳	软件服务
3976	300111	向日葵		-20.08	4.14	16.41	14.25	1.04	浙江	化学制药
3977	300343	联创股份	R	-20.10	3.34	18.18	18.93	0.64	山东	互联网
3978	300325	德威新材		-20.10	3.30	16.22	20.51	0.78	江苏	塑料
3979	688559	海目星	K	-24.91	24.00	19.21	51.38	0.71	深圳	专用机械
3980	300888	稳健医疗		--	--	--	--	--	深圳	医疗保健
3981	300887	谱尼测试		--	--	--	--	--	北京	电器仪表
3982	300886	华业香料		--	--	--	--	--	安徽	化工原料
3983	300431	暴风集团		--	--	--	--	0.00	北京	互联网

图 4-7　2020 年 9 月 10 日下跌的股票达 3435 只

2020 年 9 月 10 日，创业板 852 只个股，红盘的仅有 67 只，除停牌、平盘的 13 只外，772 只下跌收阴（见图 4-8、图 4-9、图 4-10）。

	2020代码10	名称		涨幅%	现价	振幅%	换手%	量比	地区	细分行业
55	300763	锦浪科技		0.46	85.55	6.20	3.53	1.27	浙江	电气设备
56	300592	华凯创意		0.45	20.28	8.62	4.91	1.07	湖南	软件服务
57	300136	信维通信	R	0.42	56.74	3.88	2.28	0.86	深圳	通信设备
58	300498	温氏股份	R	0.42	21.52	2.10	0.58	0.54	广东	农业综合
59	300607	拓斯达		0.40	42.33	3.56	4.22	1.12	广东	专用机械
60	300214	日科化学		0.38	10.48	6.99	7.20	1.07	山东	化工原料
61	300750	宁德时代	R	0.35	184.96	2.71	1.21	0.66	福建	电气设备
62	300144	宋城演艺	R	0.28	17.62	4.33	0.83	0.80	浙江	旅游景点
63	300463	迈克生物	R	0.27	47.73	2.35	0.68	0.92	四川	医疗保健
64	300792	壹网壹创	N	0.19	137.92	4.02	1.99	0.78	浙江	互联网
65	300169	天晟新材		0.09	11.15	2.87	3.21	1.20	江苏	塑料
66	300147	香雪制药		0.09	11.43	11.82	8.11	0.90	广东	中成药
67	300676	华大基因	R	0.07	133.50	4.42	1.95	0.69	深圳	医疗保健
68	300715	凯伦股份		0.00	63.50	4.38	1.73	0.57	江苏	其他建材
69	300712	永福股份		0.00	15.95	7.90	12.49	1.22	福建	建筑工程
70	300665	飞鹿股份		--	--	0.00	--	0.00	湖南	染料涂料
71	300551	古鳌科技		0.00	33.00	6.67	2.76	0.93	上海	IT设备
72	300413	芒果超媒	R	0.00	64.20	2.65	0.69	0.64	湖南	影视音像

图 4-8　2020 年 9 月 10 日创业板红盘股票 67 只

	代码 2020-9-10	名称		涨幅%	现价	振幅%	换手%	量比	地区	细分行业
73	300405	科隆股份		--	--	0.00	--	0.00	辽宁	化工原料
74	300313	天山生物		--	--	0.00	--	0.00	新疆	农业综合
75	300301	长方集团		--	--	0.00	--	0.00	深圳	半导体
76	300299	富春股份	R	--	--	0.00	--	0.00	福建	互联网
77	300128	锦富技术	R	--	--	0.00	--	0.00	江苏	元器件
78	300073	当升科技	R	--	--	0.00	--	0.00	北京	矿物制品
79	300064	豫金刚石		--	--	0.00	--	0.00	河南	矿物制品
80	300015	爱尔眼科	R	0.00	49.02	3.92	0.55	0.70	湖南	医疗保健
81	300443	金雷股份		-0.04	23.37	5.13	4.61	1.05	山东	专用机械
82	300274	阳光电源	R	-0.15	20.35	4.47	1.42	0.96	安徽	电气设备
83	300751	迈为股份		-0.17	295.51	3.02	1.86	0.83	江苏	专用机械
84	300347	泰格医药	R	-0.18	99.83	2.89	1.03	0.78	浙江	医疗保健
85	300225	金力泰		-0.18	11.01	6.89	7.56	0.45	上海	染料涂料
86	300566	激智科技		-0.21	33.76	3.81	2.58	0.90	浙江	元器件
87	300454	深信服	R	-0.22	201.05	3.78	0.69	1.08	深圳	软件服务
88	300121	阳谷华泰		-0.31	9.75	5.62	0.92	0.96	山东	化工原料
89	300450	先导智能	R	-0.32	40.47	3.33	0.93	0.86	江苏	专用机械
90	300013	新宁物流		-0.34	8.88	20.88	16.42	1.13	江苏	仓储物流

图 4-9　2020 年 9 月 10 日创业板停牌、平盘股票 13 只

	代码 2020-9-10	名称		涨幅%	现价	振幅%	换手%	量比	地区	细分行业
847	300102	乾照光电		-20.03	9.30	14.19	25.85	1.21	福建	半导体
848	300099	精准信息	R	-20.04	9.02	14.89	21.20	0.92	山东	电器仪表
849	300311	任子行	R	-20.04	8.58	15.10	30.68	1.51	深圳	软件服务
850	300111	向日葵		-20.08	4.14	16.41	14.25	1.04	浙江	化学制药
851	300343	联创股份	R	-20.10	3.34	18.18	18.93	0.64	山东	互联网
852	300325	德威新材		-20.10	3.30	16.22	20.51	0.78	江苏	塑料
853	300896	爱美客		--	--	--	--	--	北京	医疗保健
854	300895	铜牛信息		--	--	--	--	--	北京	软件服务
855	300893	松原股份		--	--	--	--	--	浙江	汽车配件
856	300892	品渥食品		--	--	--	--	--	上海	食品
857	300891	惠云钛业		--	--	--	--	--	广东	化工原料
858	300890	翔丰华		--	--	--	--	--	深圳	矿物制品
859	300889	爱克股份		--	--	--	--	--	深圳	电气设备
860	300888	稳健医疗		--	--	--	--	--	深圳	医疗保健
861	300887	谱尼测试		--	--	--	--	--	北京	电器仪表
862	300886	华业香料		--	--	--	--	--	安徽	化工原料
863	300431	暴风集团		--	--	--	--	0.00	北京	互联网
864	300362	天翔环境		--	--	--	--	0.00	四川	环境保护

图 4-10　2020 年 9 月 10 日创业板下跌股票 772 只

第三节　一天市值蒸发上千亿

一篇文章导致股灾，一天市值蒸发上千亿，中国股市和这篇文章的作者被股民送上热搜（见图4—11）。

> **原创** 一篇时评引发的A股鬼故事！
>
> 2020-09-10 22:08
>
> 昨晚，新华社评论文章指出，近期，"天山XX""豫XX石""长方XX"等少数流通市值小、价格低、基本面差的创业板股票，股价短期快速上涨，炒作现象突出，受到市场高度关注。在创业板试点注册制落地初期，这种炒小炒差的"歪风"容易形成恶劣的示范效应，不利于各项改革措施的平稳运行及资本市场健康稳定发展。
>
> 此风绝不可长，监管部门该出手时就要出手。对市场"不干预"的同时，监管一定会对市场乱象保持"零容忍"的高压态势，交易所密集出手已经释放出了鲜明的信号。
>
> 在创业板炒作垃圾股达到高潮之际，这个信号威力巨大，不但掀翻了创业板，也顺带把主板带崩了。
>
> 今日，股市上演了一出鬼故事，简直是可怕，创业板近50只个股跌停，要知道注册制之后涨跌幅是20%，创单日20%跌停家数历史纪录，超340只跌超10%！！

图4-11　一篇时评引发的A股鬼故事

一天市值蒸发上千亿，机构亏损、游资亏损、散户亏损，许多投资人愤怒不平，痛斥那篇时评。看来，针对股市的任何评论文章都应慎之又慎，否则都是得不偿失。

第四节　中国证券监督管理委员会公告

2020年09月11日 20:52 中国证券监督管理委员会公告

〔2020〕61号

现公布《具备证券市场信息披露条件的媒体名单》，自公布之日起生效。

中国证监会　国家新闻出版署

2020年9月11日

证监会9月11日公布《具备证券市场信息披露条件的媒体名单》，自公布之日起生效。以下媒体具备《关于证券市场信息披露媒体条件的规定》规定的条件，可从事证券市场信息披露业务：金融时报、经济参考报、中国日报、中国证券报、证券日报、上海证券报、证券时报，以及其依法开办的互联网站：www.financialnews.com.cn，www.jjckb.cn，www.chinadaily.com.cn，www.cs.com.cn，www.zqrb.cn，www.cnstock.com，www.stcn.com。

据证监会网站消息，中国证监会、国家新闻出版署11日公布《关于证券市场信息披露媒体条件的规定》（以下简称《规定》），自公布之日起施行。

证监会同时公布了《关于证券市场信息披露媒体条件的规定》起草说明（以下简称起草说明），起草说明指出，新修订的《证券法》第八十六条规定：依法披露的信息，应当在证券交易场所的网站和符合国务院证券监督管理机构规定条件的媒体发布。为落实这一要求，明确可从事信息披露业务媒体的条件，有必要制定《规定》。

起草原则方面，提出一是要方便投资者获取信息。二是要有利于降低信息披露成本。三是要有利于维护良好信息传播秩序。四是要有利于为集中统一的电子化披露奠定基础。

《规定》共6条，根据上述原则，对媒体条件及相关事项作了规定：

一是规定从事证券市场信息披露业务的媒体应当是由中央新闻单位主管、经国家新闻出版署批准从事经济类新闻采访报道的日报及其依法开办的互联网站；或者是在本规定发布之前，已经具有依法依规从事证券市场信息披露业务经验的日报及其依法开办的互联网站。

二是规定从事证券市场信息披露业务的媒体应经国家新闻出版署核验合格，且近三年内未因业务行为受过中国证监会或国家新闻出版署行政处罚。

三是规定中国证监会与国家新闻出版署联合发布相关规定，并同步公布具备证券市场信息披露条件的媒体名单。对从事证券市场信息披露业务的媒体实行动态监管，有关媒体不再具备规定条件或出现违法违规情形的，中国证监会、国家新闻出版署将对名单进行调整并重新公布。

四是规定从事信息披露业务的媒体应当遵守法律法规，恪守职业道德，强化自律管理，尽力降低信息披露义务人的成本，自觉承担社会责任。

交易策略

股市从来就不是一个价值投资的地方，反而是一个风险投资的地方。自从企业一上市拿走了投资人的资金，股票脱离了上市公司的控制进入二级市场自由交易的境地，就有了不可预知的风险。因此在股市的投资，最准确的表述应该是风险投资。

风险投资是交易者自知的投资，不是局外人的指点。

如果把价值投资、长期投资当作交易制胜的法宝，会使股民误入歧途。一味地标榜价值投资、长期投资是多么的好，这样的引导对崛起的中国不是好事。如果把市场的资金都引导到喝酒吃药上去，试问中国的高科技企业如何获取资金发展？中国的国防军工如何获取资金发展？反观美国的拉斯达克，高价股都是高科技；对比 A 股，高价股不是酒、就是药……

难道不值得国人深思吗？

难道不值得管理层深思吗??

监管的灵魂到底是什么???

第五章 政策的导向

政策和策略是党的生命、也是国家的生命；国家高层站在世界的高度、国家的高度来制定政策，来指导社会、指导企业的发展方向。

国家政策的导向也会反映到股市里相关上市公司的股票，比如国家关于新能源汽车、关于股改、关于注册制等等相关政策都会在股市里引起剧烈的波澜。

第一节 国家的新能源汽车政策

党中央、国务院高度重视新能源汽车产业发展，将新能源汽车确定为战略性新兴产业。新能源汽车代表汽车产业的发展方向，发展新能源汽车，对我国改善能源结构、减少空气污染、推动产业升级具有积极意义。

比如，国家发改委在"发改高技（2020）1409号"发布的"扩大新能源、新能源汽车等战略性新兴产业投资"指导意见的第六条专门论述了新能源汽车的建设意见：

加快智能及新能源汽车产业基础支撑能力建设。开展公共领域车辆全面电动化城市示范，提高城市公交、出租、环卫、城市物流配送等领域车辆电动化比例。加快新能源汽车充/换电站建设，提升高速公路服务区和公共停车位的快速充/换电站覆盖率。实施智能网联汽车道路测试和示范应用，加大车联网车路协同基础设施建设力度，加快智能汽车特定场景应用和产业化发展。支持建设一批自动驾驶运营大数据中心。以支撑智能汽车应用和改善出行为切入点，建设城市道路、建筑、公共设施融合感知体系，打造基于城市信息模型（CIM）、融合城市动态和静态数据于一体的"车城网"平台，推动智能汽车与智慧城市协同发展。（责任部门：发展改革委、工业和信息化部、住房城乡建设部、交通运输部等按职责分工负责）

这些指导性的意见，反映在股市里就是新能源车板块的上涨、个股的上涨，其幅度是相当可观的（见图5－1、图5－2、图5－3、图5－4）。

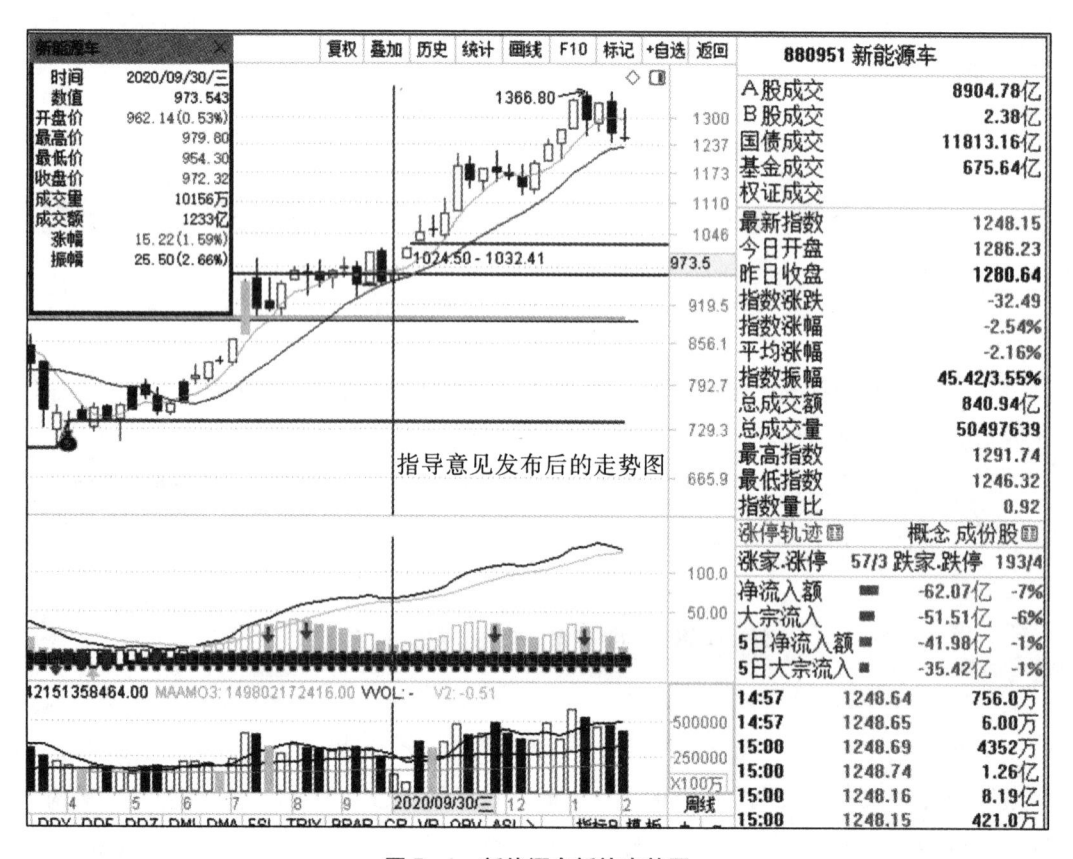

图5－1 新能源车板块走势图

图 5-2　新能源车板块在指导意见发布后的区间统计

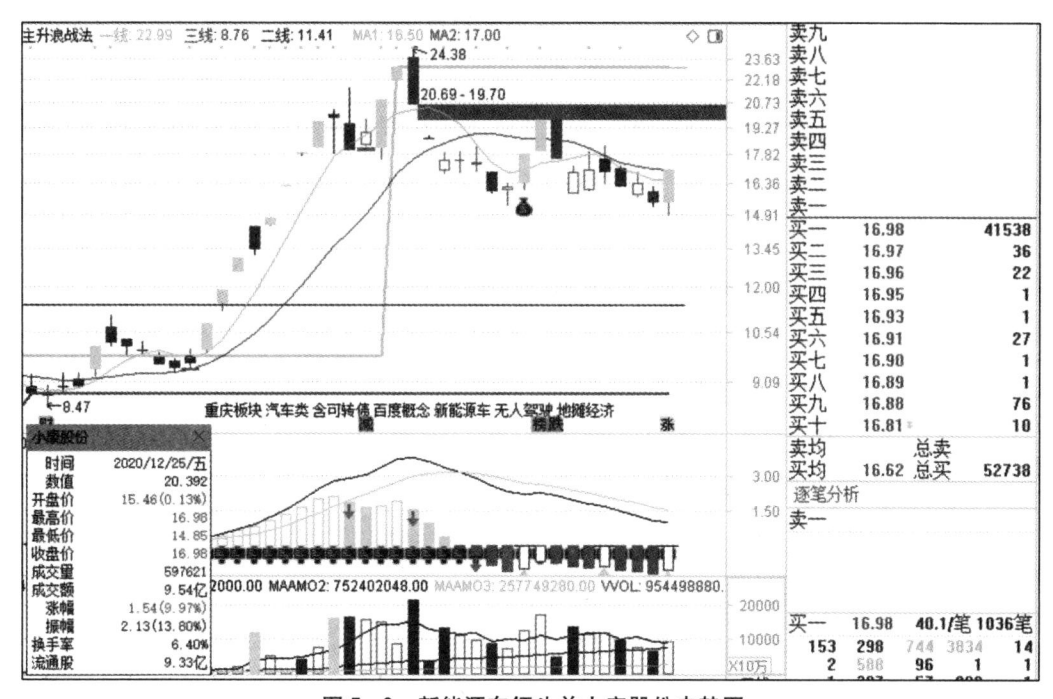

图 5-3　新能源车领头羊小康股份走势图

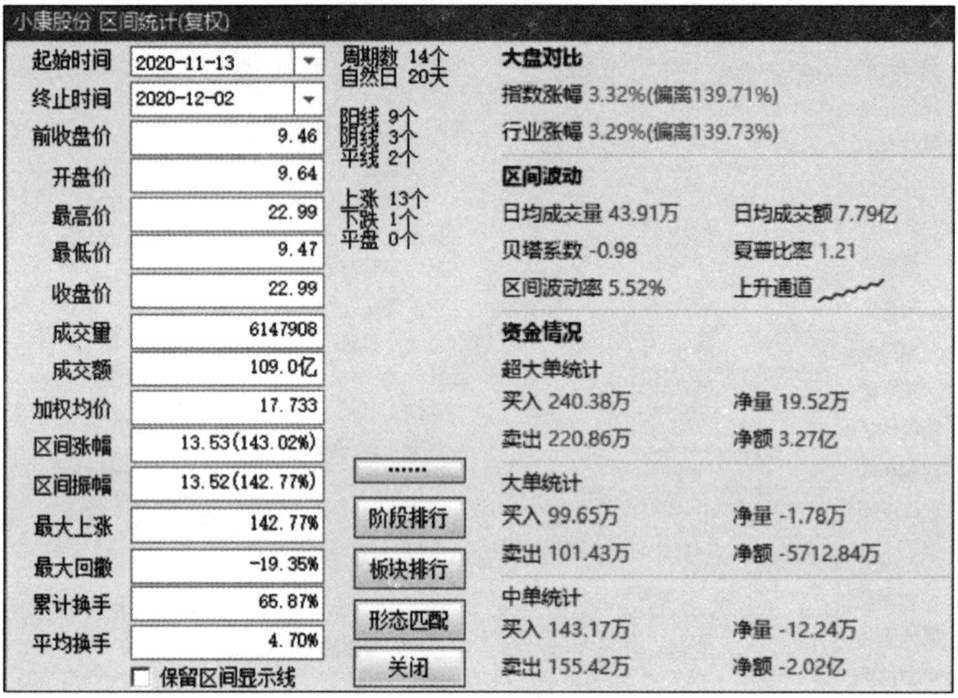

图 5-4　新能源车领头羊小康股份区间统计

第二节　回顾股改的政策

在 20 世纪八九十年代，国家担心在国有企业股份制改革的过程中因为股权的稀释而丧失对国有企业的控制权，就将股票分成了法人股（或说是非流通股）和个人股（流通股，即股市上买卖的那些），其中，流通股只占大约总股本的三分之一（总股本约为两万七八千亿，流通股约为九千多亿），这样就出现了股权分置的问题。其后的股改，大致经历了三次。

第一次股改，1998 年下半年到 1999 年上半年，为了推进国有企业改革发展的资金需求和完善社会保障机制，开始国有股减持的探索性尝试。但由于实施方案与市场预期存在差距，试点很快被停止。

第二次股改，2001 年 6 月 12 日，国务院颁布的《减持国有股筹集社会保障资金管理暂行办法》也是该思路的延续。但同样由于市场效果不理想，于当年 10 月 22 日宣布暂停。

第三次股改，作为推进资本市场改革开放和稳定发展的一项制度性变革，股权分置问题正式被提上日程。2004 年 1 月 31 日，国务院发布《国务院关于推进资本市场改革开放和稳定发展的若干意见》，明确提出"积极稳妥解决股权分置问题"，称作"国九条"。

2004年推出的"国九条"在两年后催生了一次大牛市，上证指数由998.23低点起步，一路上涨到6124.04的高点（见图5-5），区间涨幅高达4804.41（473.98%），见图5-6。

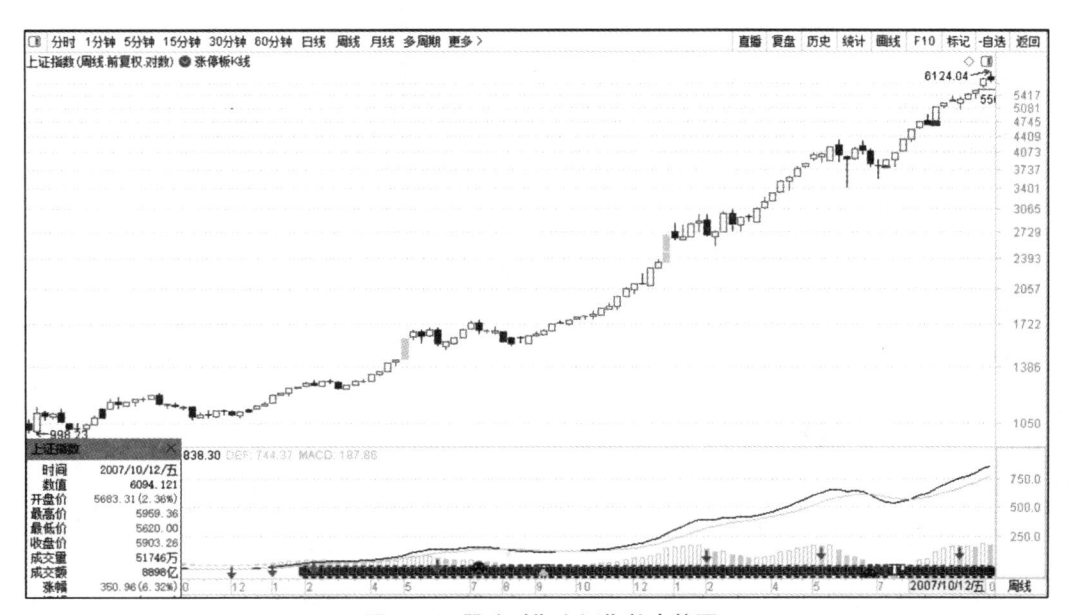

图5-5　股改时期上证指数走势图

图5-6　股改时期上证指数区间统计

第三节 2020年年终指数数据

2020年中国在资本市场的一个重大举措就是注册制。我们将注册制起航年的创业板指、上证指数、深证成指的走势图截图记录在此（见图5-7、图5-8、图5-9）。

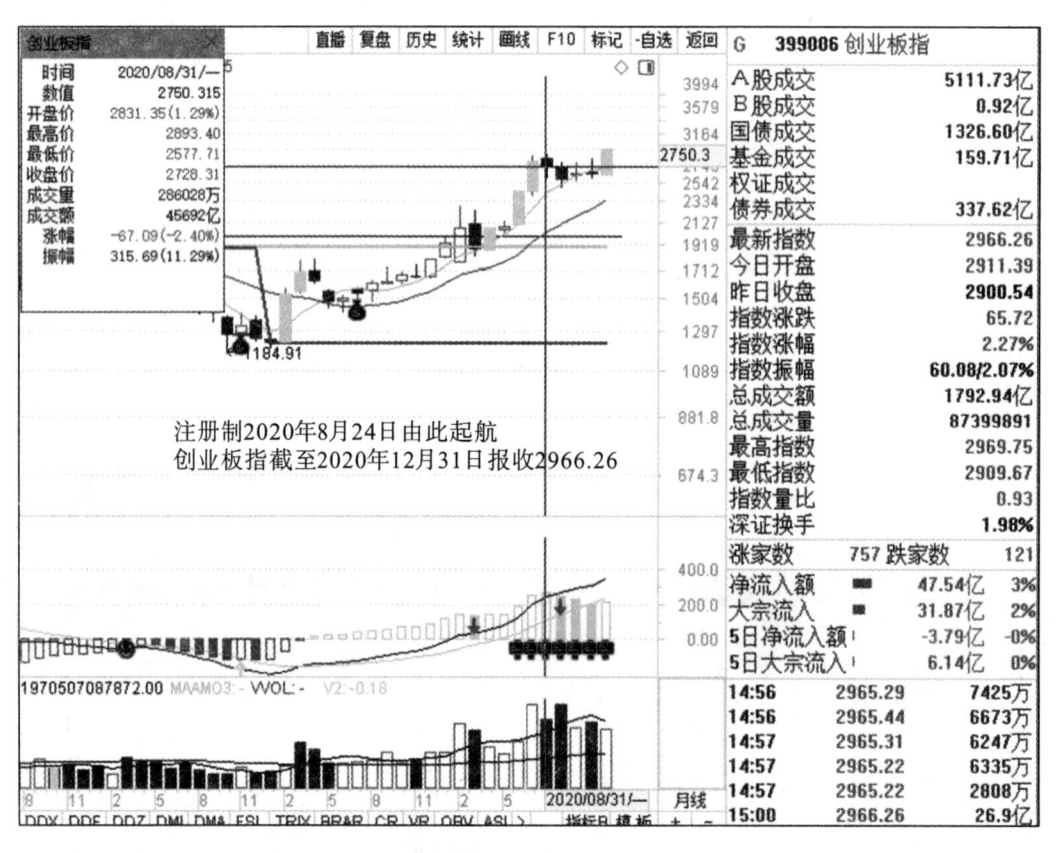

图5-7 2020年12月31日创业板指收盘后截图

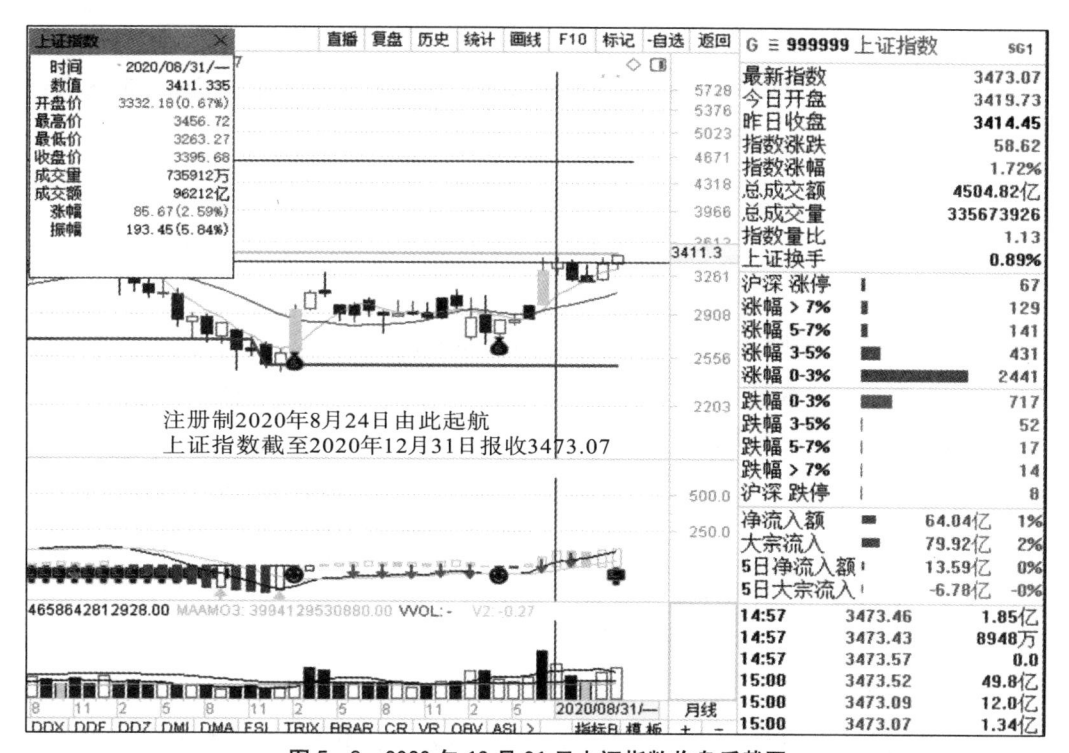

图 5-8　2020 年 12 月 31 日上证指数收盘后截图

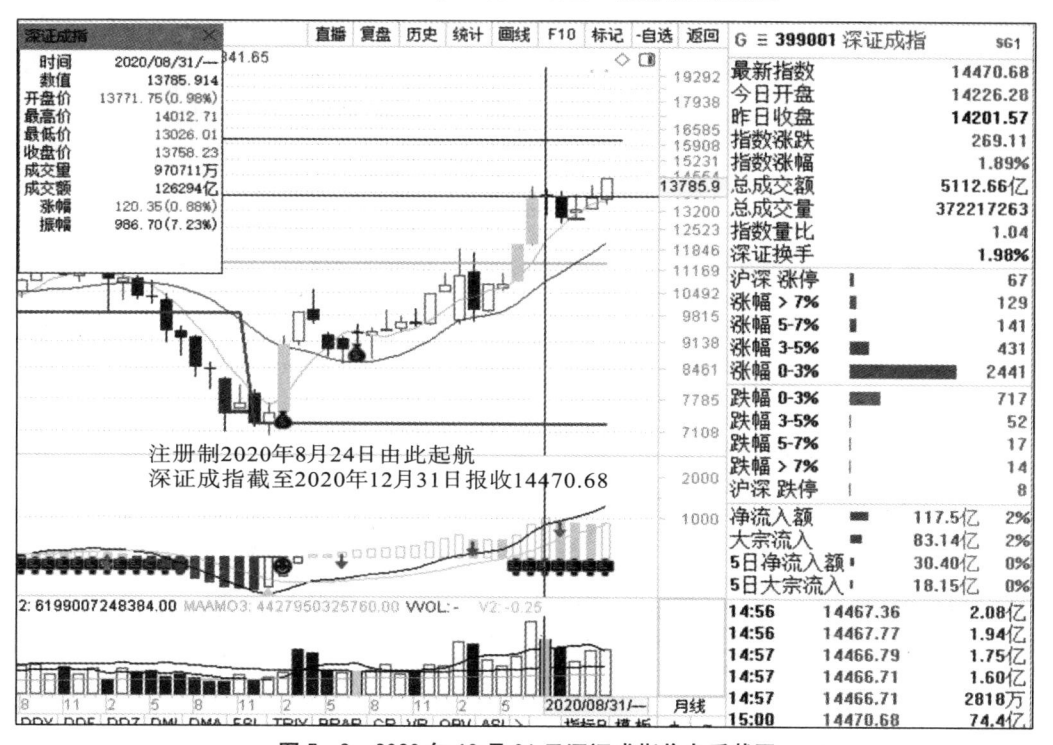

图 5-9　2020 年 12 月 31 日深证成指收盘后截图

2021年，继注册制改革落地后，备受资本市场关注的另一重要改革——退市制度改革，也终会落地。这是一个非常重要的信号，中国的资本市场将真正地由市场来支配，而不像过去那样受到很多干预。

第四节　未来的关注重点

在"十四五"规划建议稿中特别明确了新型基础设施及以下领域：

一、八大前沿领域

国家正在集中巨大的力量在投这些领域，第一是人工智能，第二是量子信息，第三是集成电路，第四是生命健康，第五是脑科学，第六是生物育种，第七是空天科技，第八是深地深海。

这是"十四五"期间国家定位的前沿领域，我们的创新、科创板重点上市的硬科技，主要指这八个方面的科技。

二、九大战略产业

在未来的九大战略型新兴产业中，第一是信息技术，第二是生物技术，第三是新能源，第四是新材料，第五是高端装备，第六是新能源汽车，第七是绿色环保，第八是航空航天，第九是海洋装备。

在未来，科研基金、政策将向这17个领域倾斜。这种情况下，股市的交易者就应该明确发力点在哪里了。

2021年1月4日新年开盘的第一个交易日，我在开盘前8:47分析如下（见图5-10）。

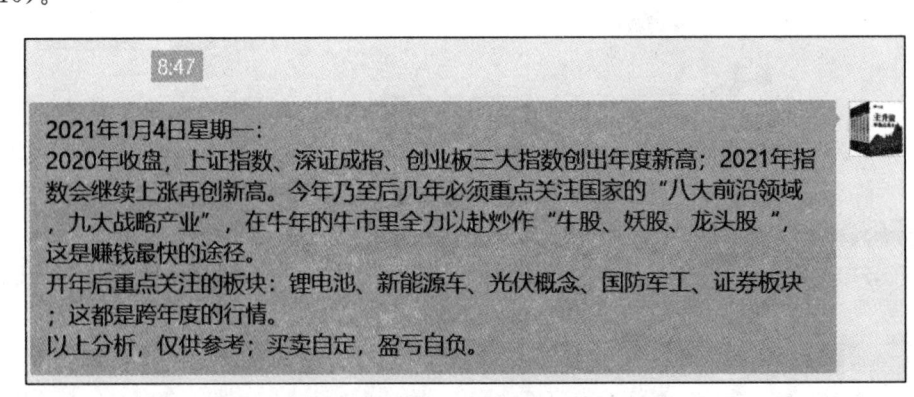

> 8:47
>
> 2021年1月4日星期一：
> 2020年收盘，上证指数、深证成指、创业板三大指数创出年度新高；2021年指数会继续上涨再创新高。今年乃至后几年必须重点关注国家的"八大前沿领域，九大战略产业"，在牛年的牛市里全力以赴炒作"牛股、妖股、龙头股"，这是赚钱最快的途径。
> 开年后重点关注的板块：锂电池、新能源车、光伏概念、国防军工、证券板块；这都是跨年度的行情。
> 以上分析，仅供参考；买卖自定，盈亏自负。

图5-10　2021年1月4日盘前分析

交易策略

从政策的推出、股市的涨跌,我们不难看出政策的作用力是非常明显的。炒股不看政策的导向,就像瞎子摸象一般。

2020年8月24日创业板改革并试点注册制的扬帆起航,也为股市主板的改革与注册制拉开了序幕,如何适应政策的巨大改变,将使每一个交易者面临"适者生存"的命运。

第六章
大盘与板块

当下的大盘指数在权重股的拉抬下已经失真,也失去了指导意义,看大盘指数操作价值不大。那看什么呢?可以看板块涨幅、看板块形态、看板块资金流向,从中找出强势的可操作的个股才是最佳选择。

第一节 大盘指数的失真

2020年最后两个交易日,四大指数连涨两天,一举突破长达半年的横向盘整,营造出了一个创出新高的大好形态,殊不知,这样形态的背后却是绝大多数板块走势呈现出"一江春水向东流"的形态。2020年12月30日,当日创业板单纯看涨幅是3.11%,单纯看形态则创出了全年新高2909.19,但通观具体的数据则发现,红盘个股有387只,而绿盘个股476只,正是绿肥红瘦,创业板也正是当日在权重股宁德时代(300750)的拉升下才大涨3.11%。权重股的拉抬掩盖了众多个股的下跌,股市中的散户则是亏损累累;当权重股绑架了股指,大盘指数也就失去了本身的意义。

我们来看看2020年12月31日的四大指数收盘数据及走势图(见图6—1、图6—2、图6—3、图6—4、图6—5)。

同步	代码	名称	涨幅%	现价	涨跌	买价	卖价	总量
1	999999	上证指数	1.72	3473.07	58.62	—	—	3.36亿
2	399001	深证成指	1.89	14470.68	269.11	—	—	3.72亿
3	399005	中小板指	1.85	9545.18	173.18	—	—	1.59亿
4	399006	创业板指	2.27	2966.26	65.72	—	—	8740万

图6-1 2020年12月31日四大指数收盘数据

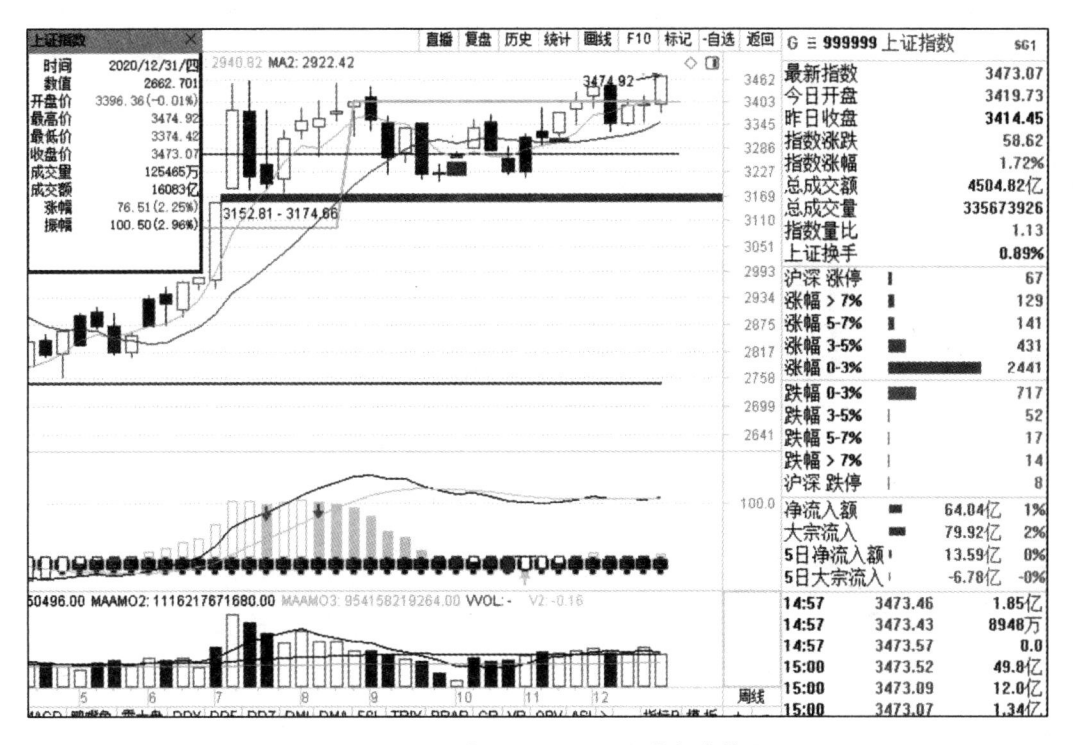

图6-2 2020年12月31日上证指数走势图

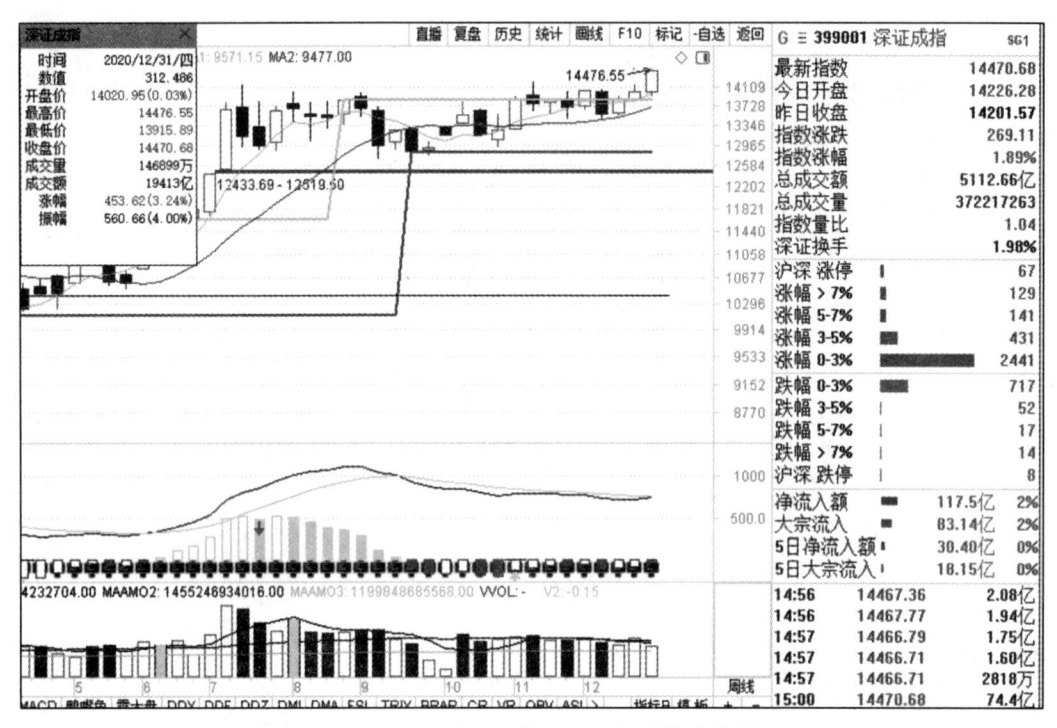

图 6-3　2020 年 12 月 31 日深证成指走势图

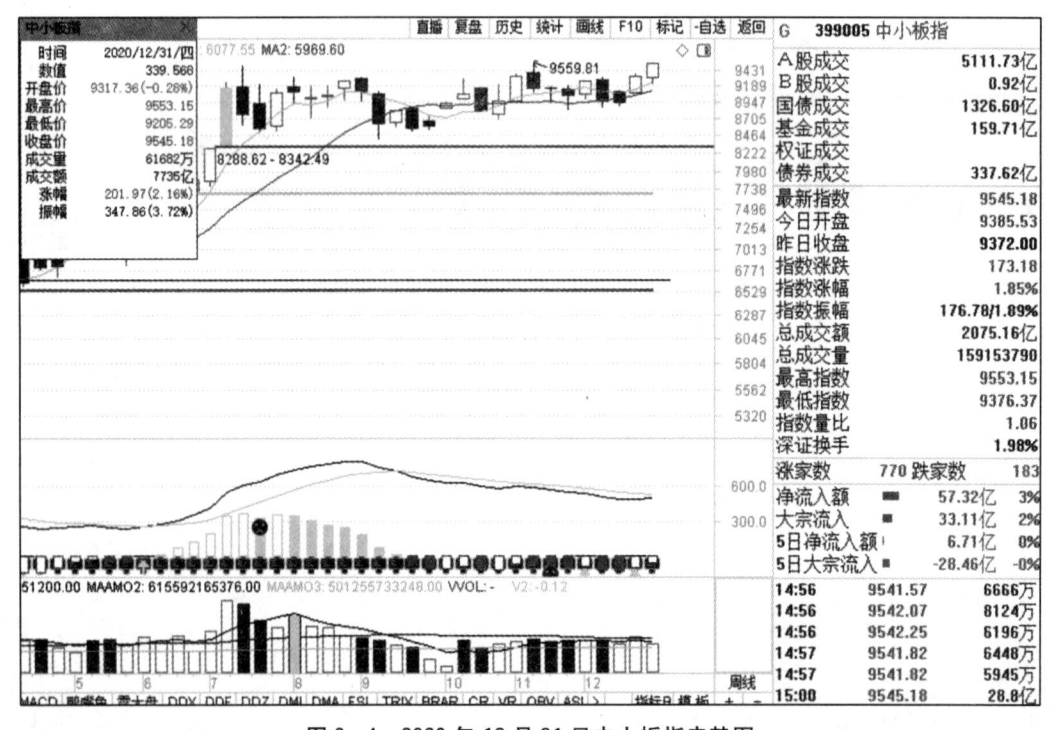

图 6-4　2020 年 12 月 31 日中小板指走势图

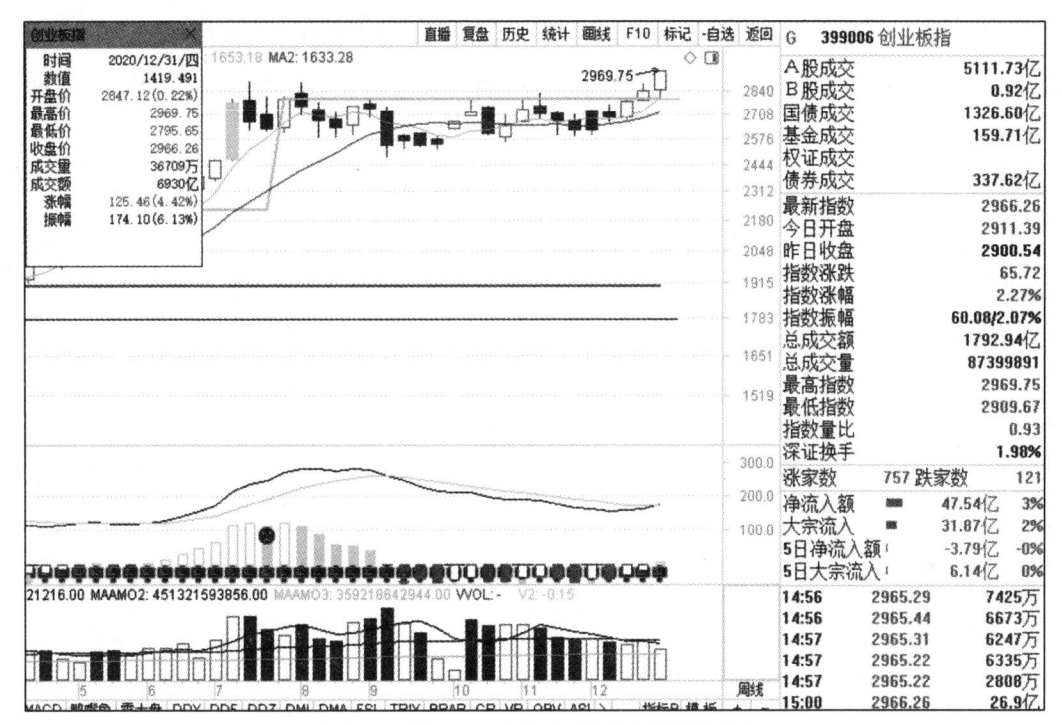

图 6-5　2020 年 12 月 31 日创业板指走势图

从以上的截图及数据中我们看到了 A 股市场一片艳阳天，但看看板块，就会知道不尽其然。

第二节　板块的分化

如果看 2020 年 12 月 31 日的大盘指数，你会得出 A 股市场还是很强的结论。但如果按照板块的形态来看，你就不会盲目乐观了，谁强谁弱泾渭分明。

从行业板块来看，一共有 56 个板块。2020 年 12 月 31 日收盘后，可以看出创出新高的板块仅仅 8 个，分别是旅游、航空、酿酒、电气设备、有色、工程机械、矿物制品、电力，上涨占比仅 14.28%。

从概念板块来看，一共有 165 个板块。2020 年 12 月 31 日收盘后，可以看出创出新高的板块仅仅 28 个，分别是海南自贸、跨境电商、奢侈品、无人机、高端装备、胎压监测、超导概念、锂电池、分析预测、通达信 88、氟概念、长株潭、充电桩、光伏概念、泛珠三角、新能源车、智能电网、特斯拉、稀缺资源、民营医院、超级电容、东亚自贸、长三角、多晶硅、成渝特区、风能、燃料电池、碳纤维，上涨占比仅仅是 16.97%。

从板块的形态我们看出了大盘指数的失真，它已经不能反映出市场涨跌的真正面貌了。

如果从涨幅来看，行业板块的第一名是旅游，概念板块的第一名是海南自贸（见图6-6、图6-7）。

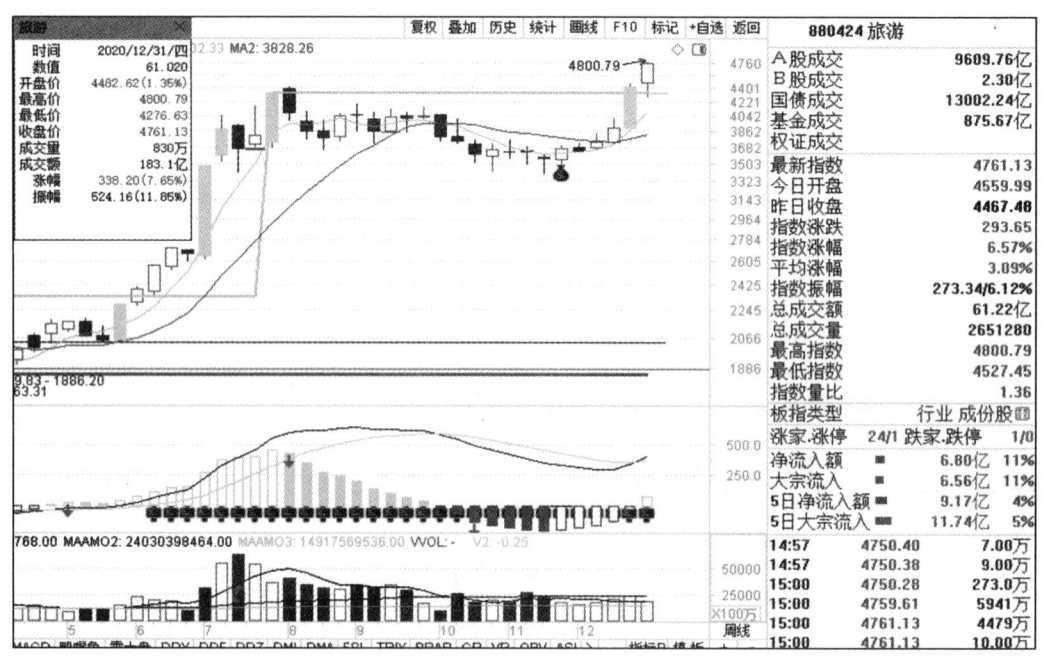

图6-6　2020年12月31日旅游板块走势图

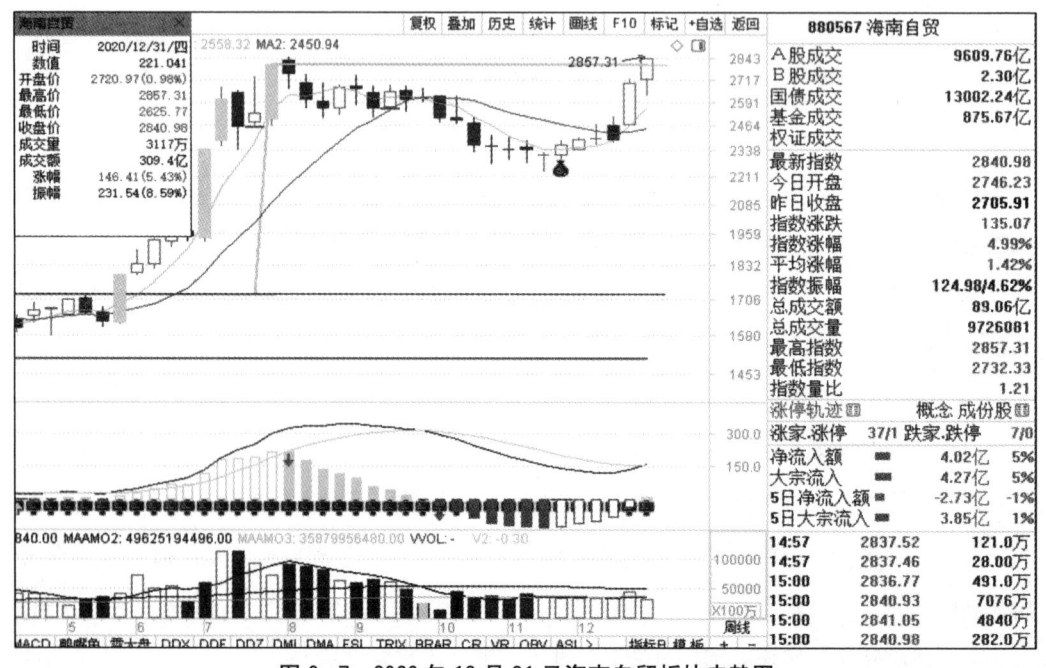

图6-7　2020年12月31日海南自贸板块走势图

如果从资金流向来看，我们看到行业板块的第一名是证券，概念板块的第一名是锂电池（见图6-8、图6-9）。

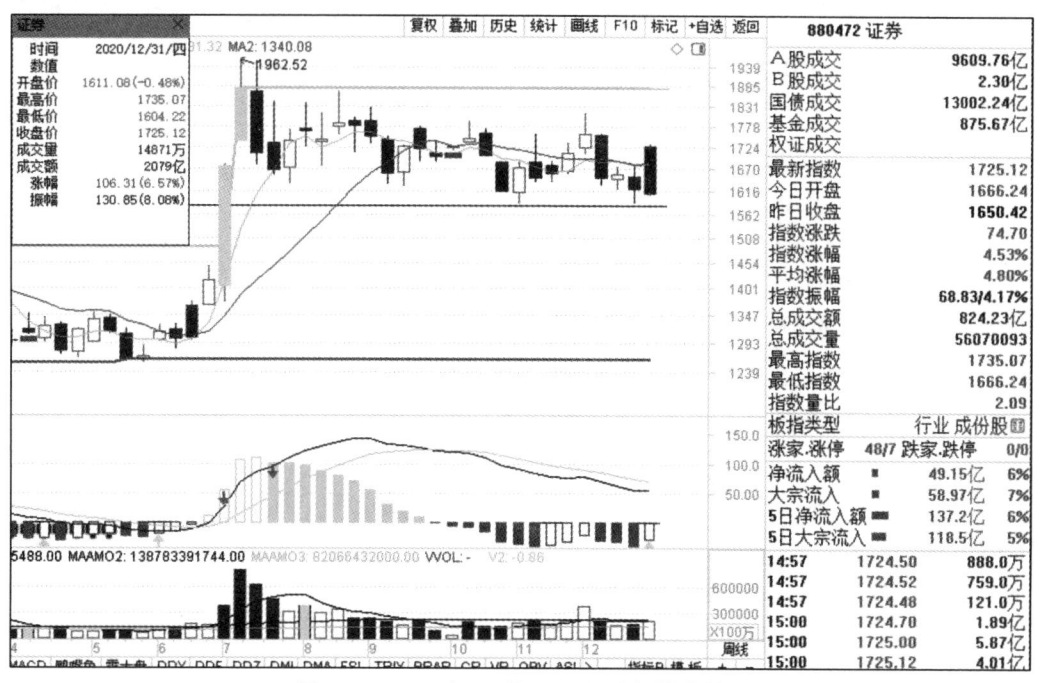

图6-8 2020年12月31日证券板块走势图

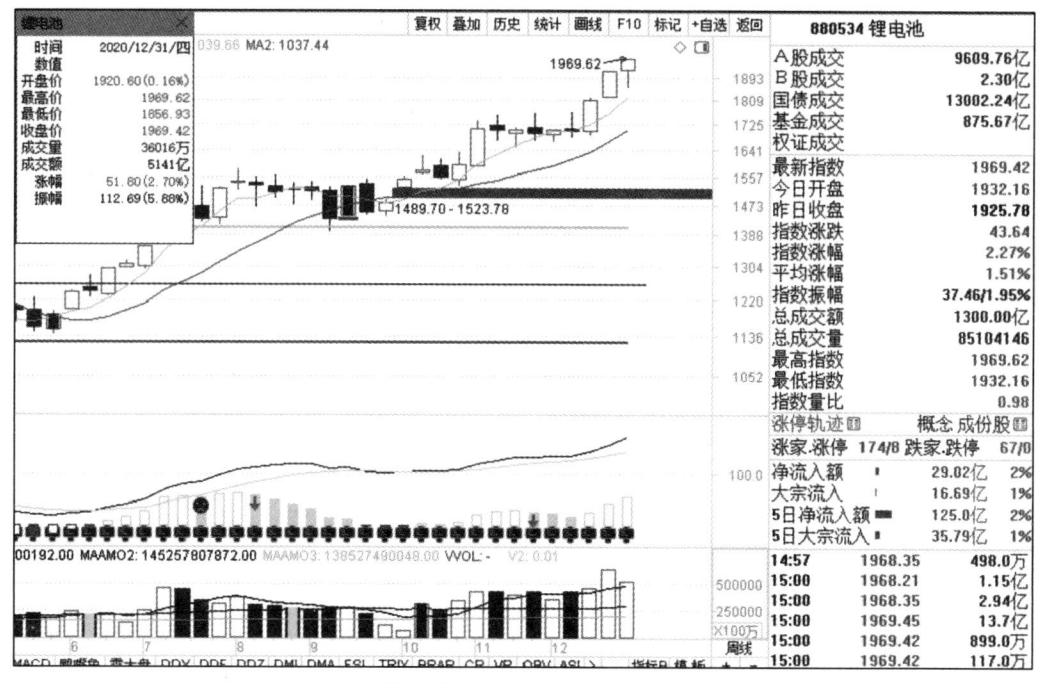

图6-9 2020年12月31日锂电池板块走势图

从资金流向中我们看出证券板块才在触底反弹，而锂电池则是处于上升趋势，且创出新高。

从行业到概念、从形态到涨幅、从涨幅到资金流向，我们看出了市场的主力集中在了锂电池，那么锂电池就是我们操作的方向了。

第三节　看行业板块形态

看板块的形态有两个目的：

第一，从市场领涨的板块里选出符合自己操作的个股进行交易；

第二，远离下跌的板块。

只有这样，才能把握住市场运行的脉搏。踏着市场运行的节奏去操作，这才是最明智的选择。

看板块形态，可以从两个方向来看：

第一，从行业来看；

第二，从概念板块来看。

我们来看看 2020 年 12 月 25 日星期五收盘后的板块形态：

第一，看行业板块领涨的电气设备、有色这两个板块（见图 6-10、图 6-11）。

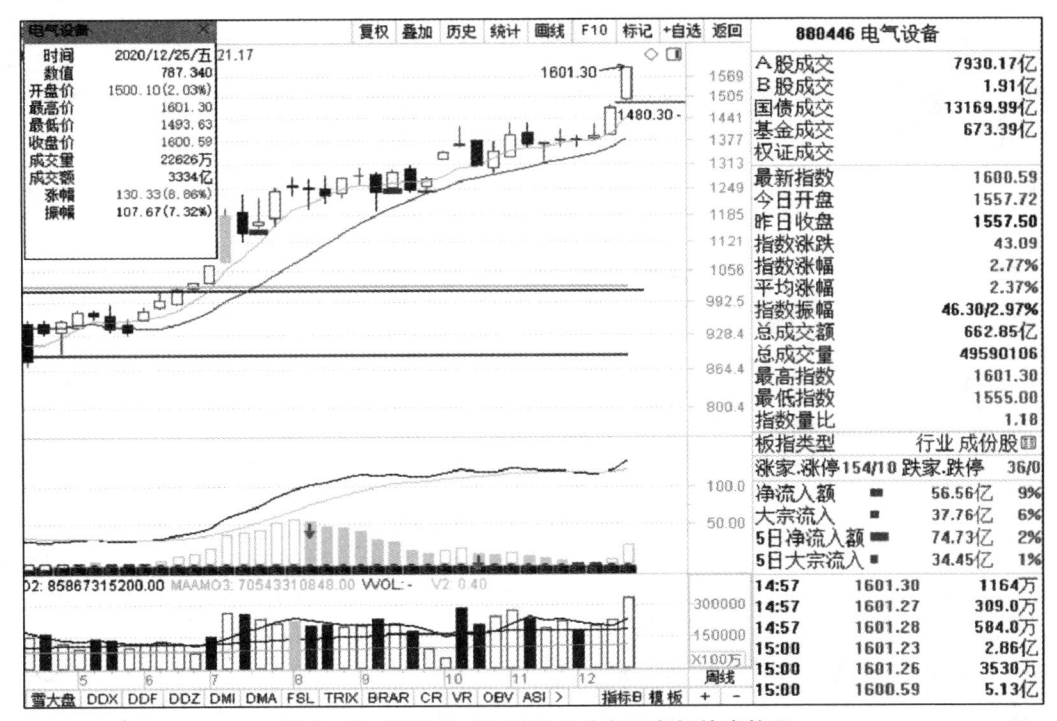

图 6-10　2020 年 12 月 25 日电气设备板块走势图

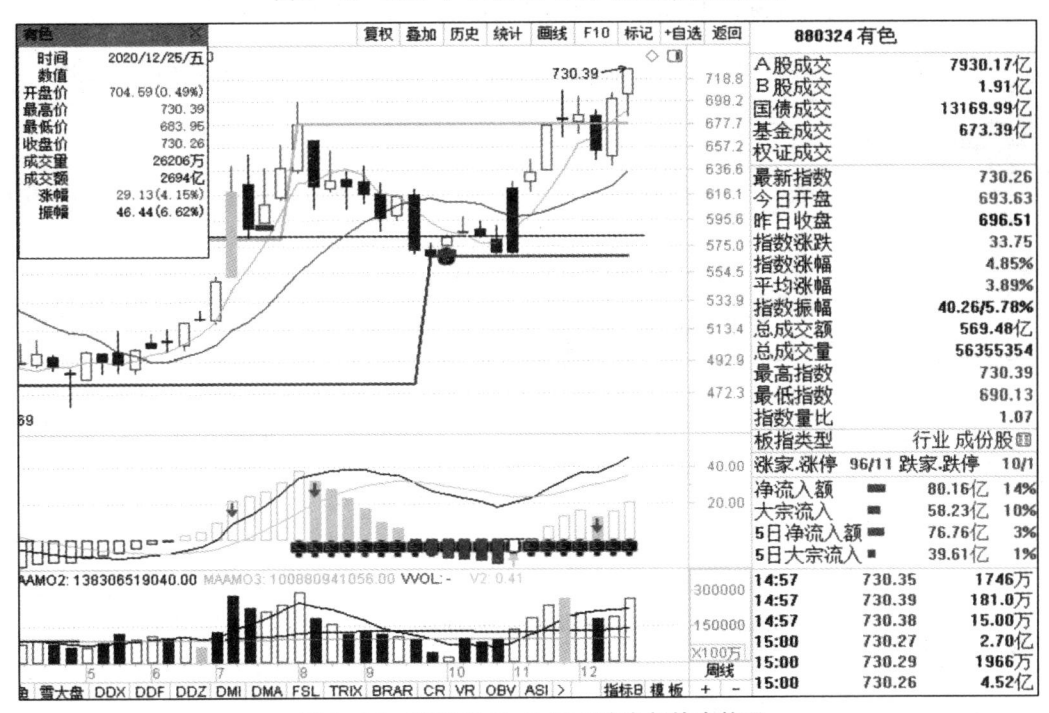

图 6-11　2020 年 12 月 25 日有色板块走势图

以上两个板块就是重点研究的对象。

两周后，从 2021 年 1 月 8 日收盘后的截图看，电气设备板块继续上涨（见图 6—12）。

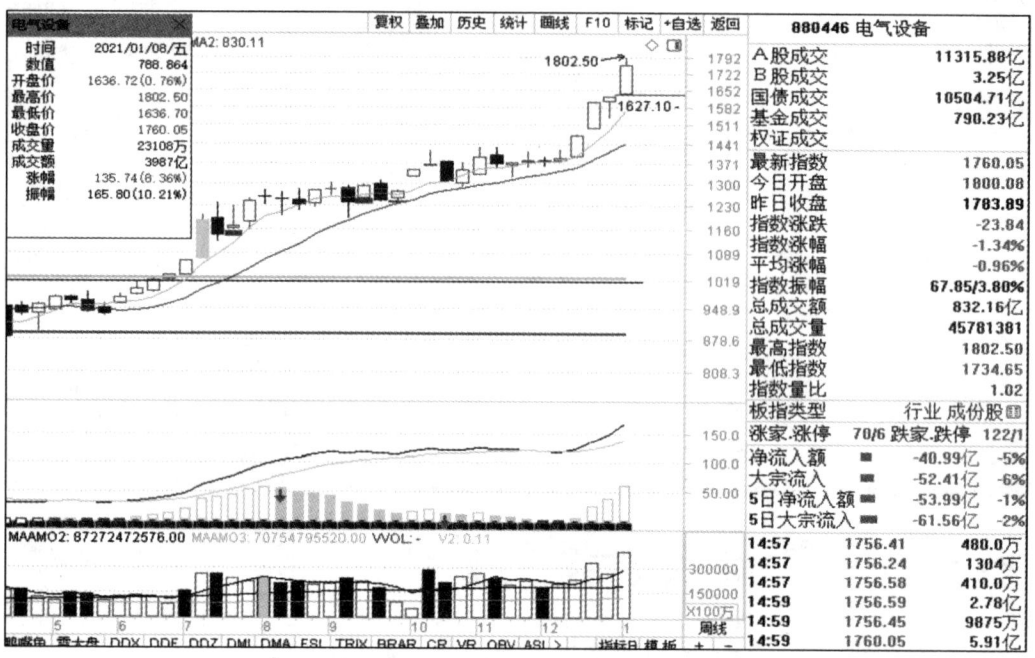

图 6-12 2021 年 1 月 8 日电气设备板块走势图

两周后，从 2021 年 1 月 8 日收盘后的截图看，有色板块继续上涨（见图 6—13）。

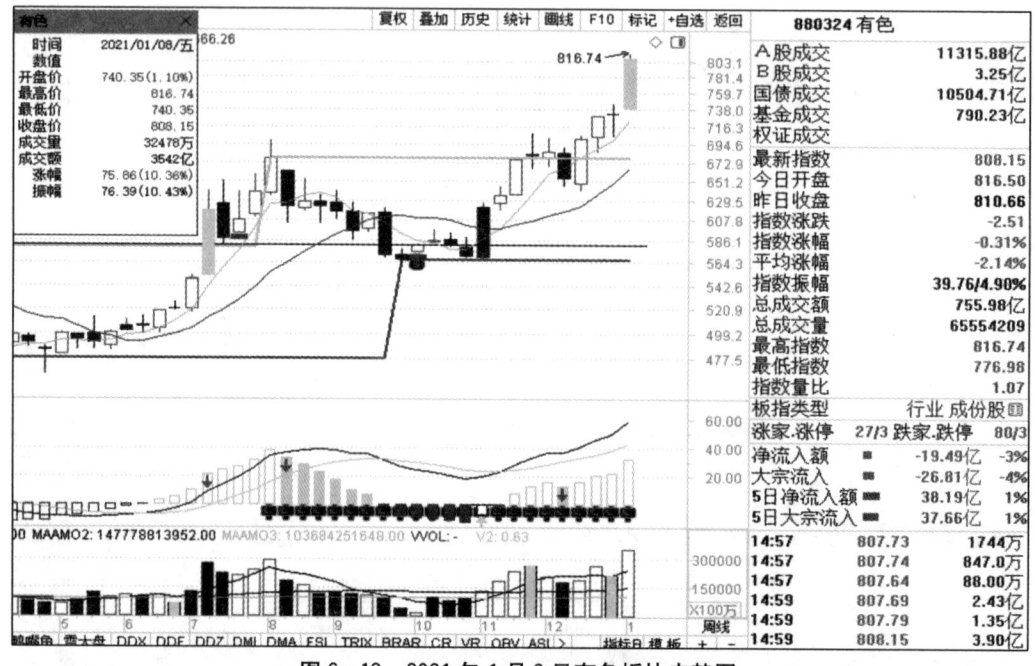

图 6-13 2021 年 1 月 8 日有色板块走势图

第二，看行业板块正在持续下跌的互联网、房地产、电信运营板块，这几个板块就是回避的对象（见图6-14、图6-15、图6-16）。

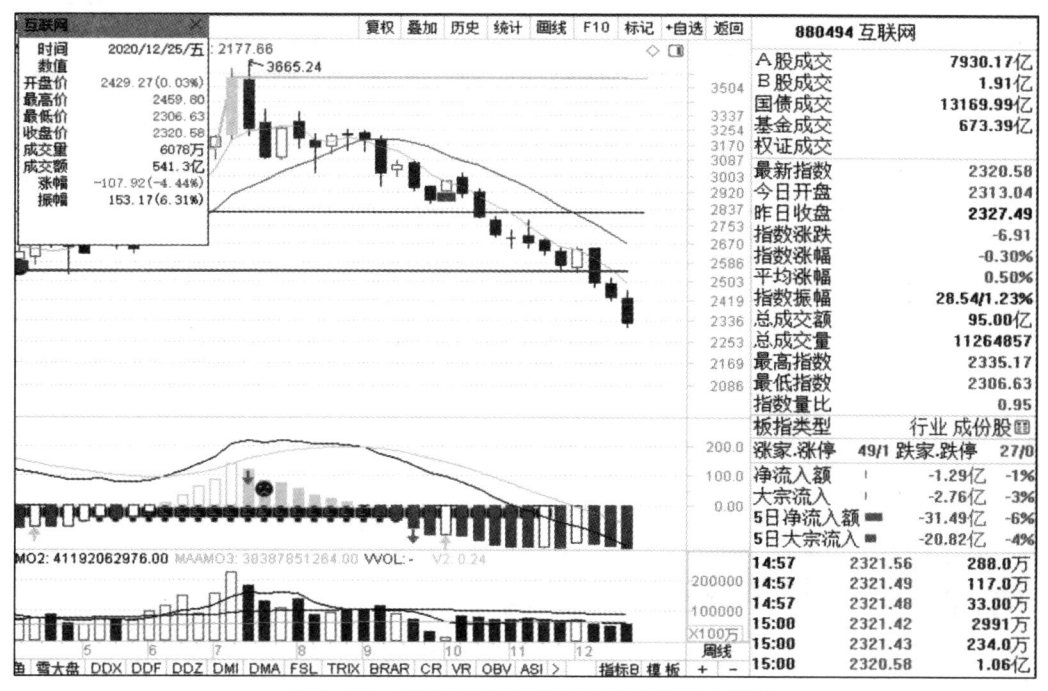

图6-14　2020年12月25日互联网板块走势图

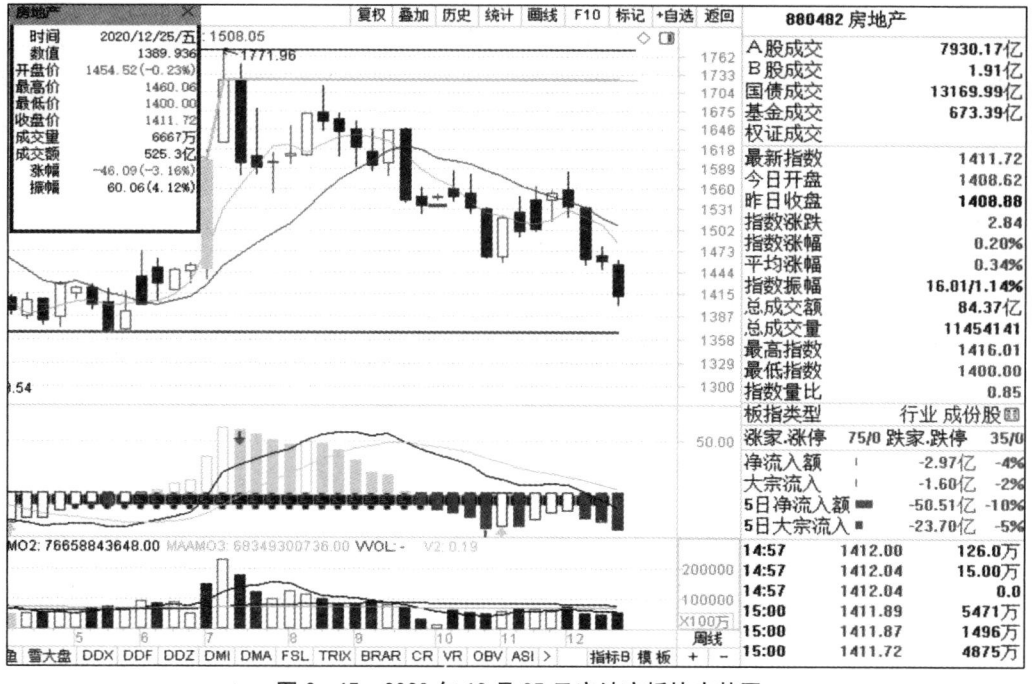

图6-15　2020年12月25日房地产板块走势图

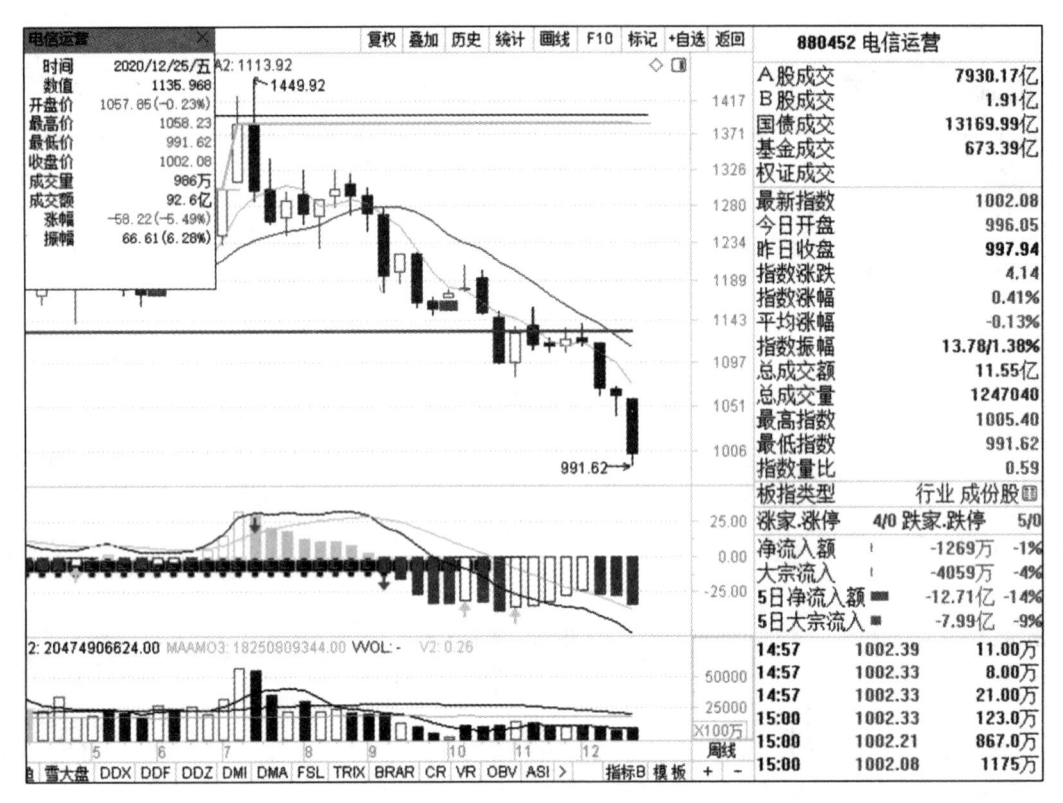

图 6-16 2020 年 12 月 25 日电信运营板块走势图

以上几个板块在下跌后没有止跌反转，就没有关注的价值了。

第四节　看概念板块

2020 年 12 月 25 日收盘后，看看概念板块的领涨板块与下跌板块。

第一，概念板块市场领涨的板块是光伏概念、锂电池、风能、新能源车、充电桩、稀缺资源（见图 6-17、图 6-18、图 6-19、图 6-20、图 6-21、图 6-22）。

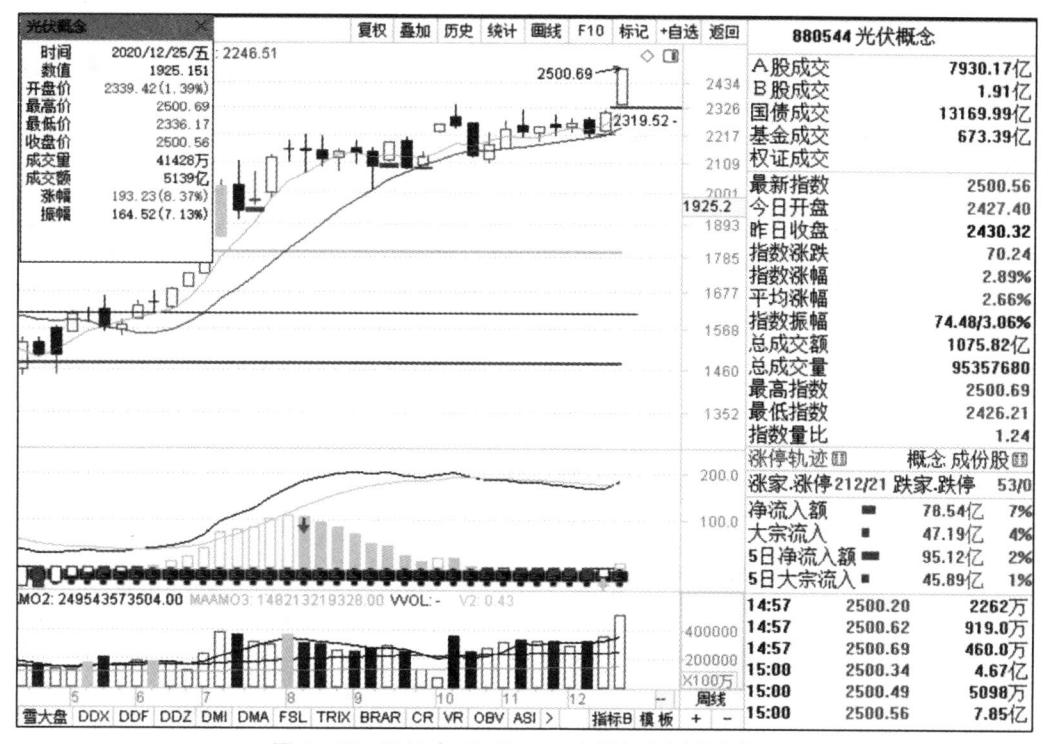

图 6-17　2020 年 12 月 25 日光伏概念板块走势图

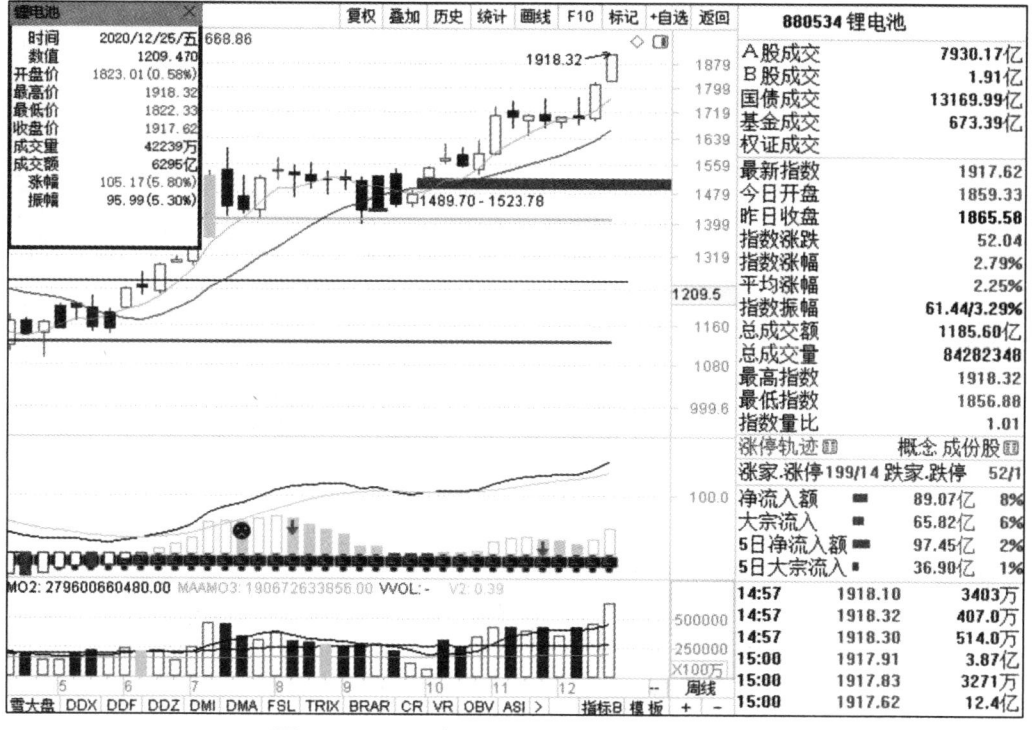

图 6-18　2020 年 12 月 25 日锂电池板块走势图

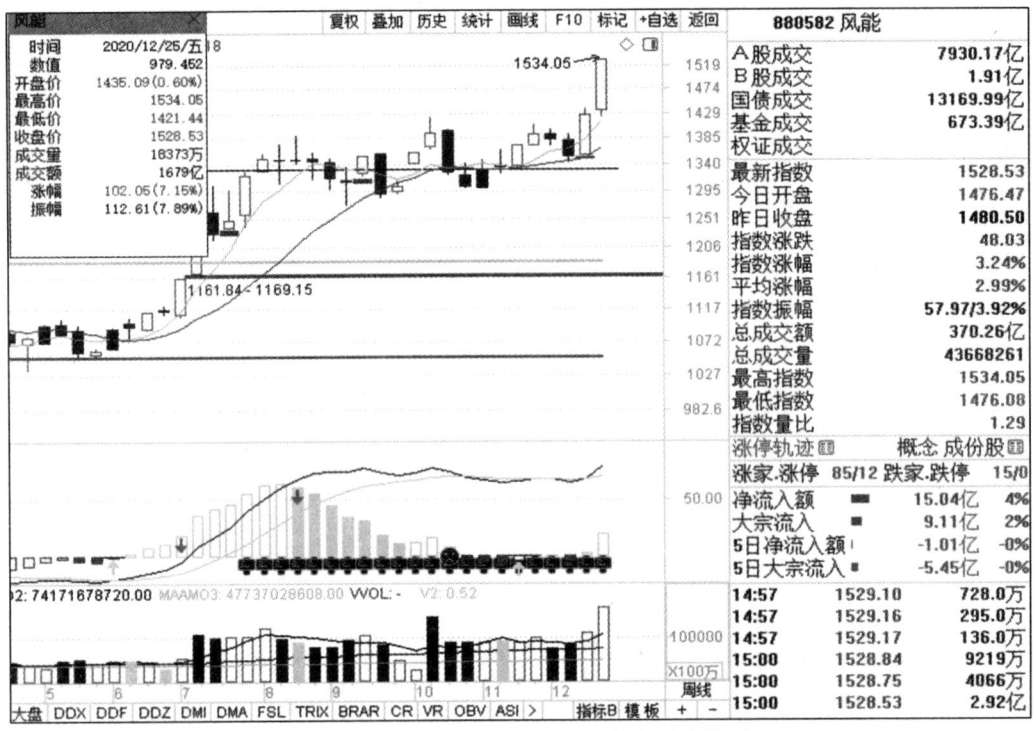

图6-19 2020年12月25日风能板块走势图

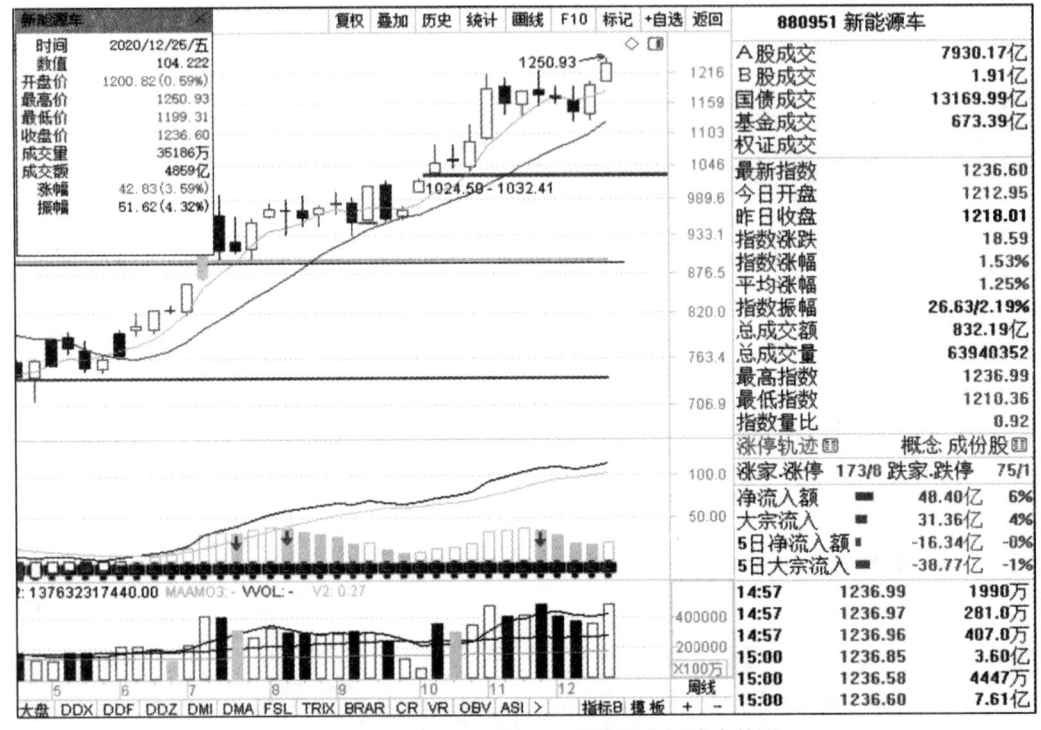

图6-20 2020年12月25日新能源车板块走势图

第六章 大盘与板块

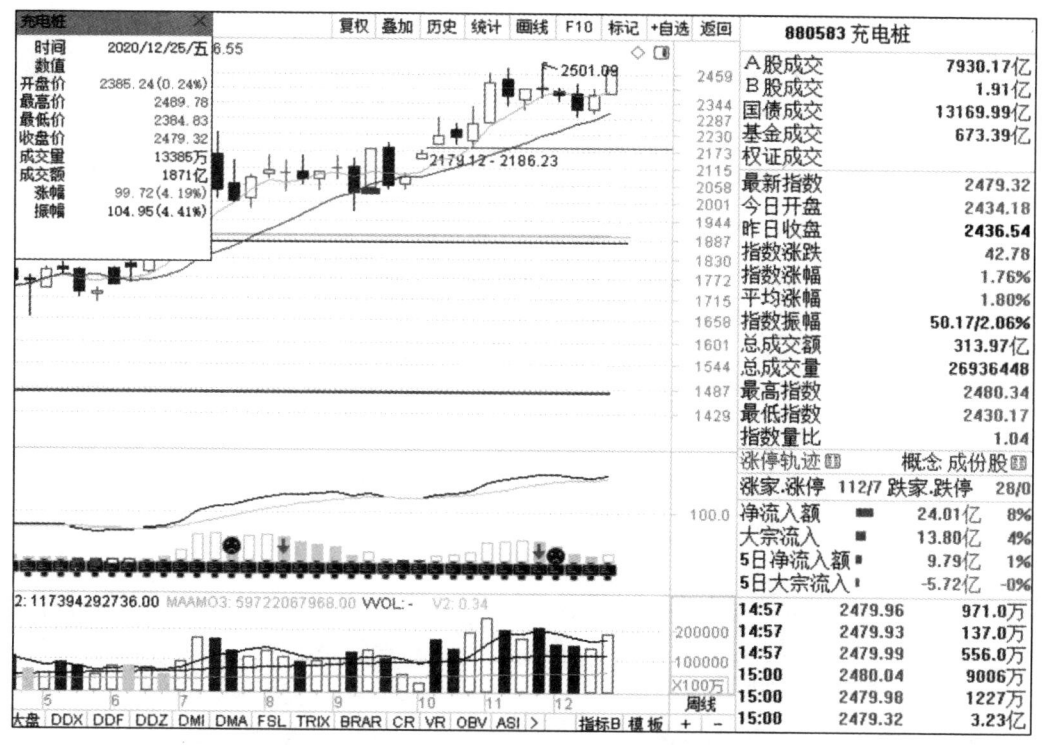

图6-21 2020年12月25日充电桩板块走势图

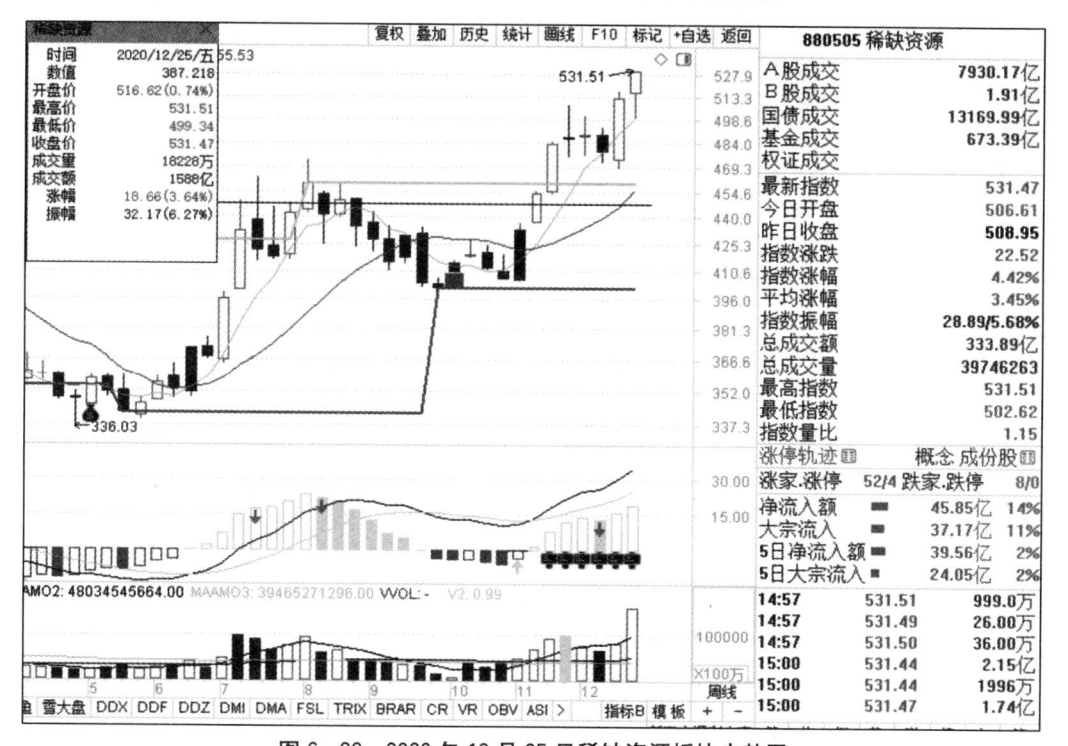

图6-22 2020年12月25日稀缺资源板块走势图

在做了上述分析后，2020年12月28日星期一开盘前我写道（见图6-23）：

2020年就剩4个交易日就收官了，从目前市场领涨的板块来看，光伏概念、锂电池、风能、新能源车、充电桩、有色、稀缺资源、电气设备已经走出了上升趋势；从形态可以看出这种上升趋势将会走出跨年度行情。反观互联金融、信息安全、腾讯概念、网络游戏、电商概念、互联网、房地产、电信运营等板块在走下降趋势。

当趋势确立后，身在市场中的交易者需要做的是赶紧上车那些走出上升趋势的板块、个股，这样就会永远处于持续性的上升趋势中。反之绝不要让自己套牢在下降趋势的个股上，你必须相信和适应市场中主趋势正在真实发生的事情，忽视这些主趋势，甚至与市场主趋势背道而驰，你的金融风险就在眼前……

以上分析，仅供参考；买卖自定，盈亏自负。

图6-23 2020年12月28日9:10盘前分析截图

再看看以上这几个板块两周后2021年1月8日的走势图（见图6-24、图6-25、图6-26、图6-27、图6-28、图6-29）。

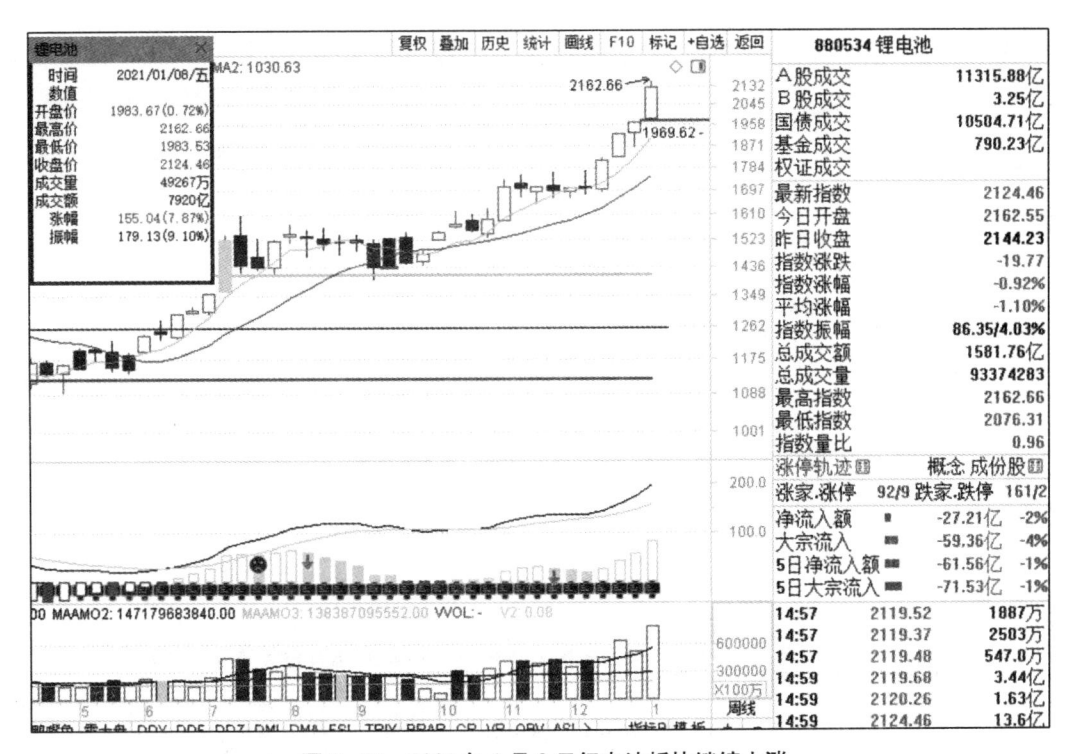

图 6-24　2021 年 1 月 8 日锂电池板块继续上涨

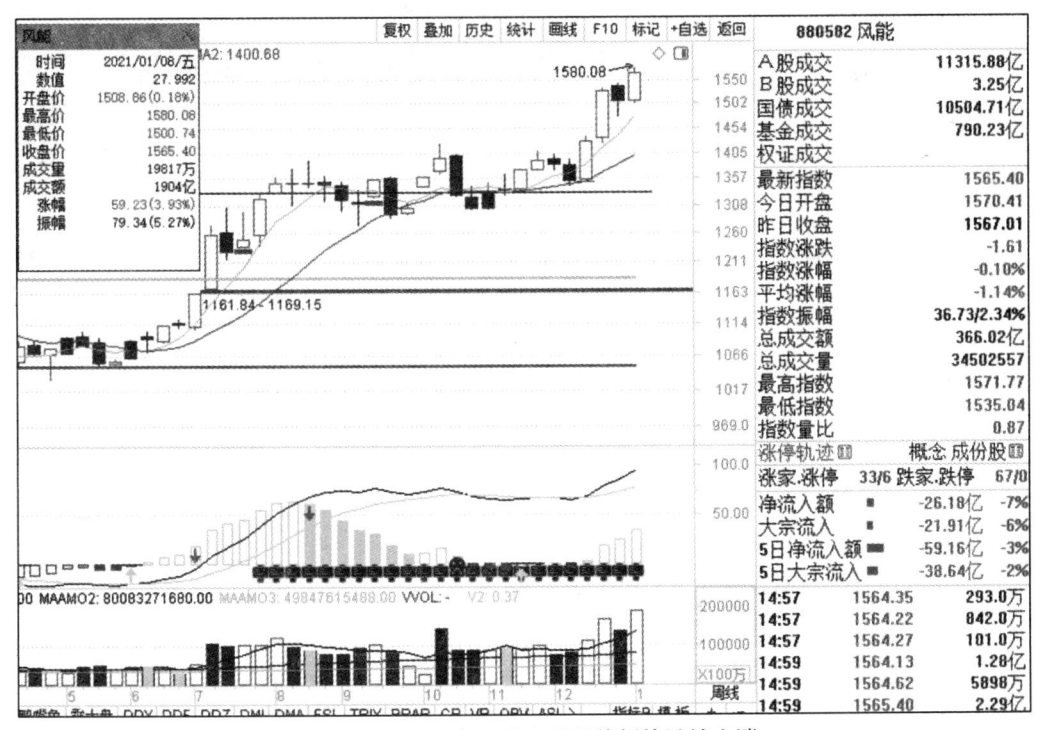

图 6-25　2021 年 1 月 8 日风能板块继续上涨

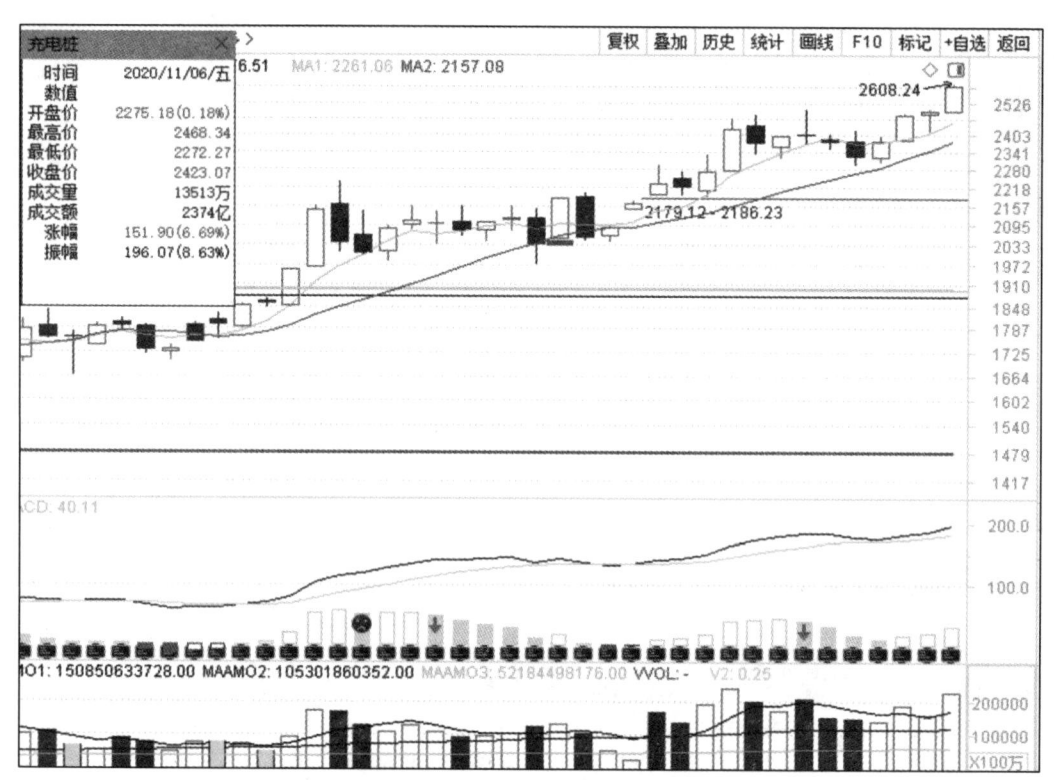

图6-26 2021年1月8日充电桩板块继续上涨

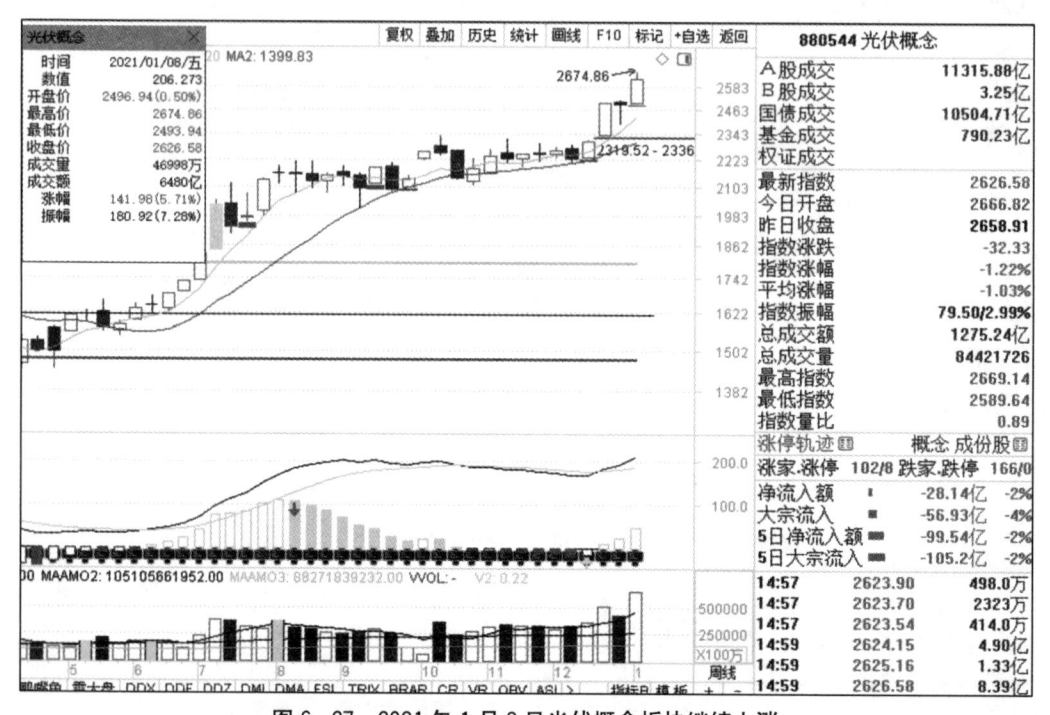

图6-27 2021年1月8日光伏概念板块继续上涨

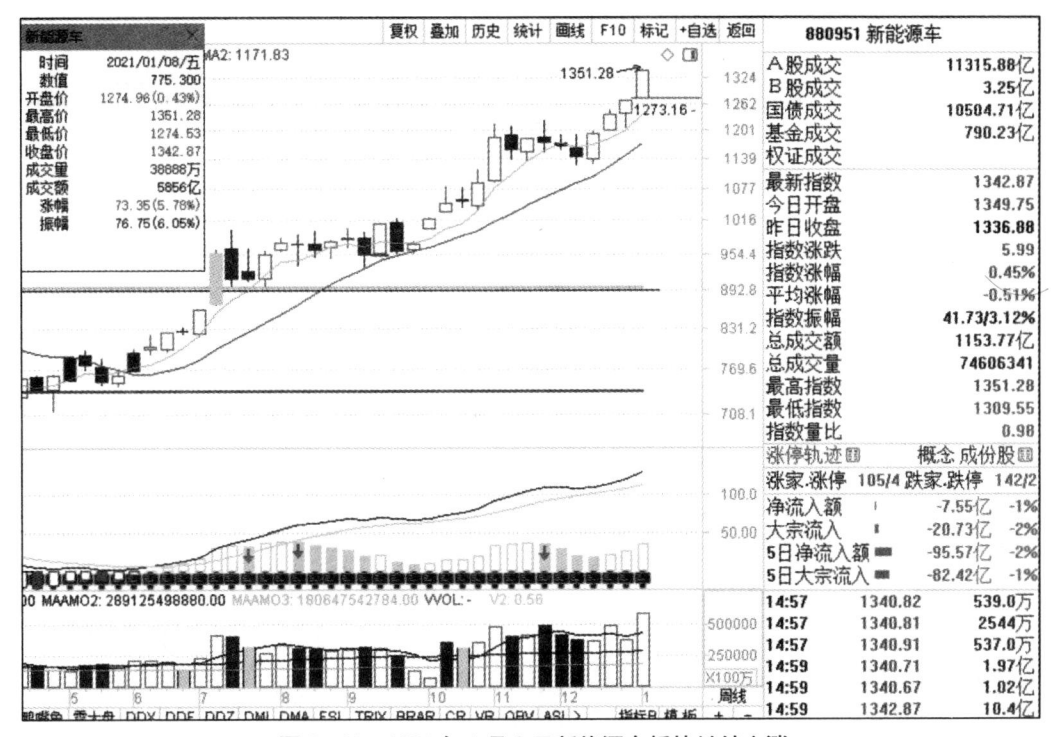

图 6-28　2021 年 1 月 8 日新能源车板块继续上涨

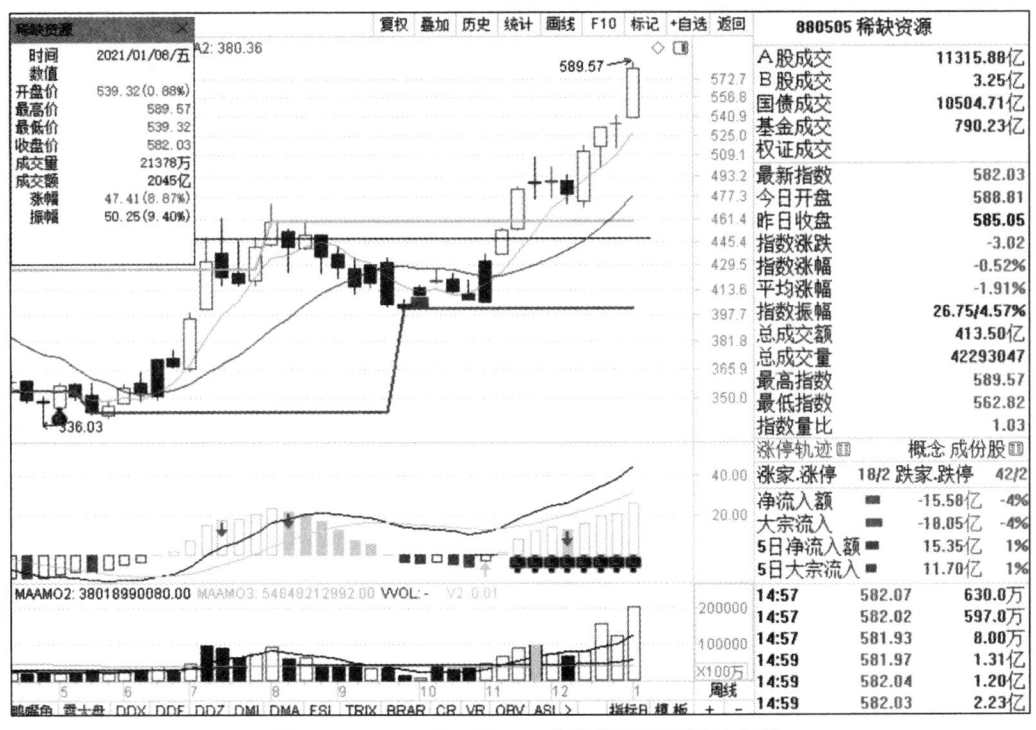

图 6-29　2021 年 1 月 8 日稀缺资源板块继续上涨

四周后，2021年1月21日，稀土永磁板块当日18个涨停板（见图6-30）。

	稀土永磁(80)		涨幅%	现价	量比	涨速%	流通市值
1	科恒股份		20.02	13.01	4.80	0.00	22.42亿
2	温州宏丰		19.93	6.50	3.11	0.00	16.91亿
3	大地熊	K	11.95	46.01	2.41	-0.08	8.37亿
4	中铝国际		10.12	3.70	4.62	0.00	10.95亿
5	中色股份	R	10.10	5.34	2.78	0.00	105.15亿
6	德宏股份		10.06	9.85	4.47	0.00	25.74亿
7	太化股份		10.06	3.94	11.26	0.00	20.27亿
8	华宏科技		10.04	9.86	3.95	0.00	42.63亿
9	厦门钨业	R	10.01	18.14	2.94	0.00	255.06亿
10	宇晶股份		10.00	23.31	0.45	0.00	12.09亿
11	盛和资源	R	10.00	13.64	0.80	0.00	239.40亿
12	北方稀土	R	9.99	17.50	0.75	0.00	635.79亿
13	广晟有色	R	9.99	38.20	2.44	0.00	115.29亿
14	京运通	R	9.99	11.89	1.03	0.00	236.97亿
15	北矿科技		9.98	15.98	2.12	0.00	24.32亿
16	五矿稀土		9.98	17.64	1.08	0.00	173.03亿
17	五矿发展	R	9.94	7.30	5.75	0.00	78.25亿
18	华铁股份	R	9.93	6.09	3.24	0.50	97.10亿

图6-30 2021年1月21日稀土永磁板块18个涨停板

四周后，2021年1月21日，锂电池板块11个涨停板（见图6-31）。

	分类过滤	组合分析	自选管理	多股同列	综合排名	定制版面
锂电池(260)	涨幅%	现价	量比	涨速%	流通市值	
1 科恒股份	20.02	13.01	4.80	0.00	22.42亿	
2 中科电气	11.56	12.55	2.88	0.24	63.87亿	
3 西部资源 R	10.09	3.49	1.91	0.00	23.10亿	
4 中信国安 R	10.05	2.41	2.41	0.00	94.47亿	
5 万里股份	10.01	10.00	3.58	0.00	15.33亿	
6 厦门钨业 R	10.01	18.14	2.94	0.00	255.06亿	
7 福斯特 R	10.00	97.82	0.72	0.00	752.78亿	
8 西陇科学	9.98	6.17	1.22	0.00	23.92亿	
9 国机汽车 R	9.98	5.18	4.90	0.00	53.34亿	
10 中核钛白 R	9.96	6.18	4.60	0.00	98.33亿	
11 曙光股份 R	9.95	4.09	5.09	0.00	27.63亿	

图 6－31　2021 年 1 月 21 日锂电池板块 11 个涨停板

四周后，2021 年 1 月 21 日，稀缺资源板块 7 个涨停板（见图 6－32）。

	分类过滤	组合分析	自选管理	多股同列	综合排名	定制版面
稀缺资源(62)	涨幅%	现价	量比	涨速%	流通市值	
1 科恒股份	20.02	13.01	4.80	0.00	22.42亿	
2 中色股份 R	10.10	5.34	2.78	0.00	105.15亿	
3 厦门钨业 R	10.01	18.14	2.94	0.00	255.06亿	
4 驰宏锌锗 R	10.00	5.28	3.38	0.00	268.82亿	
5 北方稀土 R	9.99	17.50	0.75	0.00	635.79亿	
6 广晟有色 R	9.99	38.20	2.44	0.00	115.29亿	
7 北矿科技	9.98	15.98	2.12	0.00	24.32亿	

图 6－32　2021 年 1 月 21 日稀缺资源板块 7 个涨停板

四周后，2021 年 1 月 21 日，新能源车板块 8 个涨停板（见图 6－33）。

新能源车(254)		涨幅%	现价	量比	涨速%	流通市值
1	温州宏丰	19.93	6.50	3.11	0.00	16.91亿
2	西部资源 R	10.09	3.49	1.91	0.00	23.10亿
3	中信国安 R	10.05	2.41	2.41	0.00	94.47亿
4	天普股份 N	10.03	17.99	2.03	0.00	6.03亿
5	长华股份 N	10.03	15.25	0.48	0.00	6.36亿
6	厦门钨业 R	10.01	18.14	2.94	0.00	255.06亿
7	国机汽车 R	9.98	5.18	4.90	0.00	53.34亿
8	曙光股份 R	9.95	4.09	5.09	0.00	27.63亿

图 6-33　2021 年 1 月 21 日新能源车板块 8 个涨停板

第二，概念板块持续下跌的板块是互联金融、信息安全、腾讯概念、网络游戏、电商概念（见图 6-34、图 6-35、图 6-36、图 6-37、图 6-38）。

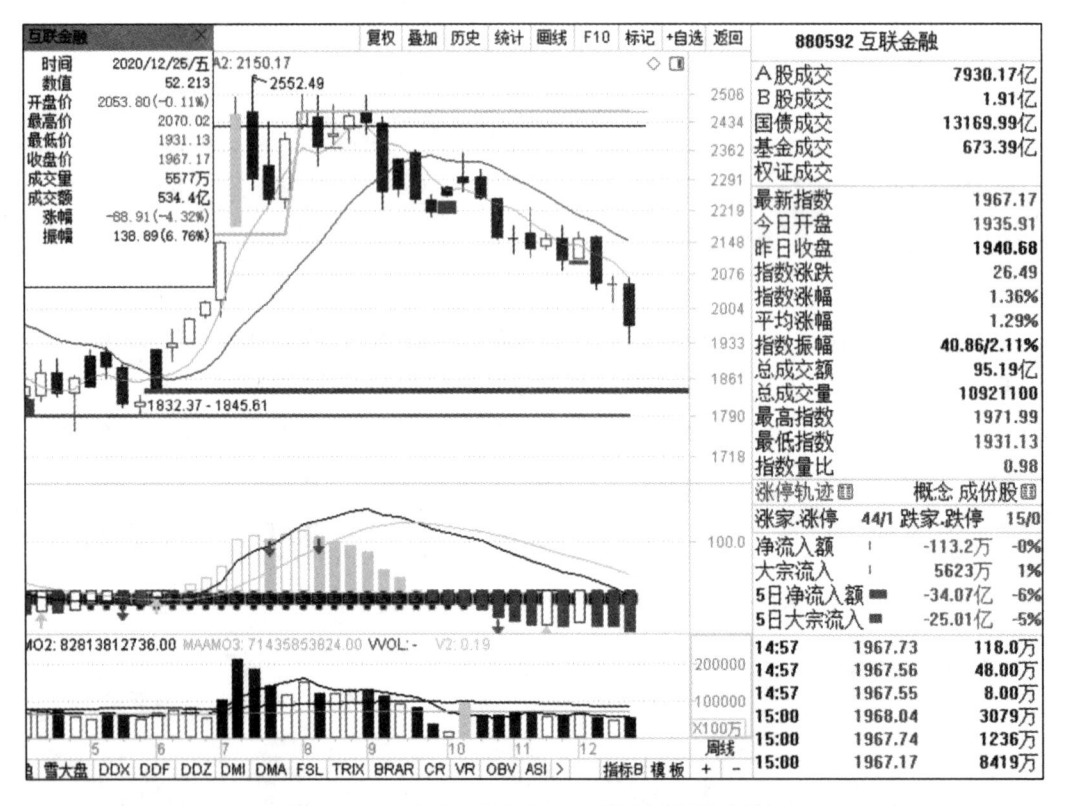

图 6-34　2020 年 12 月 25 日互联金融板块走势图

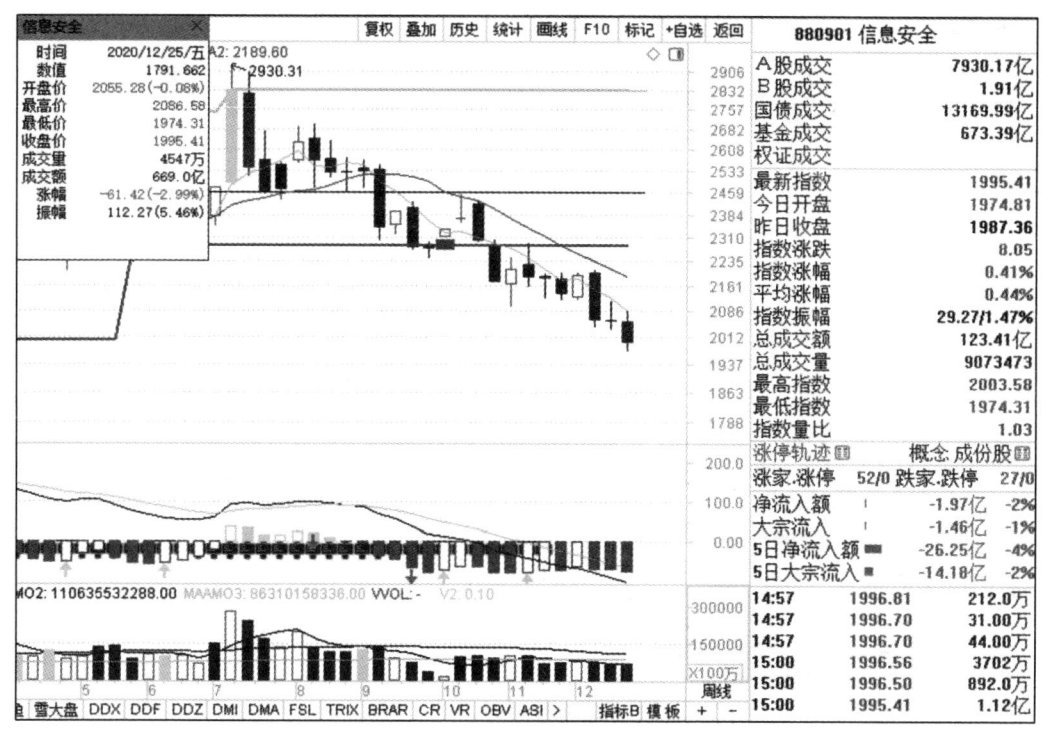

图 6-35　2020 年 12 月 25 日信息安全板块走势图

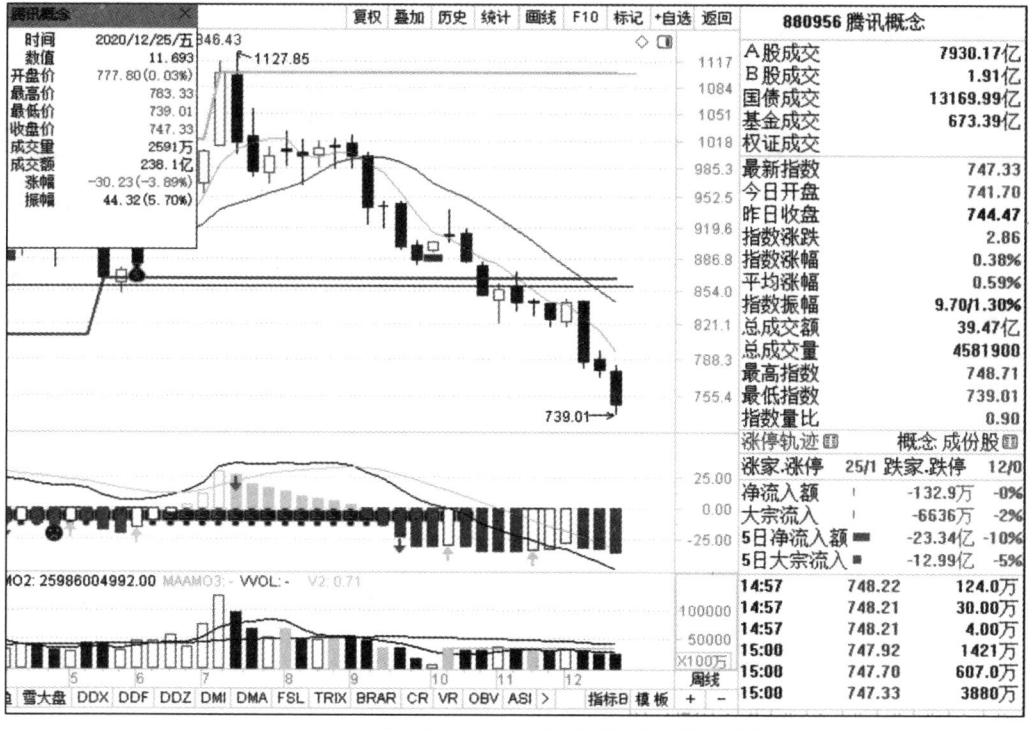

图 6-36　2020 年 12 月 25 日腾讯概念板块走势图

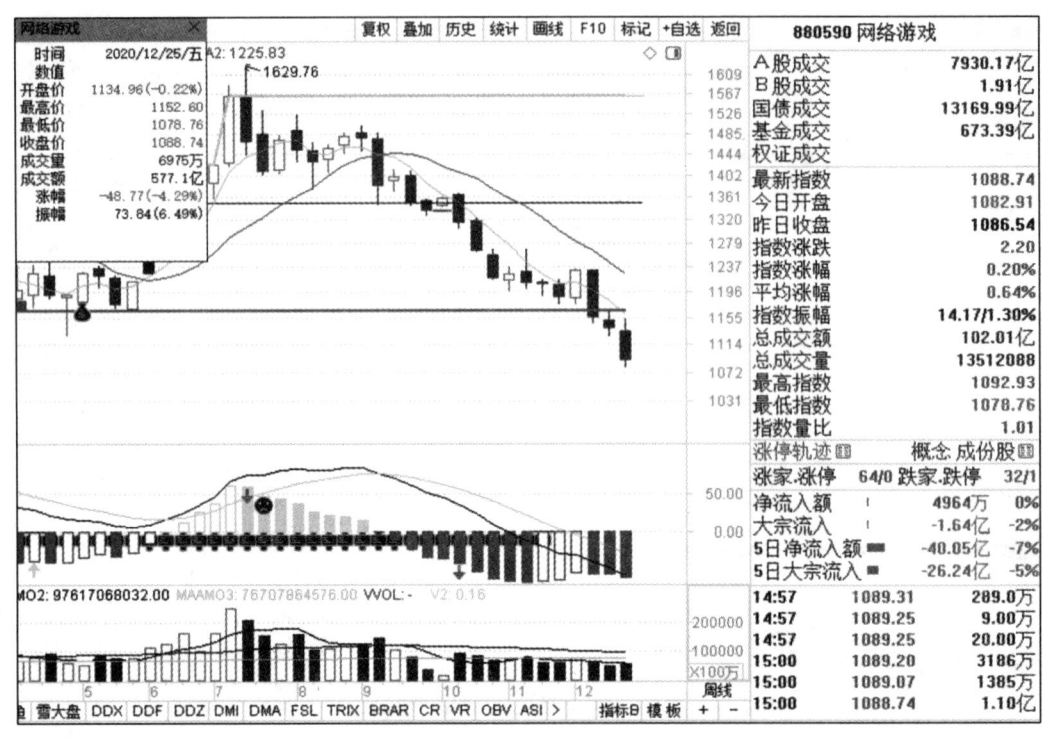

图6-37 2020年12月25日网络游戏板块走势图

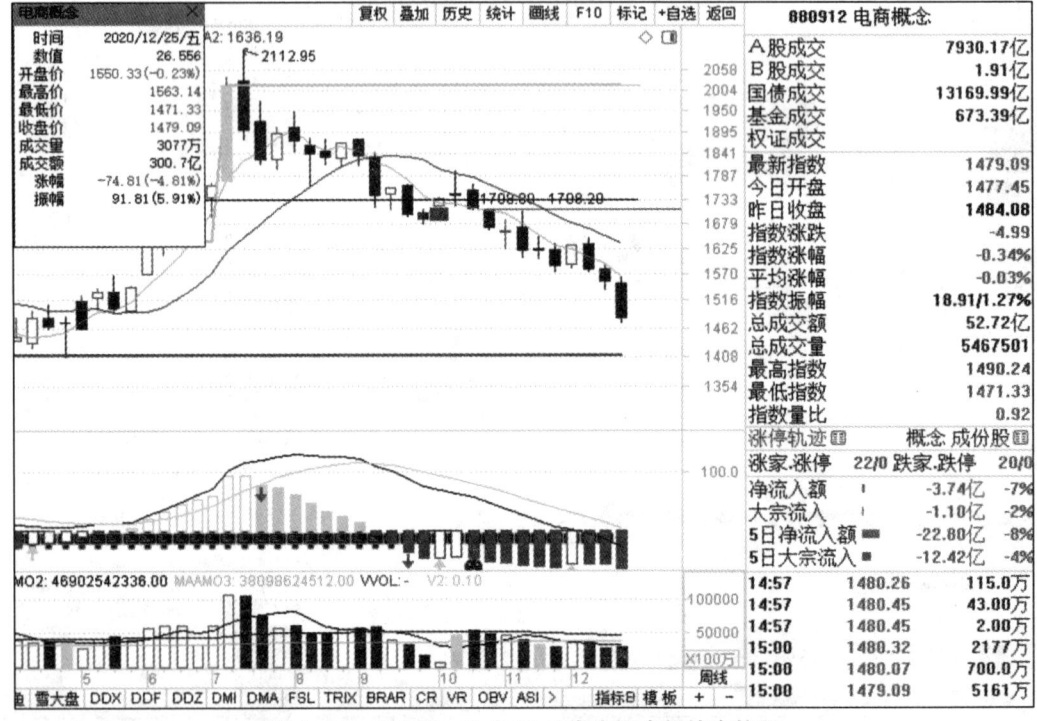

图6-38 2020年12月25日电商概念板块走势图

以上几个板块直到 2021 年 2 月 10 日本书截稿时还在下跌（为了节省篇幅，请读者自己复盘以上几个板块的后势）；其后如果没有止跌反转就没有关注的价值了。

指数与板块的背离，已经是市场的常态，而未来的 A 股，只有三条路可走：第一，紧跟着游资追踪热点题材；第二，缓跟着机构选择持有优质白马股；第三，加入游资机构共同炒作热点股。在以下的三章中我们再分别论述。

交易策略

这一章讲述的交易策略首要的是找出市场里的强势板块、热点板块、趋势板块——这就是顺势交易，反之则是逆势交易。

当我们看板块的形态，分清楚了谁强、谁弱后，就完全可以选择强势的板块，再从强势的板块中选择强势的股票去交易，其他的则回避或远离，绝对不要逆势而行。

板块是股海里的灯塔，没有灯塔，就没有方向；有了方向才可以沿着正确的航线前进。

顺势交易也要区分具体位置，常见的三个位置是必须重点关注的：

一是在下跌趋势末端出现了新趋势的突破点，这里是下跌趋势的反转，只要趋势反转了、突破了，才有盈利的机会；

二是横向盘整后的突破点，这里的突破必须是真突破，而不是假突破；

三是上升趋势途中的回调点，这里回调止跌 K 线后股价将会重拾升势，也是一个比较好的顺势交易位置。

这正是"位置决定性质、性质决定成败"，这才是顺势交易的关键。

第七章
游资在巧取豪夺

股市是资本家的套利场,一个交易日在一只股票上动辄动用几千万甚至几个亿、几十亿的资金在博弈,既可大赢,也可大亏。没有实力的散户只能跟风,但跟风也要有目光、技术与胆量;没有这些技能就只有盲从,盲从的结果就是跟上了套微利主力的就会被深套。

唐贞观十七年(公元643年),直言敢谏的魏征病死了。唐太宗很难过,他流着眼泪说:"夫以铜为镜,可以正衣冠;以史为镜,可以知兴替;以人为镜,可以明得失。魏征没,朕亡一镜矣!"在目前的A股市场,我们也可以把游资当成一面镜子对照一下自己。当你用游资这面镜子对照之后,必然会看出自己的差距在哪里;什么时候你不再照镜子了,你就成功了,也许那时你已经成为别人的镜子。本章资料均来自公开数据,不涉及个人隐私。

第一节 佛山绿景路阻击仁东控股

仁东控股(002647)的股价在2020年11月19日之前,一直在走上升趋势,从2020年1月2日的16.18元一路上涨到11月20日的最高价64.72元,堪称完美趋势的典范;其实这不过是主力操纵的杰作。11月17日海淀国资委退出,11月18日,公司公告海科金集团退出一致行动人关系,特别是11月6日至11月23日连续12个交易日暴露了主力操纵的痕迹。11月20日股价见顶后,连续4天收阴,11月25日仁东控股跌停，此后进入一字板跌停模式，出现14个跌停的一字板，1.3万多股东人均亏了快200万。

后续故事就此展开，虽然不是创业板，但一天由跌停板到涨停板的20%涨幅，堪比创业板的2.0，故分享如下。

2020年12月15日，仁东控股开盘依然出现了第14个一字跌停板，价格为12.38元，两分钟后9:33大单开始买进，1分钟的时间，在9:34就从跌停板12.38元拉至涨停板15.14元，出现了一个标准的"地天板"K线形态（见图7-1、图7-2）。

在此，对市场涨停和跌停的板型定义做以下说明：

一字板，涨停跌停的股票，全天只有一个成交价；

T字板，涨停跌停的股票，开盘价就是涨停价或跌停价；

换手板，涨停或跌停后出现大换手后的股票；

反包板，上一个交易日阴线，次日涨停；

地天板，先跌停，后面又涨停；

天地板，先涨停，后面又跌停。

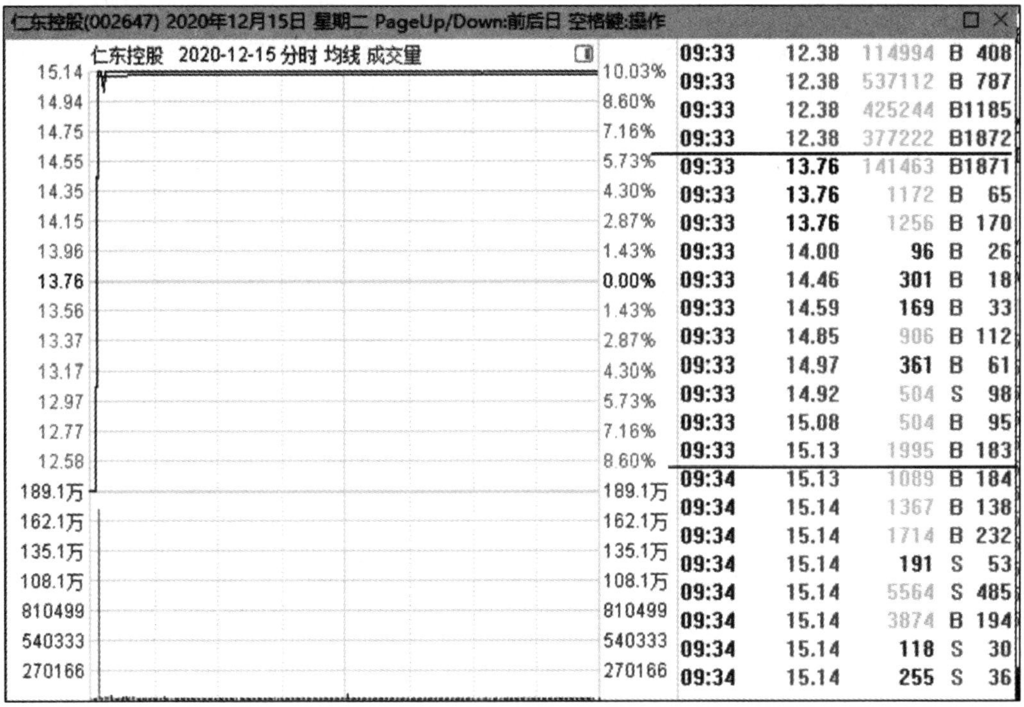

图7-1　2020年12月15日仁东控股分时走势图

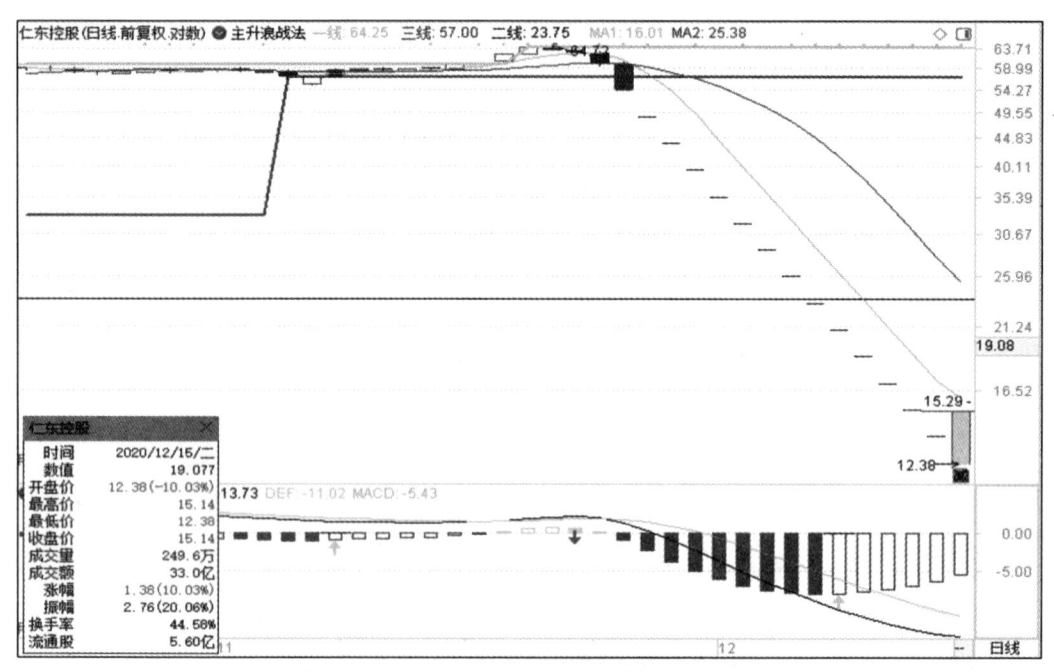

图 7-2 2020 年 12 月 15 日仁东控股 K 线图

且看 2020 年 12 月 15 日星期二这个地天板是谁的杰作？

从当天龙虎榜数据来看，光大证券股份有限公司佛山绿景路证券营业部买进 35937.45 万元，一次动用资金高达 3.59 亿，这就是大游资的手笔（见图 7-3）。

图 7-3 2020 年 12 月 15 日仁东控股龙虎榜数据

从当天龙虎榜可以看出，光大佛山绿景路证券营业部买入3.59亿，不愧是"佛山无影脚"。次日，正像以往一样，仁东控股一字跌停板从开盘到收盘（见图7-4）。

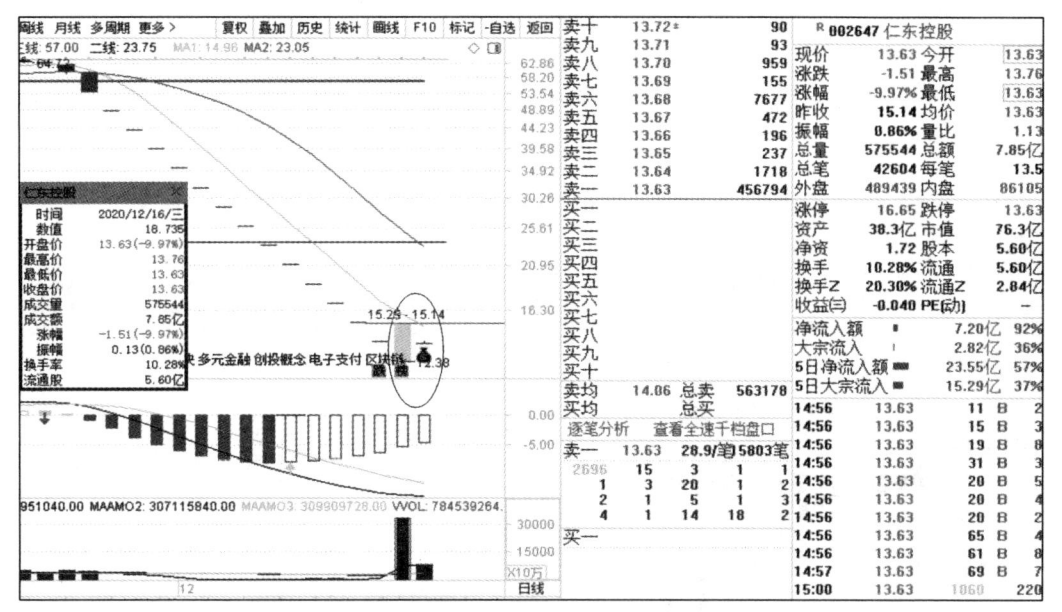

图7-4 2020年12月16日仁东控股一字跌停板

在跌停板上，光大佛山绿景路卖出金额为2726万元。3.59亿的买进资金只卖出了2726万元（见图7-5），且看佛山游资后续如何操作。

●交易日期：2020-12-16 信息类型：跌幅偏离值达7%的证券
涨跌幅(%):-9.97 成交量(万股):5954.97 成交额(万元):81173.53

买入前五营业部

营业部名称	买入金额(万元)	卖出金额(万元)
中国银河证券股份有限公司厦门美湖路证券营业部	4099.50	0.00
联储证券有限责任公司湖州凤凰路证券营业部	2733.50	0.00
国泰君安证券股份有限公司上海虹口区大连路证券营业部	1175.86	2.73
财通证券股份有限公司温岭中华路证券营业部	1150.92	0.00
东北证券股份有限公司杭州市心北路证券营业部	994.04	0.00

卖出前五营业部

营业部名称	买入金额(万元)	卖出金额(万元)
华鑫证券有限责任公司北京菜市口大街证券营业部	0.00	3613.04
光大证券股份有限公司佛山绿景路证券营业部	2.45	2726.00
华鑫证券有限责任公司上海红宝石路证券营业部	0.00	2724.50
华鑫证券有限责任公司上海宛平南路证券营业部	0.00	2722.59
长江证券股份有限公司深圳深南路证券营业部	8.18	2717.82

图7-5 2020年12月16日仁东控股龙虎榜数据

2020年12月17日，仁东控股再次由跌停板撬起，收盘涨幅2.71%，就在当天，佛山的游资出局了（见图7-6、图7-7、图7-8）。

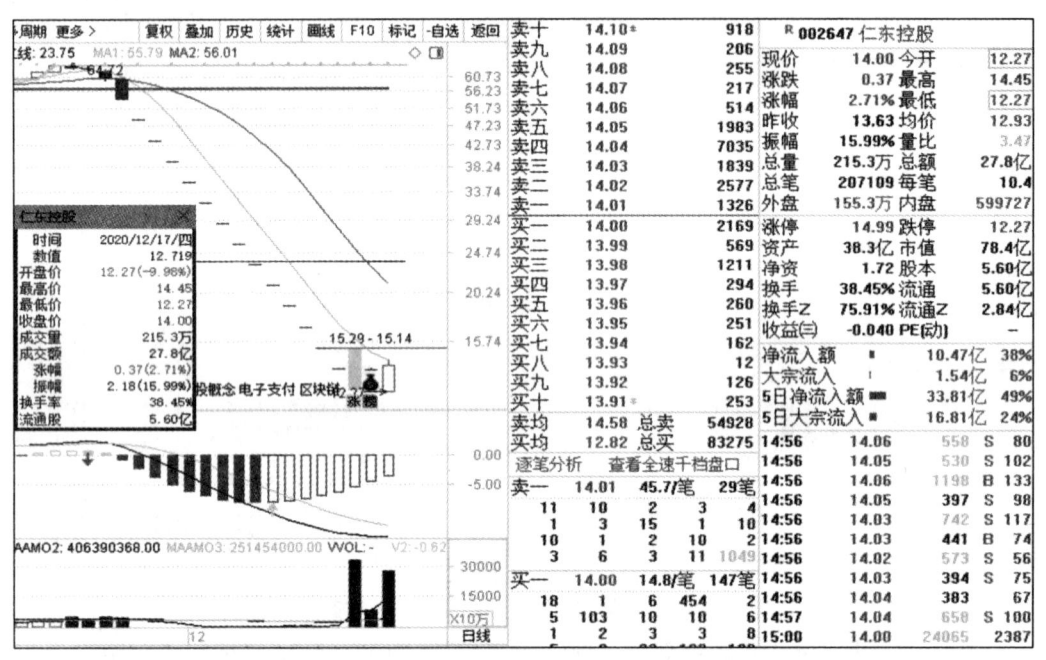

图7-6　2020年12月17日仁东控股走势图

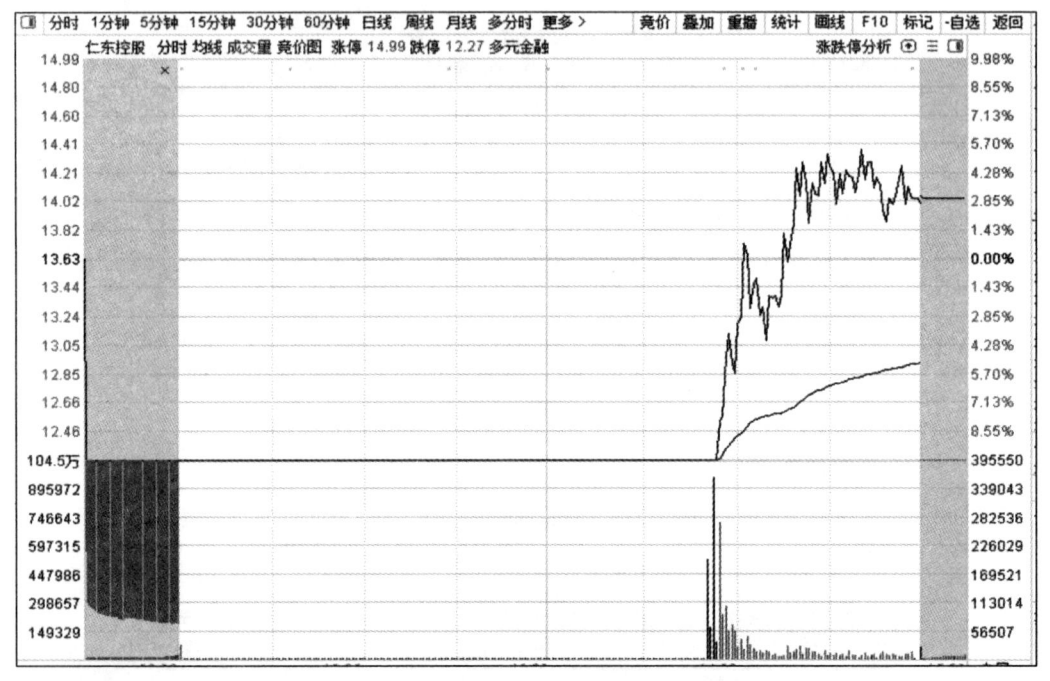

图7-7　2020年12月17日仁东控股分时走势图

```
●交易日期:2020-12-17  信息类型:振幅值达15%的证券
 涨跌幅(%):2.71  成交量(万股):21527.50  成交额(万元):278422.96
```

买入前五营业部		
营业部名称	买入金额(万元)	卖出金额(万元)
西藏东方财富证券股份有限公司拉萨团结路第二证券营业部	3905.99	2002.98
中国银河证券股份有限公司厦门美湖路证券营业部	3194.24	9660.48
东方财富证券股份有限公司拉萨东环路第二证券营业部	3024.10	1154.84
安信证券股份有限公司梅州新中路证券营业部	2898.67	364.33
华福证券有限责任公司泉州田安路证券营业部	2569.09	8.21

卖出前五营业部		
营业部名称	买入金额(万元)	卖出金额(万元)
光大证券股份有限公司佛山绿景路证券营业部	38.72	33156.63
海通证券股份有限公司深圳分公司华富路证券营业部	366.55	9669.10
中国银河证券股份有限公司厦门美湖路证券营业部	3194.24	9660.48
太平洋证券股份有限公司许昌建安大道证券营业部	0.00	9554.30
联储证券有限责任公司湖州凤凰路证券营业部	2.48	7693.70

图7-8 2020年12月17日仁东控股龙虎榜数据

从图7-8龙虎榜数据来看，光大佛山绿景路游资卖出了3.3亿，至此佛山绿景路的游资结束了仁东控股的炒作；12月15日买进，17日全部清仓，3天里赚了3500万，请问哪里有这么好的生意？这只能是股市里的奇迹了。

就在佛山绿景路的游资出局后，2020年12月18日星期五，仁东控股涨停板了（见图7-9、图7-10、图7-11）。

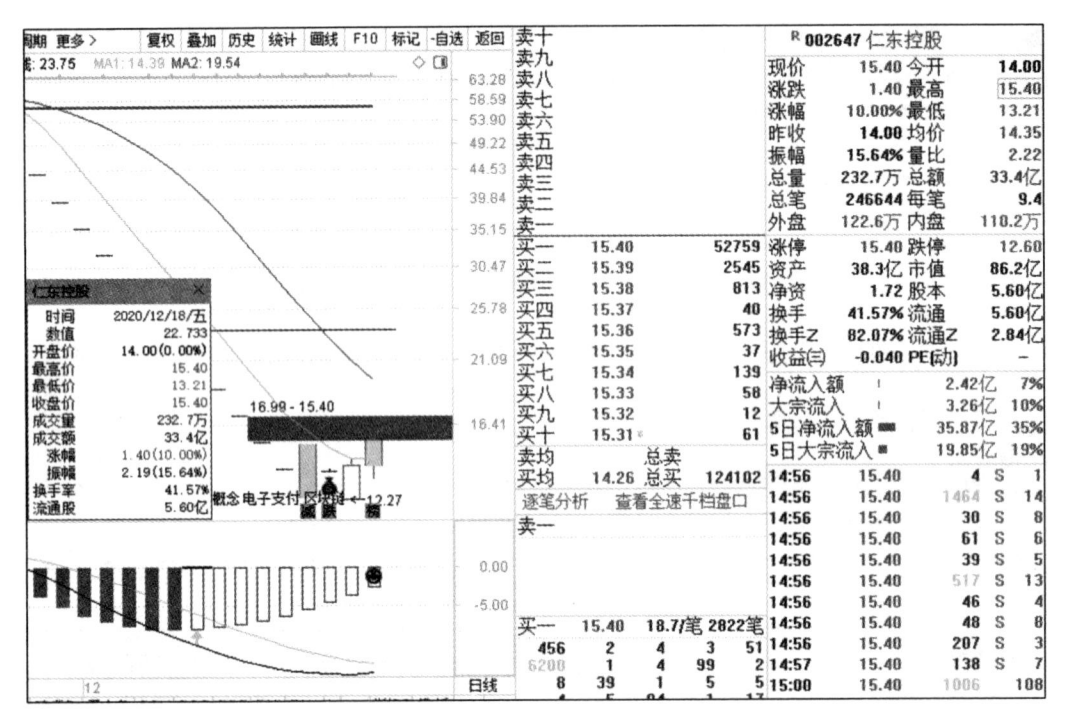

图 7-9　2020 年 12 月 18 日仁东控股股价走势图

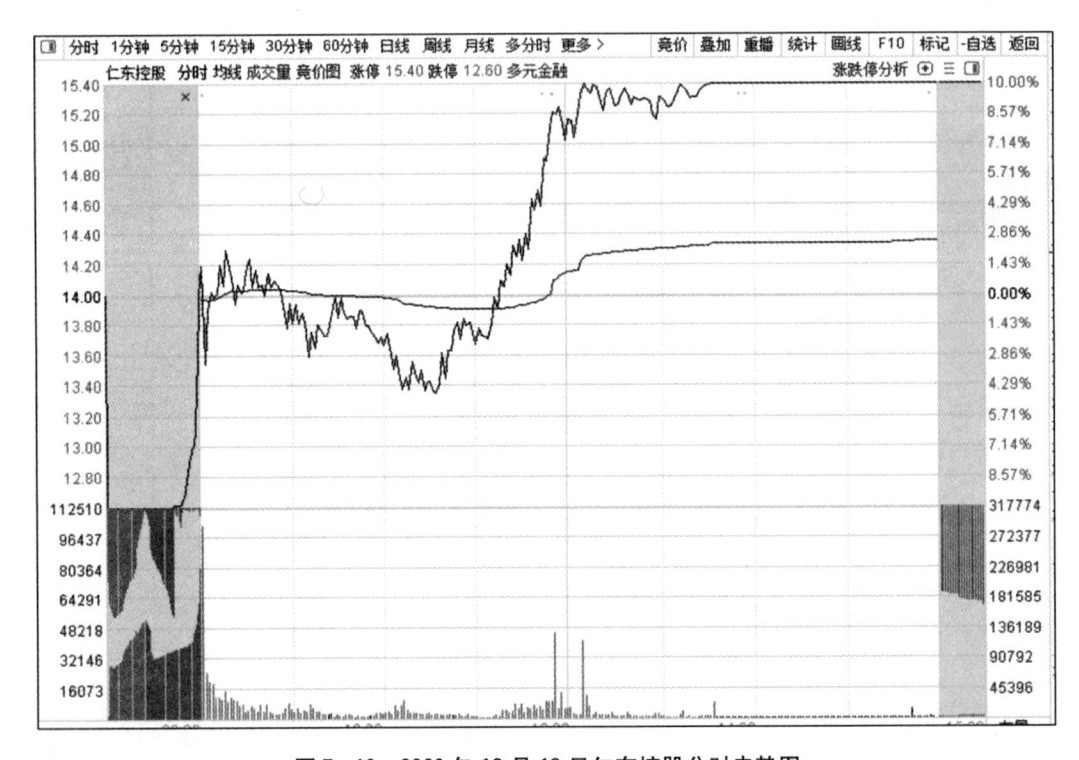

图 7-10　2020 年 12 月 18 日仁东控股分时走势图

●交易日期:2020-12-18　信息类型:涨幅偏离值达7%的证券
　涨跌幅(%):10.00　成交量(万股):23274.65　成交额(万元):334059.39

买入前五营业部		
营业部名称	买入金额(万元)	卖出金额(万元)
华鑫证券有限责任公司深圳分公司	8982.92	3.53
中国银河证券股份有限公司厦门美湖路证券营业部	6195.91	3648.50
东兴证券股份有限公司合肥芜湖路证券营业部	3950.95	33.76
天风证券股份有限公司台州市府大道证券营业部	3822.53	0.28
华泰证券股份有限公司天津东丽开发区二纬路证券营业部	3583.18	29.24

卖出前五营业部		
营业部名称	买入金额(万元)	卖出金额(万元)
长城证券股份有限公司深圳福华路证券营业部	21.31	39196.25
国信证券股份有限公司北京分公司	152.71	7324.88
西藏东方财富证券股份有限公司拉萨团结路第二证券营业部	3529.35	3792.74
中国银河证券股份有限公司厦门美湖路证券营业部	6195.91	3648.50
安信证券股份有限公司梅州新中路证券营业部	41.99	3311.61

图 7-11　2020 年 12 月 18 日仁东控股龙虎榜数据

2020 年 12 月 18 日星期五，仁东控股又涨停板了，但这里面已经没有光大佛山绿景路游资的身影了；人家只吃一个板的利润就心满意足了。就在佛山绿景路的游资获利三千多万出局后，仁东控股又走向了缓慢的下跌之路。

第二节　宁波桑田路撬底宁波海运

2020 年 12 月 31 日，宁波桑田路游资这一天买进了 3 只个股，跟踪这 3 只股票的龙虎榜，且看桑田路的游资在买进后的 4 个交易日是如何操作的。

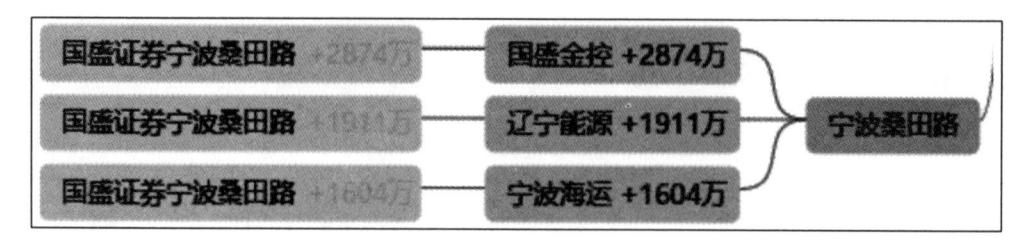

```
国盛证券宁波桑田路 +2874万 ──→ 国盛金控 +2874万 ┐
国盛证券宁波桑田路 +1911万 ──→ 辽宁能源 +1911万 ├──→ 宁波桑田路
国盛证券宁波桑田路 +1604万 ──→ 宁波海运 +1604万 ┘
```

图7-12　第一个交易日2020年12月31日买进的3只股票

同步	代码	名称	•	涨幅%	现价	涨跌	买价	卖价	总量	细分行业
1	002670	国盛金控	R	-3.56	13.26	-0.49	13.25	13.26	161.6万	证券
2	600758	辽宁能源		-3.96	3.88	-0.16	3.88	3.89	114.0万	煤炭开采
3	600798	宁波海运	R	10.10	5.67	0.52	5.67	—	161.6万	水运

图7-13　第二个交易日2021年1月4日3只个股的收盘数据

同步	代码	名称	•	涨幅%	现价	涨跌	买价	卖价	总量	细分行业
1	002670	国盛金控	R	-4.98	12.60	-0.66	12.59	12.60	128.4万	证券
2	600758	辽宁能源		-10.05	3.49	-0.39	3.49	3.50	750904	煤炭开采
3	600798	宁波海运	R	10.05	6.24	0.57	6.24	—	911665	水运

图7-14　第三个交易日2021年1月5日3只个股的收盘数据

同步	代码	名称	•	涨幅%	现价	涨跌	买价	卖价	总量	细分行业
1	002670	国盛金控	R	-2.70	12.26	-0.34	12.26	12.27	714970	证券
2	600758	辽宁能源		0.86	3.52	0.03	3.51	3.52	478176	煤炭开采
3	600798	宁波海运	R	-8.65	5.70	-0.54	5.69	5.70	253.8万	水运

图7-15　第四个交易日2021年1月6日3只个股的收盘数据

同步	代码	名称	•	涨幅%	现价	涨跌	买价	卖价	总量	细分行业
1	002670	国盛金控	R	-3.10	11.88	-0.38	11.88	11.89	739656	证券
2	600758	辽宁能源		-3.69	3.39	-0.13	3.39	3.40	362258	煤炭开采
3	600798	宁波海运	R	-7.19	5.29	-0.41	5.29	5.30	185.2万	水运

图7-16　第五个交易日2021年1月7日3只个股的收盘数据

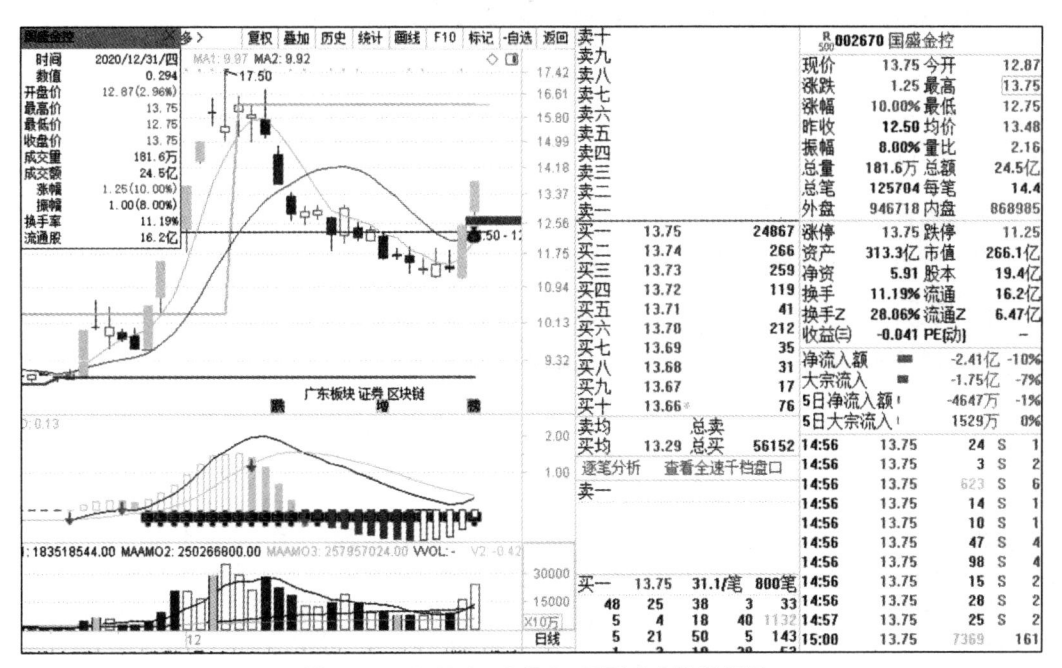

我们再分别看看这 3 只个股的 K 线走势图、分时走势图以及龙虎榜数据。

图 7-17　2020 年 12 月 31 日国盛金控数据图

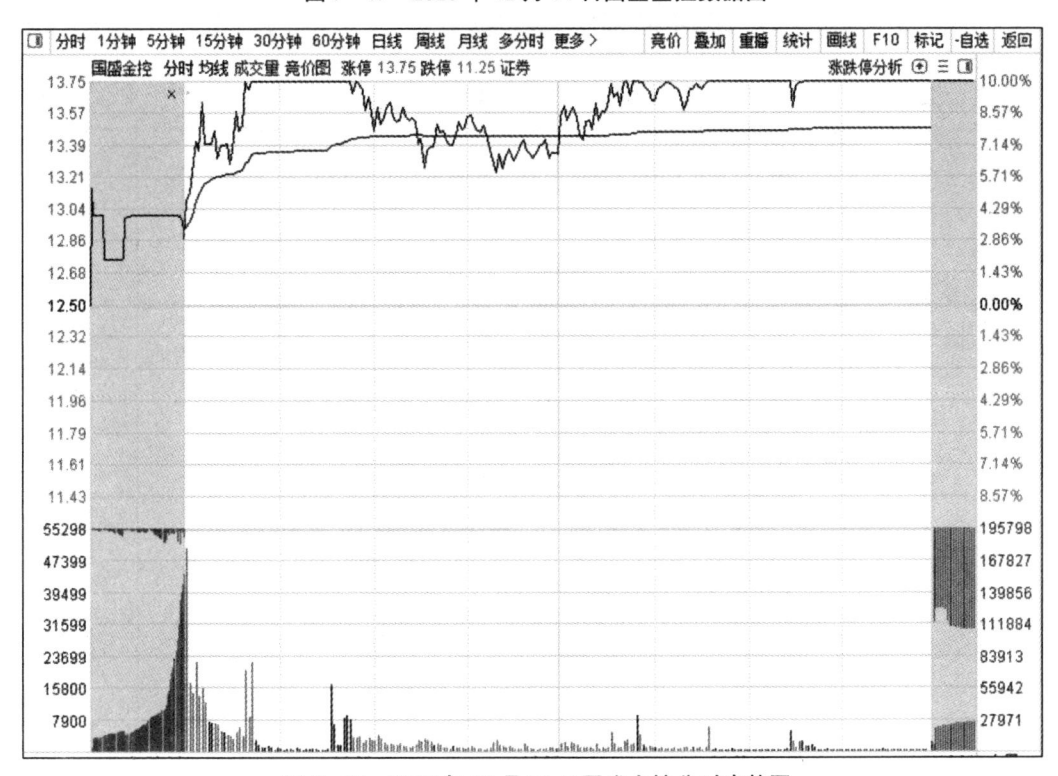

图 7-18　2020 年 12 月 31 日国盛金控分时走势图

●交易日期:2020-12-31　信息类型:涨幅偏离值达7%的证券
　涨跌幅(%):10.00　成交量(万股):18157.03　成交额(万元):244835.28

买入前五营业部		
营业部名称	买入金额(万元)	卖出金额(万元)
华鑫证券有限责任公司深圳分公司	8109.41	0.00
华泰证券股份有限公司上海共和新路证券营业部	4212.49	87.85
深股通专用	3853.37	9282.35
国盛证券有限责任公司宁波桑田路证券营业部	3181.08	307.51
中信建投证券股份有限公司武汉中北路证券营业部	3166.02	13.61

卖出前五营业部		
营业部名称	买入金额(万元)	卖出金额(万元)
深股通专用	3853.37	9282.35
机构专用	173.62	2881.95
东莞证券股份有限公司北京分公司	246.11	2409.88
中信建投证券股份有限公司宜昌市解放路证券营业部	60.35	2395.05
光大证券股份有限公司北京总部基地证券营业部	272.08	2277.96

图7-19　2020年12月31日国盛金控龙虎榜数据

在宁波桑田路买进的第二个交易日2021年1月4日星期一，国盛金控高开低走，收出了覆盖线（见图7-20、图7-21）。

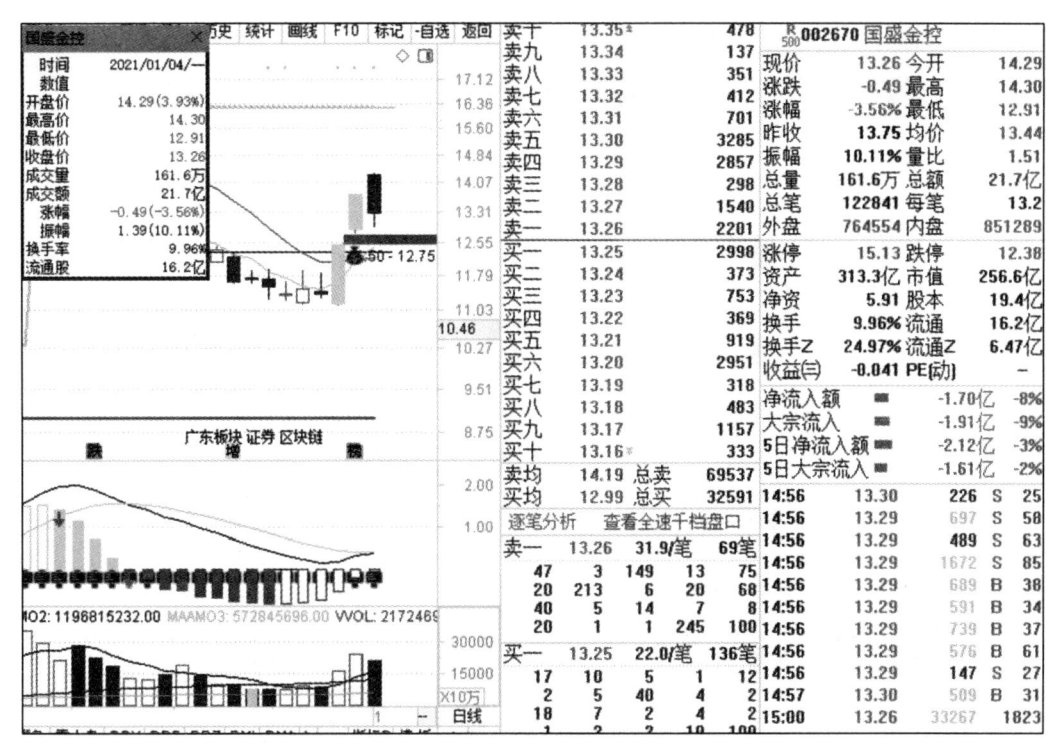

图 7-20 2021 年 1 月 4 日国盛金控第二个交易日数据图

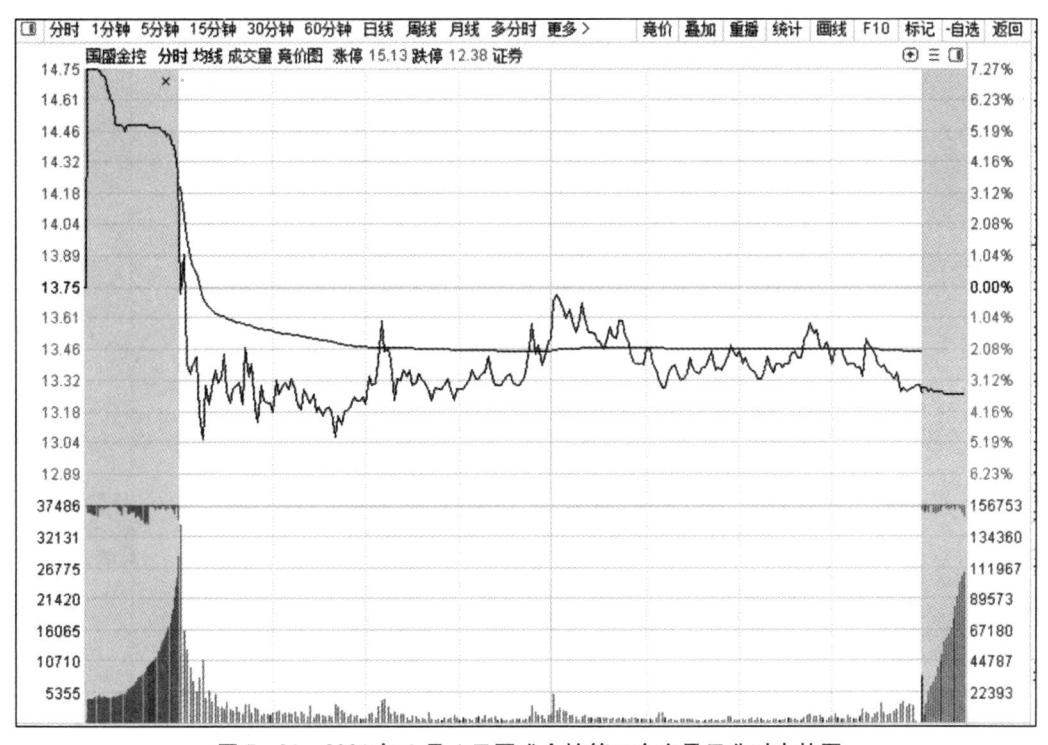

图 7-21 2021 年 1 月 4 日国盛金控第二个交易日分时走势图

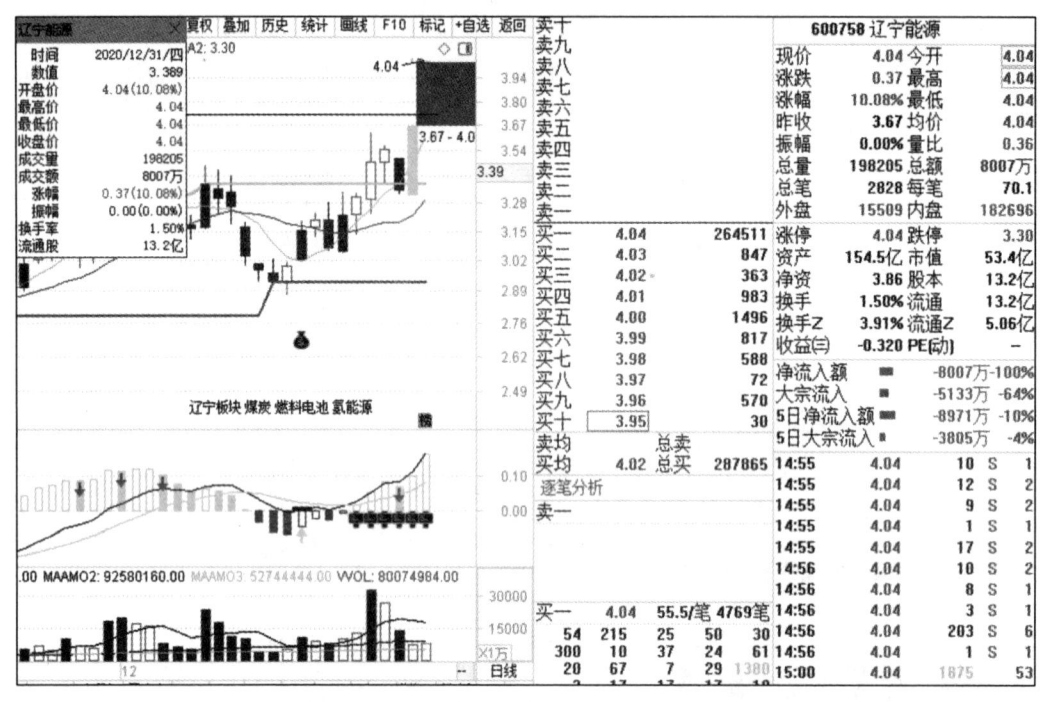

图 7-22　2020 年 12 月 31 日辽宁能源数据图

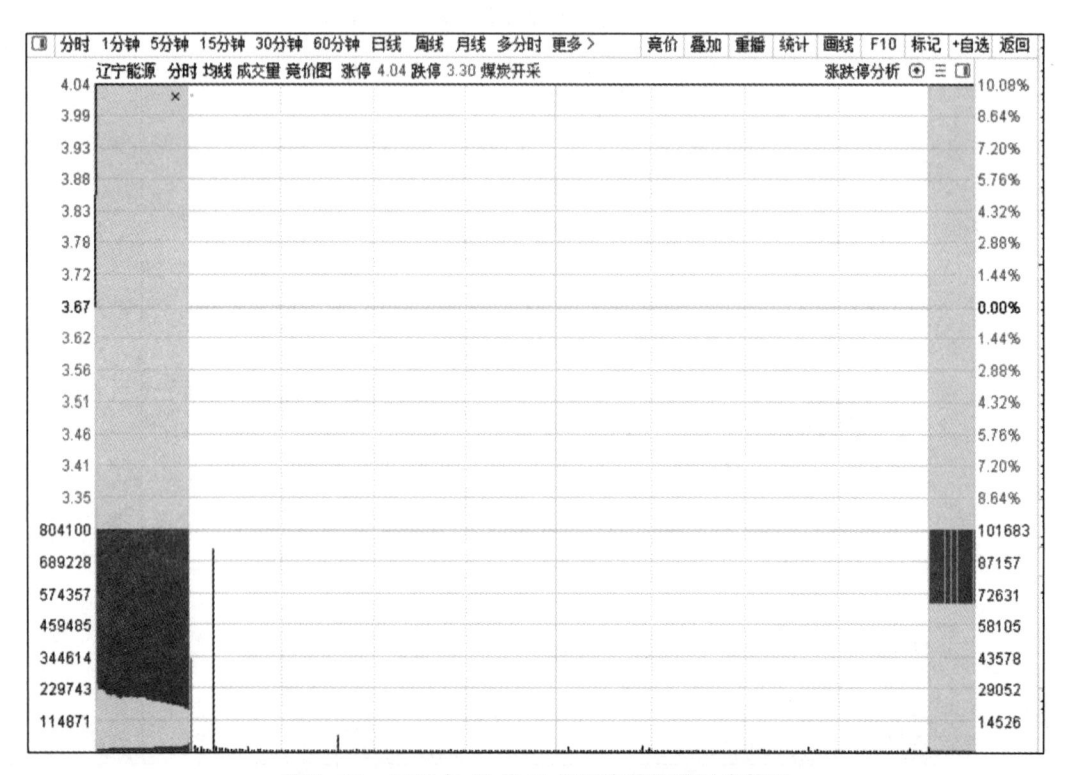

图 7-23　2020 年 12 月 31 日辽宁能源分时走势图

●交易日期:2020-12-31 信息类型:涨幅偏离值达7%的证券
涨跌幅(%):10.08 成交量(万股):1982.05 成交额(万元):8007.50

买入前五营业部

营业部名称	买入金额(万元)	卖出金额(万元)
国盛证券有限责任公司宁波桑田路证券营业部	1911.36	—
华鑫证券有限责任公司上海淞滨路证券营业部	799.44	—
海通证券股份有限公司上海崇明区北门路证券营业部	404.00	—
甬兴证券有限公司宁波中山西路证券营业部	400.16	—
海通证券股份有限公司济南洪家楼南路证券营业部	395.48	—

卖出前五营业部

营业部名称	买入金额(万元)	卖出金额(万元)
中国中金财富证券有限公司上海黄浦区中山东二路证券营业部	—	3665.86
信达证券股份有限公司营口港路证券营业部	—	283.81
中国国际金融股份有限公司北京建国门外大街证券营业部	—	180.63
华泰证券股份有限公司总部	—	132.04
中信建投证券股份有限公司合肥长江西路证券营业部	—	111.50

图7-24 2020年12月31日辽宁能源龙虎榜数据

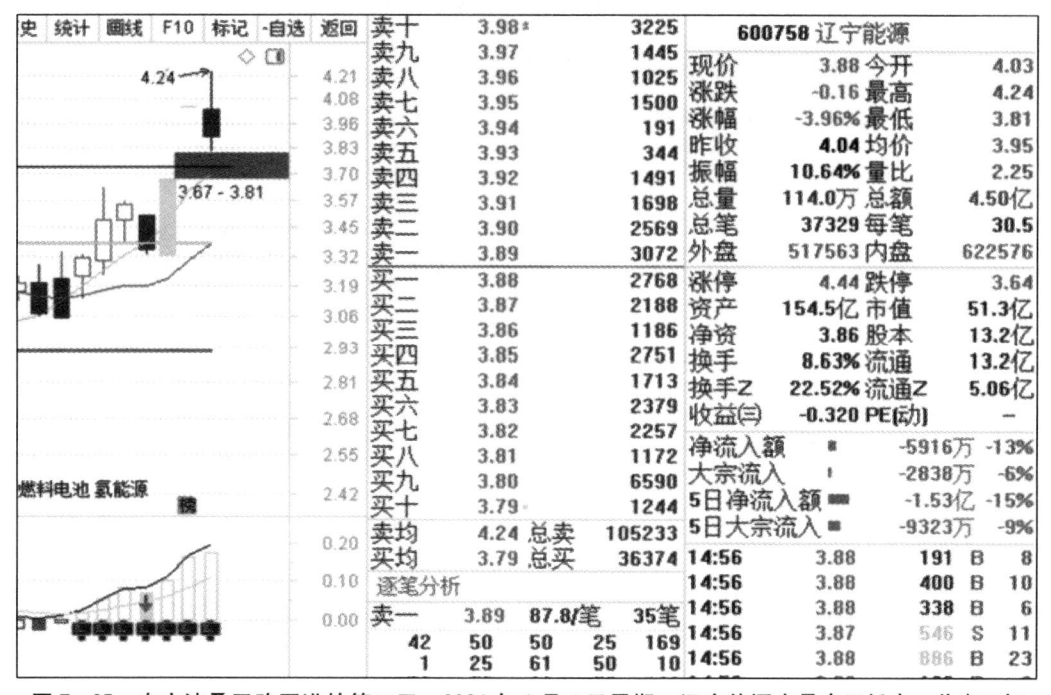

图7-25 在宁波桑田路买进的第二天，2021年1月4日星期一辽宁能源也是高开低走，收出了怀抱阴线

095

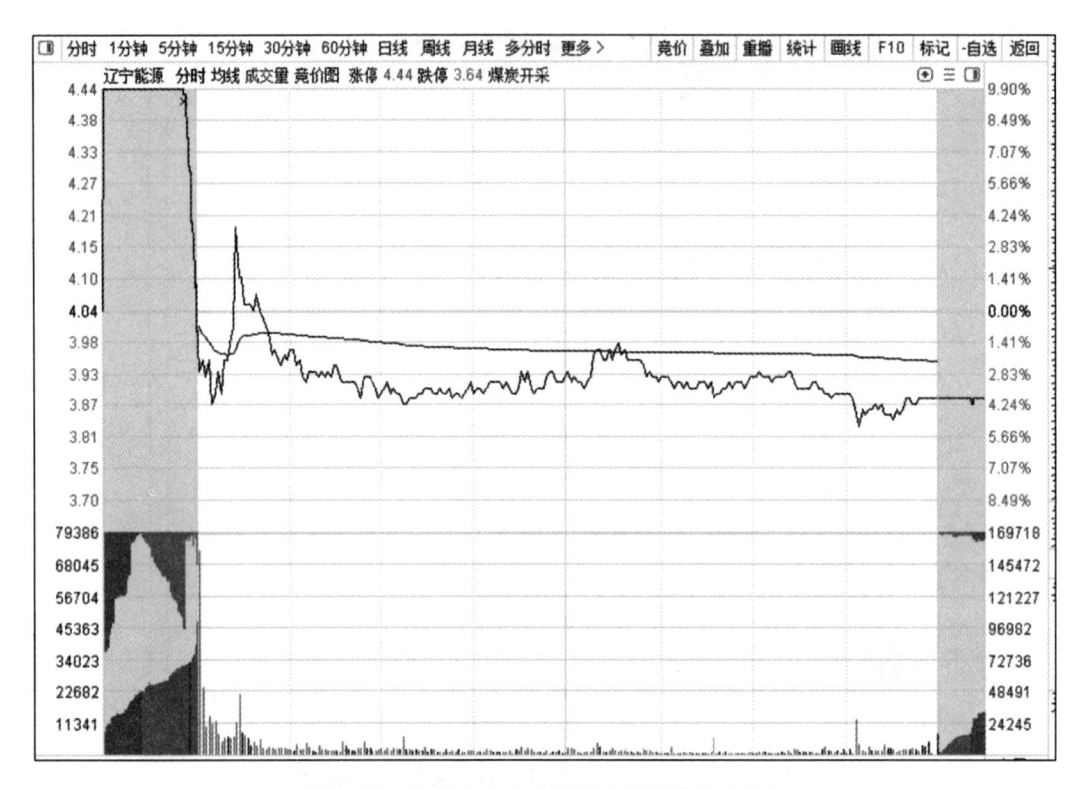

图 7-26 2021 年 1 月 4 日辽宁能源分时走势图

以上两只个股，在宁波桑田路游资买进的第二天，从分时图上看都是高开低走的走势，而其后 5 天的龙虎榜统计中，再也没有看到该游资的身影，由此可以看出，该游资在这两个股上玩的是一日游，当天买进，次日盘中或保本，或微亏，但都果断出局了，体现了"打得赢就打，打不赢就跑"的思路，绝不恋战，绝不在没有希望的股票上浪费时间，哪怕微亏也要出局，因为他们知道在这里遇到了强大的做空对手。

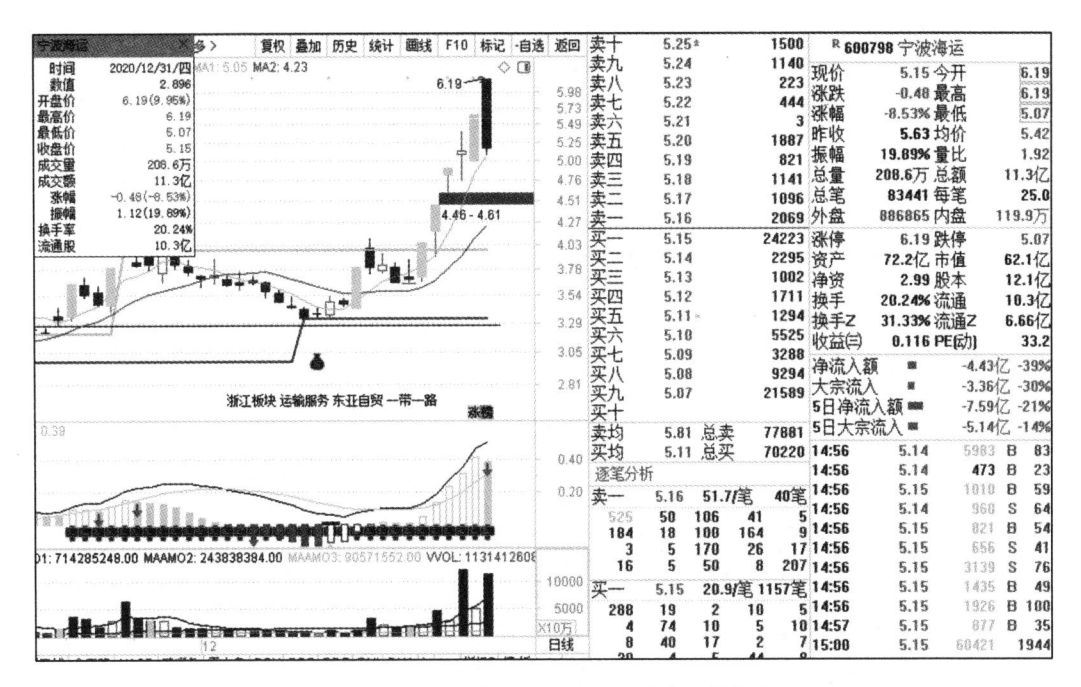

图 7-27　2020 年 12 月 31 日宁波海运数据图

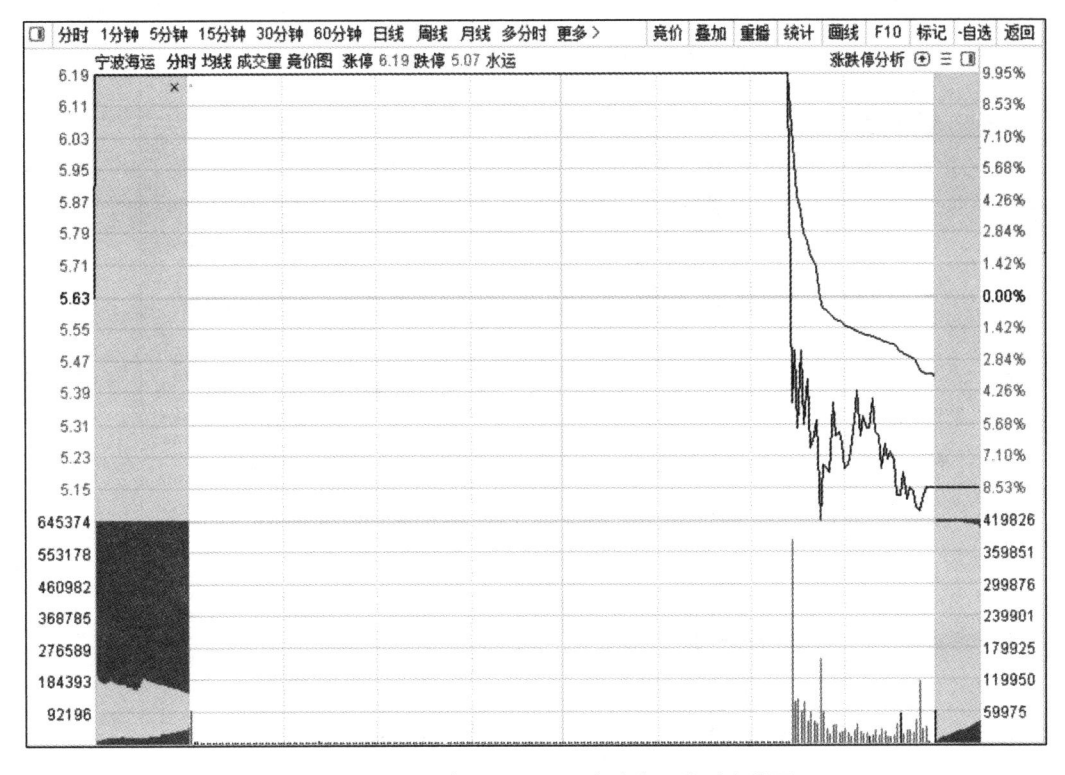

图 7-28　2020 年 12 月 31 日宁波海运分时走势图

图 7-29　2020 年 12 月 31 日宁波海运龙虎榜数据

在宁波桑田路买进宁波海运的第二个交易日 2021 年 1 月 4 日星期一，该股跳空高开高走，瞬间封板（见图 7-30、图 7-31）。

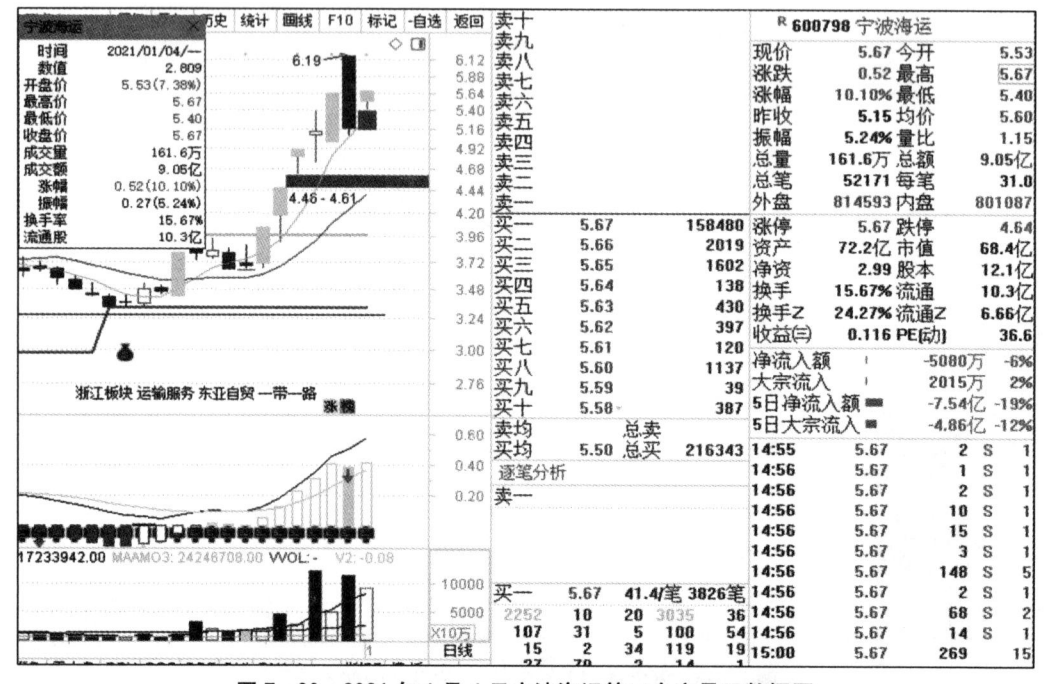

图 7-30　2021 年 1 月 4 日宁波海运第二个交易日数据图

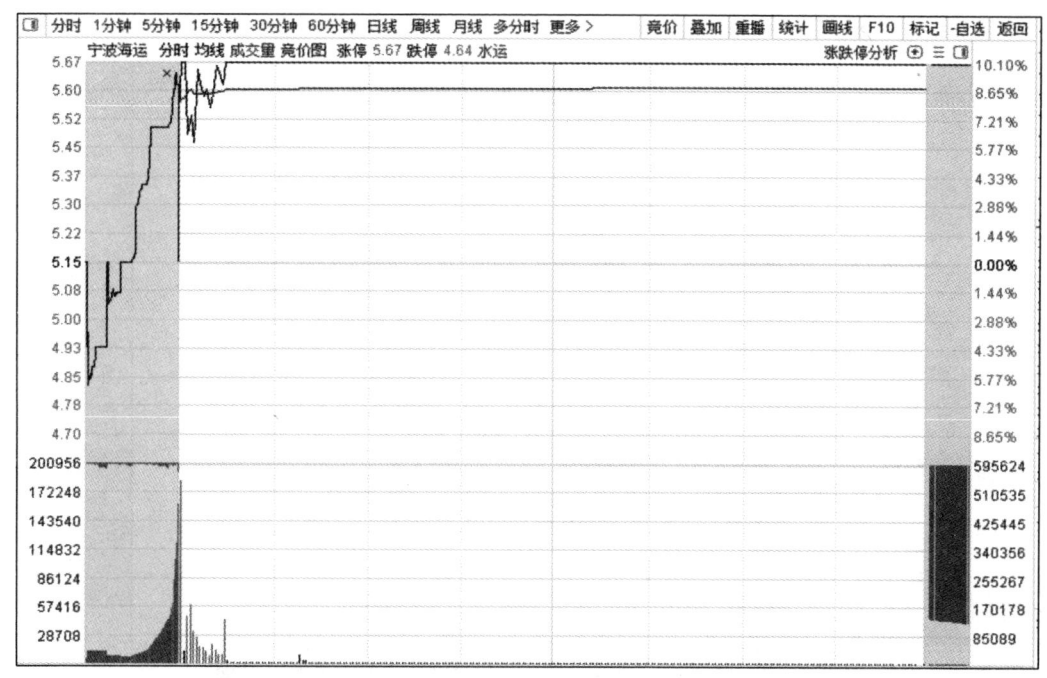

图 7-31　2021 年 1 月 4 日宁波海运第二个交易日分时走势图

在宁波桑田路买进宁波海运的第四个交易日 2021 年 1 月 5 日星期二，该股再次跳空高开高走，瞬间封板，至此连拉两个涨停板（见图 7-32、图 7-33）。

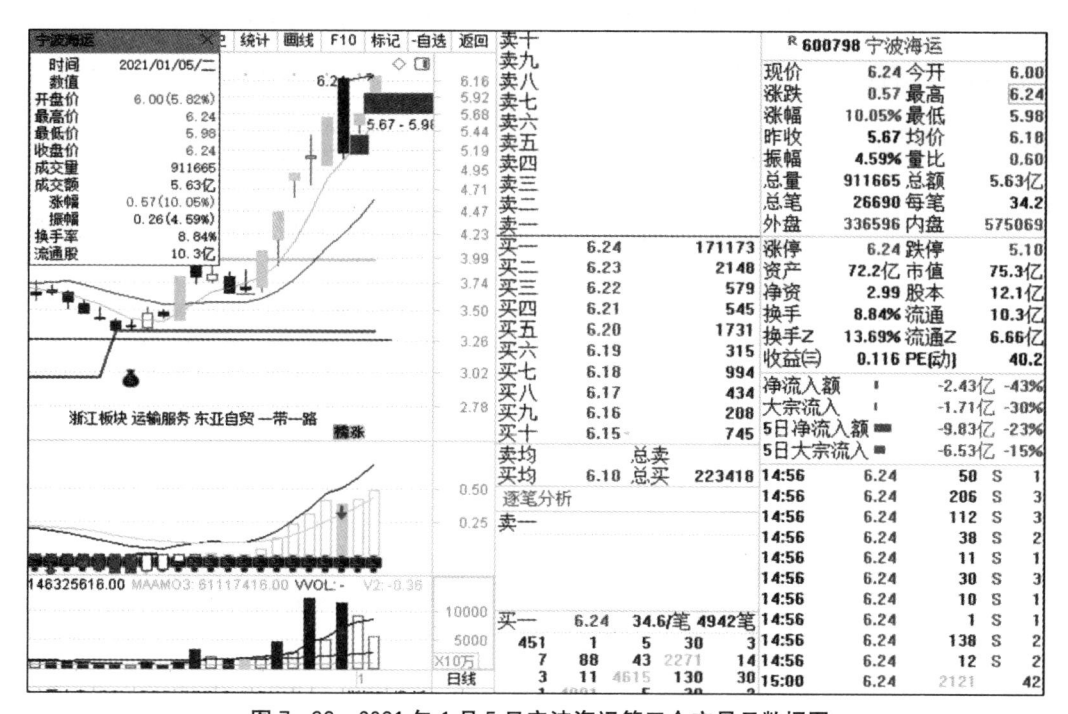

图 7-32　2021 年 1 月 5 日宁波海运第三个交易日数据图

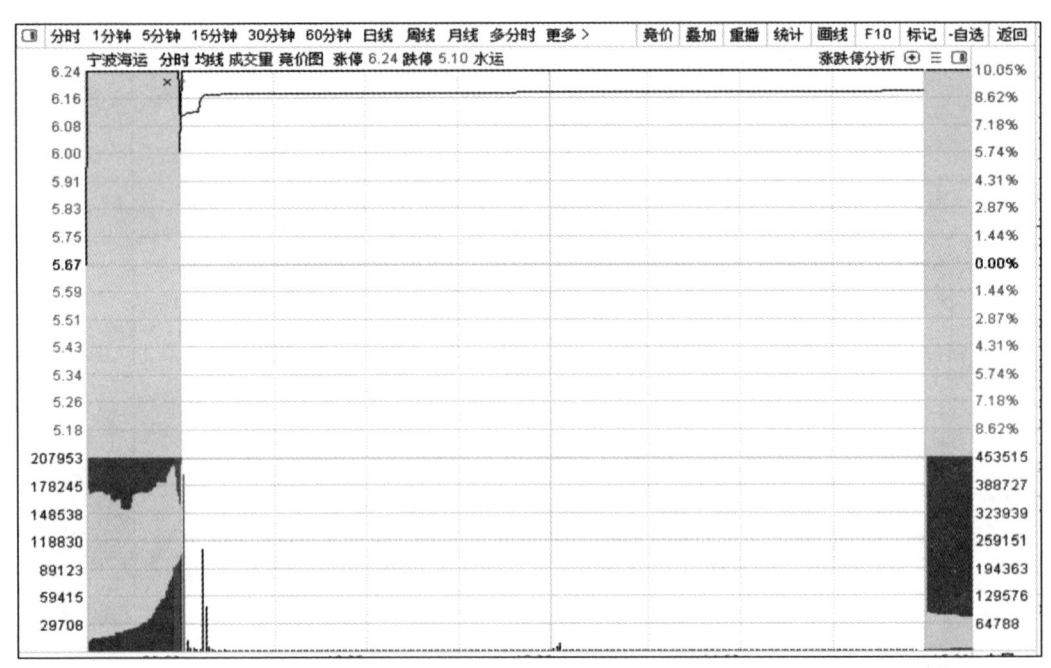

图 7-33 2021 年 1 月 5 日宁波海运第三个交易日分时走势图

在宁波桑田路买进宁波海运的第四个交易日 2021 年 1 月 6 日星期三，该股高开低走，瞬间由涨停板到跌停板，经典的核按钮手法，在盘中反弹到上一个交易日的收盘价之后震荡走低，收出怀抱线，这一天宁波桑田路游资出局了（见图 7-34、图 7-35、图 7-36）。

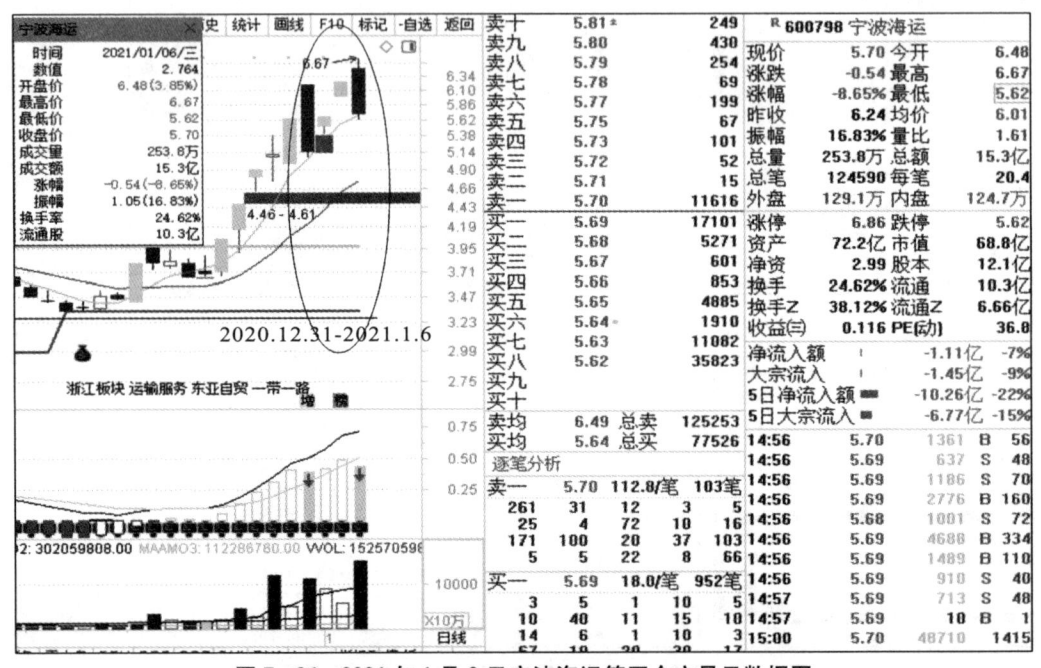

图 7-34 2021 年 1 月 6 日宁波海运第四个交易日数据图

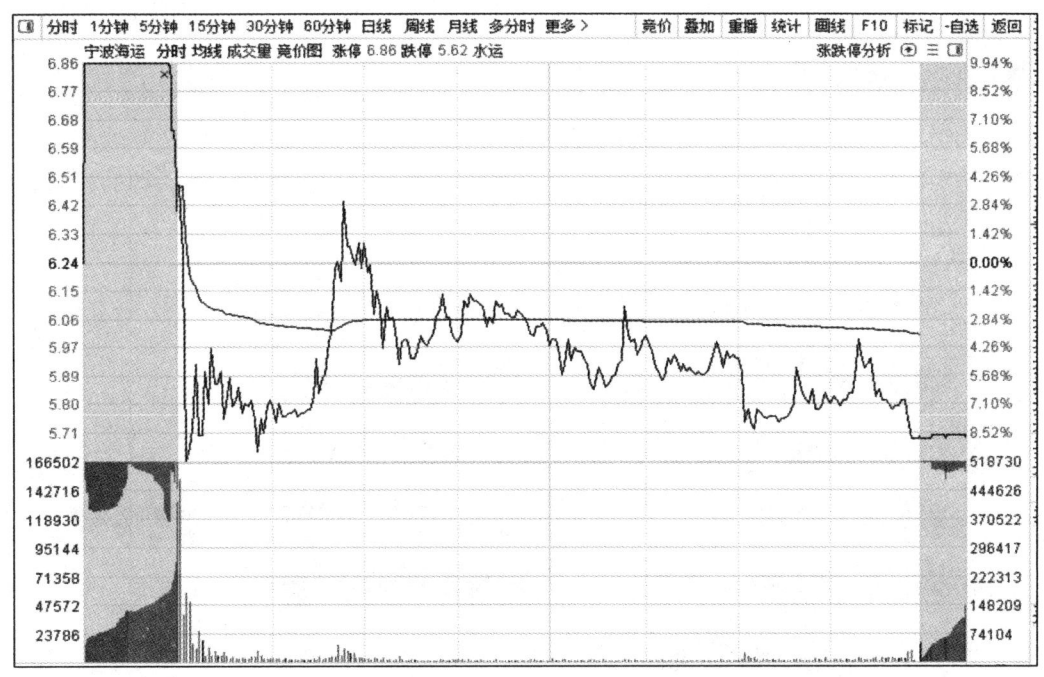

图 7-35　2021 年 1 月 6 日宁波海运第四个交易日分时走势图

图 7-36　2021 年 1 月 6 日宁波海运第四个交易日龙虎榜数据

以上所述的3只股票,唯有宁波海运最经典。3只股票不同的操作、不同的结果,孰优孰劣,泾渭分明。

2021年1月7日星期四,这是这波行情中宁波桑田路一天之中交易股票最多的一天,卖出1只,买进5只(见图7-37),可谓四面出击。后势如何,有兴趣的读者按股票名称自己复盘便知。

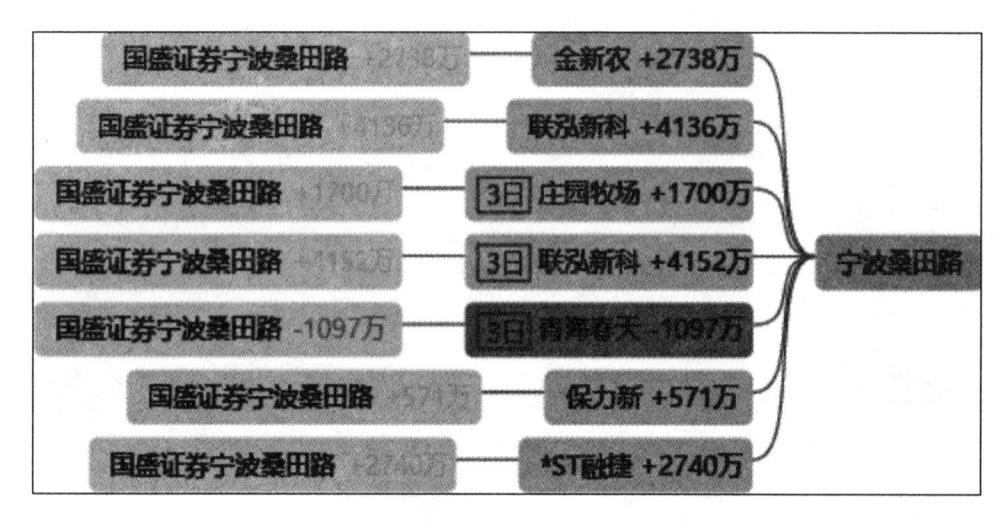

图7-37 宁波桑田路2021年1月7日交易的股票

第三节 章盟主顺势全力做多

2021年1月6日星期三,章盟主卖出了中天火箭,买进了晋控电力和中国中车(见图7-38)。

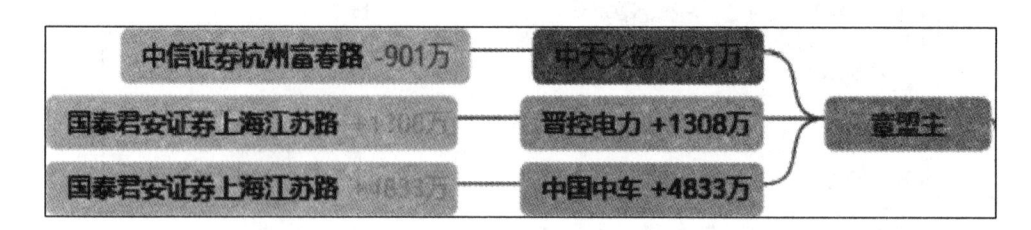

图7-38 章盟主2021年1月6日交易的股票

2021年1月6日章盟主买进的第一只股票晋控电力,是在该股连跌两个跌停板的底部撬板买进,当天该股收出地天板,一天之内大涨20%(见图7-39、图7-40、图7-41)。

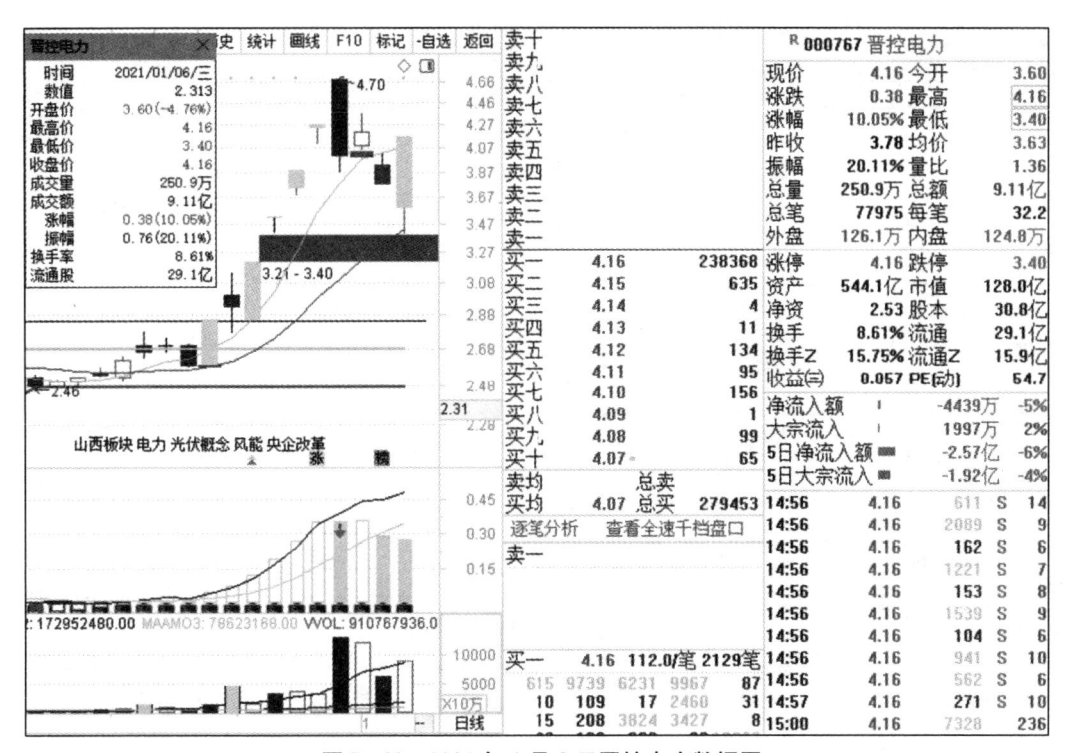

图 7-39　2021 年 1 月 6 日晋控电力数据图

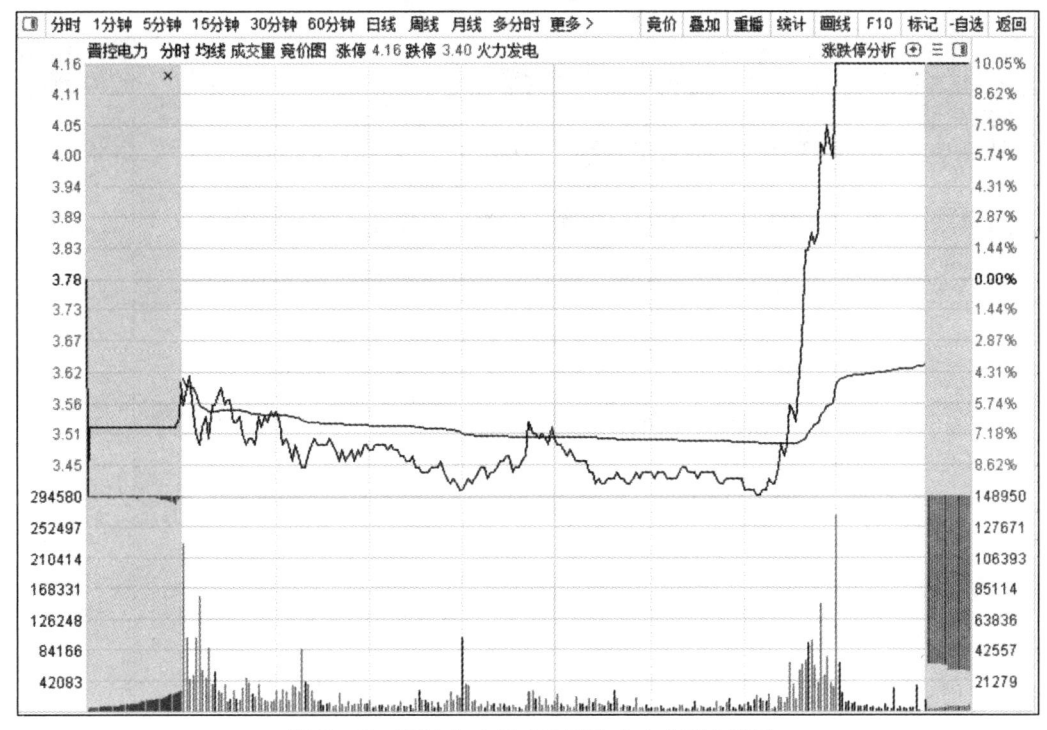

图 7-40　2021 年 1 月 6 日晋控电力分时走势图

交易日期:2021-01-06 信息类型:涨幅偏离值达7%的证券		
涨跌幅(%):10.05 成交量(万股):25086.29 成交额(万元):91076.79		
买入前五营业部		
营业部名称	买入金额(万元)	卖出金额(万元)
中国中金财富证券有限公司上海黄浦区中山东二路证券营业部	3016.60	2.10
中信证券股份有限公司深圳深南中路中信大厦证券营业部	2259.17	2270.06
中国银河证券股份有限公司上海浦东南路证券营业部	1738.80	8.49
国泰君安证券股份有限公司上海江苏路证券营业部	1321.02	12.57
东兴证券股份有限公司上海肇嘉浜路证券营业部	1246.38	3.22
卖出前五营业部		
营业部名称	买入金额(万元)	卖出金额(万元)
中国银河证券股份有限公司北京中关村大街证券营业部	257.01	2775.75
机构专用	648.24	2661.08
中信证券股份有限公司深圳深南中路中信大厦证券营业部	2259.17	2270.06
中国中金财富证券有限公司北京宋庄路证券营业部	147.09	1403.38
东方财富证券股份有限公司拉萨东环路第二证券营业部	626.52	1302.74

图7-41 2021年1月6日晋控电力龙虎榜数据

从图7-41中我们看出，章盟主只是当天买进的第四名，前面还有两个大买家，第二名在对倒交易。

晋控电力在2021年1月6日拉出地天板后，次日跳空在高位震荡，清洗了跟风的获利盘以及前期的套牢盘，以十字星报收（见图7-42）。

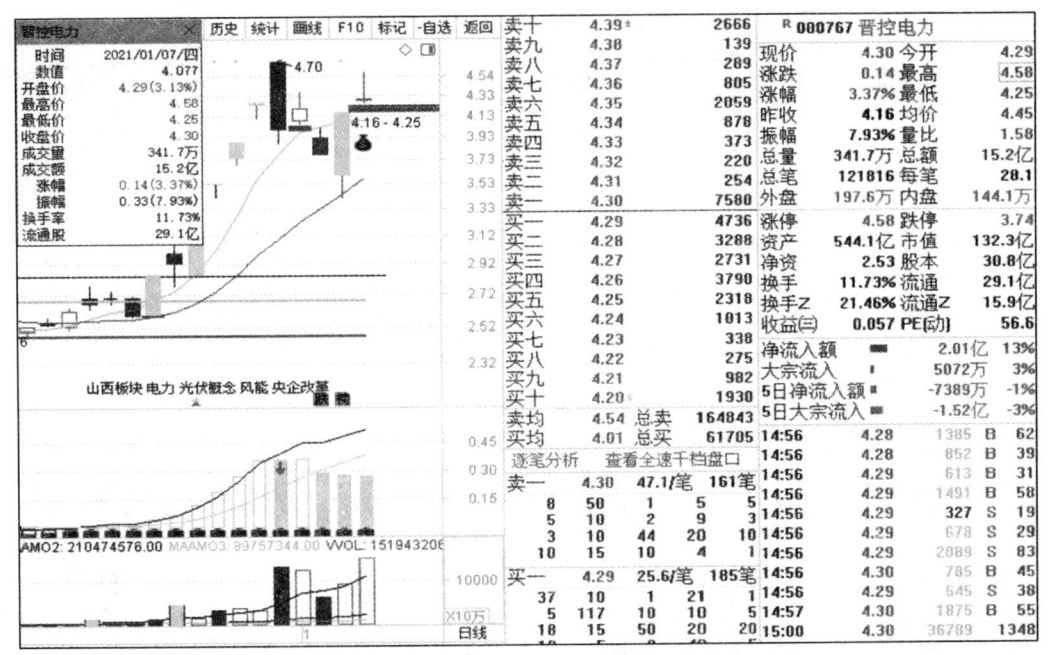

图 7-42　2021 年 1 月 7 日晋控电力数据图

2021年1月8日，晋控电力开盘跳空低开低走，触及跌停板价。在经过半小时的震荡后又拉出了一个地天板的形态（见图 7-43、图 7-44），突显了游资的特色与力量。

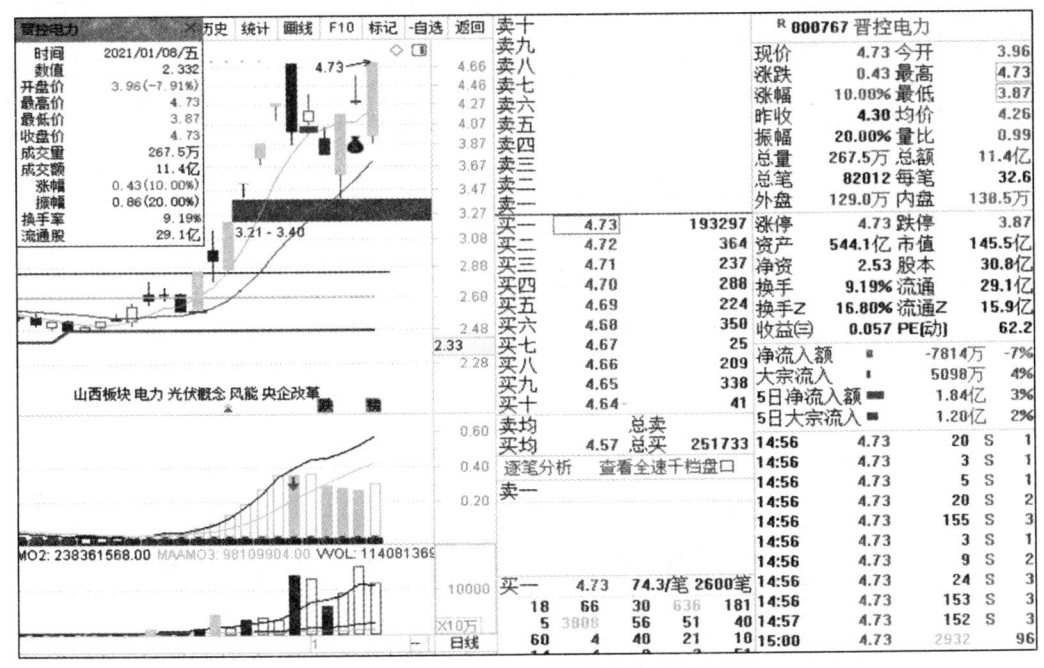

图 7-43　2021 年 1 月 8 日晋控电力数据图

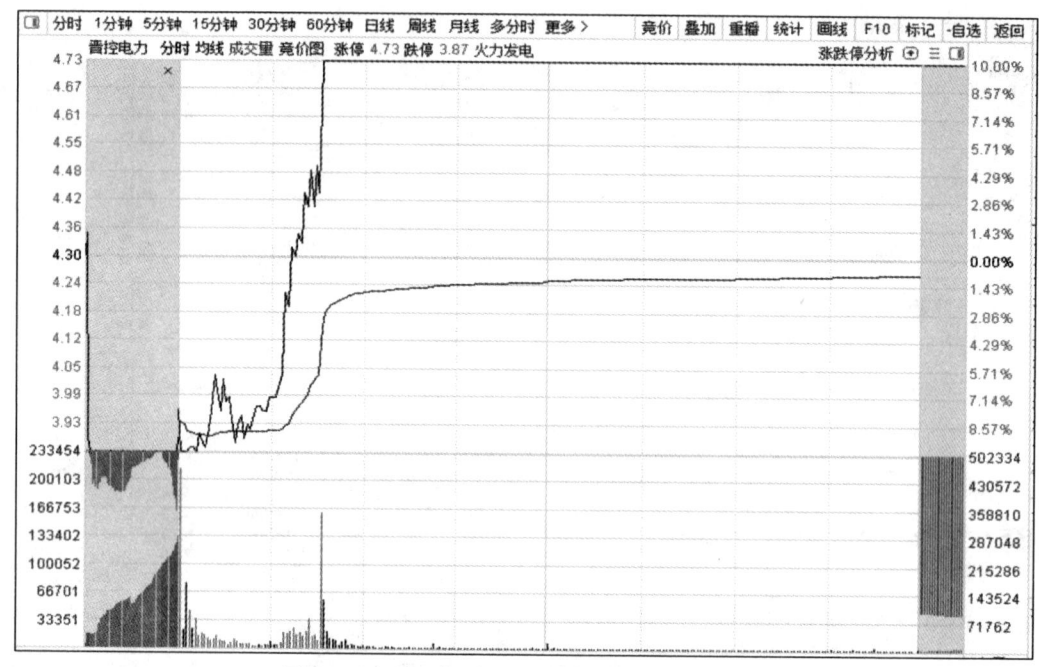

图 7-44　2021 年 1 月 8 日晋控电力分时走势图

章盟主 2021 年 1 月 6 日只买进了 1308 万，没有进入龙虎榜前五名，当日龙虎榜买入卖出前五名营业部如图 7-45 所示。

● 交易日期:2021-01-08　信息类型:涨幅偏离值达 7% 的证券
涨跌幅(%):10.00　成交量(万股):26751.47　成交额(万元):114081.37

买入前五营业部		
营业部名称	买入金额(万元)	卖出金额(万元)
华泰证券股份有限公司上海共和新路证券营业部	4738.64	15.37
中信证券股份有限公司深圳深南中路中信大厦证券营业部	2376.38	2381.29
东莞证券股份有限公司北京分公司	2238.07	198.47
方正证券股份有限公司上海杨高南路证券营业部	1736.86	18.36
长城证券股份有限公司武汉云林街证券营业部	1636.98	33.44

卖出前五营业部		
营业部名称	买入金额(万元)	卖出金额(万元)
中信证券股份有限公司深圳深南中路中信大厦证券营业部	2376.38	2381.29
西藏东方财富证券股份有限公司拉萨团结路第二证券营业部	876.36	1338.01
国信证券股份有限公司佛山禅城分公司	263.71	1202.60
华泰证券股份有限公司郑州紫荆山路证券营业部	16.87	1176.84
中信证券股份有限公司厦门莲岳路证券营业部	894.07	922.22

图 7-45　2021 年 1 月 8 日晋控电力龙虎榜数据

2021年1月11日，晋控电力跳空高开封板，从盘口数据中可见大主力在封板后不断卖出，但又用大买单维持着股价停留在涨停板价，引诱追板的买单介入。这种情形一直维持到下午13:21，之后开板出货直至收盘，收出了一根带下影线的阴线（见图7-46、图7-47）。当日，大游资、机构大量卖出获利出局。

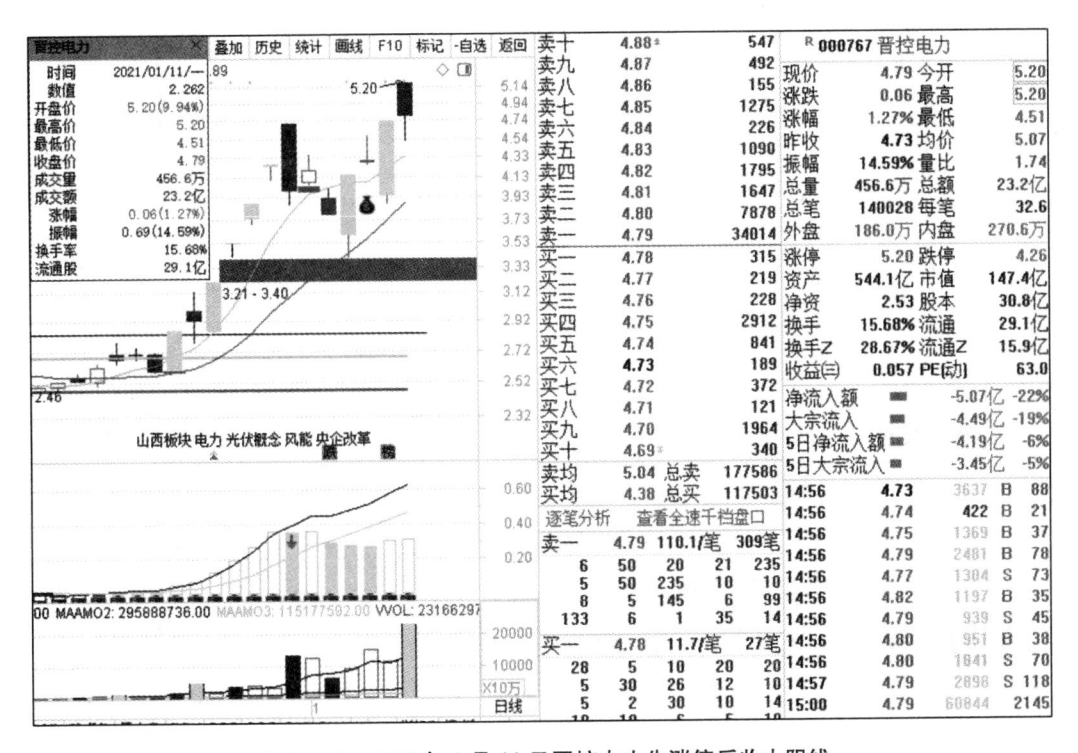

图7-46　2021年1月11日晋控电力先涨停后收大阴线

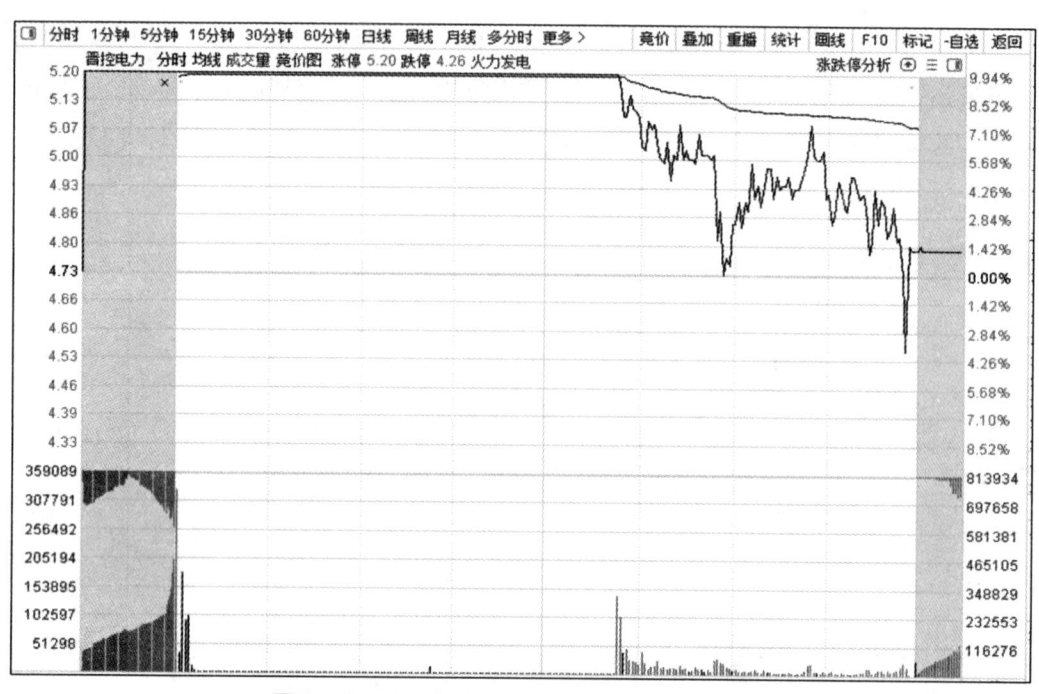

图 7-47 2021 年 1 月 11 日晋控电力分时走势图

再看章盟主在 2021 年 1 月 6 日星期三买进的第二只股票中国中车，当天买进当天涨停板，这一天境内游资大量买进，境外游资大量卖出（见图 7-48、图 7-49、图 7-50）。

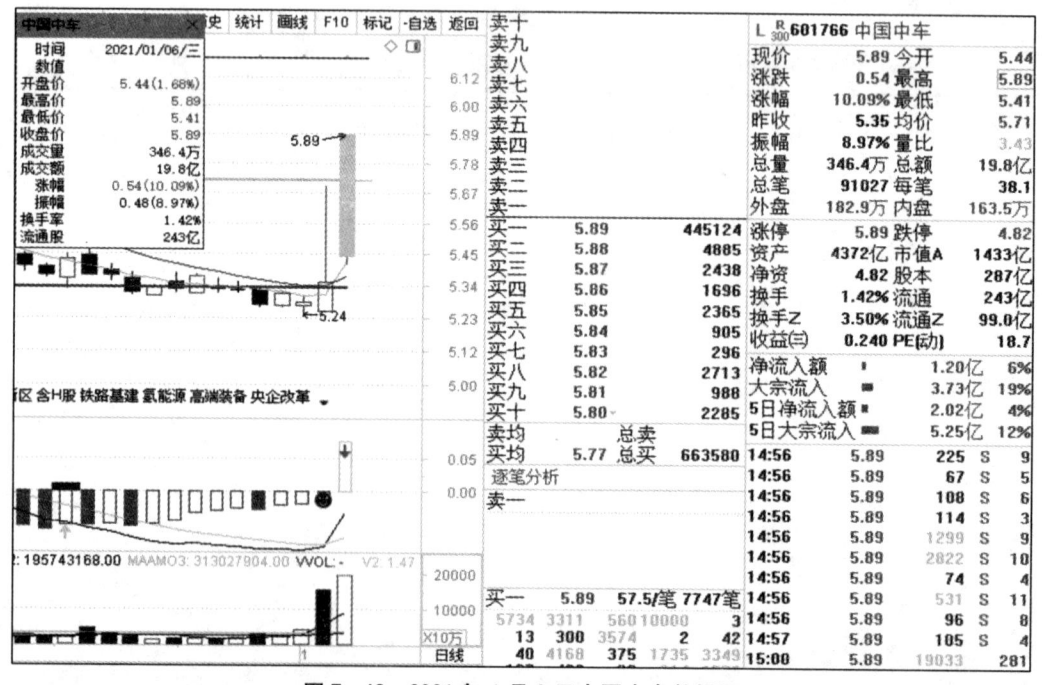

图 7-48 2021 年 1 月 6 日中国中车数据图

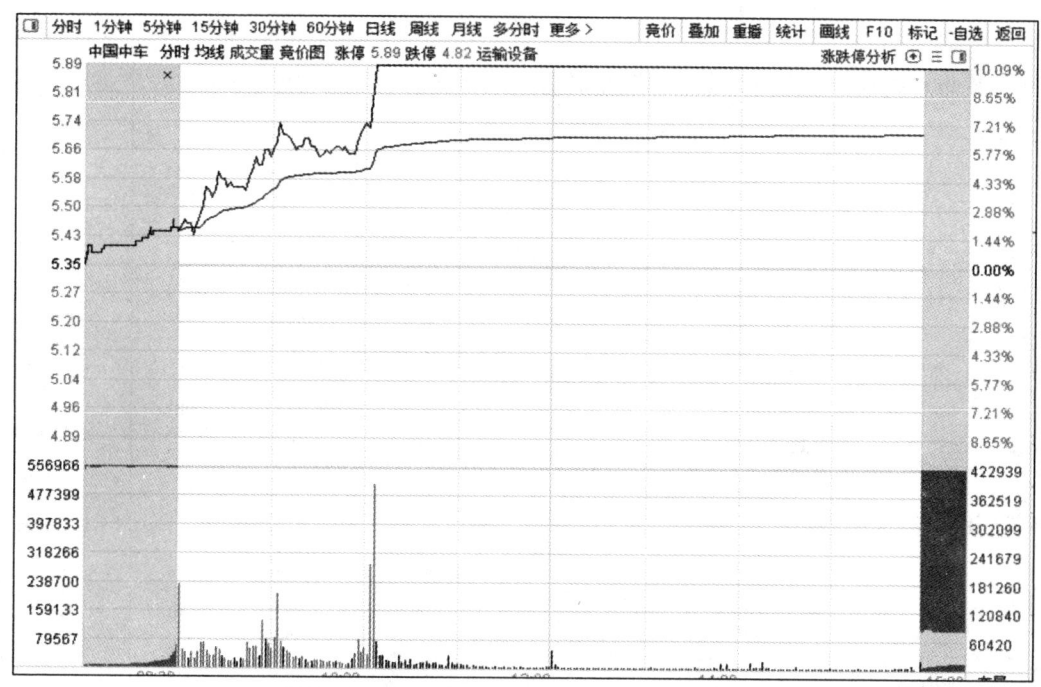

图 7-49 2021 年 1 月 6 日中国中车分时走势图

图 7-50 2021 年 1 月 6 日中国中车龙虎榜数据

2021年1月6日中国中车涨停板,在涨停板之上强势整理4天后,该股连续拉出两个涨停板,就在"二连板"上,章盟主胜利出局(见图7-51、图7-52、图7-53)。

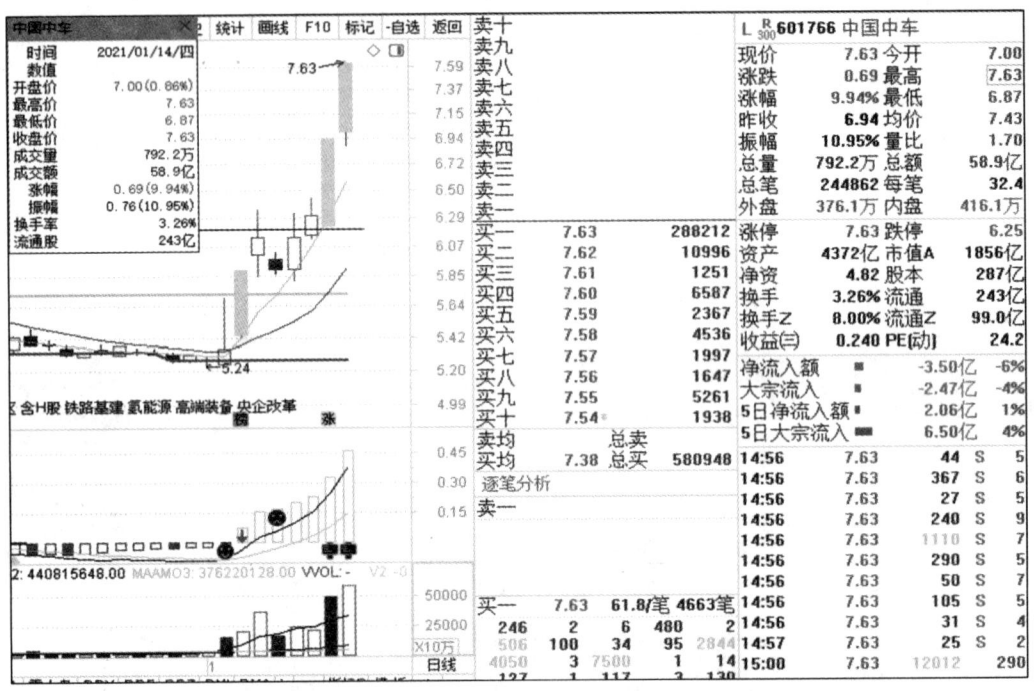

图7-51 2021年1月14日中国中车数据图

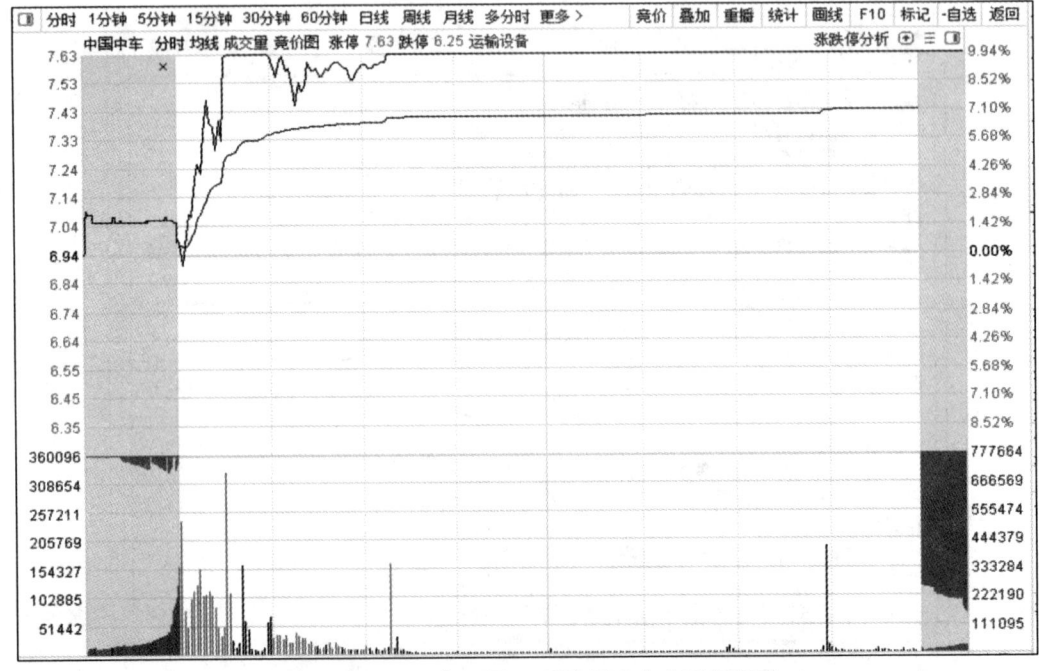

图7-52 2021年1月14日中国中车分时走势图

【1.交易龙虎榜】
●交易日期:2021-01-14　信息类型:连续三个交易日内涨幅偏离值累计达20%的证券
　涨跌幅(%):9.94　成交量(万股):185276.70　成交额(万元):1290730.50

买入前五营业部		
营业部名称	买入金额(万元)	卖出金额(万元)
广发证券股份有限公司西安南广济街证券营业部	19595.30	—
国泰君安证券股份有限公司上海江苏路证券营业部	15284.02	—
华鑫证券有限责任公司深圳益田路证券营业部	14326.97	—
中泰证券股份有限公司深圳后海大道证券营业部	13900.59	—
中信建投证券股份有限公司太原新建路证券营业部	10766.26	—

卖出前五营业部		
营业部名称	买入金额(万元)	卖出金额(万元)
兴业证券股份有限公司泉州丰泽街证券营业部	—	27758.26
东方证券股份有限公司上海浦东新区源深路证券营业部	—	10997.11
国泰君安证券股份有限公司上海江苏路证券营业部	—	10895.39
广发证券股份有限公司西安南广济街证券营业部	—	10799.23
沪股通专用	—	6214.15

图 7-53　2021 年 1 月 14 日中国中车龙虎榜数据

就在章盟主出局的次日，2021 年 1 月 15 日，中国中车收出覆盖线形态（见图7-54）。

从章盟主交易中国中车看出，大资金刚介入的股票，在其后的整理期间就是散户逢低跟进的最佳时间，这才是跟着主力走；跟不对主力则会被主力收割。

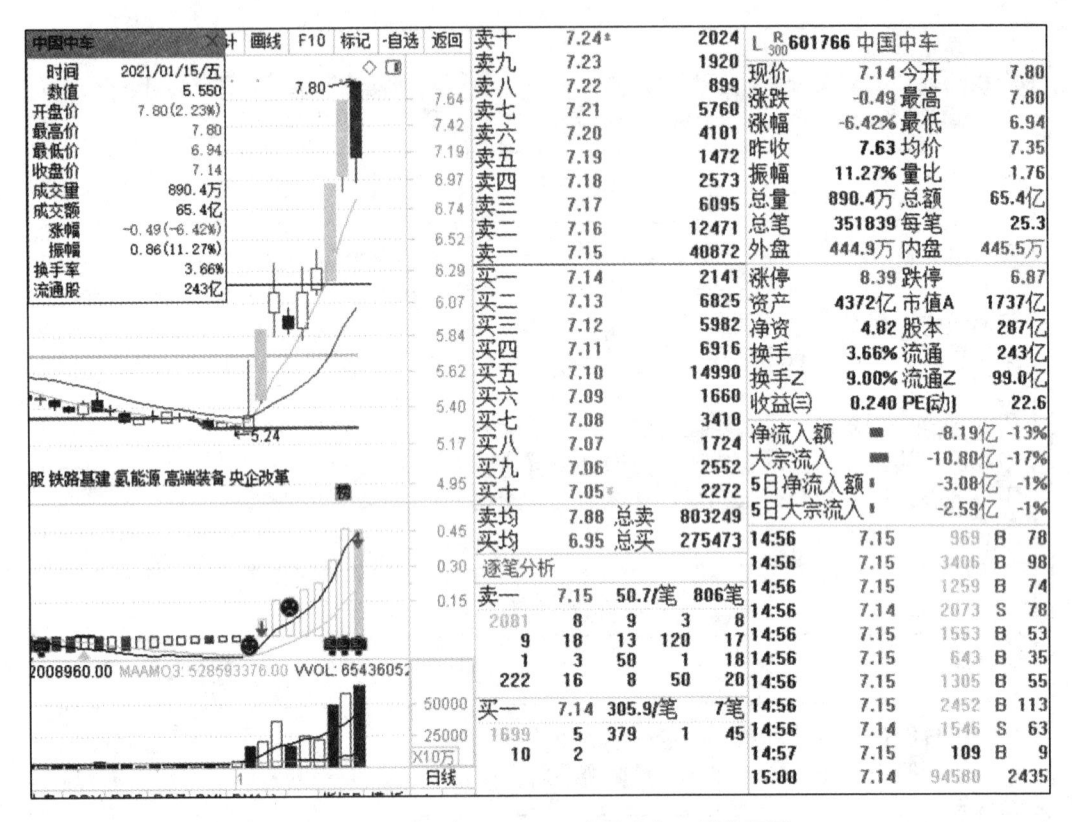

图 7-54 2021 年 1 月 15 日中国中车 K 线数据图

游资几乎是每个交易日都在交易，只不过交易数量有所区别而已。章盟主在操作中国中车期间，2021 年 1 月 12 日又买进了 3 只股票（见图 7-55）。

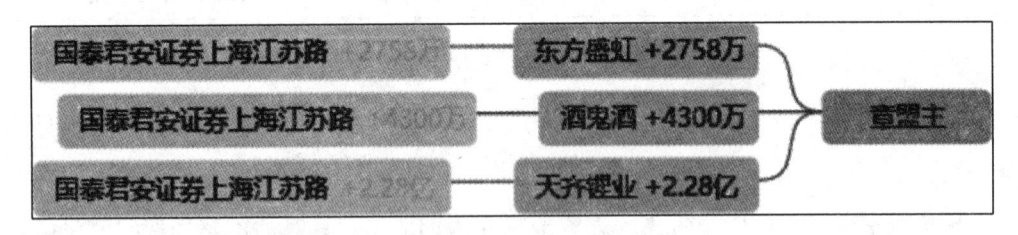

图 7-55 2021 年 1 月 12 日章盟主买进的 3 只股票

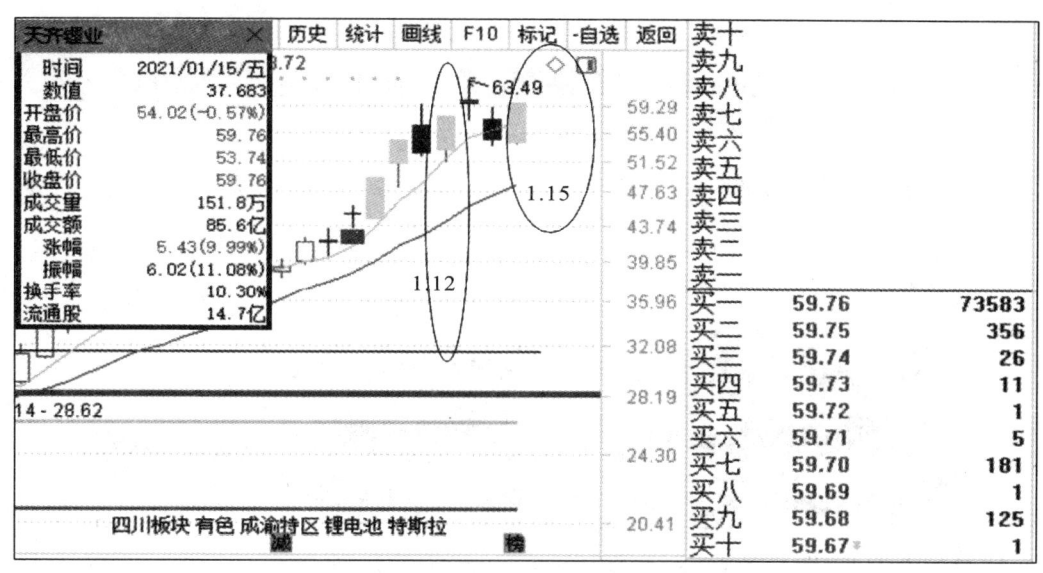

图 7-56　2021 年 1 月 15 日天齐锂业 K 线数据图

从 2021 年 1 月 15 日的龙虎榜中可以看出，章盟主在 1 月 12 日买进最多的天齐锂业，在 1 月 15 日对倒卖出了 2.05 亿，买进了 1.0 亿。当日游资小鳄鱼卖出 1.25 亿；游资方新侠卖出 1.15 亿（见图 7-57）。

图 7-57　2021 年 1 月 15 日天齐锂业龙虎榜数据

第四节　方新侠高位取舍雅化集团

2021年1月6日星期三，游资方新侠在高位交易了3只股票，买进光启技术（002625）3172万、买进雅化集团（002497）2.15亿；卖出了太阳能（000591）9261万（见图7-58）。

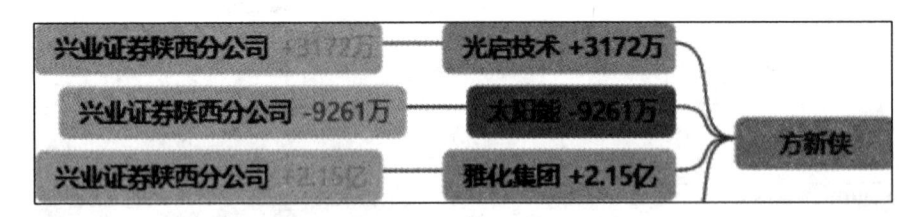

图7-58　2021年1月6日方新侠交易的股票

我们来看看买进最多的雅化集团，方新侠是在一字板后的跳空中间买进的（见图7-59、图7-60、图7-61）。

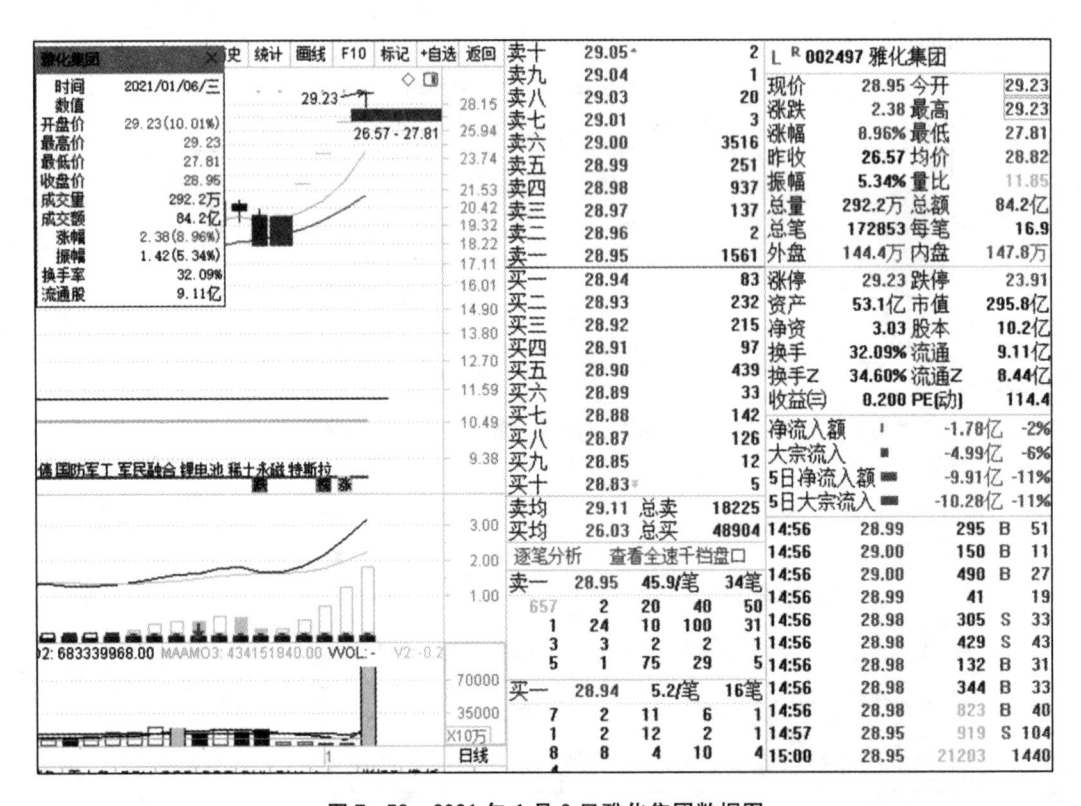

图7-59　2021年1月6日雅化集团数据图

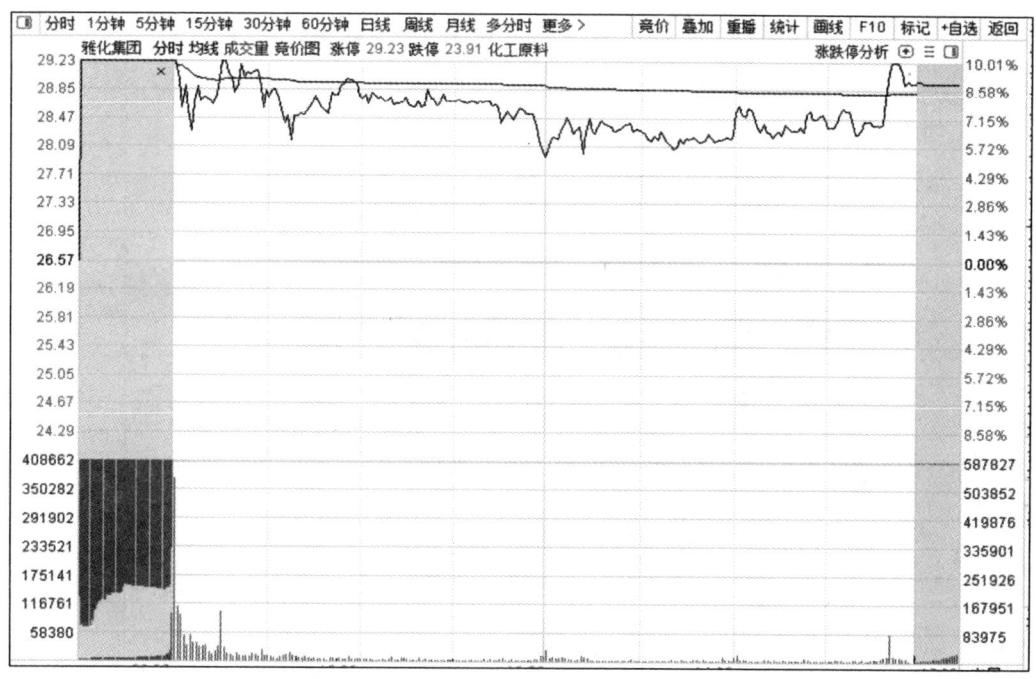

图 7-60　2021 年 1 月 6 日雅化集团分时走势图

图 7-61　2021 年 1 月 6 日雅化集团龙虎榜数据

从图7-61中我们看到，当天方新侠买进了2.1亿，第一名是境外游资在对倒交易。

2021年1月7日星期四，方新侠持股雅化集团两个交易日，第一天买进获利3%左右，第二天上涨大概在3%出局（见图7-62、图7-63、图7-64、图7-65）。

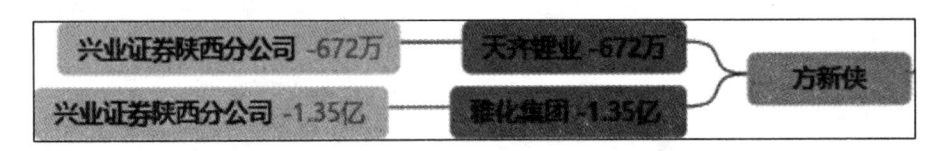

图7-62　2021年1月7日方新侠卖出的股票

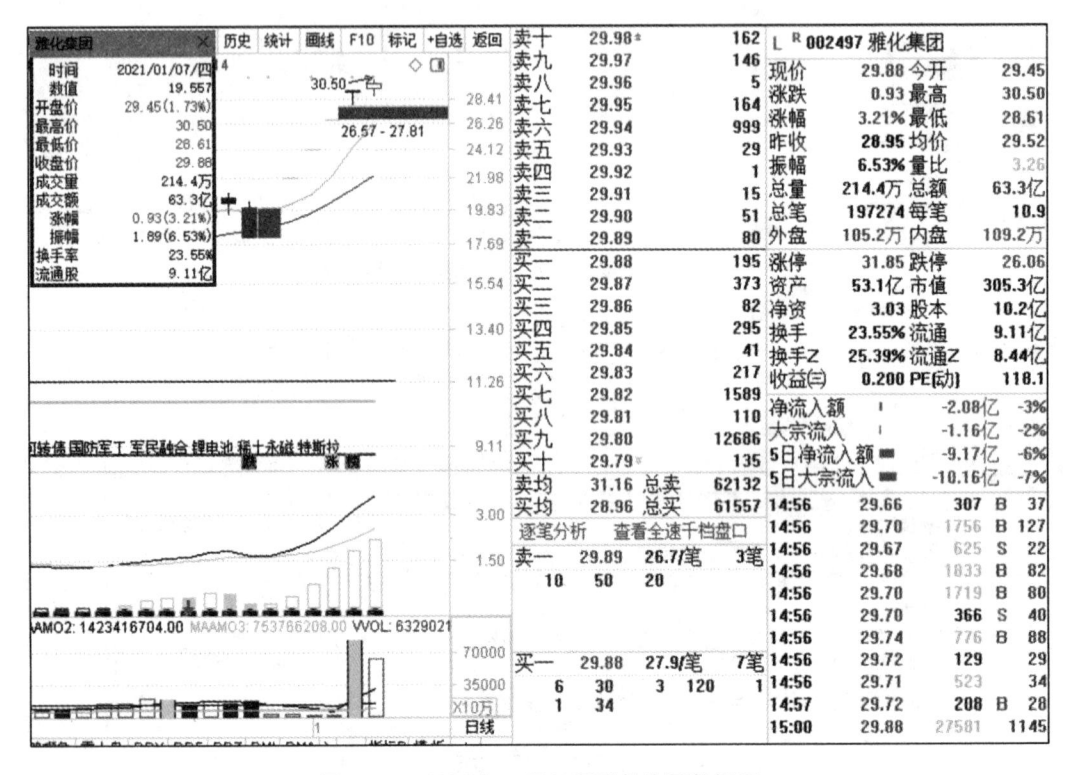

图7-63　2021年1月7日雅化集团数据图

图 7-64　2021 年 1 月 7 日雅化集团分时走势图

图 7-65　2021 年 1 月 7 日雅化集团龙虎榜数据

方新侠在1月6日买进雅化集团，1月7日出局，下面是2021年1月8日该股股价走势图（见图7-66）。

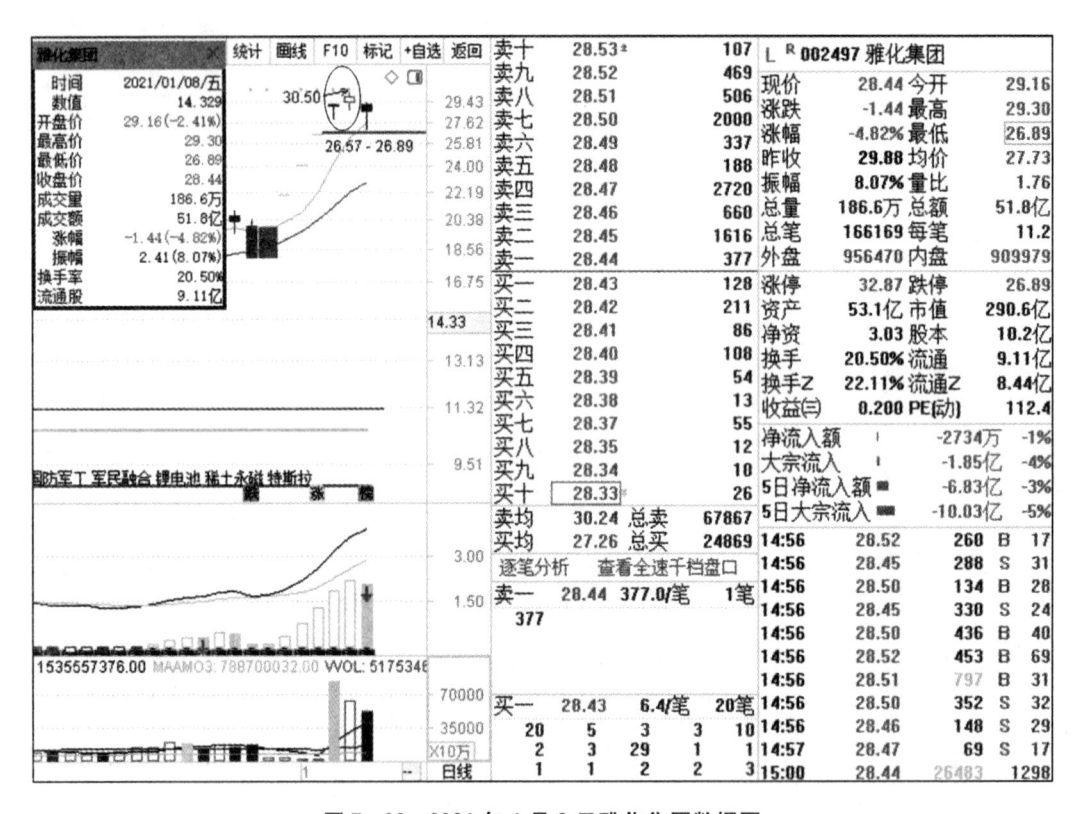

图7-66 2021年1月8日雅化集团数据图

从图7-66中我们看到，当天雅化集团跌幅4.82%，收出一个顶部的吊首线形态。

第五节 赵老哥逆势买进天齐锂业

2021年1月8日，四大指数全盘收阴，但赵老哥则买进3只股票、卖出1只股票（见图7-67）。我们只看巨量买进且当天涨停板的天齐锂业（002466）（见图7-68、图7-69、图7-70）。

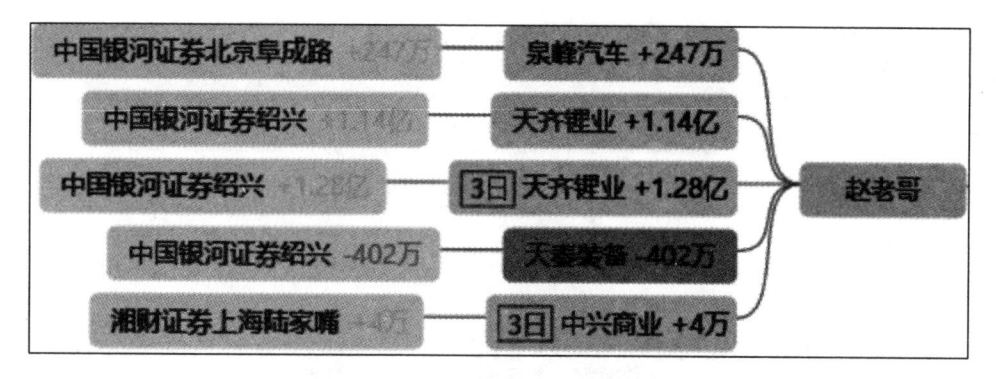

图 7-67　2021 年 1 月 8 日赵老哥交易的股票

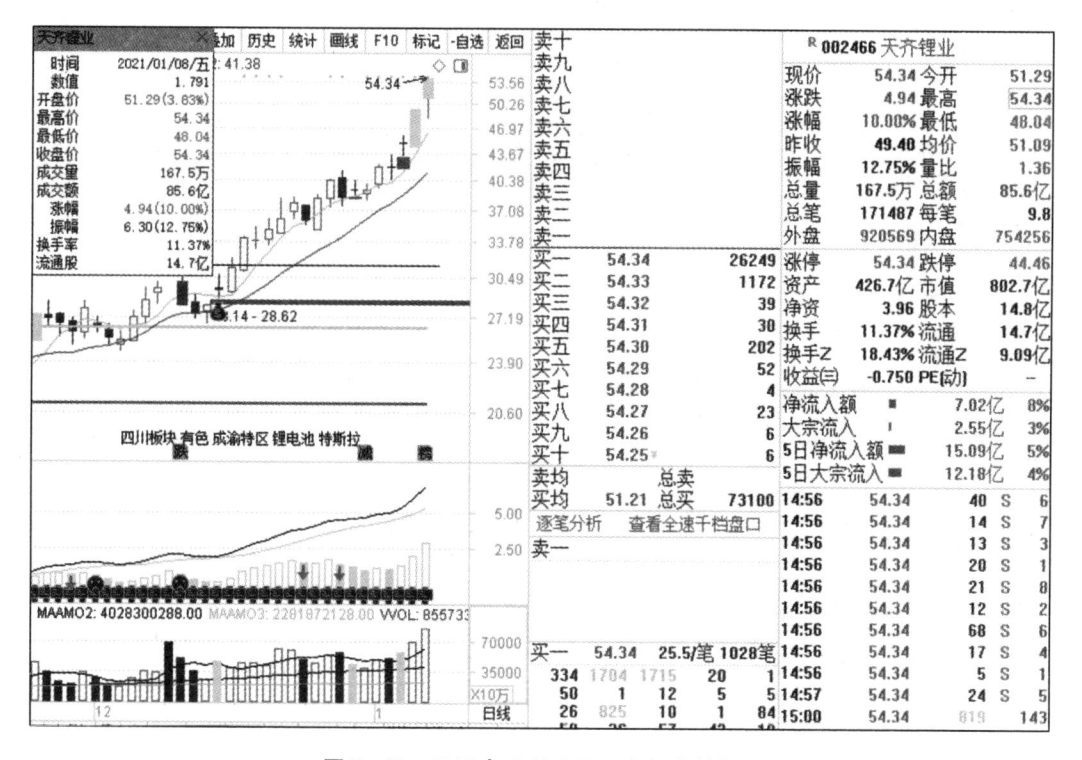

图 7-68　2021 年 1 月 8 日天齐锂业数据图

●交易日期:2021-01-08　信息类型:涨幅偏离值达7%的证券
涨跌幅(%):10.00　成交量(万股):16748.25　成交额(万元):855733.66

买入前五营业部		
营业部名称	买入金额(万元)	卖出金额(万元)
中国银河证券股份有限公司绍兴证券营业部	12951.66	1534.08
华泰证券股份有限公司深圳益田路荣超商务中心证券营业部	9330.26	2259.40
机构专用	9014.92	0.00
光大证券股份有限公司北京东中街证券营业部	7727.23	138.70
中泰证券股份有限公司苏州苏雅路证券营业部	7265.65	0.00

卖出前五营业部		
营业部名称	买入金额(万元)	卖出金额(万元)
国元证券股份有限公司上海虹桥路证券营业部	10.58	25352.13
国泰君安证券股份有限公司宁波彩虹北路证券营业部	150.27	15064.02
机构专用	4565.06	12003.27
机构专用	0.00	11566.70
机构专用	0.00	10769.91

图7-69　2021年1月8日天齐锂业龙虎榜数据

●交易日期:2021-01-08　信息类型:连续三个交易日内涨幅偏离值累计达20%的证券
涨跌幅(%):10.00　成交量(万股):44075.07　成交额(万元):2127923.10

买入前五营业部		
营业部名称	买入金额(万元)	卖出金额(万元)
国元证券股份有限公司上海虹桥路证券营业部	29471.87	26374.34
国金证券股份有限公司上海互联网证券分公司	17231.96	3682.82
机构专用	16416.00	14943.14
兴业证券股份有限公司陕西分公司	15704.93	9387.16
中国银河证券股份有限公司绍兴证券营业部	14476.45	1666.53

卖出前五营业部		
营业部名称	买入金额(万元)	卖出金额(万元)
国元证券股份有限公司上海虹桥路证券营业部	29471.87	26374.34
华泰证券股份有限公司上海武定路证券营业部	10227.65	19786.32
东方证券股份有限公司上海浦东新区源深路证券营业部	7767.21	17570.97
国泰君安证券股份有限公司宁波彩虹北路证券营业部	14421.24	15732.11
机构专用	16416.00	14943.14

图7-70　2021年1月8日天齐锂业龙虎榜数据

这真是艺高人胆大，能够逆势买进且涨停板，没有资金、没有胆量、没有技术是万万不能的。

注意，就在赵老哥买进天齐锂业的同时，敢死队卖出了4.03亿，机构卖出了2.08亿（见图7-71）。

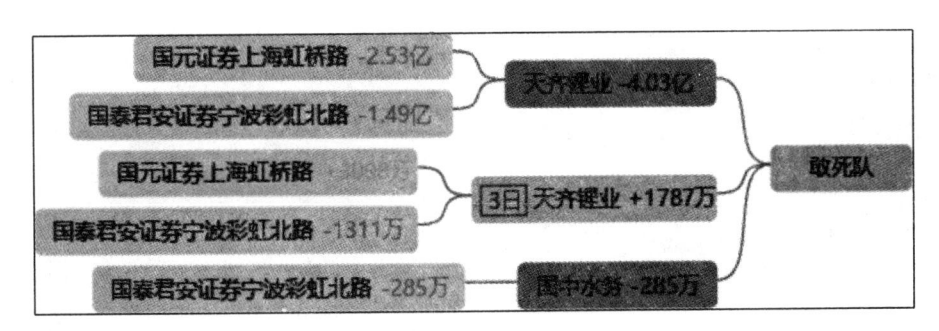

图7-71　2021年1月8日敢死队交易的股票

赵老哥买进天齐锂业的第三天，2021年1月12日，该股又涨停板了（见图7-72、图7-73）。

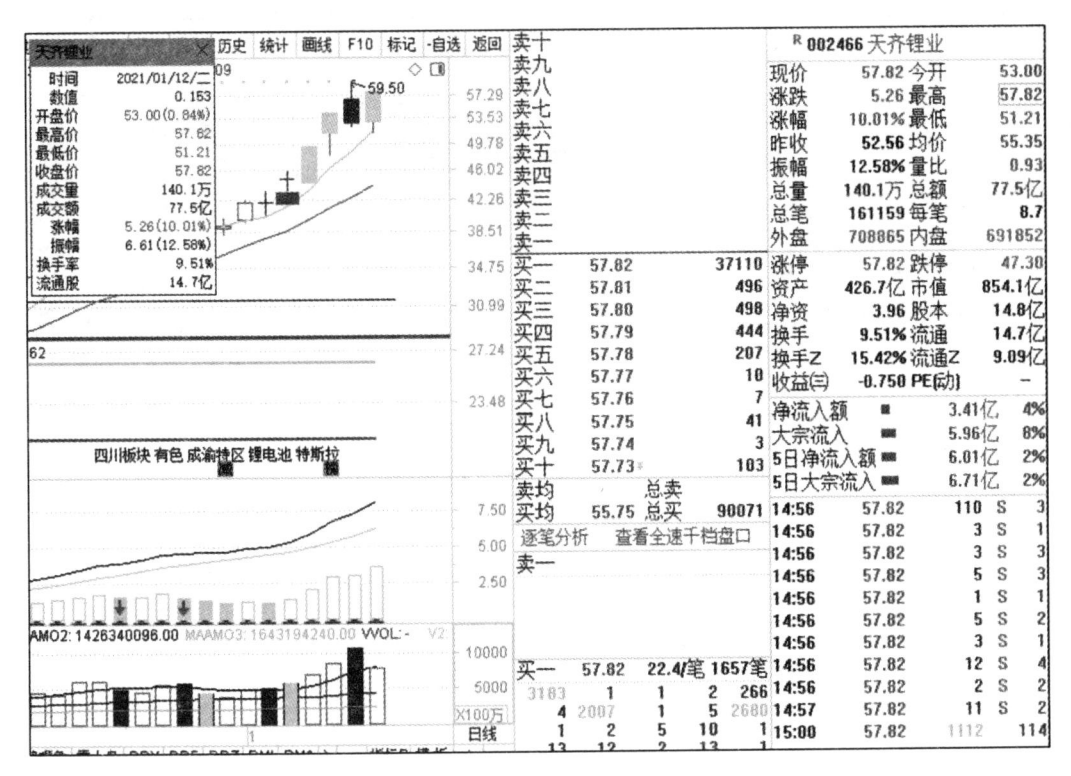

图7-72　2021年1月12日天齐锂业数据图

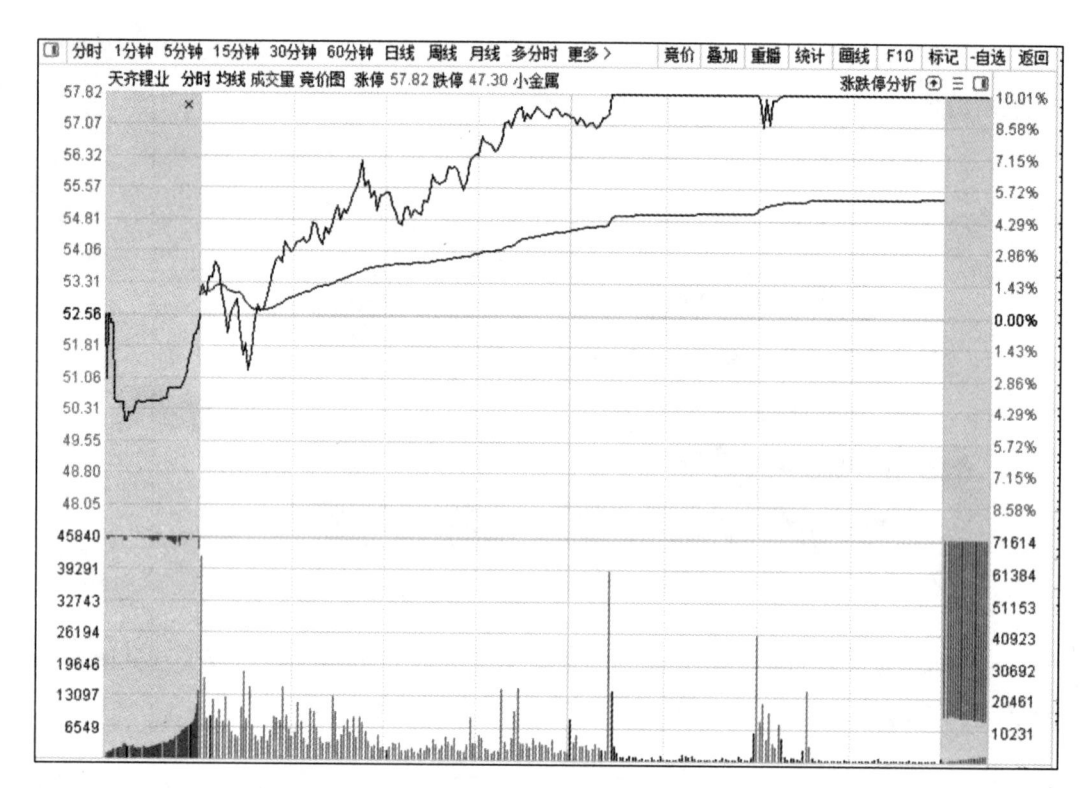

图 7-73　2021 年 1 月 12 日天齐锂业分时走势图

第六节　境外游资巨量卖出海康威视

就在大盘一路上涨之际，2021 年 1 月 5 日星期二，境外游资深股通专用在海康威视（002415）涨停板上巨量卖出了 25.59 亿（见图 7-74、图 7-75、图 7-76、图 7-77）。

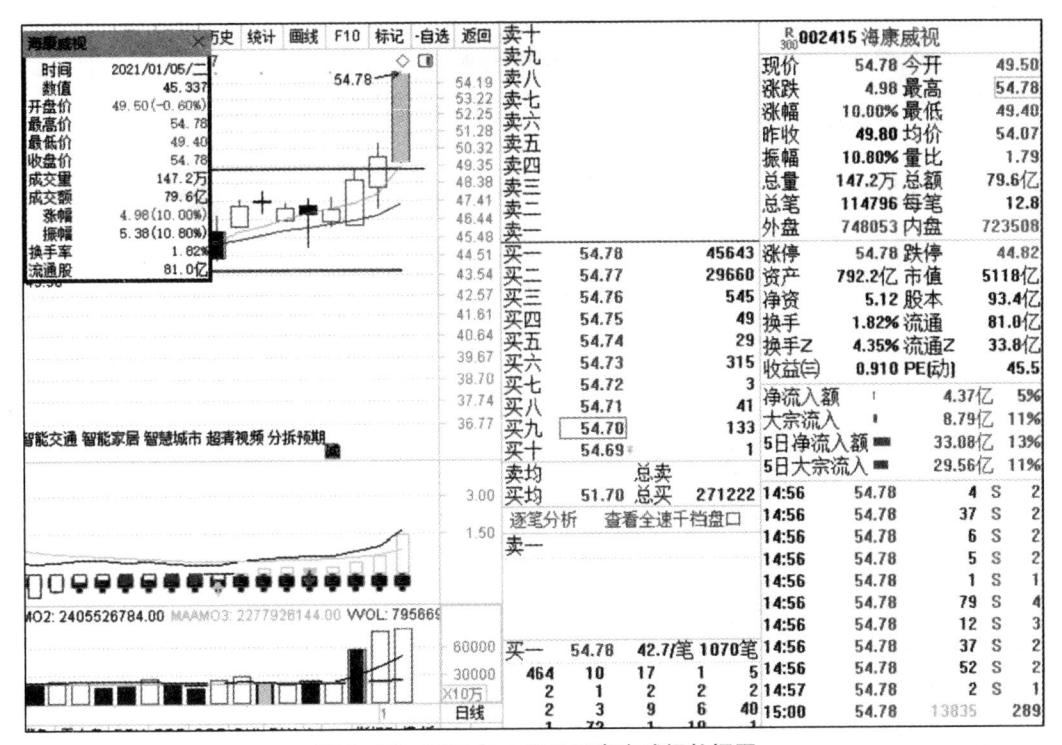

图 7-74 2021 年 1 月 5 日海康威视数据图

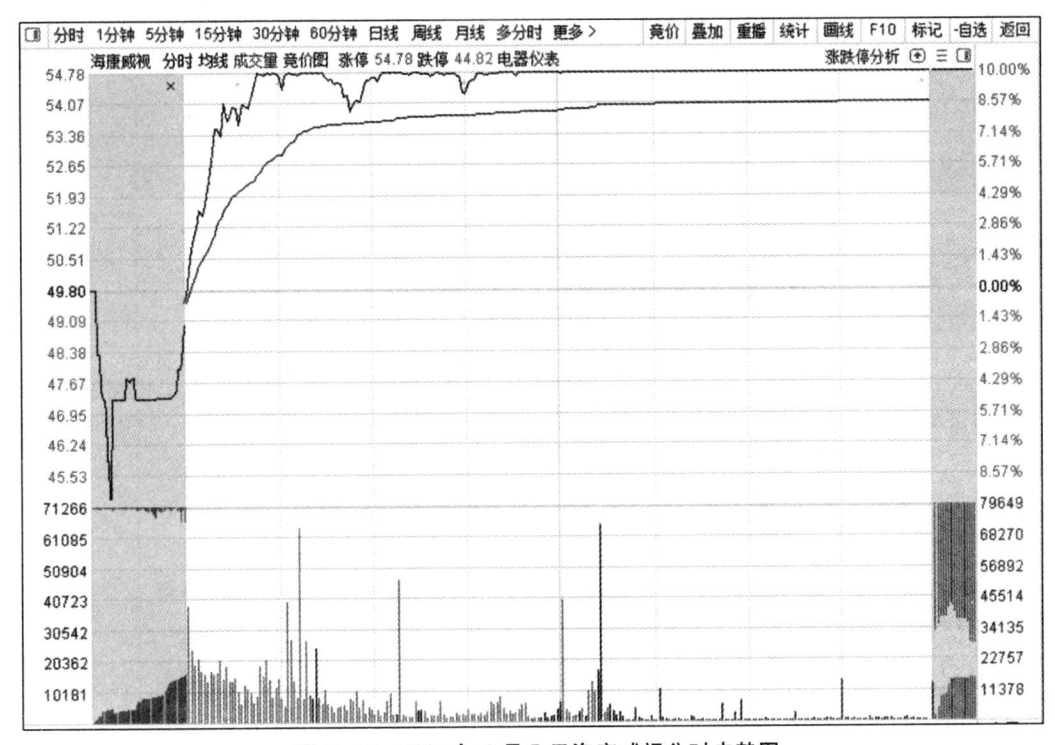

图 7-75 2021 年 1 月 5 日海康威视分时走势图

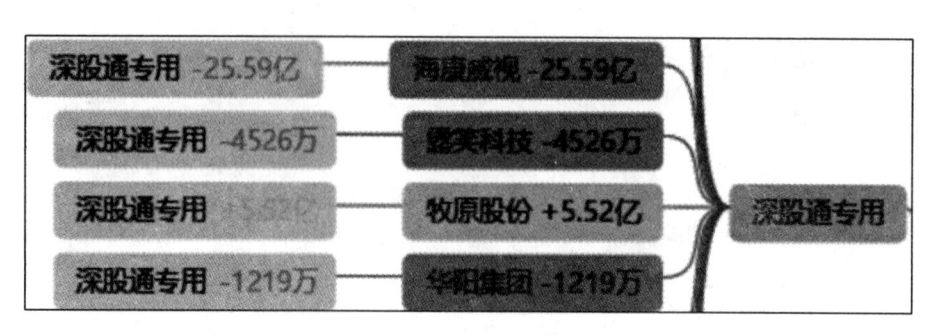

图 7-76　2021 年 1 月 5 日深股通专用交易的股票

```
交易日期:2021-01-05    信息类型:涨幅偏离值达7%的证券
涨跌幅(%):10.00    成交量(万股):15112.61    成交额(万元):817416.70
```

买入前五营业部		
营业部名称	买入金额(万元)	卖出金额(万元)
深股通专用	72233.57	328143.87
机构专用	31610.51	0.00
机构专用	24158.95	0.00
华泰证券股份有限公司上海普陀区江宁路证券营业部	22901.35	34.32
光大证券股份有限公司上海世纪大道证券营业部	15928.24	70.41

卖出前五营业部		
营业部名称	买入金额(万元)	卖出金额(万元)
深股通专用	72233.57	328143.87
机构专用	3192.16	22065.68
招商证券股份有限公司北京北三环东路证券营业部	115.25	21082.99
机构专用	54.03	10955.50
中信证券股份有限公司浙江分公司	2630.95	5217.77

图 7-77　2021 年 1 月 5 日海康威视龙虎榜数据

从图 7-77 龙虎榜数据中大家可以看出，当天深股通专用卖出海康威视 32 亿，买进 7.2 亿，净卖出 25.59 亿。

游资几乎每个交易日都在交易，只不过是大盘好时交易的股票数量多，不好时交易的股票数量少而已。

📈 交易策略

从仁东控股在飞流直下三千尺后的第十四个跌停板到涨停板的地天板来看，那么大的游资，一次炒作动用 3.5 亿的资金，从买进到卖出，来回仅仅 3 天时间，其获利幅度却在 10％；反观一些散户，买入的股票一旦套住，持有的时间何止 3 天，3 个月、甚至 3 年都有，以这样的思维在股市里博弈，看来只能是在股市里消费了。

在这一章里，我们通过实例分析了境内机构、境外游资、境内游资是如何买卖股票的；他们动用的资金少则几百万、几千万，多则几个亿、几十个亿；他们持有的时间少则两天，多则 7 天或许更多，他们在股市里大获其利，虽然他们不是价值投资者，但他们是盈利者。在元旦前后的这波行情中，指数连续上涨飘红，游资快进快出获利了结。作为身在市场中的散户是如何交易的，对照一下就可以看出自己的差距在哪里。

通过这些案例，我们可以从中看出游资、机构在交叉买进哪些股票，谁是领买的、谁是跟风买进的，经过反复的研究，你一定会选出你心目中的榜样。

只有学习游资的长处，弥补自己的短处，才能在股市里赚钱。

学习游资，你就需要知道游资的席位、游资的选股思路、游资的操作风格、游资的操作特点、游资的盘口语言、游资的撒手锏等。

当然，学习游资，不是要你去追他们已经拉升的个股，而是要学习他们选股的思路、学习他们瞄准的目标股在拉升前如何介入。如果你只看龙虎榜去追游资，十有八九都会被套，仅有少数会持续拉升的。

那么应该如何学习呢？从案例分析中学习，从你今后的关注中学习。

人的学习有一个从觉察到觉悟的过程。觉察指的是你发现了，你意识到了，你洞察到了；觉悟指的是你懂了，你明白了，你领会了。觉察只是对于细节、现象、片段的认识；而觉悟则是对于串起这些细节、组合起这些片段的，透过这些现象对本质的把握。觉察是你发现了分时图的一个又一个不同的特征，K 线图的一个又一个不同的形态，然后通过这些特征和形态，最后发现了股价涨跌与主力的关系，这就是觉察与觉悟的关系。正像哲学家所说的渐悟与顿悟的关系一样，渐悟渐悟，量变达到质变，顿悟了，你就进步了。

第八章
机构在抱团牟利

在龙虎榜中，我们经常可以看到"机构专用"，机构专用的意思是指基金专用席位、券商自营专用席位、社保专用席位、券商理财专用席位、保险机构专用席位、保险机构租用席位、QFII专用席位等机构投资者买卖证券的专用通道和席位。

机构专用席位反映了机构资金的动态，是投资者采取跟随策略的重要风向标。

交易所在公开交易信息中公布的机构专用席位并非专指某个具体的席位，其实是若干子席位的统称和汇总。机构专用席位主要是基金、社保、QFII、保险这四大主流机构进出市场的通道。通过对这些专用席位的监测，可以从一个侧面了解主流资金的动态。

第一节 公募基金机构抱团的重仓股

2020年第四季度，公募基金重仓的前50只股票（见图8—1）。

排序	股票简称	基金持有总市值（亿元）	占流通股比例（%）	2020年4季度涨幅（%）	2021年以来涨幅（%）
1	贵州茅台	1251.09	4.98	19.75	3.6
2	五粮液	980.52	8.85	32.06	1.75
3	美的集团	552.13	8.2	35.59	1.69
4	宁德时代	530.95	12.25	67.83	11.45
5	中国中免	494.76	8.97	26.69	-3.7
6	中国平安	461.77	2.9	14.06	-2.92
7	泸州老窖	455.73	13.76	57.55	5.58
8	隆基股份	452.53	13.07	23.24	23.67
9	迈瑞医疗	415.17	19.53	22.41	7.26
10	立讯精密	408.08	10.43	-1.77	3.17
11	药明康德	330.39	14.26	32.73	18.76
12	海康威视	329.79	8.4	27.29	30.28
13	顺丰控股	305.63	7.72	8.66	14.7
14	亿纬锂能	276.55	19.14	64.65	29.58
15	长春高新	272.58	17.08	21.45	2.75
16	三一重工	269.42	9.09	40.54	19.5
17	山西汾酒	261.66	8.07	89.36	0.72
18	恒瑞医药	253.07	4.29	24.09	-2.97
19	伊利股份	251.87	9.57	15.25	4.24
20	爱尔眼科	233.67	9.13	45.64	0.8
21	招商银行	218.07	1.97	22.08	19.77
22	分众传媒	217.40	15.01	22.3	16.11
23	洋河股份	213.25	7.24	88.81	-17.73
24	万科A	207.82	6.24	2.43	4.88
25	赣锋锂业	187.60	17.96	86.75	26.28
26	紫金矿业	182.51	7.74	51.06	18.08
27	汇川技术	181.91	13.86	61.14	9.32
28	宁波银行	159.19	7.6	12.26	9.79
29	通威股份	158.81	9.64	44.62	8.74
30	京东方A	158.12	7.64	22.2	16.33
31	万华化学	153.82	11.87	31.37	24.6
32	通策医疗	148.50	16.75	29.4	12.11
33	海尔智家	144.17	5.47	33.87	16.4
34	东方财富	138.67	6.27	29.22	28
35	芒果超媒	128.11	18.97	7.57	24.84
36	智飞生物	119.76	9	6.17	2.02
37	紫光国微	119.12	14.69	12.65	-1.72
38	海大集团	118.67	11	6.8	-2.84
39	荣盛石化	116.19	7.28	47.17	23.32
40	泰格医药	115.72	10.77	56.98	8.93
41	韦尔股份	112.67	6.24	30.29	38.3
42	广联达	112.54	14.54	7.94	14.41
43	古井贡酒	111.57	8.14	25.47	-15.14
44	保利地产	110.14	5.82	-0.44	-3.16
45	格力电器	107.98	2.92	17.97	-0.94
46	康泰生物	103.75	12.18	-4.13	-5.34
47	华友钴业	102.52	11.68	128.6	13.81
48	金山办公	101.69	11.57	—	—
49	三安光电	100.46	9.12	10.56	24.69
50	深信服	99.63	18.89	17.12	22.98

图 8-1 公募基金 2020 年 4 季度前 50 大重仓股

公募基金在 2020 年第四季度重仓了这些股,年底最后两天,突破了在 3450 点压力位下长达几个月的横盘,开启了 2021 年元月机构的抱团牟利行情,拉起了指数,股市走向上涨趋势,但也撕裂了股市。

认真看看基金 2020 年第四季度重仓的股票,高度一致地抱团。贵州茅台、五粮液、美的集团、宁德时代、中国中免、中国平安、泸州老窖、隆基股份、迈瑞医疗……这些几乎是必配的股票,而贵州茅台依然是第一大重仓股,据 2020 年第四季度统计数据,有高达 1361 只基金买入!

第二节 机构抱团牟利的龙头股

机构抱团牟利的龙头股无疑是贵州茅台(600519)了,在 2021 年 2 月 10 日,也就是农历鼠年的最后一个交易日,贵州茅台上演了冲天走势。这一天,贵州茅台向上跳空高开高走,尾盘报收 2601.20 元(见图 8—2、图 8—3)。

这一天,贵州茅台市值 32674 亿,是中国平安(当天市值 8585 亿)市值的 3.8 倍,是中国石油(当天市值 6801 亿)市值的 4.8 倍。

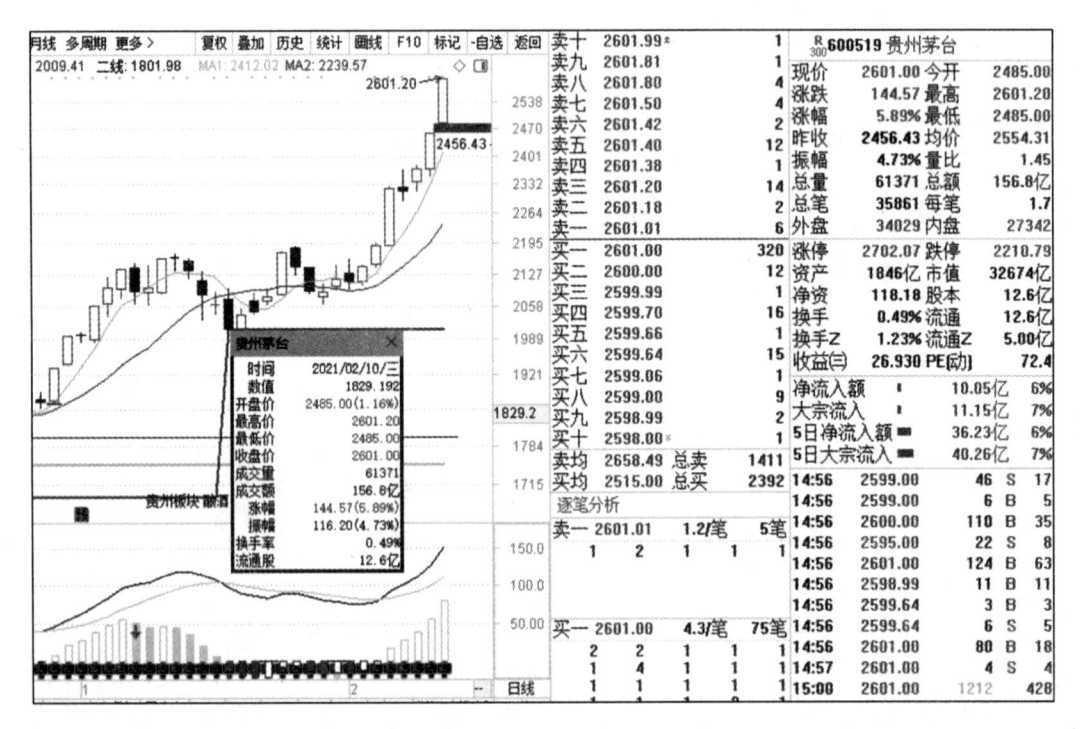

图 8—2 2021 年 2 月 10 日贵州茅台数据图

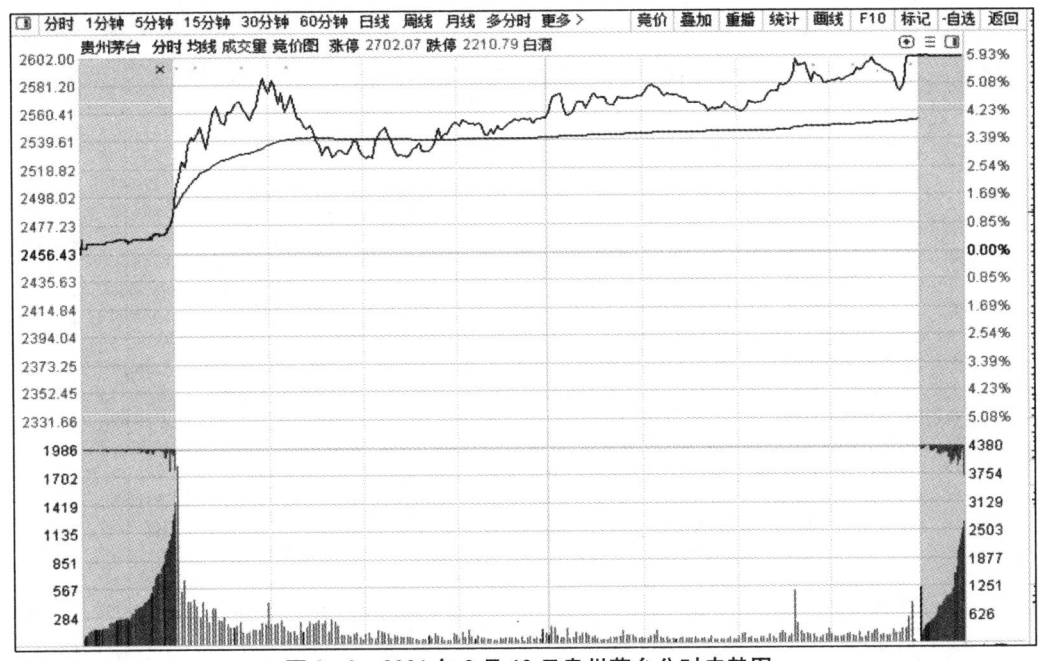

图 8-3　2021 年 2 月 10 日贵州茅台分时走势图

贵州茅台 2601.20 的最高价到顶了吗？可以说没有，市场如果疯狂起来就没有尽头，机构还会让贵州茅台在"价值投资"的旗号下继续表演。

庄股到顶部时通常有两种走势，一种是放量出货收阴线，出现尖顶下跌；一种是走横向在盘整中出货，最后才崩盘。一旦崩盘，就会像仁东控股那样，眨眼间从天堂到地狱。

作为交易者，千万不要以为价值投资的股票就只涨不跌。

第三节　下跌后买进机构抱团的股票

2021 年 1 月 28 日，大盘大跌，公募基金 50 只重仓个股 49 只下跌，只有古井贡酒（000596）1 只红盘（见图 8-9）。

同步		代码	名称	·	涨幅%	现价	涨跌	买价	卖价	总量	细分行业
	1	000596	古井贡酒	R	1.99	251.00	4.90	251.00	251.02	30934	白酒
	2	600519	贵州茅台	R	-0.05	2088.00	-1.00	2086.00	2088.00	35129	白酒
	3	600036	招商银行	R	-0.75	51.61	-0.39	51.60	51.61	523870	银行
	4	600809	山西汾酒	R	-1.38	358.00	-5.00	357.63	358.00	48221	白酒
	5	600763	通策医疗	R	-1.51	308.62	-4.74	308.60	308.62	20439	医疗保健
	6	000568	泸州老窖	R	-1.57	250.00	-4.00	249.99	250.00	132784	白酒
	7	300347	泰格医药	R	-1.59	167.90	-2.72	167.89	167.90	79574	医疗保健
	8	002304	洋河股份	R	-1.66	202.46	-3.41	202.46	202.47	97628	白酒
	9	600276	恒瑞医药	R	-1.84	104.66	-1.96	104.65	104.66	282737	化学制药
	10	600048	保利地产	R	-2.23	14.05	-0.32	14.04	14.05	914567	全国地产

图 8-9　2021 年 1 月 28 日机构抱团的 50 只股票仅 1 只红盘

从流通市值来看：万亿级的3家公司贵州茅台、五粮液、招商银行在下跌，38家千亿级公司都在下跌，9家百亿级公司唯有古井贡酒一家红盘报收（见图8-10）。

同步		代码	名称		涨幅%	现价	涨跌	买价	卖价	总量	细分行业	流通市值
	1	600519	贵州茅台	R	-0.05	2088.00	-1.00	2086.00	2088.00	35129	白酒	26229.41亿
	2	000858	五粮液	R	-2.25	286.00	-6.58	285.99	286.00	276078	白酒	10856.02亿
	3	600036	招商银行	R	-0.75	51.61	-0.39	51.60	51.61	523870	银行	10646.60亿
	4	601318	中国平安	R	-2.55	80.92	-2.12	80.92	80.93	106.1万	保险	8765.79亿
	5	000333	美的集团	R	-2.85	95.16	-2.79	95.15	95.16	310572	家用电器	6530.30亿
	6	601888	中国中免	R	-3.37	287.00	-10.00	286.99	287.00	90008	旅游服务	5603.60亿
	7	600276	恒瑞医药	R	-1.84	104.66	-1.96	104.65	104.66	282737	化学制药	5550.99亿
	8	002415	海康威视	R	-7.43	63.95	-5.13	63.95	63.98	846186	电器仪表	5219.72亿
	9	300750	宁德时代	R	-5.28	369.90	-20.62	369.90	369.91	181820	电气设备	4566.93亿
	10	002352	顺丰控股	R	-2.71	97.18	-2.71	97.18	97.19	149642	仓储物流	4363.69亿
	11	601012	隆基股份	R	-7.93	113.24	-9.76	113.24	113.25	920577	电气设备	4271.05亿
	12	000568	泸州老窖	R	-1.57	250.00	-4.00	249.99	250.00	132784	白酒	3660.77亿
	13	002475	立讯精密	R	-6.40	50.35	-3.44	50.35	50.37	122.8万	元器件	3518.46亿
	14	600031	三一重工	R	-4.81	40.36	-2.04	40.35	40.36	986387	工程机械	3421.93亿
	15	000651	格力电器	R	-3.57	57.29	-2.12	57.29	57.30	522870	家用电器	3420.29亿
	16	600809	山西汾酒	R	-1.38	358.00	-5.00	357.63	358.00	48221	白酒	3099.74亿
	17	000002	万科A	R	-3.30	28.43	-0.97	28.43	28.44	786041	全国地产	2761.78亿
	18	300015	爱尔眼科	R	-4.20	78.91	-3.46	78.90	78.91	252992	医疗保健	2710.14亿
	19	600887	伊利股份	R	-4.70	44.04	-2.17	44.04	44.05	966818	乳制品	2611.68亿
	20	300059	东方财富	R	-2.68	36.20	-1.00	36.19	36.20	275.3万	证券	2581.86亿
	21	002304	洋河股份	R	-1.66	202.46	-3.41	202.46	202.47	97628	白酒	2528.60亿
	22	603259	药明康德	R	-2.51	165.00	-4.25	164.87	165.00	230641	化学制药	2331.78亿
	23	002142	宁波银行	R	-2.68	38.45	-1.06	38.44	38.45	314780	银行	2279.42亿
	24	603501	韦尔股份	R	-6.47	290.10	-20.06	290.10	290.11	112314	半导体	2275.74亿
	25	300760	迈瑞医疗	R	-2.47	443.45	-11.25	443.20	443.45	32111	医疗保健	2213.41亿
	26	000725	京东方A	R	-7.94	6.38	-0.55	6.38	6.39	1504万	元器件	2139.66亿
	27	600438	通威股份	R	-2.40	49.19	-1.21	49.19	49.20	170.4万	饲料	2109.20亿
	28	600690	海尔智家	R	-5.04	32.00	-1.70	31.99	32.00	483724	家用电器	2018.74亿
	29	002493	荣盛石化	R	-4.89	34.01	-1.75	34.01	34.03	480813	化纤	1978.10亿
	30	300014	亿纬锂能	R	-4.24	109.00	-4.83	109.00	109.01	316237	电气设备	1936.95亿
	31	601899	紫金矿业	R	-7.10	9.68	-0.74	9.67	9.68	351.9万	黄金	1901.18亿
	32	600048	保利地产	R	-2.23	14.05	-0.32	14.04	14.05	914567	全国地产	1681.45亿
	33	000661	长春高新	R	-4.70	458.18	-22.60	458.15	458.18	34645	生物制药	1652.94亿
	34	002027	分众传媒	R	-2.65	11.00	-0.30	10.99	11.00	144.5万	影视音像	1614.57亿
	35	600309	万华化学	R	-3.42	111.37	-3.94	111.33	111.37	161301	化工原料	1585.64亿
	36	300122	智飞生物	R	-3.18	159.99	-5.26	159.99	160.00	142016	生物制药	1440.50亿
	37	300124	汇川技术	R	-4.62	94.41	-4.57	94.40	94.41	177115	电器仪表	1328.29亿
	38	600703	三安光电	R	-3.57	29.97	-1.11	29.97	29.98	745345	半导体	1222.30亿
	39	603799	华友钴业	R	-5.75	100.85	-6.15	100.84	100.85	425404	小金属	1116.56亿
	40	002311	海大集团	R	-3.00	64.58	-2.00	64.58	64.60	91498	饲料	1063.31亿
	41	002460	赣锋锂业	R	-5.59	129.34	-7.66	129.33	129.34	296477	小金属	1024.35亿
	42	600763	通策医疗	R	-1.51	308.62	-4.74	308.60	308.62	20439	医疗保健	989.56亿
	43	000596	古井贡酒	R	1.99	251.00	4.90	251.00	251.02	30934	白酒	962.84亿
	44	300347	泰格医药	R	-1.59	167.90	-2.72	167.89	167.90	79574	医疗保健	909.17亿
	45	688111	金山办公	K	-5.07	412.00	-21.99	412.00	412.10	27136	软件服务	889.18亿
	46	002410	广联达	R	-4.00	80.65	-3.36	80.64	80.65	80103	软件服务	798.14亿
	47	300413	芒果超媒	R	-3.98	80.80	-3.35	80.78	80.80	98095	影视音像	752.54亿
	48	300601	康泰生物	R	-5.57	153.03	-9.03	153.03	153.10	66393	生物制药	750.07亿
	49	002049	紫光国微	R	-4.71	122.11	-6.04	122.10	122.13	88804	元器件	740.04亿
	50	300454	深信服	R	-2.29	284.63	-6.66	284.57	284.63	18732	软件服务	608.20亿

图8-10　2021年1月28日机构抱团的50只股票数据

对于机构抱团的股票，回调下跌后止跌企稳往往是逢低买进的机会。

交易策略

机构抱团牟利给市场带来了剧烈的变化，股市的撕裂前所未有，市场呈现出冰火两重天的态势。在这种情况下，如果想在股市赚钱，要么跟上游资炒题材，要么跟上机构做趋势股。

机构抱团牟利买进的股票股价大都在走上升趋势，这个上升趋势，是因为机构大量买进之后锁仓，机构垄断了筹码，市场流通筹码越来越少，股价自然会不断地上涨。机构大量买进的股票有以下显著的特征：

第一，从 K 线走势图上看，有连续的小阳线。

第二，从形态上看，突破前高点后一般都有回调，回调有明显的支撑位；回调止跌反转后又有一波上涨。

第三，从盘口上看，上下买卖委托盘数量比较少。

第四，从涨停板来看，通常不会有连板走势，大多是一个涨停板后就会调整。

大家经常说顺势而为，什么叫顺势？在单边市场里，顺着上升趋势操作就是顺势而为。

买进这种机构抱团且走向上升趋势的个股，一定要耐心持有，持有到见顶形态出现后再获利了结。

第九章
机构与游资合力炒作

注册制之前的股市，机构玩机构的价值投资股，游资玩游资的概念炒作股；随着注册制的实施，机构与游资都在随机应变、取长补短，目前的A股市场，能够上涨的股票大概有三种类型：一是机构抱团的股票；二是游资炒作的股票；三是机构与游资合力推动的股票（机构与游资在题材炒作的选择上逐步接近）。唯有跟上这三类股票，才可以从股市里分得一杯羹，否则大多数是守株待兔的运气。很多散户学习了很多炒股知识，看形态、看指标等等，其实，再好的形态、再好的指标，没有题材就谈不上完美；再好的形态、再好的题材，没有主力也仍然谈不上完美。只有主力（包括机构、游资）＋题材＋形态才是完美的结合。对散户来说这些都是外在因素，内在的因素也要自知，《孙子·谋攻篇》中说："知己知彼，百战不殆；不知彼而知己，一胜一负；不知彼，不知己，每战必殆。"意思是说，在军事纷争中，既了解敌人，又了解自己，百战都不会失败；不了解敌人而只了解自己，胜败的可能性各半；既不了解敌人，又不了解自己，那只有每战必败的份儿了。在股市里交易亦是如此。

第一节　游资与机构合力买进酒鬼酒

在2021年元月的行情中，游资、机构合力炒作的股票可以从酒鬼酒（000799）中看出，在二者的合力下，酒鬼酒开启了主升浪行情（见图9—1、图9—2、图9—3、图9—4、图9—5、图9—6）。在这波主升浪行情中，机构、游资分分合合，各取所需，共同操作。

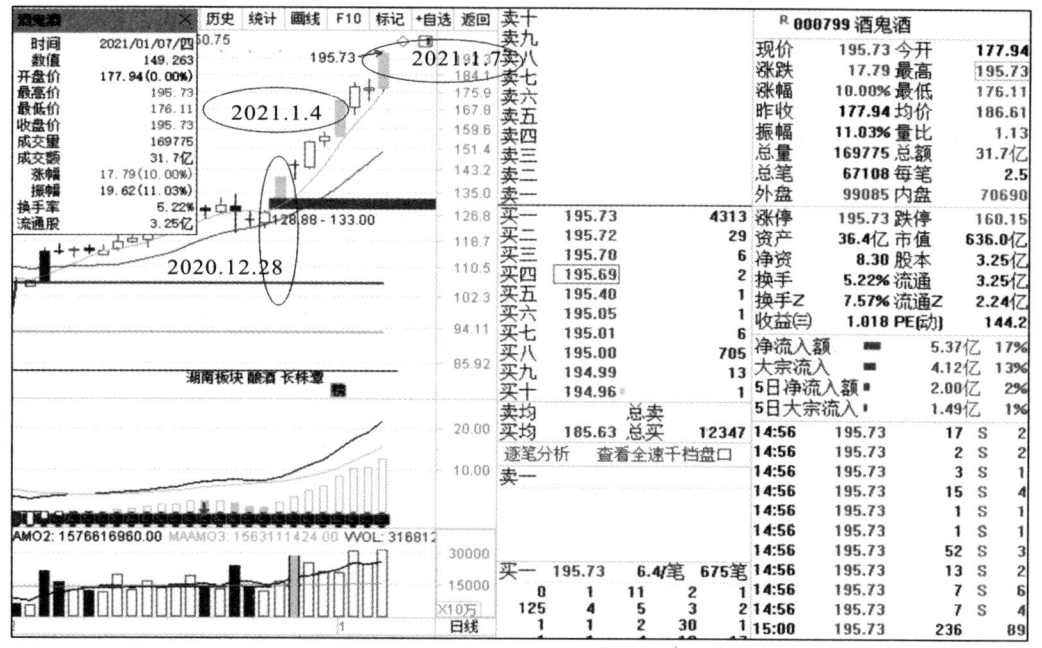

图 9-1　2021 年 1 月 7 日酒鬼酒股价数据图

从图 9-2 的龙虎榜中可以看出，2020 年 12 月 28 日，境外游资在对倒交易，机构在卖出。

图 9-2　2020 年 12 月 28 日酒鬼酒龙虎榜数据

从图9-3中可见，2021年1月4日，境外游资在对倒交易；不同的机构在买进卖出（见图9-3）。

```
交易日期:2021-01-04  信息类型:涨幅偏离值达7%的证券
涨跌幅(%):10.00  成交量(万股):1245.85  成交额(万元):207845.50
```

买入前五营业部

营业部名称	买入金额(万元)	卖出金额(万元)
深股通专用	11376.94	14242.68
东吴证券股份有限公司武汉新华路证券营业部	4004.48	3843.07
机构专用	3693.99	0.00
平安证券股份有限公司深圳深南东路罗湖商务中心证券营业部	3310.94	1414.17
机构专用	3295.54	0.00

卖出前五营业部

营业部名称	买入金额(万元)	卖出金额(万元)
深股通专用	11376.94	14242.68
机构专用	83.25	4127.35
东吴证券股份有限公司武汉新华路证券营业部	4004.48	3843.07
招商证券股份有限公司深圳蛇口工业三路证券营业部	41.74	3573.78
机构专用	0.00	2394.54

图9-3　2021年1月4日酒鬼酒龙虎榜数据

从图9-4中可见，2021年1月7日，境外游资继续对倒交易；不同的机构在买进、卖出，买进的资金量大于卖出的资金量（见图9-4）。

●交易日期:2021-01-07　信息类型:涨幅偏离值达7%的证券
涨跌幅(%):10.00　成交量(万股):1697.75　成交额(万元):316812.06

买入前五营业部		
营业部名称	买入金额(万元)	卖出金额(万元)
深股通专用	26692.09	19950.46
机构专用	10255.65	0.00
机构专用	9125.98	0.00
机构专用	7407.33	0.00
华鑫证券有限责任公司深圳益田路证券营业部	6425.77	0.00

卖出前五营业部		
营业部名称	买入金额(万元)	卖出金额(万元)
深股通专用	26692.09	19950.46
机构专用	0.00	5603.70
机构专用	0.00	3947.98
机构专用	0.00	3856.20
国信证券股份有限公司福建分公司	3726.68	3739.50

图9-4　2021年1月7日酒鬼酒龙虎榜数据

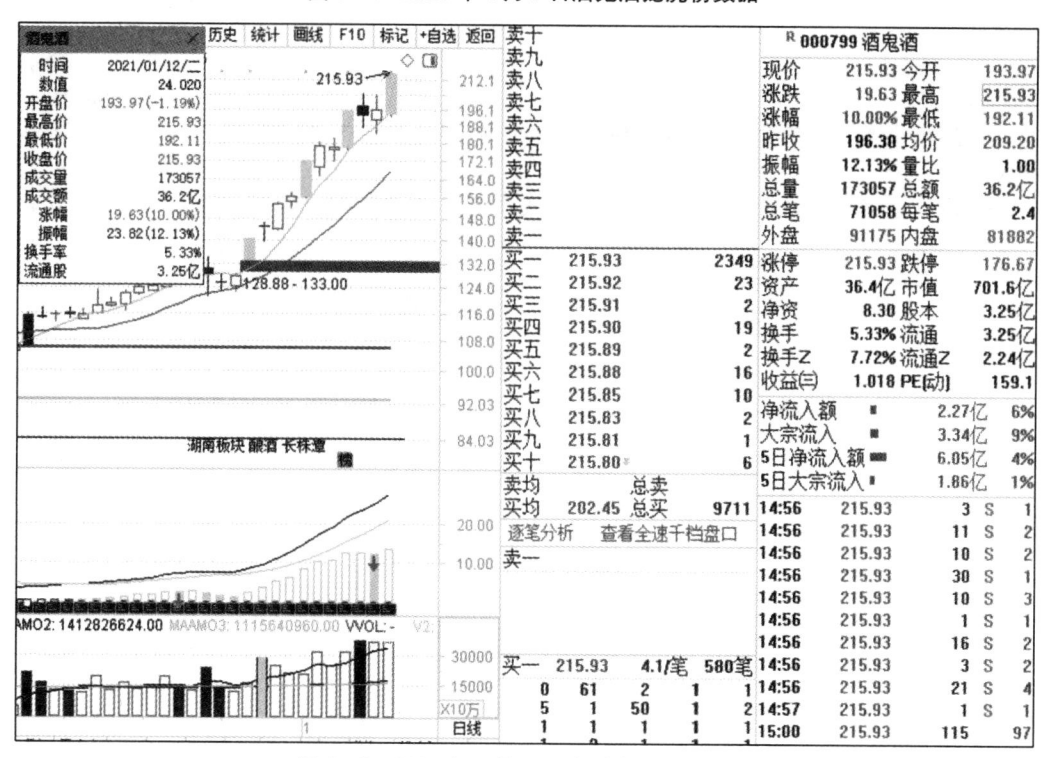

图9-5　2021年1月12日酒鬼酒股价数据图

从图9-6中可见，2021年1月12日，境外游资在对倒交易，不同的机构在买进、卖出；游资章盟主也在对倒，买进的资金量大于卖出的资金量（见图9-6）。

```
▶交易日期:2021-01-12  信息类型:涨幅偏离值达7%的证券
  涨跌幅(%):10.00  成交量(万股):1730.57  成交额(万元):362037.22
```

买入前五营业部		
营业部名称	买入金额(万元)	卖出金额(万元)
深股通专用	28046.54	24694.06
华鑫证券有限责任公司深圳分公司	10459.40	2.16
机构专用	6729.48	0.00
国泰君安证券股份有限公司上海江苏路证券营业部	5333.62	1034.04
中国中金财富证券有限公司北京宋庄路证券营业部	4703.22	2452.82

卖出前五营业部		
营业部名称	买入金额(万元)	卖出金额(万元)
深股通专用	28046.54	24694.06
机构专用	0.00	8554.18
中国银河证券股份有限公司北京中关村大街证券营业部	166.95	5239.50
中国银河证券股份有限公司杭州海运国际大厦证券营业部	1699.93	4467.67
国信证券股份有限公司福建分公司	4193.44	4173.94

图9-6　2021年1月12日酒鬼酒龙虎榜数据

在游资、机构合力的推动下，酒鬼酒股价在12个交易日里涨了100.80元，上涨幅度79.01%（见图9-7）。

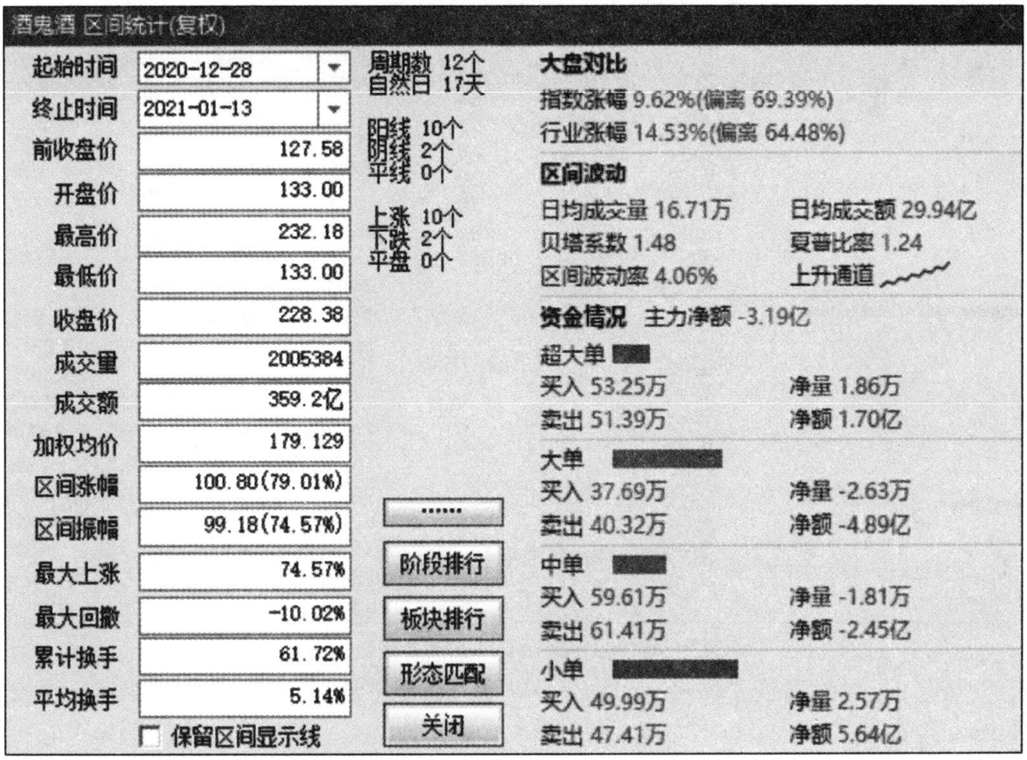

图 9-7　酒鬼酒区间统计数据

2021年1月14日星期四，酒鬼酒跳空低开，并被按在了跌停板，游资在这一天出局，把筹码交给了机构，我截图并写下了一句"宣告了酒鬼酒的没落"（见图9-8）。一般而言，当股价大幅上涨之后的跌停板，就是盘整主力获利了结的标志（见图9-9），主力获利了结，你如果还在买进，要么就是你没有看懂主力，也没有看懂K线，要么就是你太执着了。

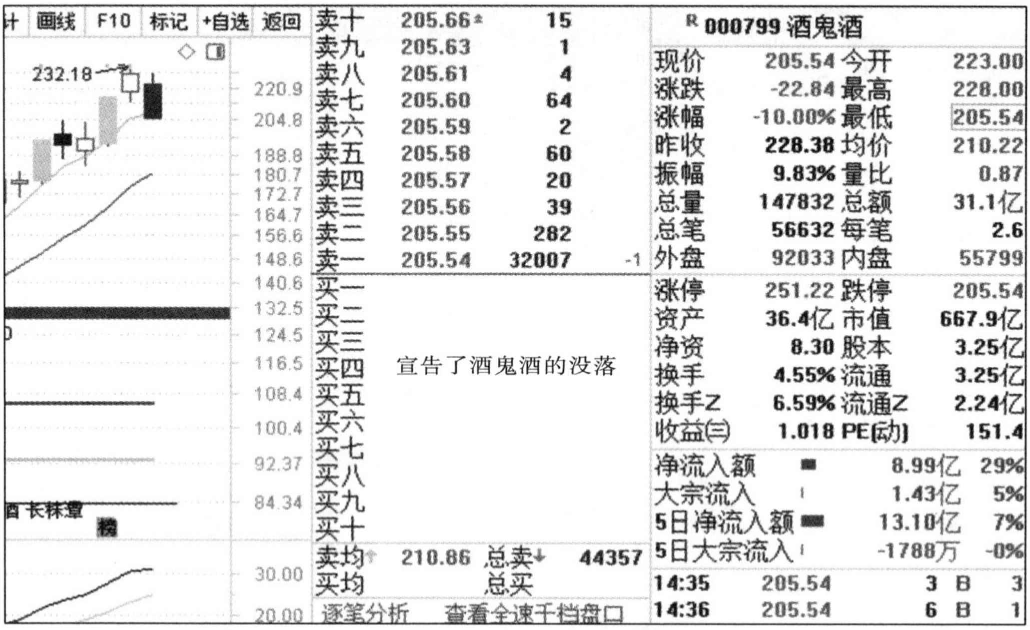

图 9－8　2021 年 1 月 14 日酒鬼酒数据图

从图 9—8 中可见，2021 年 1 月 14 日，酒鬼酒跳空低开，反弹上涨未及前一个交易日的收盘价，之后下跌一波低于一波，开盘 15 分钟跌停板。就在这一天，从图 9—9 中可见有的机构大量买进，有的机构卖出；当天境外游资对倒交易，卖出量大于买进量（见图 9—9）。

●交易日期:2021-01-14　信息类型:跌幅偏离值达7%的证券
涨跌幅(%):-10.00　成交量(万股):1489.97　成交额(万元):313160.81

买入前五营业部		
营业部名称	买入金额(万元)	卖出金额(万元)
机构专用	8568.78	0.00
深股通专用	8156.52	12960.32
东莞证券股份有限公司扬州邗江中路证券营业部	5588.33	0.00
国元证券股份有限公司上海虹桥路证券营业部	5003.50	770.01
中国国际金融股份有限公司长沙解放西路证券营业部	4571.21	0.00

卖出前五营业部		
营业部名称	买入金额(万元)	卖出金额(万元)
深股通专用	8156.52	12960.32
中信证券股份有限公司广州临江大道证券营业部	63.29	9788.33
东方财富证券股份有限公司拉萨东城区江苏大道证券营业部	1669.87	6451.97
平安证券股份有限公司长沙五一大道证券营业部	543.88	6013.69
机构专用	0.00	4543.71

图 9－9　2021 年 1 月 14 日酒鬼酒龙虎榜数据

2021年1月15日星期五,酒鬼酒跳空低开低走,并再次跌停板(见图9-10、图9-11)。

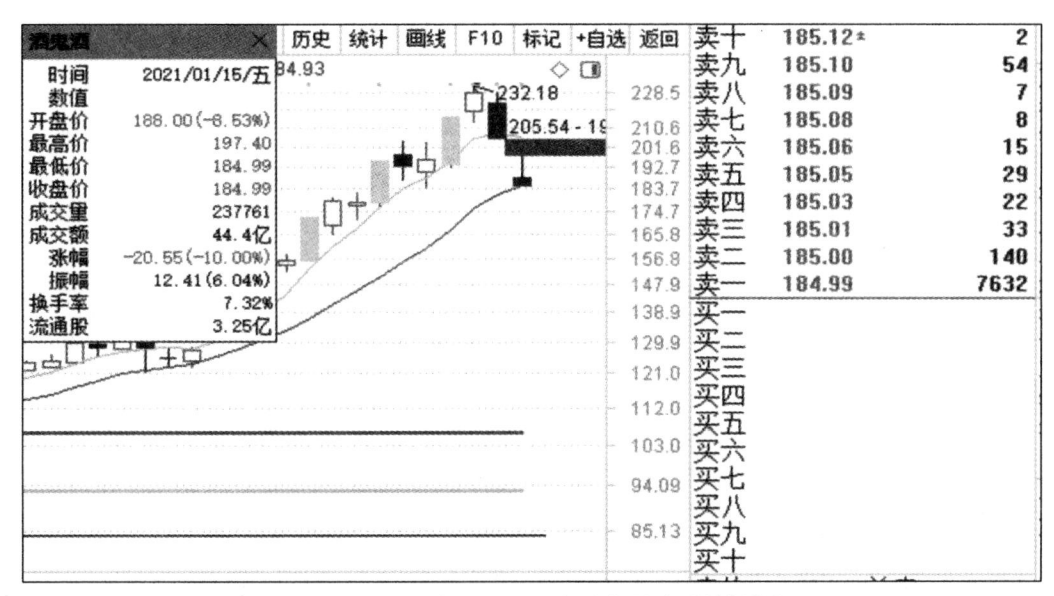

图9-10 2021年1月15日酒鬼酒再次跌停板数据

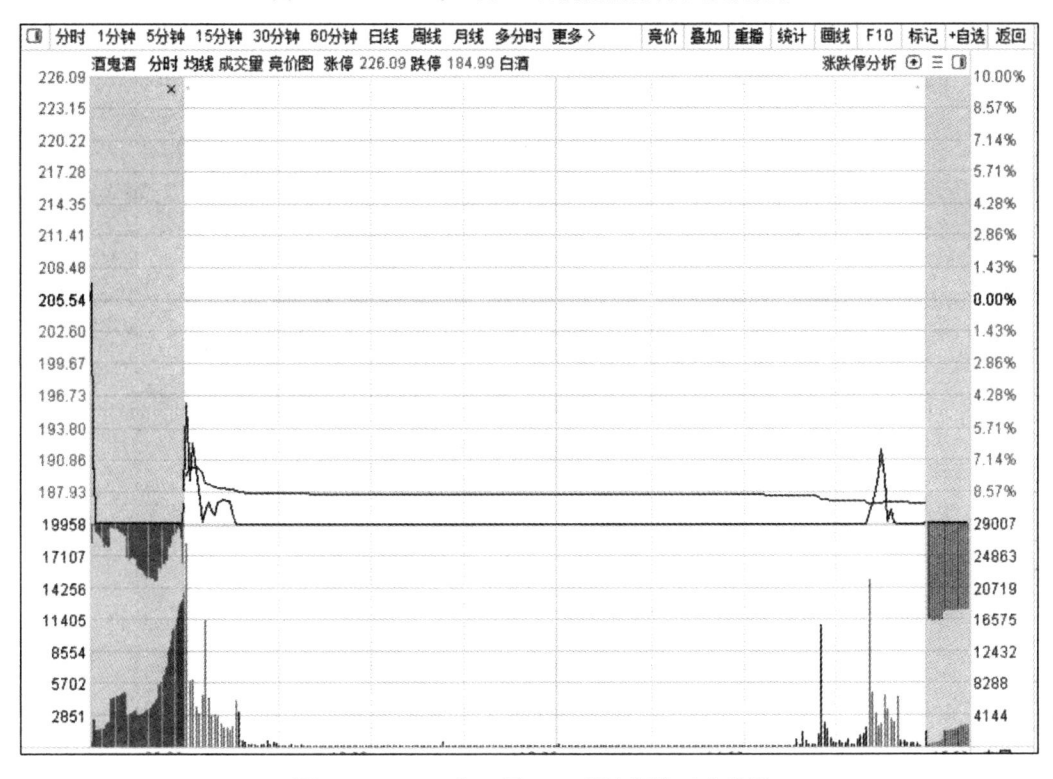

图9-11 2021年1月15日酒鬼酒分时走势图

2021年1月15日,股价虽然再次跌停板,游资依然在对倒交易,但还有机构在买进,看来这一家机构是喜欢买跌停板的股票(见图9-12)。1月18日,该股再次跳空低开,又有3家机构大量买进,3家机构各自都买进了一个多亿;而游资继续对倒交易(见图9-13)。

```
●交易日期:2021-01-15   信息类型:跌幅偏离值达7%的证券
 涨跌幅(%):-10.00   成交量(万股):2377.61   成交额(万元):444322.97
```

买入前五营业部		
营业部名称	买入金额(万元)	卖出金额(万元)
深股通专用	10966.82	14182.92
国泰君安证券股份有限公司上海江苏路证券营业部	8272.78	1447.13
华鑫证券有限责任公司深圳益田路证券营业部	6099.08	3.74
招商证券股份有限公司深圳深南大道车公庙证券营业部	5573.92	1554.17
机构专用	5560.04	0.00
卖出前五营业部		
营业部名称	买入金额(万元)	卖出金额(万元)
深股通专用	10966.82	14182.92
华鑫证券有限责任公司深圳分公司	0.00	9886.43
机构专用	0.00	7346.02
招商证券股份有限公司深圳建安路证券营业部	137.82	5893.99
第一创业证券股份有限公司长沙韶山中路证券营业部	65.01	4758.35

图9-12 2021年1月15日酒鬼酒龙虎榜数据

酒鬼酒在2021年1月14、15日连续两个跌停板后,1月18日终于止跌收出阴螺旋桨;从图9-13中可见,这一天,境外游资继续对倒交易,3家机构则分别大量买进,游资章盟主、拉萨游资都在对倒交易(见图9-13)。

交易日期:2021-01-18　信息类型:连续三个交易日内跌幅偏离值累计达20%的证券
涨跌幅(%):-4.48　成交量(万股):6498.35　成交额(万元):1221828.61

买入前五营业部

营业部名称	买入金额(万元)	卖出金额(万元)
深股通专用	44802.92	37436.59
国泰君安证券股份有限公司上海江苏路证券营业部	16510.75	8929.47
机构专用	12421.69	0.00
机构专用	12182.05	0.00
机构专用	10506.19	0.00

卖出前五营业部

营业部名称	买入金额(万元)	卖出金额(万元)
深股通专用	44802.92	37436.59
华鑫证券有限责任公司深圳分公司	3086.69	19379.25
机构专用	0.00	11777.75
东方财富证券股份有限公司拉萨东城区江苏大道证券营业部	4803.78	10098.42
中信证券股份有限公司广州临江大道证券营业部	9736.12	10027.91

图9-13　2021年1月18日酒鬼酒龙虎榜数据

2021年1月27日，酒鬼酒跳空低开低走，触及跌停板后反弹，3家机构大量买进，境外游资继续对倒交易（见图9-14），在它们的合力作用下，股价跌幅收至-7.03%（见图9-15、图9-16）。

```
交易日期:2021-01-27  信息类型:跌幅偏离值达7%的证券
涨跌幅(%):-7.03  成交量(万股):1899.19  成交额(万元):328739.23
```

买入前五营业部		
营业部名称	买入金额(万元)	卖出金额(万元)
深股通专用	19994.10	11498.99
机构专用	10201.21	0.00
机构专用	5136.26	179.79
中邮证券有限责任公司北京西直门北大街证券营业部	3948.22	6.95
机构专用	3470.11	0.00

卖出前五营业部		
营业部名称	买入金额(万元)	卖出金额(万元)
深股通专用	19994.10	11498.99
中信证券股份有限公司北京天通苑证券营业部	39.66	8079.52
万联证券股份有限公司乐山茶坊街证券营业部	3.41	5470.54
方正证券股份有限公司杭州延安路证券营业部	27.10	5028.55
机构专用	0.00	4807.68

图 9-14 2021 年 1 月 27 日酒鬼酒龙虎榜数据

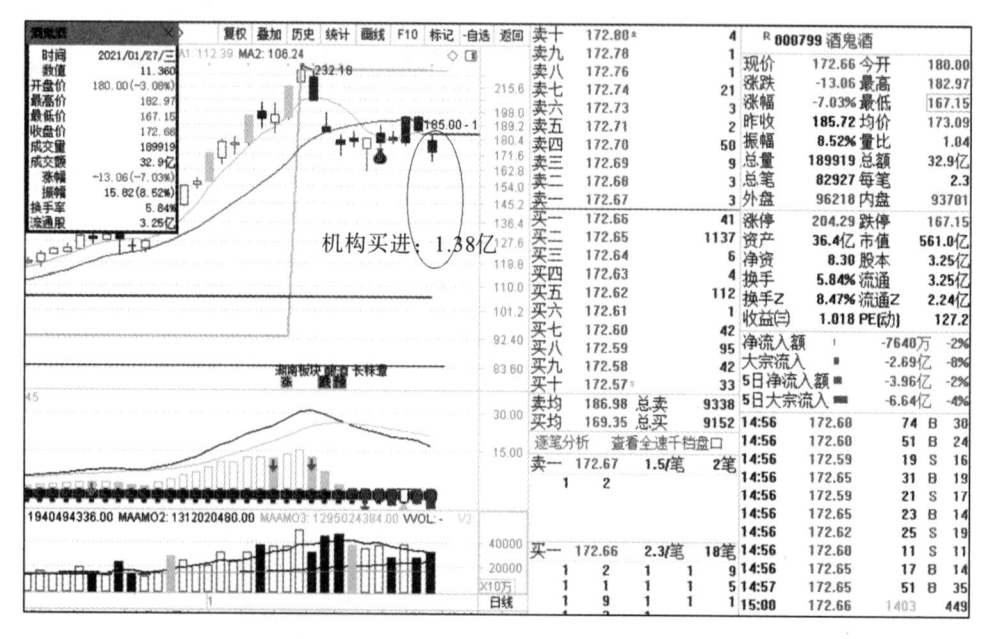

图 9-15 2021 年 1 月 27 日酒鬼酒数据图

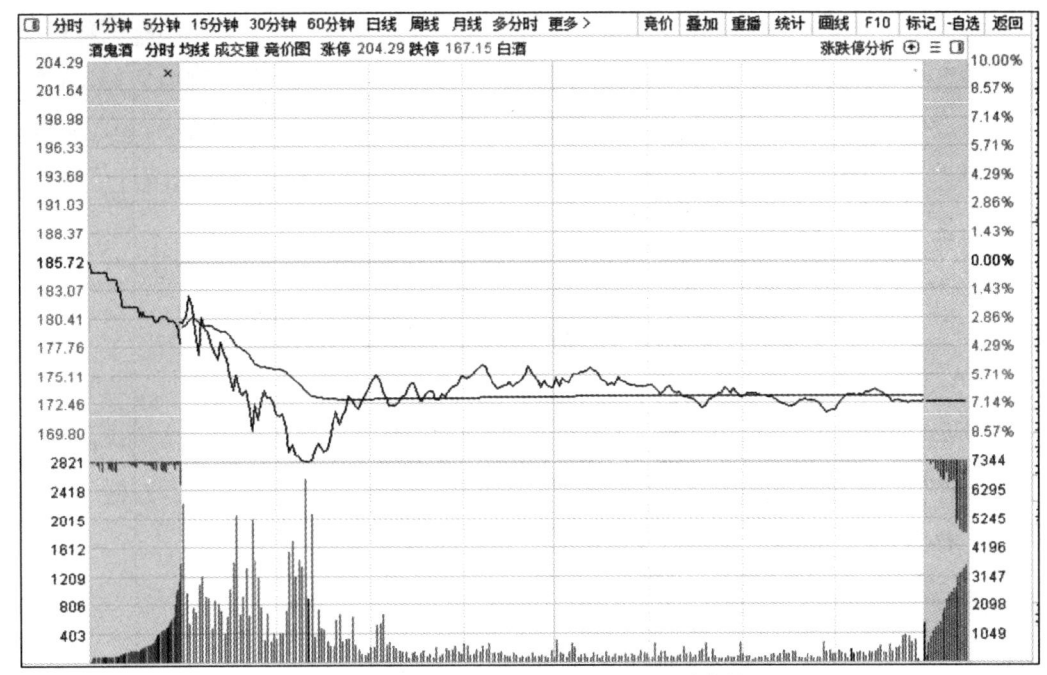

图 9-16　2021 年 1 月 27 日酒鬼酒分时走势图

机构在 2021 年 1 月 27 日大量买进之后，酒鬼酒止跌反弹直至 2021 年 2 月 10 日（见图 9-17）。

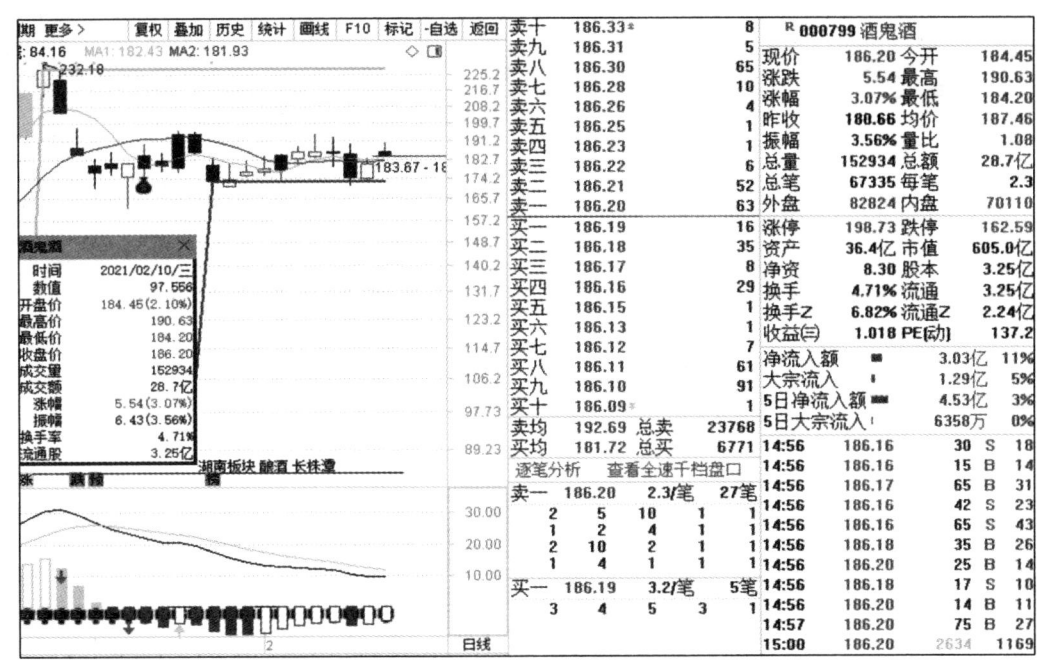

图 9-17　截至 2021 年 2 月 10 日酒鬼酒数据图

通过这一节游资与机构合力买进酒鬼酒的实例可以看出，股价的上涨与下跌都是大资金在主导，都是大资金在借势交易。上涨中有它们，下跌反弹中亦有它们，它们左右着股价的涨与跌。如果你不看龙虎榜，从图形中你看到的不是事物的本来面目，往往是你自己希望的那部分，最终决定走势的不是散户而是主力，如何让自己站在主力的一方才是获利的关键。

第二节　游资与机构击鼓传花太阳能

2020年12月23日，太阳能（000591）走出了一个突破拉升性质的涨停板，此后拉出四连板，在回调1天后止跌，12月31日再度涨停板（见图9-18）。在这一波上涨中，我们看到了游资、机构合力介入推动了太阳能这一波主升浪。

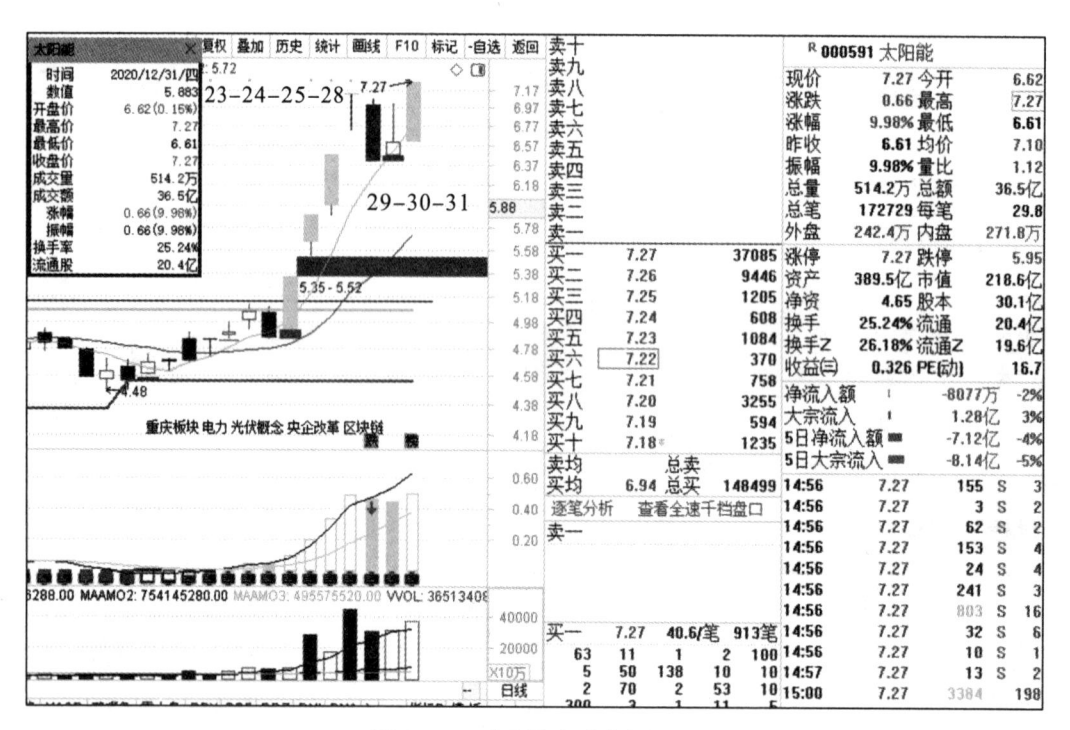

图9-18　太阳能主升浪数据图

2020年12月23日，太阳能第一个突破拉升性质的涨停板，机构、游资分别介入该股（见图9-19）。

第九章 机构与游资合力炒作

●交易日期:2020-12-23　信息类型:涨幅偏离值达7%的证券
涨跌幅(%):10.08　成交量(万股):14204.73　成交额(万元):74244.66

买入前五营业部

营业部名称	买入金额(万元)	卖出金额(万元)
国泰君安证券股份有限公司成都北一环路证券营业部	3326.46	445.27
华鑫证券有限责任公司上海分公司	2729.29	45.68
中国银河证券股份有限公司上海杨浦区靖宇东路证券营业部	2077.64	11.45
深股通专用	1650.10	1643.88
机构专用	1457.05	0.00

卖出前五营业部

营业部名称	买入金额(万元)	卖出金额(万元)
国元证券股份有限公司上海民生路证券营业部	0.00	8874.47
机构专用	0.00	2673.66
深股通专用	1650.10	1643.88
海通证券股份有限公司上海牡丹江路证券营业部	1068.57	932.20
东方证券股份有限公司北京望京证券营业部	0.00	804.00

图 9-19　2020 年 12 月 23 日太阳能龙虎榜数据

2020 年 12 月 24 日，太阳能拉出第二个涨停板，1 家机构在大量卖出，5 家游资蜂拥买进，3 家游资在对倒交易（见图 9-20）。

●交易日期:2020-12-24　信息类型:换手率达20%的证券
涨跌幅(%):10.09　成交量(万股):48561.51　成交额(万元):281211.47

买入前五营业部

营业部名称	买入金额(万元)	卖出金额(万元)
中信证券股份有限公司上海漕溪北路证券营业部	3996.24	24.53
西藏东方财富证券股份有限公司拉萨团结路第二证券营业部	3254.84	742.55
西藏东方财富证券股份有限公司拉萨团结路第一证券营业部	2980.19	612.71
兴业证券股份有限公司陕西分公司	2886.27	32.33
东方财富证券股份有限公司拉萨东环路第二证券营业部	2827.76	897.88

卖出前五营业部

营业部名称	买入金额(万元)	卖出金额(万元)
华泰证券股份有限公司南昌苏圃路证券营业部	46.83	6740.28
机构专用	0.00	5856.54
西南证券股份有限公司重庆北碚证券营业部	14.60	5340.63
国泰君安证券股份有限公司成都北一环路证券营业部	708.07	3976.91
招商证券股份有限公司上海肇嘉浜路证券营业部	31.91	3316.52

图 9-20　2020 年 12 月 24 日太阳能龙虎榜数据

2020年12月25日，太阳能拉出第三个涨停板，两家机构在大量卖出，杭州上塘路游资新加入买进行列（见图9—21）。

```
●交易日期:2020-12-25  信息类型:涨幅偏离值达7%的证券
  涨跌幅(%):10.02  成交量(万股):27426.52  成交额(万元):170842.76
```

买入前五营业部		
营业部名称	买入金额(万元)	卖出金额(万元)
财通证券股份有限公司杭州上塘路证券营业部	3267.77	52.57
国泰君安证券股份有限公司上海分公司	3240.00	0.00
中国银河证券股份有限公司北京中关村大街证券营业部	3005.68	36.48
中信证券股份有限公司杭州富春路证券营业部	2623.03	630.37
华鑫证券有限责任公司杭州飞云江路证券营业部	2353.43	34.13

卖出前五营业部		
营业部名称	买入金额(万元)	卖出金额(万元)
机构专用	0.00	9720.00
机构专用	0.00	6789.30
中信证券股份有限公司上海漕溪北路证券营业部	9.78	3582.06
中国银河证券股份有限公司深圳景田证券营业部	11.28	3184.14
华泰证券股份有限公司常州和平北路证券营业部	328.25	2082.56

图9—21 2020年12月25日太阳能龙虎榜数据

2020年12月28日，太阳能拉出第四个涨停板，机构在大量卖出，游资在对倒交易（见图9—22）。

```
●交易日期:2020-12-28  信息类型:涨幅偏离值达7%的证券
  涨跌幅(%):10.03  成交量(万股):62383.01  成交额(万元):439879.17
```

买入前五营业部		
营业部名称	买入金额(万元)	卖出金额(万元)
深股通专用	9763.96	3581.81
东方财富证券股份有限公司拉萨东环路第二证券营业部	5620.92	3009.99
西藏东方财富证券股份有限公司拉萨团结路第二证券营业部	5347.58	3401.00
国泰君安证券股份有限公司上海分公司	4965.00	3499.08
申港证券股份有限公司深圳深南东路证券营业部	4745.49	2295.13

卖出前五营业部		
营业部名称	买入金额(万元)	卖出金额(万元)
机构专用	0.00	13255.64
中信证券股份有限公司成都人民南路证券营业部	9.56	11940.87
机构专用	0.00	10688.50
申万宏源交易单元(083900)	0.00	10070.46
机构专用	0.00	9080.13

图9—22 2020年12月28日太阳能龙虎榜数据

2020年12月29日，太阳能跌停板，游资在大量对倒交易，机构在大量买进（见图9－23）。

```
●交易日期:2020-12-29  信息类型:跌幅偏离值达7%的证券
  涨跌幅(%):-9.96  成交量(万股):45703.30  成交额(万元):305550.00
```

买入前五营业部		
营业部名称	买入金额(万元)	卖出金额(万元)
深股通专用	11082.90	10922.36
国泰君安证券股份有限公司上海分公司	9364.28	3574.12
机构专用	6105.73	2379.54
机构专用	4380.47	39.37
中国银河证券股份有限公司北京中关村大街证券营业部	4362.25	169.17

卖出前五营业部		
营业部名称	买入金额(万元)	卖出金额(万元)
深股通专用	11082.90	10922.36
申港证券股份有限公司深圳深南东路证券营业部	301.17	4278.41
招商证券股份有限公司上海肇嘉浜路证券营业部	56.13	3676.05
国泰君安证券股份有限公司上海分公司	9364.28	3574.12
西藏东方财富证券股份有限公司拉萨团结路第二证券营业部	3840.32	3328.77

图9－23　2020年12月29日太阳能龙虎榜数据

2020年12月30日，太阳能收出止跌K线，游资、机构均在大量对倒交易（见图9－24）。

```
●交易日期:2020-12-30  信息类型:换手率达20%的证券
  涨跌幅(%):2.96  成交量(万股):45493.55  成交额(万元):306072.14
```

买入前五营业部		
营业部名称	买入金额(万元)	卖出金额(万元)
深股通专用	7974.04	10999.43
机构专用	6659.01	5888.76
中国中金财富证券有限公司北京宋庄路证券营业部	4291.15	3813.71
西藏东方财富证券股份有限公司拉萨团结路第二证券营业部	3955.58	3933.97
西藏东方财富证券股份有限公司拉萨团结路第一证券营业部	3838.98	3375.02

卖出前五营业部		
营业部名称	买入金额(万元)	卖出金额(万元)
深股通专用	7974.04	10999.43
兴业证券股份有限公司陕西分公司	59.20	6697.78
机构专用	6659.01	5888.76
国泰君安证券股份有限公司上海分公司	0.00	5483.79
中国银河证券股份有限公司北京中关村大街证券营业部	3120.87	4172.53

图9－24　2020年12月30日太阳能龙虎榜数据

2020年12月31日，太阳能回调后第一个涨停板，游资在大量买进，机构在大量卖出（见图9-25）。

图9-25　2020年12月31日太阳能龙虎榜数据

2021年1月4日星期一，太阳能拉出二连板（见图9-26、图9-27）。

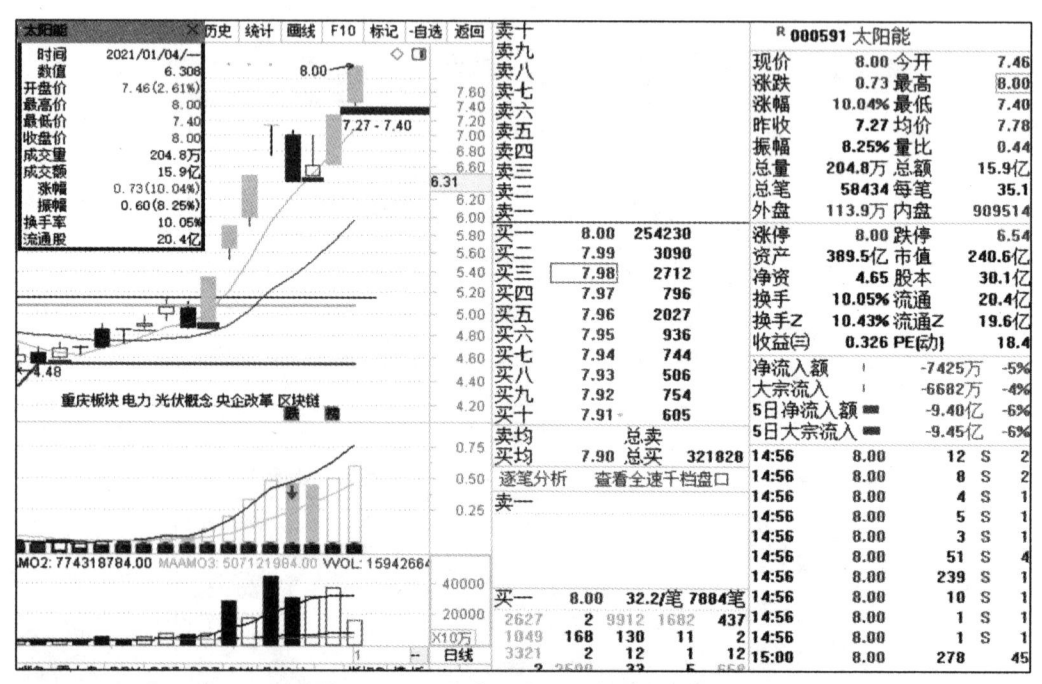

图9-26　2021年1月4日太阳能二连板

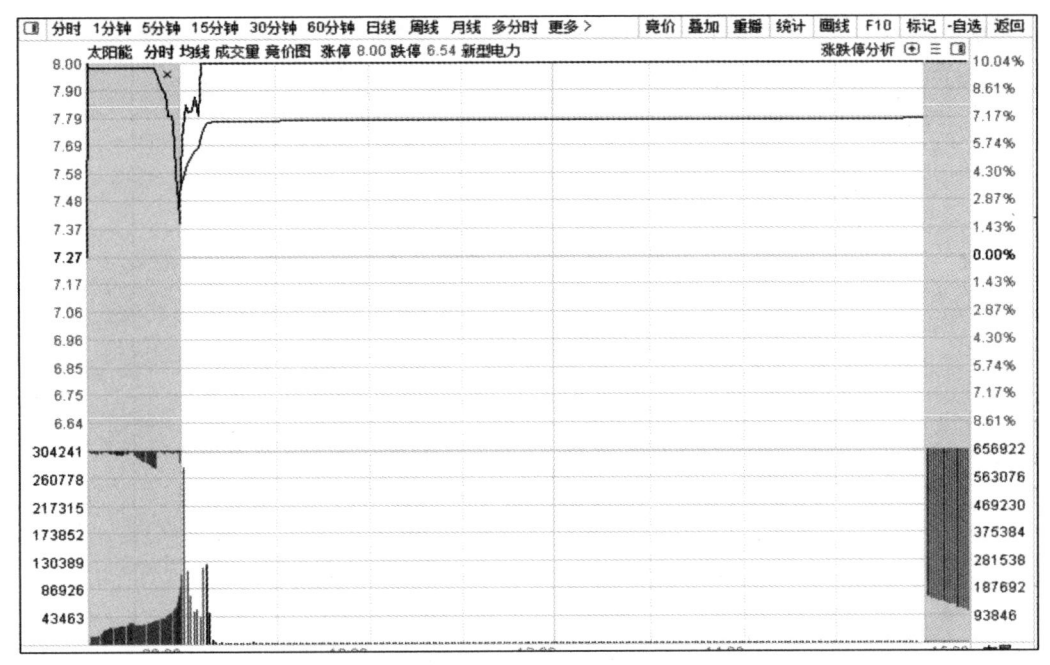

图9-27 2021年1月4日太阳能分时走势图

2021年1月5日星期二,太阳能跳空高开,半小时内三次封板、开板、再封板,盘中多次打开,多次再封板,尾盘大跳水,一波下跌跌去当日的涨停板,在境内、境外游资的共同抛售下,太阳能最终收出大阴线(见图9-28、图9-29)。

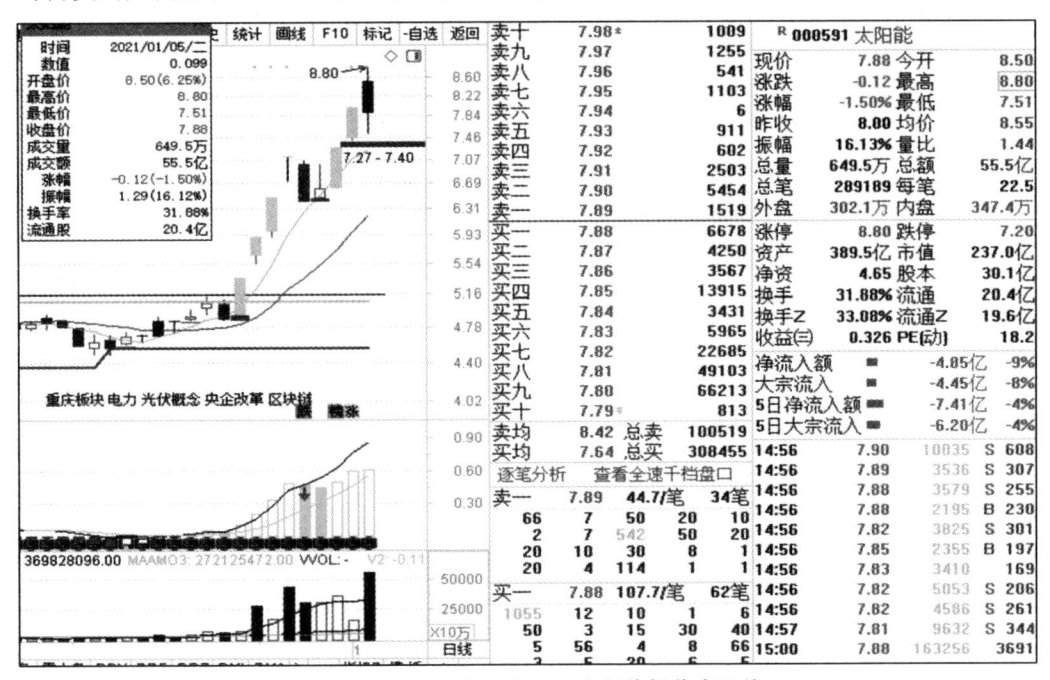

图9-28 2021年1月5日太阳能报收大阴线

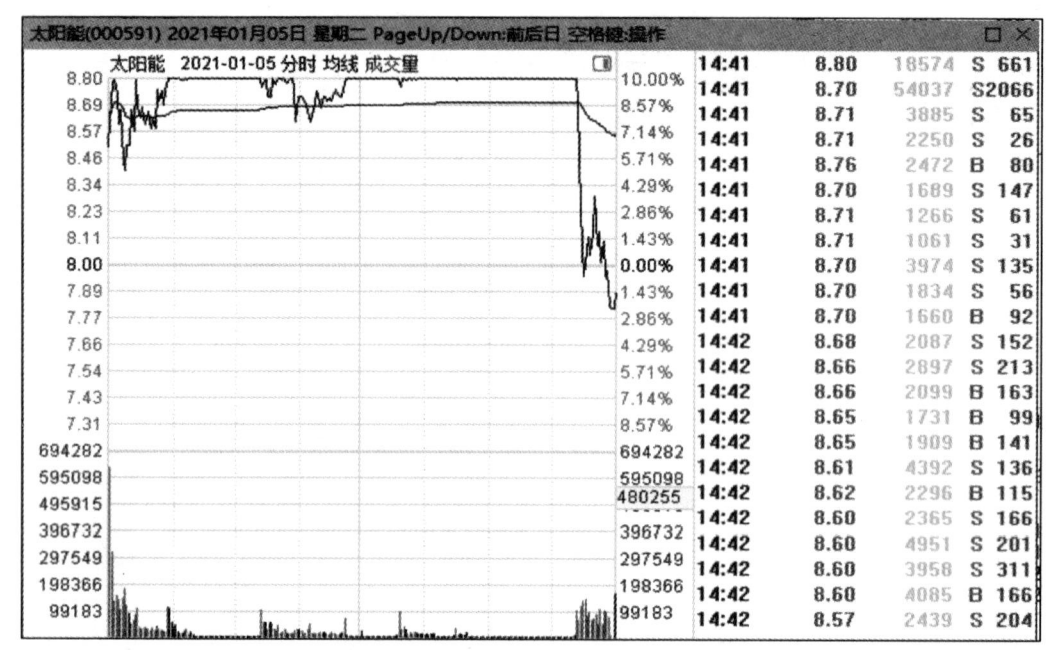

图 9-29　2021 年 1 月 5 日太阳能分时走势图

2021 年 1 月 5 日太阳能封板后，境外、境内大游资都在对倒交易，如境外游资买进 2.01 亿，卖出 1.78 亿，境内游资也同样对倒交易（见图 9-30）。

图 9-30　2021 年 1 月 5 日太阳能龙虎榜数据

2021年1月6日星期三，一个孕出线形态宣告了太阳能这一波主升浪的结束（见图9-31）。

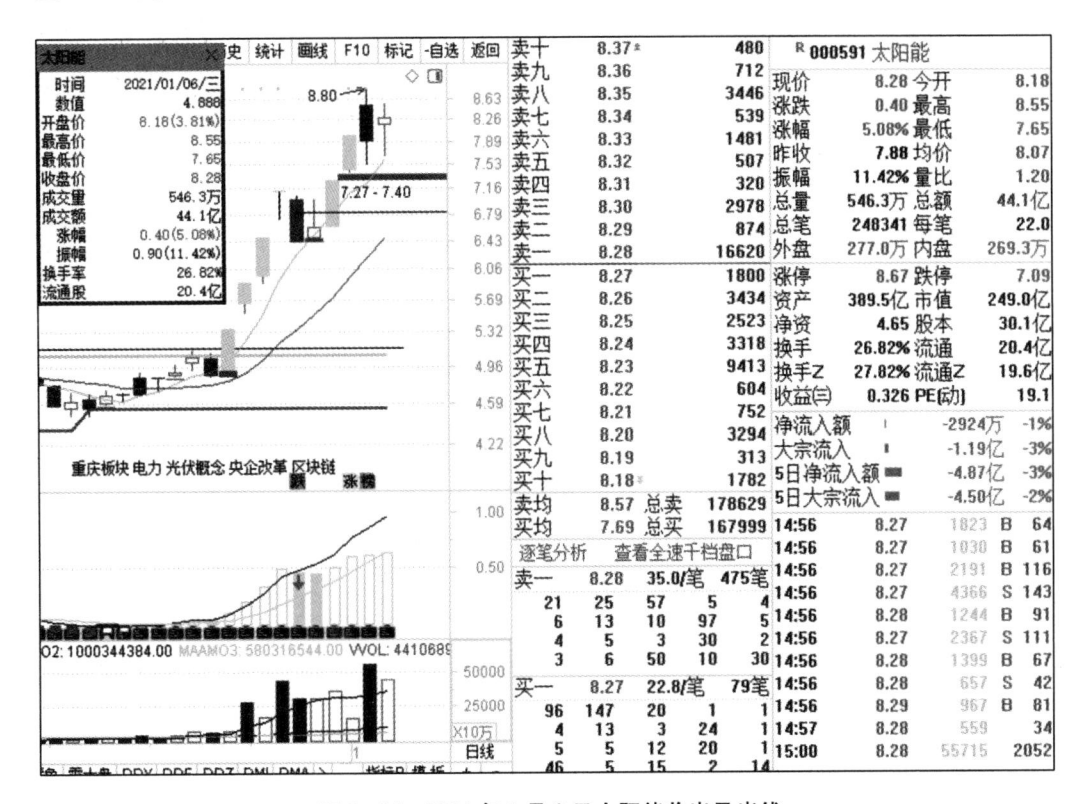

图9-31 2021年1月6日太阳能收出孕出线

第三节 机构与游资对倒卖出豫能控股

2020年12月14日到28日，豫能控股（001896）在机构与游资的炒作下，11个交易日大涨176.6%后，2020年12月29日到2021年1月5日开始了大量对倒出货，把市场上不明真相的交易者直接套在高位（见图9-32）。

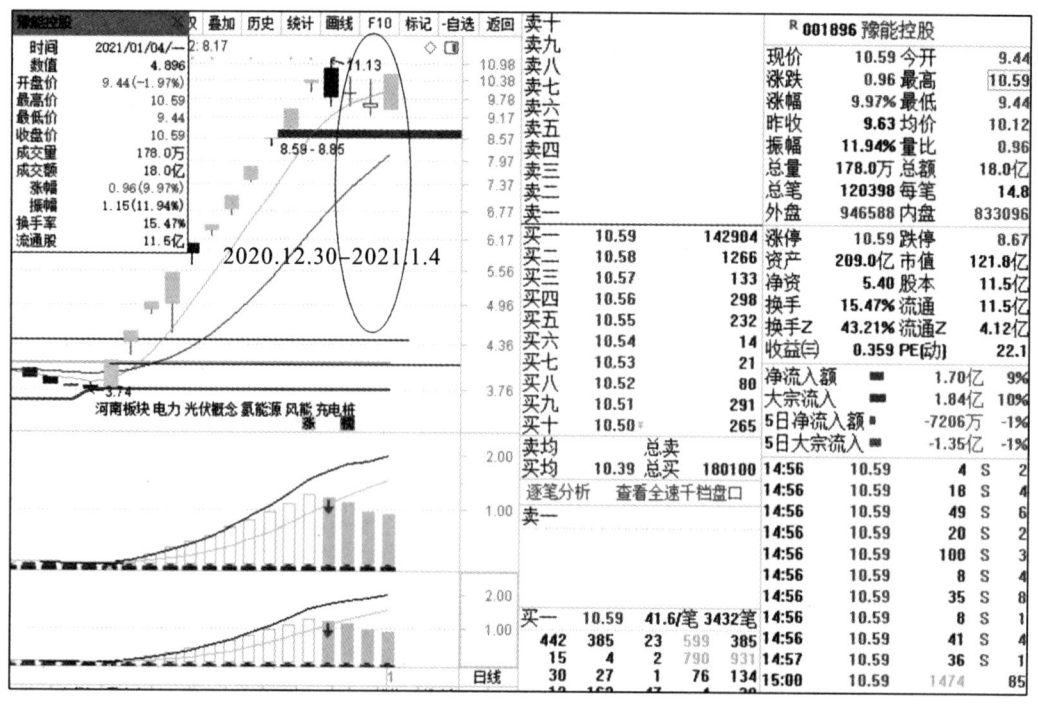

图9-32　2021年1月4日豫能控股涨停板数据图

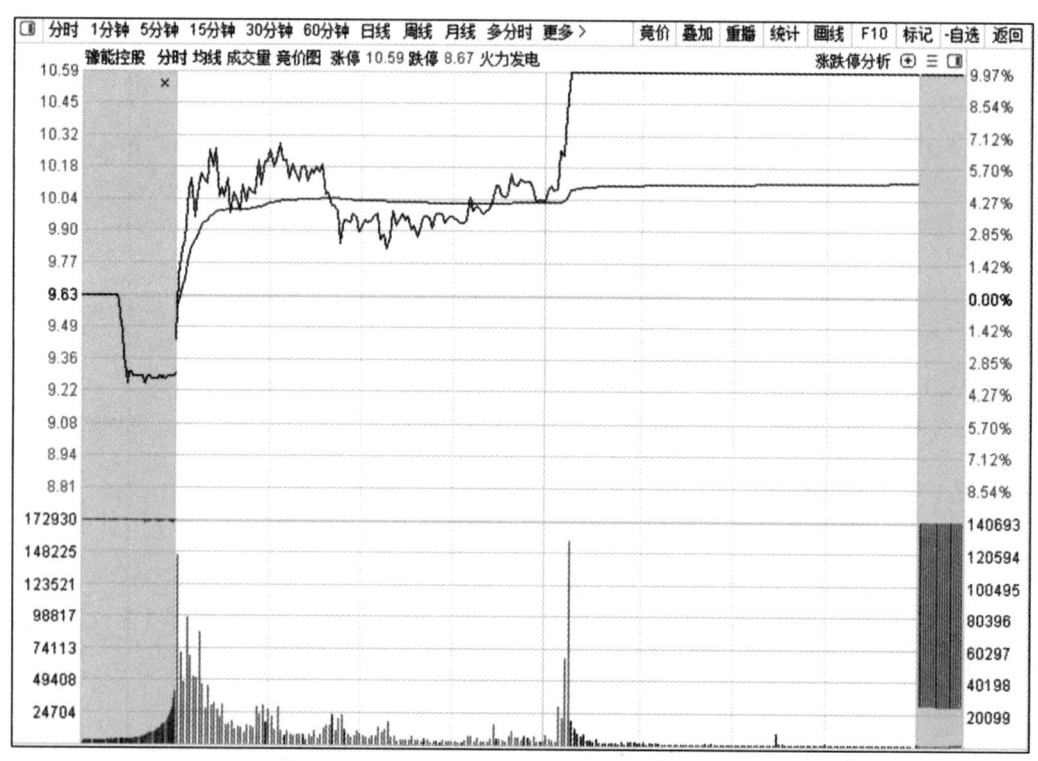

图9-33　2021年1月4日豫能控股分时走势图

从 2020 年 12 月 29 日、30 日，2021 年 1 月 4 日的龙虎榜数据上，我们可以看出机构与游资都在对倒卖出（见图 9-34、图 9-35、图 9-36）。

```
●交易日期:2020-12-29  信息类型:振幅值达15%的证券
  涨跌幅(%):-5.87  成交量(万股):23305.92  成交额(万元):240077.88
```

买入前五营业部		
营业部名称	买入金额(万元)	卖出金额(万元)
机构专用	6641.08	3071.34
东方财富证券股份有限公司拉萨团结路第二证券营业部	3097.73	3221.29
机构专用	2654.18	335.80
中国中金财富证券有限公司北京宋庄路证券营业部	2505.17	2228.09
东方财富证券股份有限公司拉萨团结路第一证券营业部	2289.34	1622.79

卖出前五营业部		
营业部名称	买入金额(万元)	卖出金额(万元)
东方财富证券股份有限公司拉萨团结路第二证券营业部	3097.73	3221.29
机构专用	6641.08	3071.34
东北证券股份有限公司武汉香港路证券营业部	54.33	2465.98
中国中金财富证券有限公司北京宋庄路证券营业部	2505.17	2228.09
申万宏源西部证券有限公司南宁英华路证券营业部	1.85	2100.50

图 9-34　2020 年 12 月 29 日豫能控股龙虎榜数据

2020 年 12 月 29 日，豫能控股在收出一根怀抱大阴线后，12 月 30 日，看分时图该股跳空高开，全天大部分时间在前一个交易日收盘价之上运行，其实盘中的机构、游资都在对倒交易，卖出的金额都大于买进的金额，这就是主力在高位迫不及待地出货（见图 9-35）。

● 交易日期:2020-12-30　信息类型:换手率达20%的证券
涨跌幅(%):1.74　成交量(万股):24351.44　成交额(万元):241977.50

买入前五营业部		
营业部名称	买入金额(万元)	卖出金额(万元)
机构专用	4299.77	6311.09
东方财富证券股份有限公司拉萨团结路第二证券营业部	3126.95	3057.87
申万宏源证券有限公司南通青年中路证券营业部	2888.55	2.20
东方财富证券股份有限公司拉萨东环路第二证券营业部	2845.57	2159.15
中国中金财富证券有限公司北京宋庄路证券营业部	2430.32	2391.59

卖出前五营业部		
营业部名称	买入金额(万元)	卖出金额(万元)
机构专用	4299.77	6311.09
中国银河证券股份有限公司深圳金田路证券营业部	1.45	5283.17
国盛证券有限责任公司宁波桑田路证券营业部	232.61	4098.94
东方财富证券股份有限公司拉萨团结路第二证券营业部	3126.95	3057.87
机构专用	1471.19	2721.94

图9-35　2020年12月30日豫能控股龙虎榜数据

2021年1月4日，豫能控股拉出一个出货性质的涨停板后，1月5日高开低走直线向下跌停板，机构与游资在跌停板上巨量卖出（见图9-36、图9-37、图9-38）。

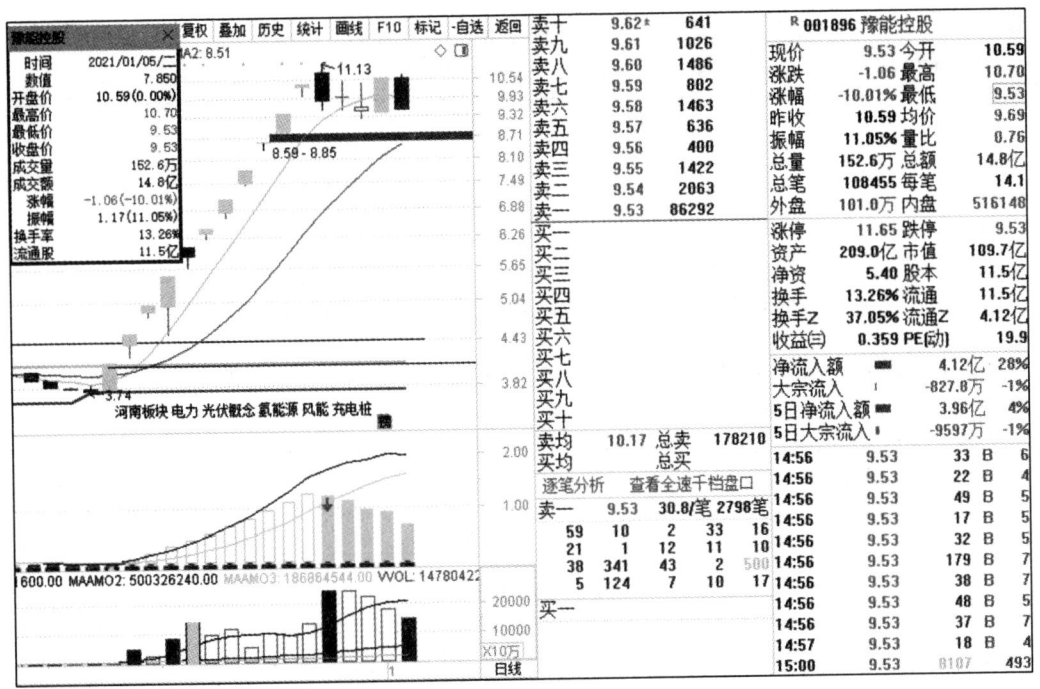

图 9-36　2021 年 1 月 5 日豫能控股走势图数据

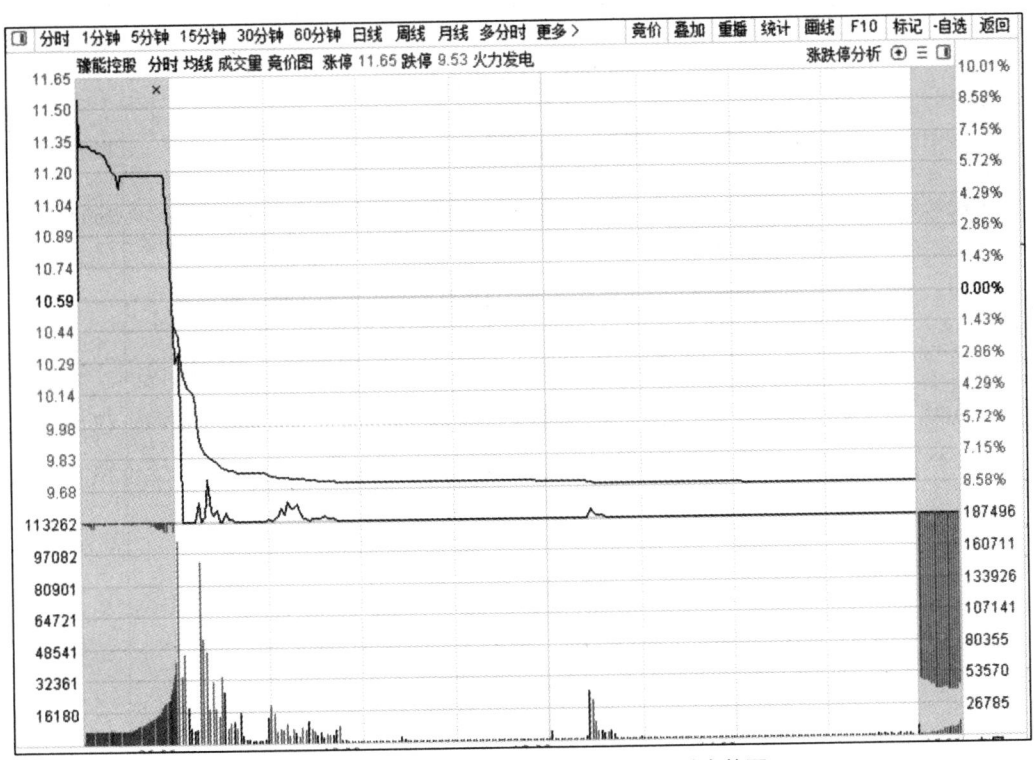

图 9-37　2021 年 1 月 5 日豫能控股分时走势图

● 交易日期:2021-01-05 信息类型:跌幅偏离值达7%的证券
涨跌幅(%):-10.01 成交量(万股):15258.72 成交额(万元):147804.22

买入前五营业部		
营业部名称	买入金额(万元)	卖出金额(万元)
国泰君安证券股份有限公司上海分公司	2859.48	0.00
西藏东方财富证券股份有限公司拉萨团结路第二证券营业部	2414.07	1904.37
西藏东方财富证券股份有限公司拉萨团结路第一证券营业部	2334.27	692.38
招商证券股份有限公司上海牡丹江路证券营业部	1621.25	428.80
东方财富证券股份有限公司拉萨东城区江苏大道证券营业部	1520.39	457.68

卖出前五营业部		
营业部名称	买入金额(万元)	卖出金额(万元)
华泰证券股份有限公司佛山灯湖东路证券营业部	52.19	4623.01
机构专用	569.42	3653.84
华泰证券股份有限公司天津东丽开发区二纬路证券营业部	7.98	2192.86
中国中金财富证券有限公司北京宋庄路证券营业部	89.11	2190.82
机构专用	1.03	2081.48

图9-38　2021年1月5日豫能控股龙虎榜数据

在2020年12月29日到2021年1月5日期间，机构与游资在波段顶部巨幅震荡中巨量卖出后，把筹码交给了看不懂形态的接盘侠后，该股在下跌中反弹，也出现过3个反弹自救性质的涨停板，那都是反弹自救行为，没有任何可以参与的价值，其后一路下跌（见图9-39）。

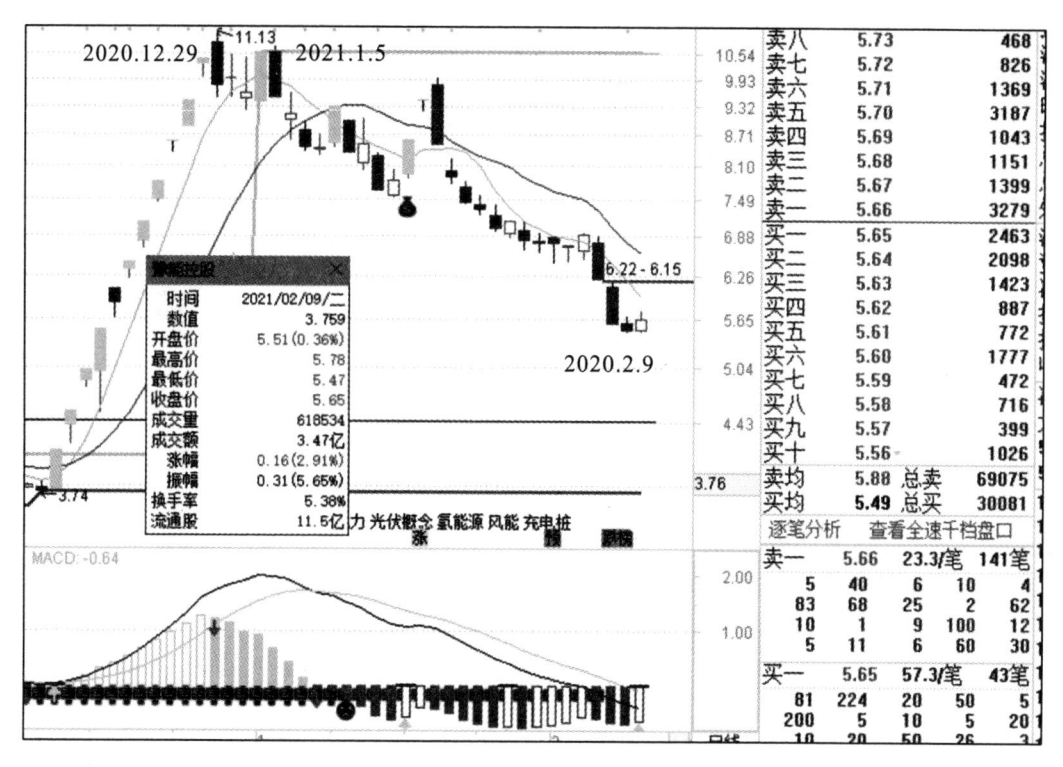

图 9-39　豫能控股涨跌走势图

第四节　机构与游资合力炒作云南白药

在医药板块中我发现机构与游资在 2021 年 12 月 11 日（图中十字线处）介入了云南白药（000538），该股经过一波拉升，于 2020 年 12 月 24 日洗盘后开始起涨（见图 9-40）。

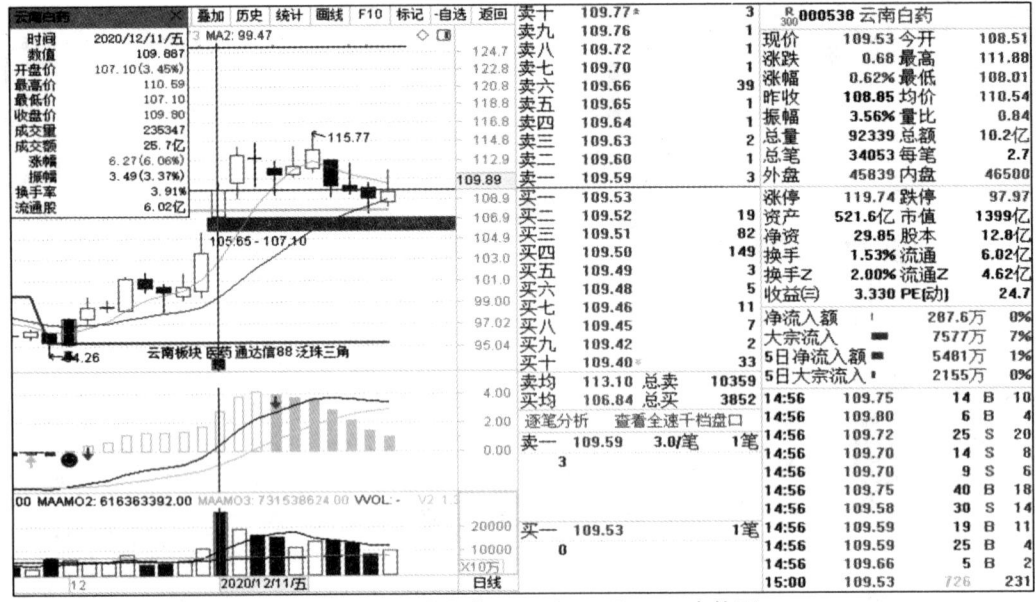

图 9-40 云南白药 2020 年 12 月 24 日走势图

在判断了机构与游资介入并且洗盘后，我于 2020 年 12 月 24 日收盘后截图建议：
1. 可以在 107.77—110 区间逢低买进……2. 下破 107 或成本价止损（见图 9-41）。

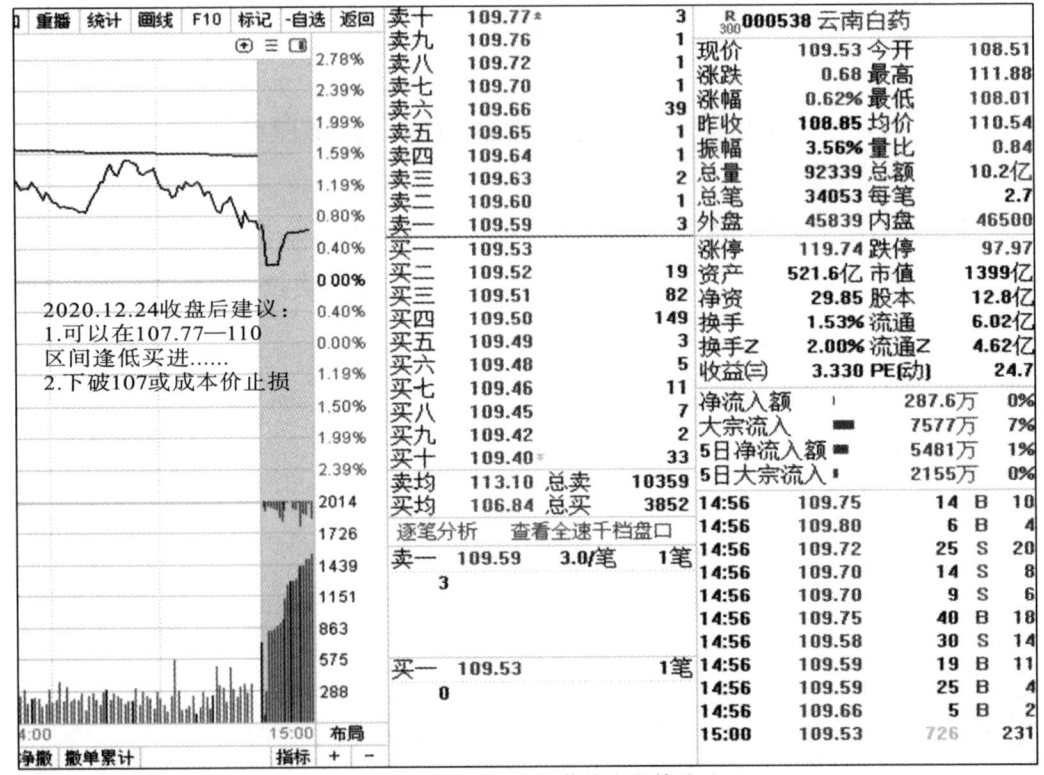

图 9-41 对云南白药的交易策略

这个交易分析于 2020 年 12 月 25 日 8:28 开盘前在微信上也告诉了朋友"可以买进"并附了上面截图（见图 9-42）。

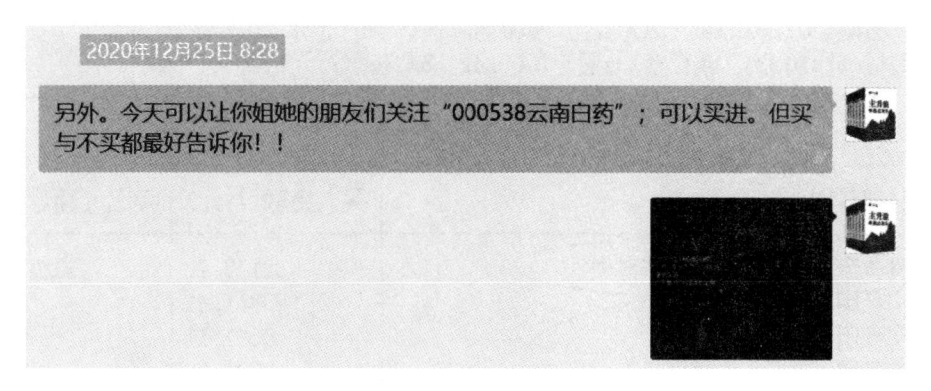

图 9-42　微信截图

在我建议逢低介入 5 天后，2021 年 1 月 4 日与 5 日，云南白药连拉两个涨停板（见图 9-43）。

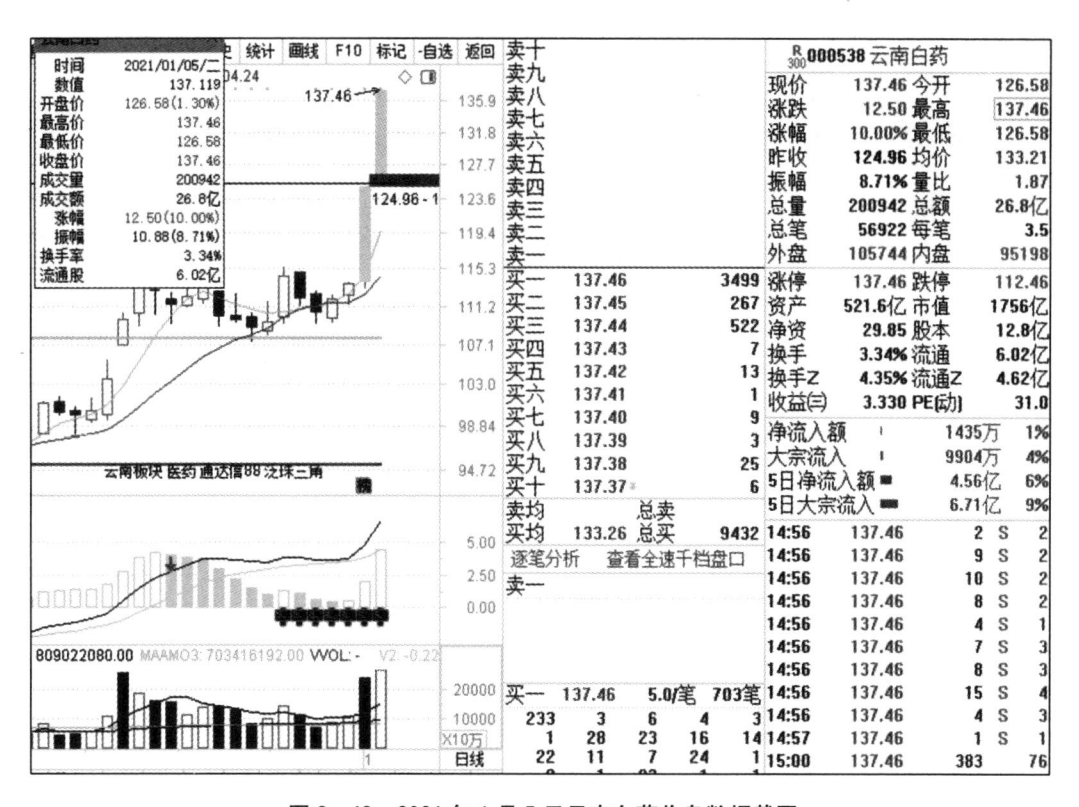

图 9-43　2021 年 1 月 5 日云南白药收盘数据截图

就在 2021 年 1 月 5 日的这个涨停板上,我们看到游资在对倒交易,机构在继续买进(见图 9—44)。

```
●交易日期:2021-01-05  信息类型:涨幅偏离值达7%的证券
 涨跌幅(%):10.00  成交量(万股):2009.42  成交额(万元):267677.47
```

买入前五营业部		
营业部名称	买入金额(万元)	卖出金额(万元)
深股通专用 （游资在对倒）	22163.73	30202.13
机构专用	9951.41	0.00
机构专用 （机构在买进）	8631.11	0.00
机构专用	6706.32	3.92
机构专用	6193.26	0.00

卖出前五营业部		
营业部名称	买入金额(万元)	卖出金额(万元)
深股通专用	22163.73	30202.13
中信证券股份有限公司苏州苏雅路证券营业部	27.55	5911.80
广发证券股份有限公司湛江海滨大道证券营业部	153.80	4244.38
中国中金财富证券有限公司北京宋庄路证券营业部	4265.15	4124.61
机构专用	2548.81	3746.91

图 9-44　2021 年 1 月 5 日云南白药龙虎榜数据

从机构抱团的股票中,只要你会看形态,只要你有耐心,也能与浪共舞。最怕你一见上涨就迫不及待地冲进去,若非"妖股",你就必然会受到煎熬。股价在上涨或下跌的时候,会在哪里停顿,许多人进行了错误的操作,最后是买进了就下跌,卖出了却在上涨。好好学习吧,仔细研究(见图 9—45),你就会发现卖出与买进的地方。

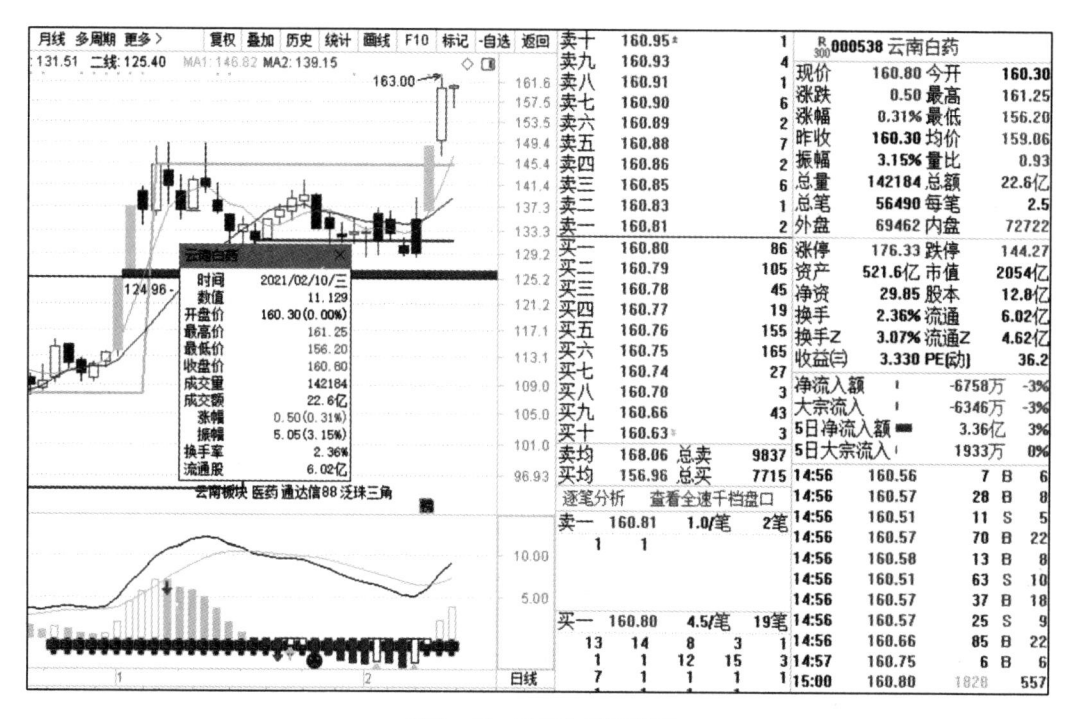

图 9-45　云南白药数据图

交易策略

在股市里没有游资、没有机构、没有他们的合力炒作，再好的股票、再好的题材、再好的公司、再好的盈利、再好的市盈率都显得那么苍白无力；唯有炒作，才有波澜；唯有波澜，才有机会。

佛祖在菩提树下问一人："在世俗的眼中，你有钱、有势、有一个疼爱自己的妻子，你为什么还不快乐呢？"此人答曰："正因为如此，我才不知道该如何取舍。"佛祖笑笑说："我给你讲一个故事吧。某日，一游客就要因口渴而死，佛祖怜悯，置一湖于此人面前，但此人滴水未进。佛祖好生奇怪，问之原因。答曰：湖水甚多，而我的肚子又这么小，既然一口气不能将它喝完，那么不如一口都不喝。"讲到这里，佛祖露出了灿烂的笑容，对那个不开心的人说："你记住，你在一生中可能会遇到很多美好的东西，但只要用心好好把握住其中的一样就足够了。弱水有三千，只需取一瓢饮。"

炒股也是一样，沪深两市几千只股票，你只需炒一只在上升趋势中的主升浪就可以了。而买进这种游资与机构共同炒作的股票，可以少而精，最好是用心持有一只就够了，可谓"弱水有三千，只需取一瓢饮"。

第十章
机构与游资的盘口语言

何为盘口语言？盘口语言是指在盘口几个窗口中委买、委卖，买一、卖一，以及成交的数量反映出主力意图的语言。盘口语言看懂了价值千金，看不懂则像雾像雨又像风。我只关注游资、机构在炒作的个股中的盘口语言。

盘口在电脑界面的右侧固定不变（见图10－1），其左侧既可以对应股价走势图（见图10－2），又可以对应分时走势图（见图10－3）。

看盘口必须结合其左侧的分时图或股价走势图方可看清主力的意图，从而做出正确的选择。

· 第十章 机构与游资的盘口语言 ·

卖十				ZR 300906 日月明 6			
卖九				现价	64.26	今开	59.63
卖八	盘口10个窗口			涨跌	10.69	最高	64.28
卖七				涨幅	19.96%	最低 7	57.91
卖六	1			昨收	53.57	均价	61.97
卖五				振幅	11.89%	量比	4.06
卖四				总量	110837	总额	6.87亿
卖三	64.28	1026		总笔	29564	每笔	3.7
卖二	64.27	150		外盘	62607	内盘	48230
卖一	64.26 ↑	31	-1	涨停	64.28	跌停	42.86
买一	64.25 ↑	30	+30	资产	3.70亿	市值 8	51.4亿
买二	64.22	3	+3	净资		9.84 股本	8000万
买三 2	64.20	10	-18	换手	55.42%	流通	2000万
买四	64.19	9		换手Z	55.42%	流通Z	2000万
买五	64.18	13		收益(三)	0.309	PE(动)	156.2
买六	64.10	1					
买七	64.04	3		公司已盈利 投票权无差异			
买八	64.03	1		交易状态:连续竞价			
买九	64.00	47		净流入额		-733.1万	-1%
买十	63.92	3		大宗流入	9	-154.8万	-0%
卖均 3	64.28	总卖	1207	5日净流入额		-5928万	-4%
买均	55.54	总买	3978	5日大宗流入		1588万	1%
逐笔分析 查看全速千档盘口							
卖一	64.26	4.4/笔	7笔	13:54	64.20	5 B	4
1	1	5	3 15	13:54	64.20 10	7 B	5
5	1			13:55	64.18	45 S	4
4				13:55	64.20	12 B	4
				13:55	64.20	5 B	2
买一	64.25	30.0/笔	1笔	13:55	64.20	10 B	7
30				13:55	64.20	49 B	6
5				13:55	64.20	5 S	2
				13:55	64.26	140 B	29

图 10-1 电脑界面右侧盘口的 10 个窗口，窗口的多少随软件的不同而有区别

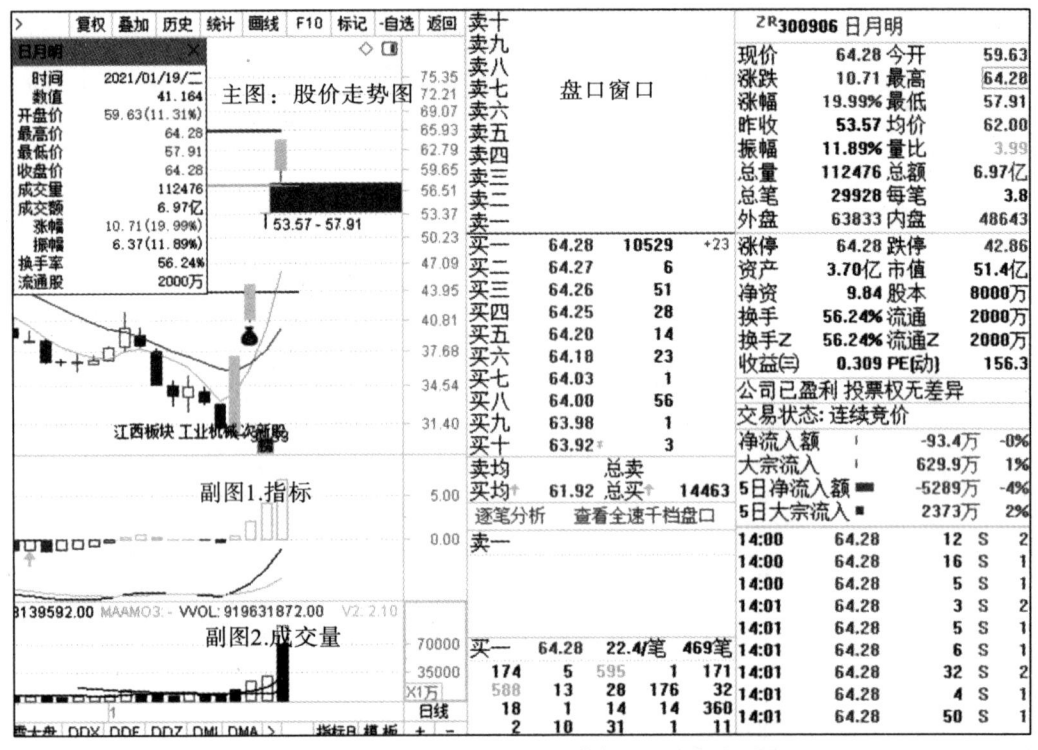

图 10-2　右侧盘口＋左侧股价走势图的主图和副图

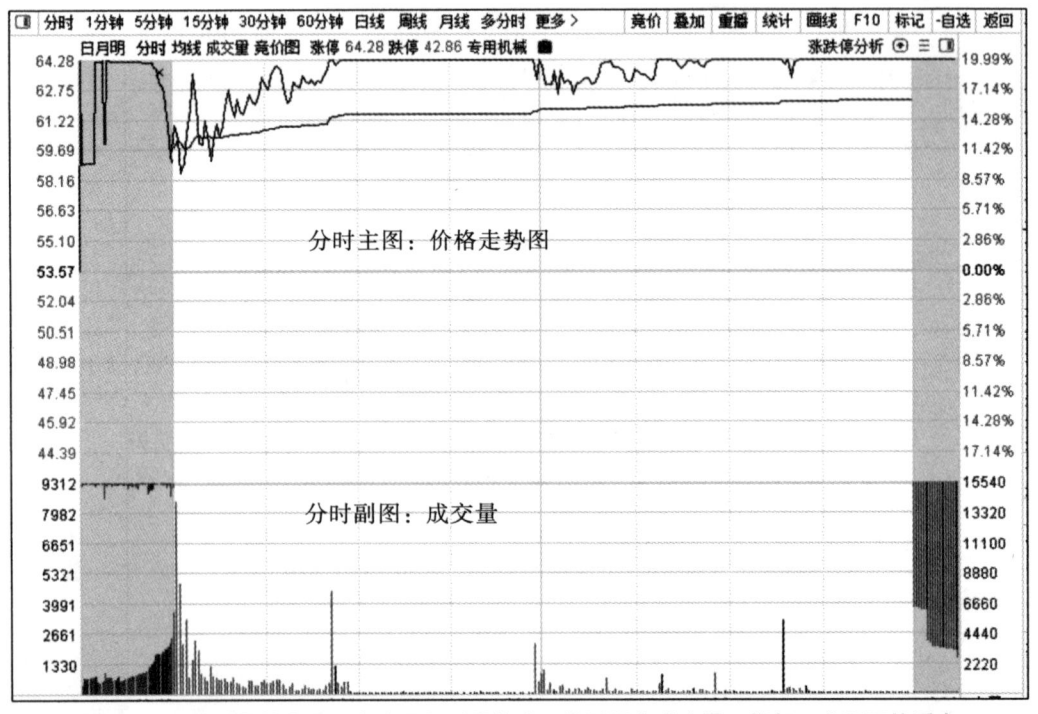

图 10-3　分时图的盘面，由主图和副图构成，其副图有成交量、指标，亦可互换看盘

本章的盘口语言是指图10-1窗口中的1、2、4、5、10中的特殊数字的蕴意，称为盘口语言。由于各个软件的设置不同，盘口的窗口也有区别，但各个软件中盘口的1、2、4、5、10窗口却是必不可少的。

第一节　封板的盘口语言

2021年1月6日，机构在操作云南白药（000538）第二个涨停板时是这么干的，封板前4位数的大买单一口吃掉委卖盘的委卖单，从而拉升股价（见图10-4、图10-5、图10-6、图10-7、图10-8）。

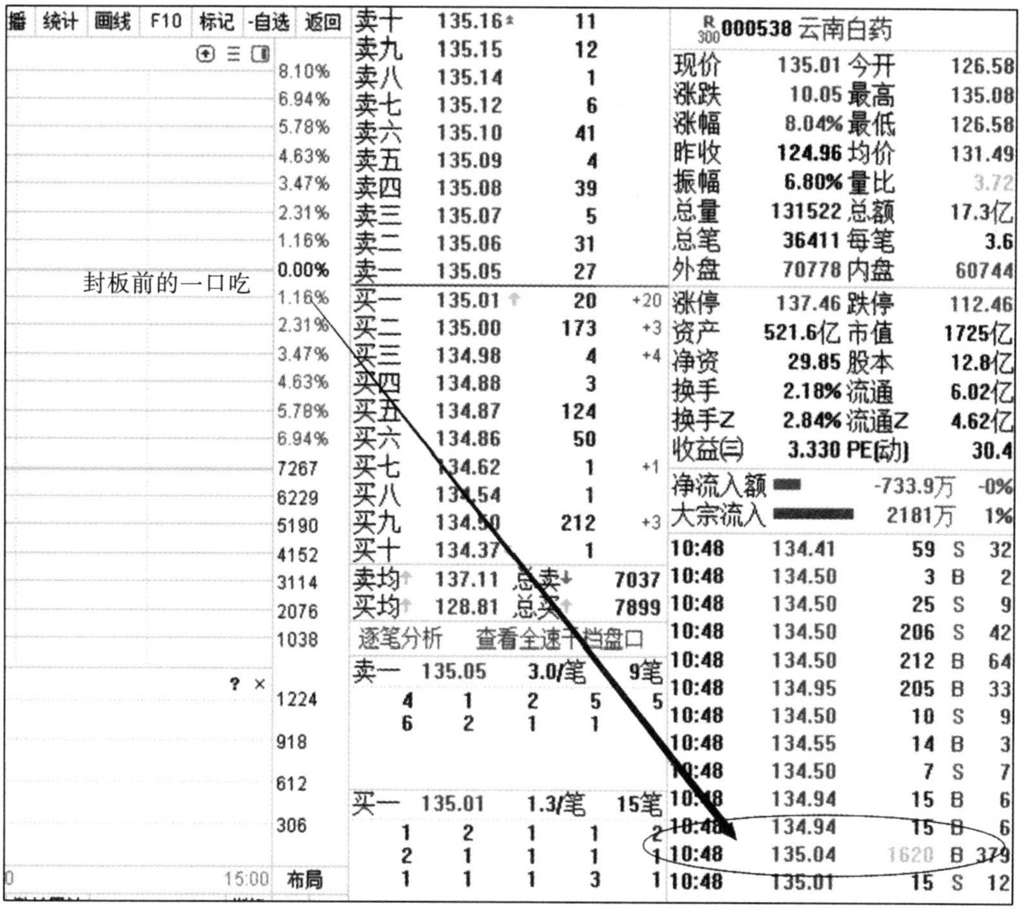

图10-4　2021年1月6日云南白药盘口数据

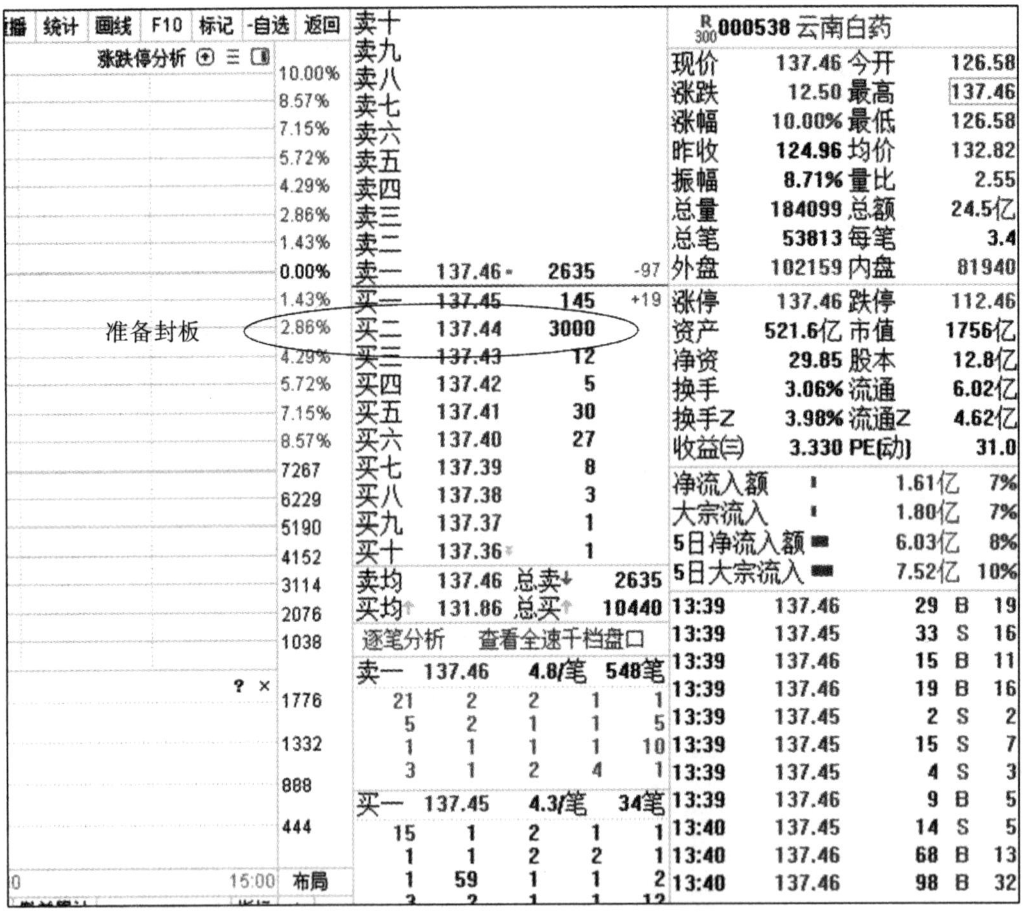

图 10-5 2021 年 1 月 6 日云南白药盘口数据

封板时特大委买单迅速吃掉所有的委卖盘，且巨大委买单也随即出现，封板是四位数的委买单托住股价，这必然是盘中主力所为，这也是主力无法掩藏的盘口数据，这才是看盘口的关键。

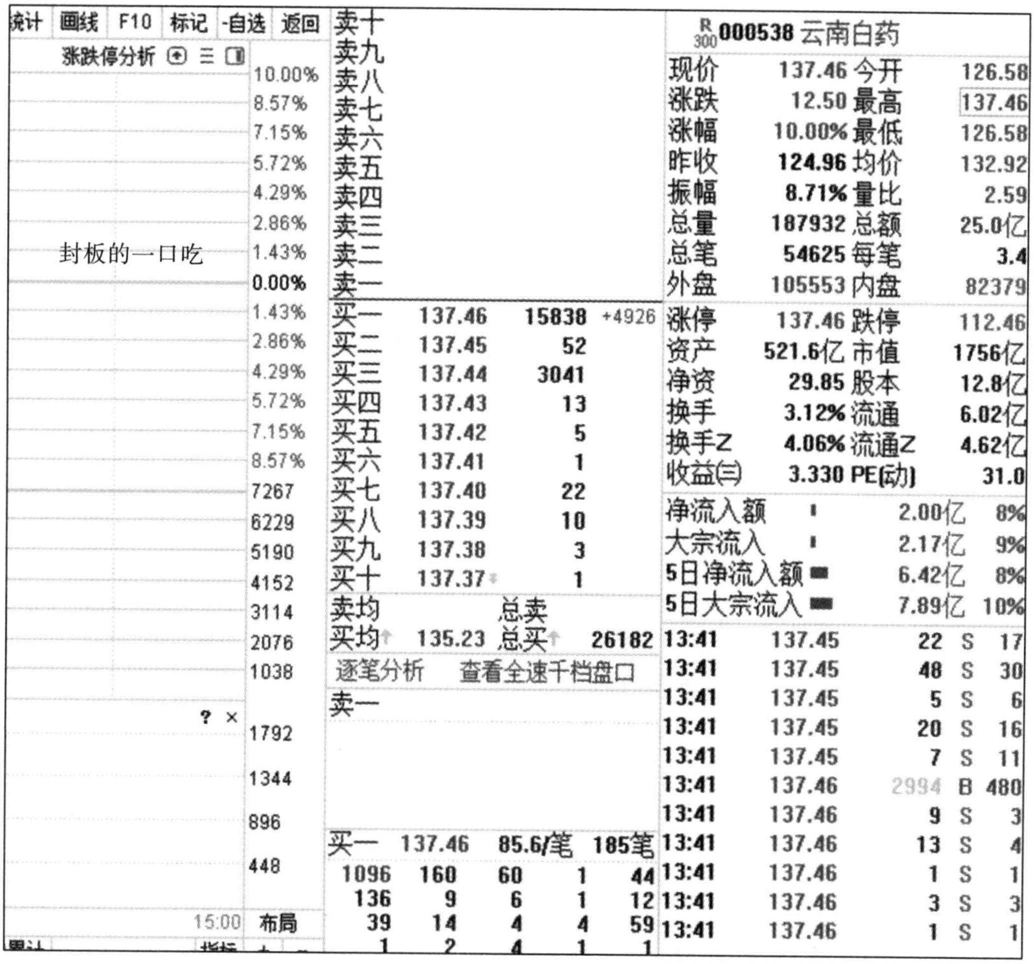

・第十章 机构与游资的盘口语言・

图 10-6 2021 年 1 月 6 日云南白药盘口数据

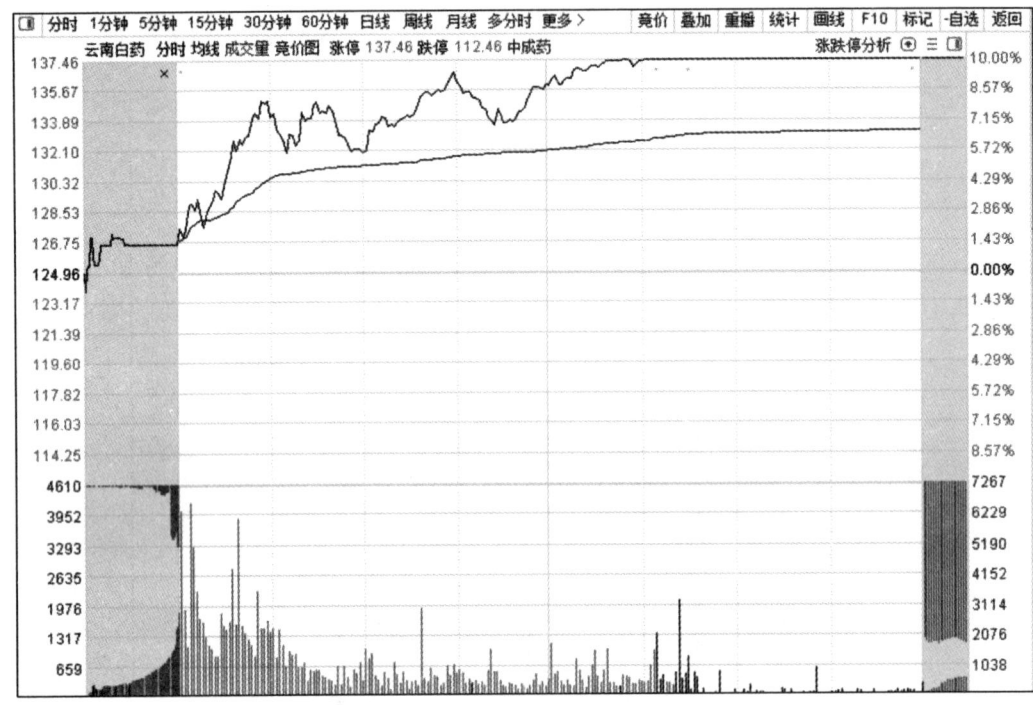

图 10-7　2021 年 1 月 6 日云南白药分时走势图

图 10-8　2021 年 1 月 6 日云南白药数据图

第二节 封板后委买盘口的 888

有些主力在封板后，在委买一之下的委买二、三、四、五处经常以 888 数字排列委买单，暗示股价还要上涨，在 2021 年 1 月 15 日嘉凯城（000918）封板后，就出现了 888 数字排队的杰作（见图 10－9、图 10－10）。

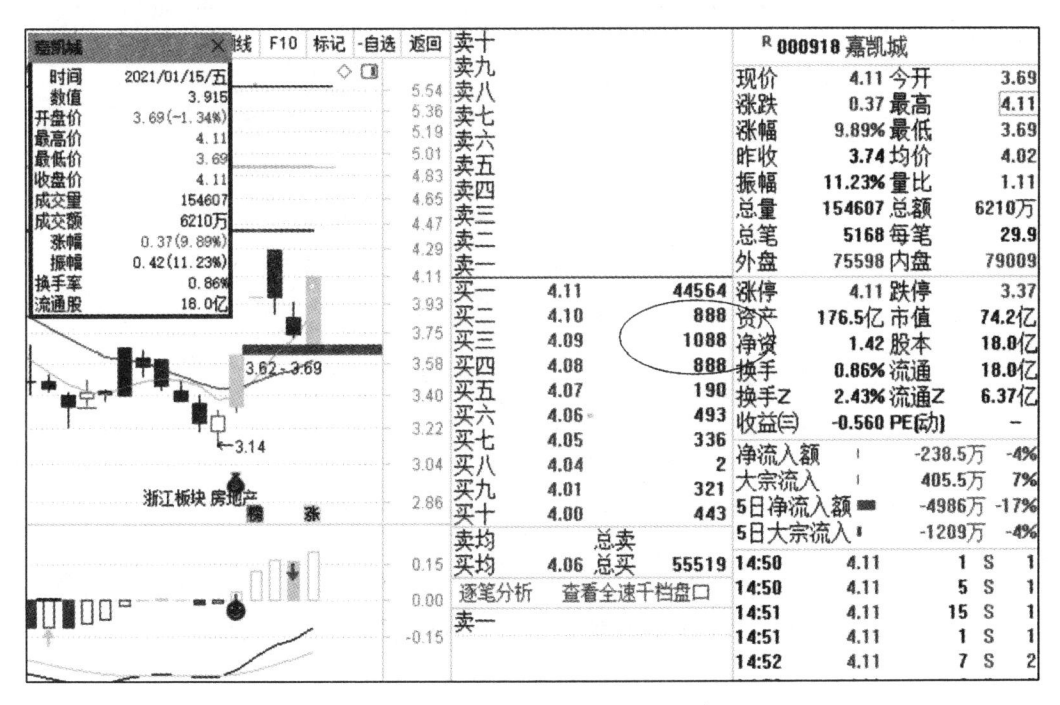

图 10－9　2021 年 1 月 15 日嘉凯城数据图

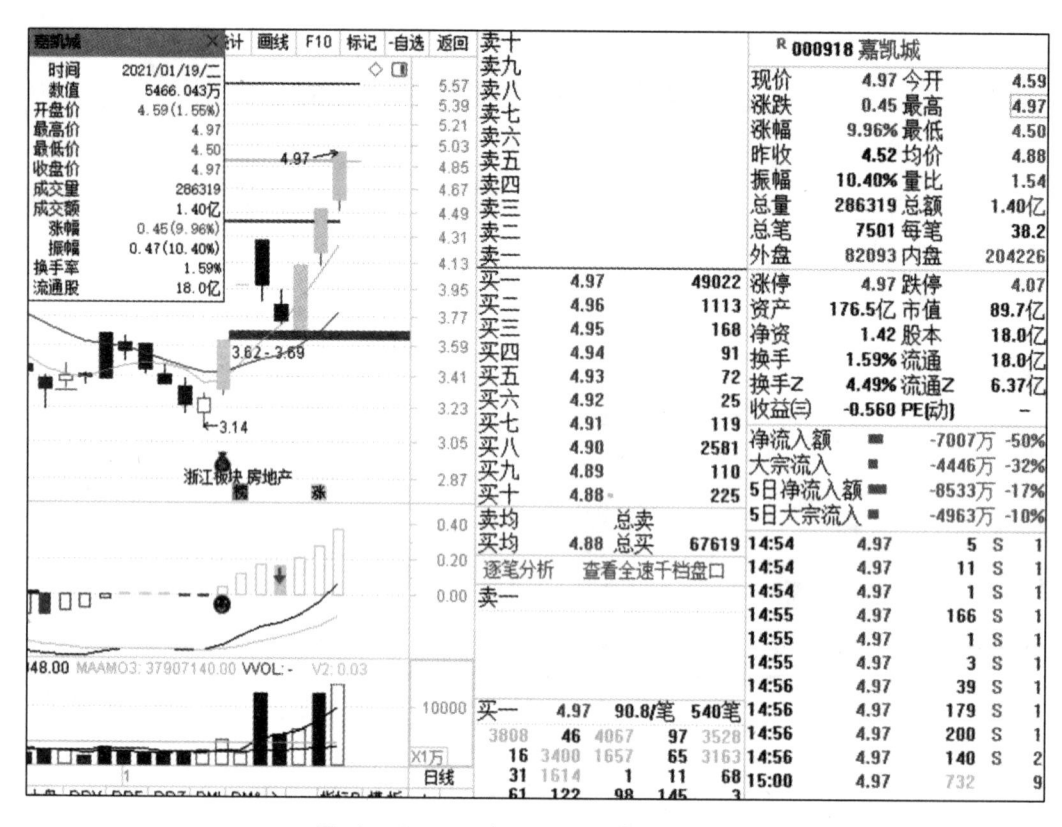

图 10-10　2021 年 1 月 19 日嘉凯城数据图

从图 10-9、图 10-10 我们看到嘉凯城在第一个涨停板后的封单下出现 888 盘口语言，其后又涨两个涨停板，但也不要认为 888 的数字之后股价一定会涨。我们再看看日月明（300906）在四连板封板后的 88-18-18-18 的盘口语言，以及之后的股价走势图（见图 10-11、图 10-12、图 10-13），从中可以看出，盘口语言出现在不同的位置含义截然不同。看盘口语言，一定要结合股价走势图的位置来分析具体的意图，千万不要教条、不要固化。

· 第十章 机构与游资的盘口语言 ·

统计 画线 F10 标记 -自选 返回				ZR300906 日月明		
涨跌停分析	19.99%	卖十		现价	64.28 今开	59.63
	17.14%	卖九		涨跌	10.71 最高	64.28
	14.28%	卖八		涨幅	19.99% 最低	57.91
	11.42%	卖七		昨收	53.57 均价	61.53
	8.57%	卖六		振幅	11.89% 量比	5.59
	5.71%	卖五		总量	89165 总额	5.49亿
	2.86%	卖四		总笔	23533 每笔	3.8
	0.00%	卖三		外盘	52447 内盘	36718
主力的盘口游戏 88-18-18-18	2.86%	卖二				
	5.71%	卖一				
	8.57%	买一 64.28	10886 -10	涨停	64.28 跌停	42.86
	11.42%	买二 64.27	88	资产	3.70亿 市值	51.4亿
	14.28%	买三 64.26	18	净资	9.84 股本	8000万
	17.14%	买四 64.25	18	换手	44.58% 流通	2000万
		买五 64.24	18	换手Z	44.58% 流通Z	2000万
	15540	买六 64.20	24	收益	0.309 PE(动)	156.3
	13320	买七 64.13	5	公司已盈利 投票权无差异		
	11100	买八 64.12	2	交易状态:连续竞价		
	8880	买九 64.07	2	净流入额		517.8万 1%
	6660	买十 64.01	9	大宗流入		1177万 2%
	4440	卖均 总卖		11:09	64.28 1 S	1
	2220	买均 61.58 总买↓	15817	11:09	64.28 1 S	1
		逐笔分析 查看全速千档盘口		11:10	64.28 2 S	1
		卖一		11:10	64.28 1 S	1
? ×	304			11:11	64.28 1 S	1
	228			11:11	64.28 2 S	1

图 10-11 2021 年 1 月 19 日日月明盘口数据

●交易日期:2021-01-19 信息类型:有价格涨跌幅限制的日收盘价格涨幅达到15%的前五只
涨跌幅(%):19.99 成交量(万股):1218.34 成交额(万元):75749.70

买入前五营业部		
营业部名称	买入金额(万元)	卖出金额(万元)
财信证券有限责任公司杭州庆春路证券营业部	1201.11	409.93
中国银河证券股份有限公司上海浦东南路证券营业部	1182.62	23.78
东莞证券股份有限公司湖北分公司	1169.68	39.49
东北证券股份有限公司武汉香港路证券营业部	896.18	992.30
东莞证券股份有限公司北京分公司	801.64	88.97

卖出前五营业部		
营业部名称	买入金额(万元)	卖出金额(万元)
中国中金财富证券有限公司无锡清扬路证券营业部	115.15	1761.91
华鑫证券有限责任公司深圳益田路证券营业部	0.00	1324.00
机构专用	0.00	1176.09
国金证券股份有限公司上海奉贤区金碧路证券营业部	220.04	1052.74
东北证券股份有限公司武汉香港路证券营业部	896.18	992.30

图 10-12 2021 年 1 月 19 日日月明龙虎榜数据

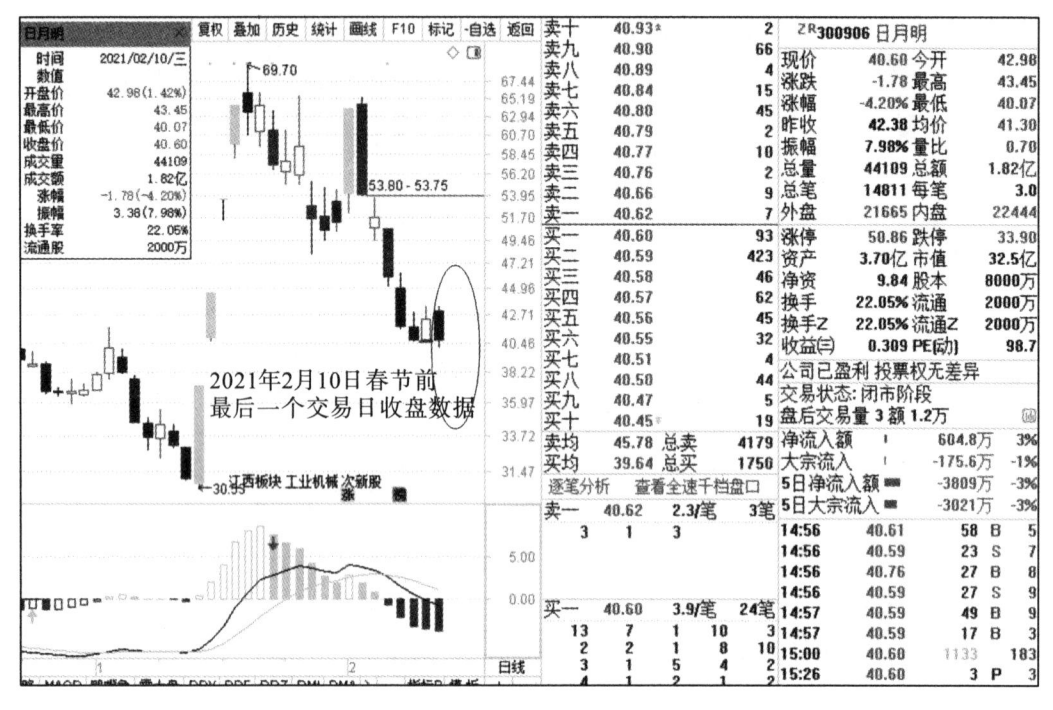

图 10-13　2021 年 2 月 10 日日月明数据图

第三节　出货前的盘口语言

正常的封板经常是在买一处出现特大的委买单；反之，不正常的封板却在委买的五档、甚至十档都出现层层叠叠的委买单。不明真相的人以为买盘汹涌，殊不知，这就是名副其实的诱多盘口，主力正是引诱买家在涨停板上排队买进。太阳能（000591）在 2021 年 1 月 5 日的盘口演绎了这种经典的形态（见图 10-14、图 10-15、图 10-16、图 10-17、图 10-18、图 10-19）。

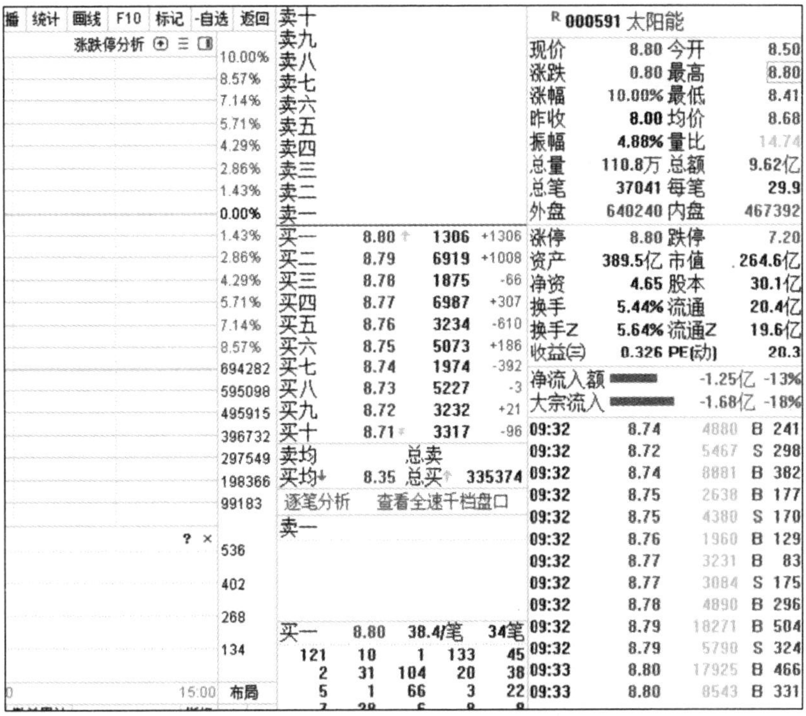

图 10-14　2021 年 1 月 5 日太阳能盘口数据

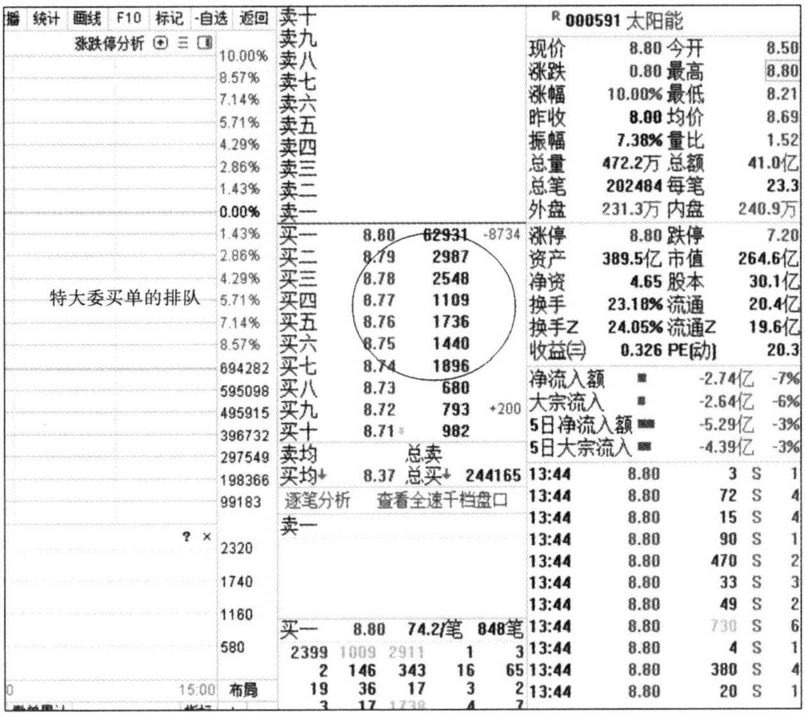

图 10-15　2021 年 1 月 5 日太阳能盘口数据

173

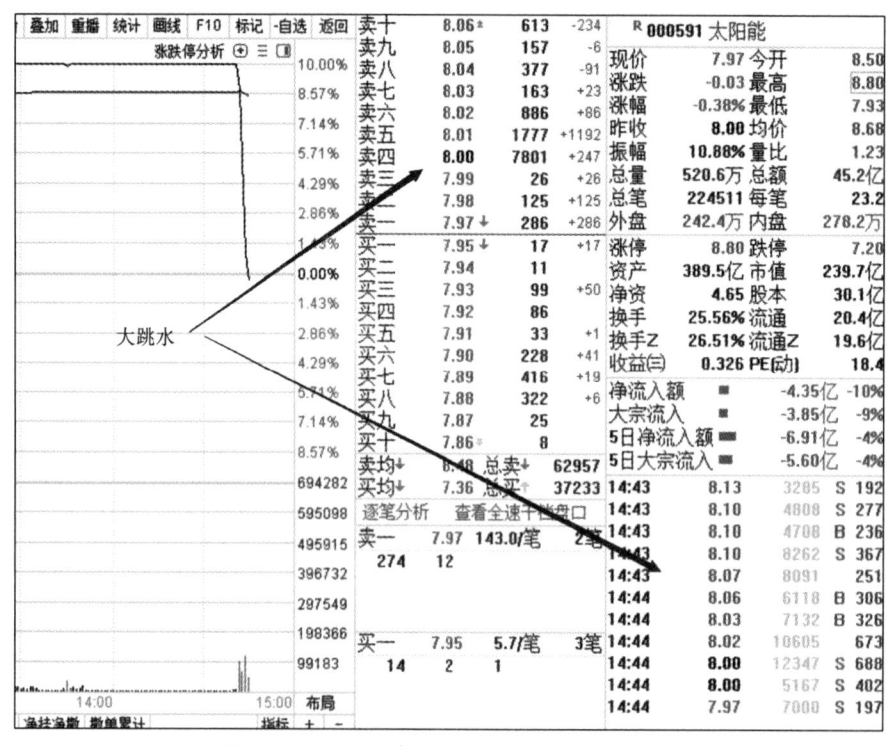

图 10-16 2021 年 1 月 5 日太阳能盘口数据

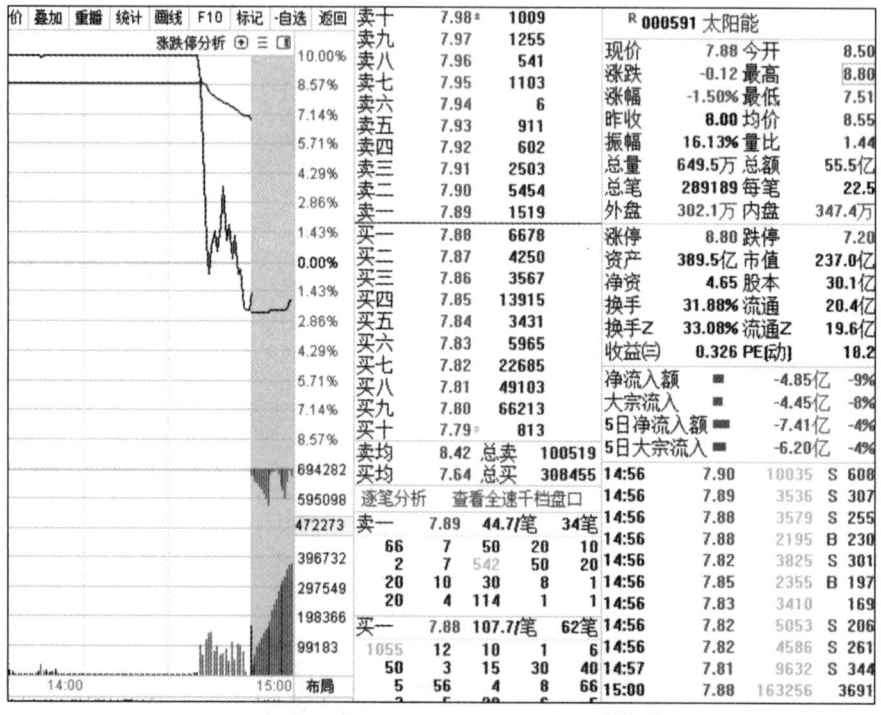

图 10-17 2021 年 1 月 5 日太阳能盘口数据

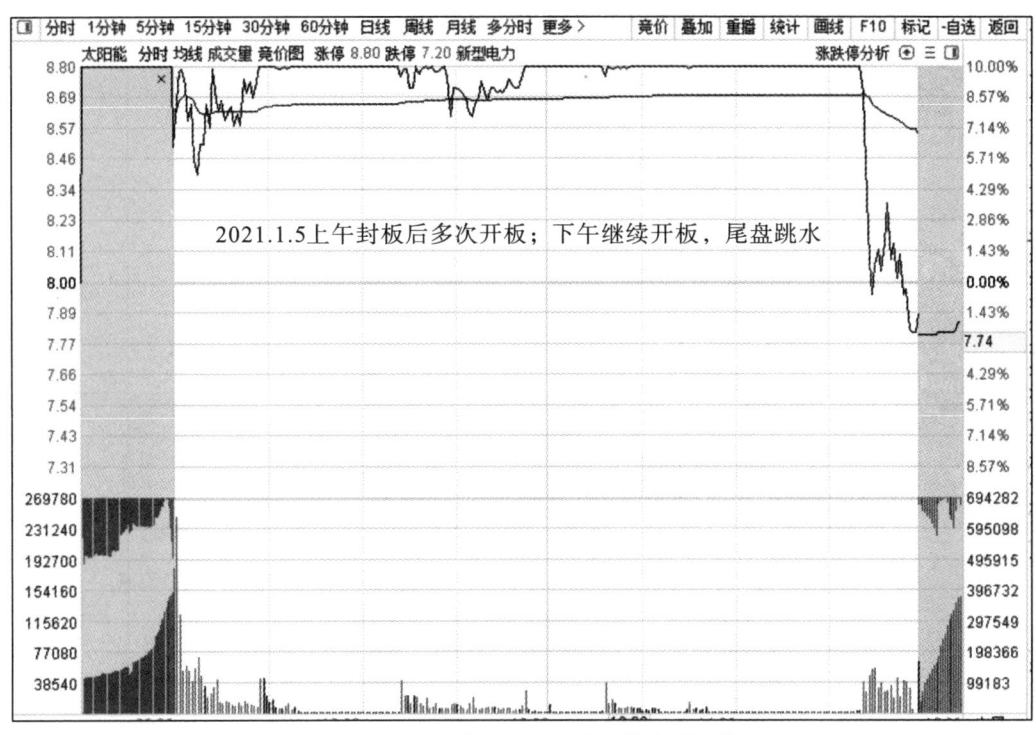

图 10-18　2021年1月5日太阳能分时走势图

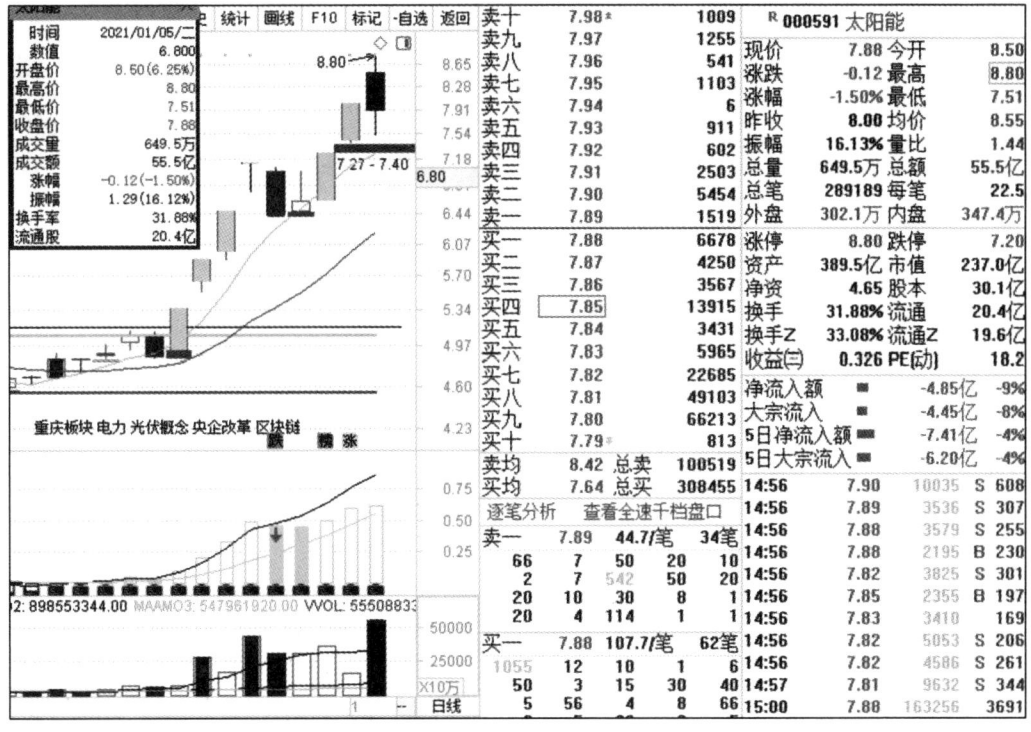

图 10-19　2021年1月5日太阳能盘口数据

这正是斗智斗勇在盘口，狐狸再狡猾也会露出尾巴，当狐狸尾巴露出的时候就要出局了，否则就会上当受骗。

第四节　封板后委卖委买盘的 444

2021 年 1 月 19 日，宜宾纸业（600793）开盘 3 分钟封板，创造了 10 天十连板的神话（见图 10－20）。

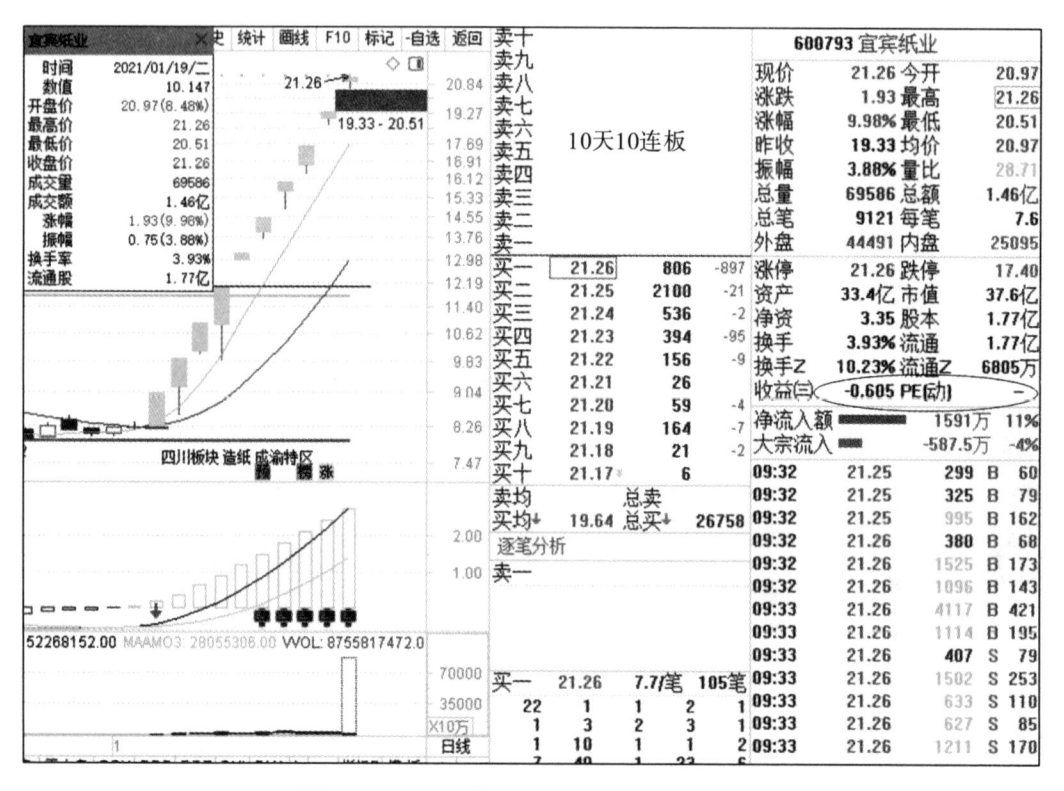

图 10－20　2021 年 1 月 19 日宜宾纸业数据图

然而封板两分钟后宜宾纸业就开板了（见图 10－21）。

图 10-21　2021 年 1 月 19 日宜宾纸业开板数据

开板后接着就是大跳水，这个大跳水就是一个危险信号。这种大跳水，一跳就是八九点，让委买盘悉数成交，这就是主力出货的行为，也是股价到了顶部的危险信号（见图 10－22）。

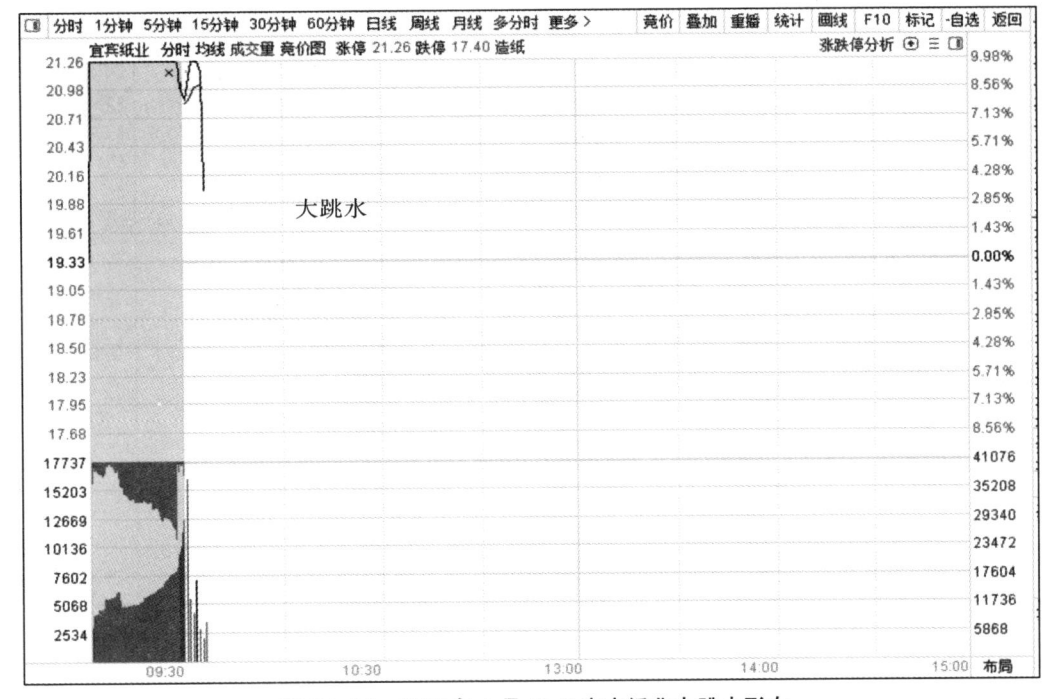

图 10-22　2021 年 1 月 19 日宜宾纸业大跳水形态

跳水后股价在9:47反弹,但在委卖盘的卖六处,出现了444手挂单,这是一个暗号,在告诉同伙不能再买进了(见图10—23)。

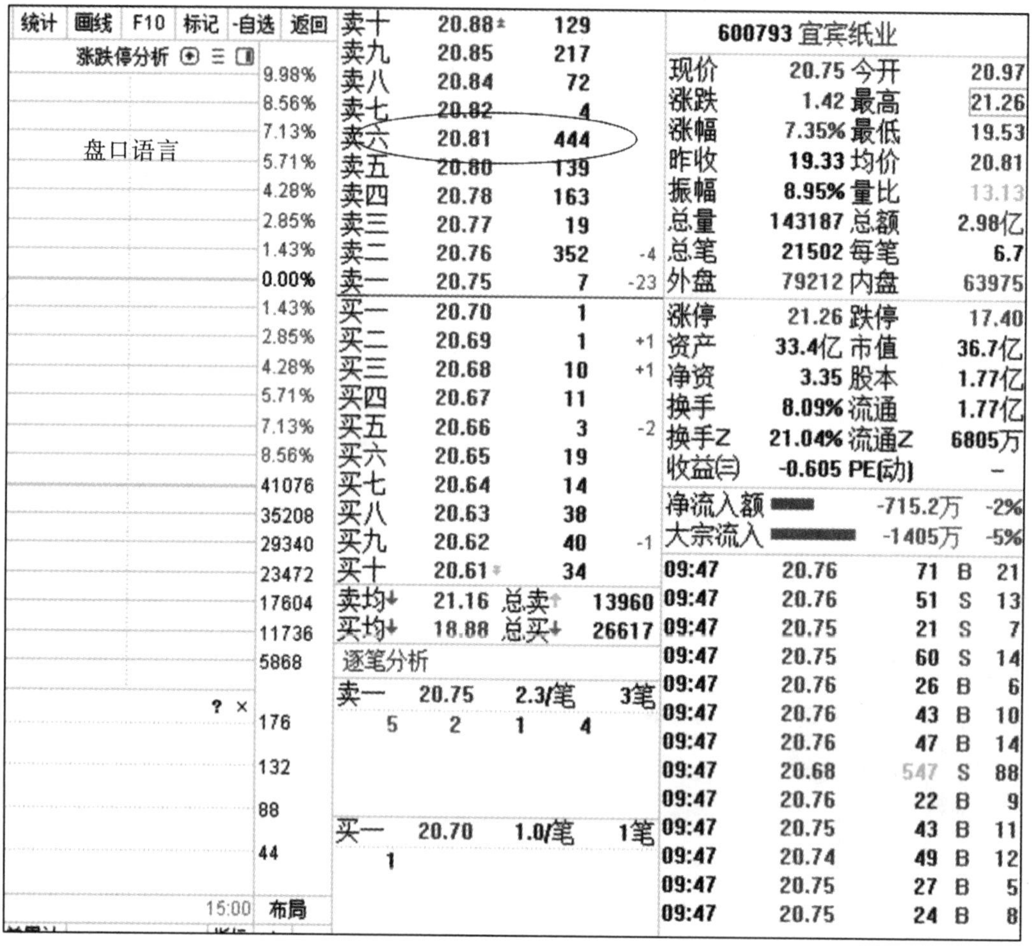

图10-23 2021年1月19日宜宾纸业盘口语言

盘中,股价多次反弹接近涨停板价,这是主力在不断地出货,涨停板附近就是出局的最佳机会(见图10—24、图10—25)。

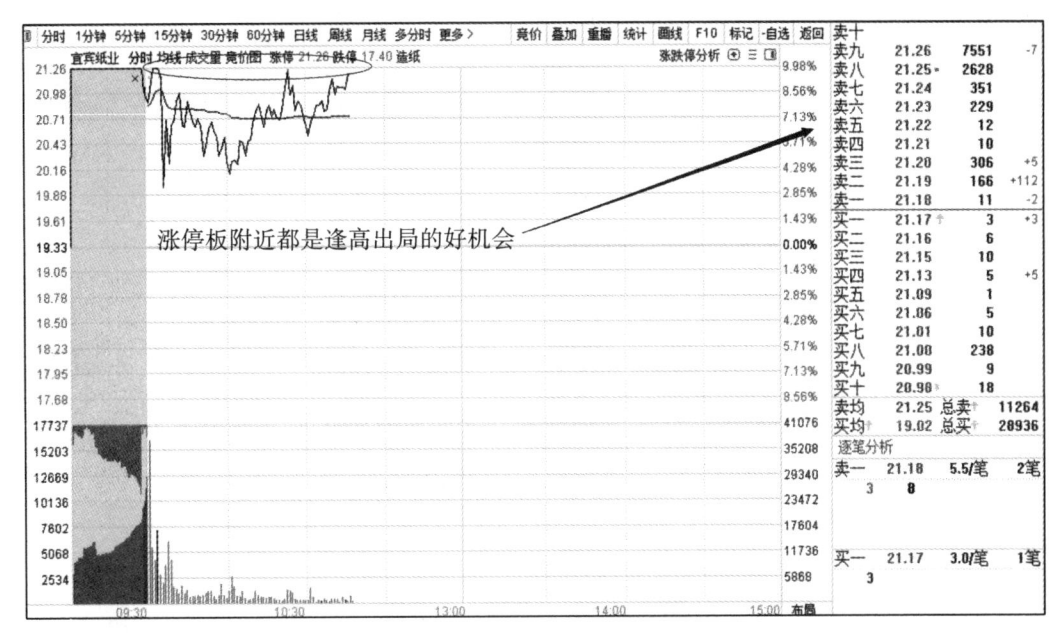

图 10-24　2021 年 1 月 19 日宜宾纸业分时走势图

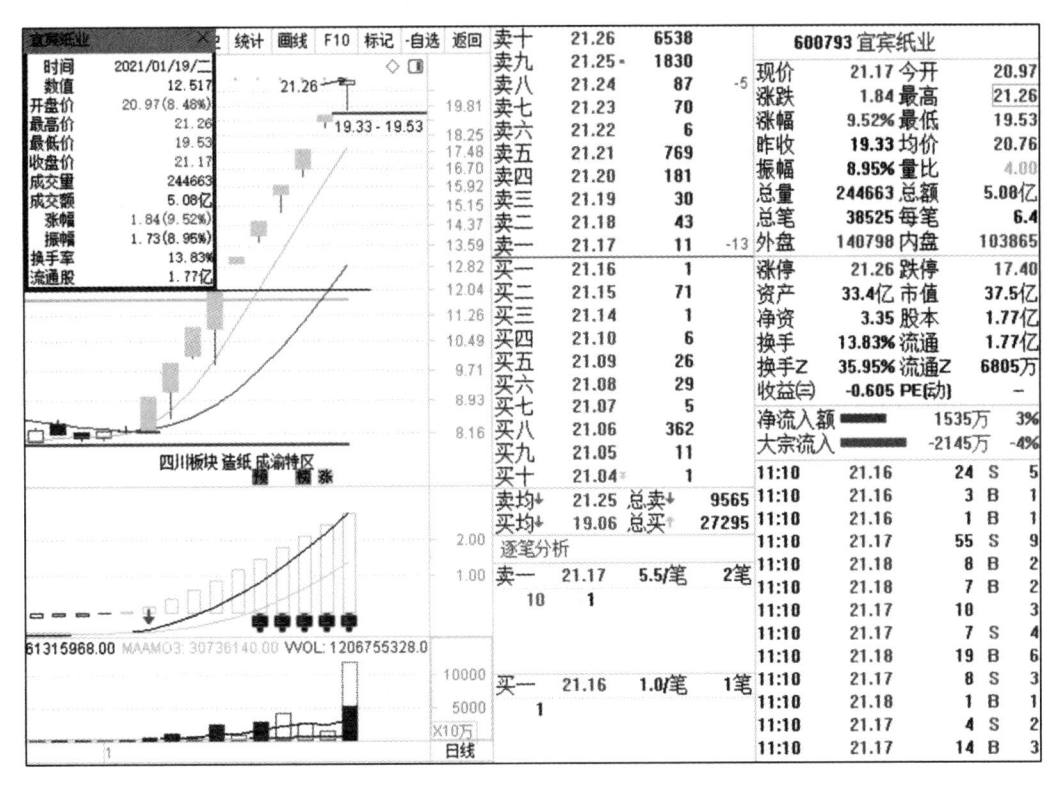

图 10-25　2021 年 1 月 19 日宜宾纸业数据图

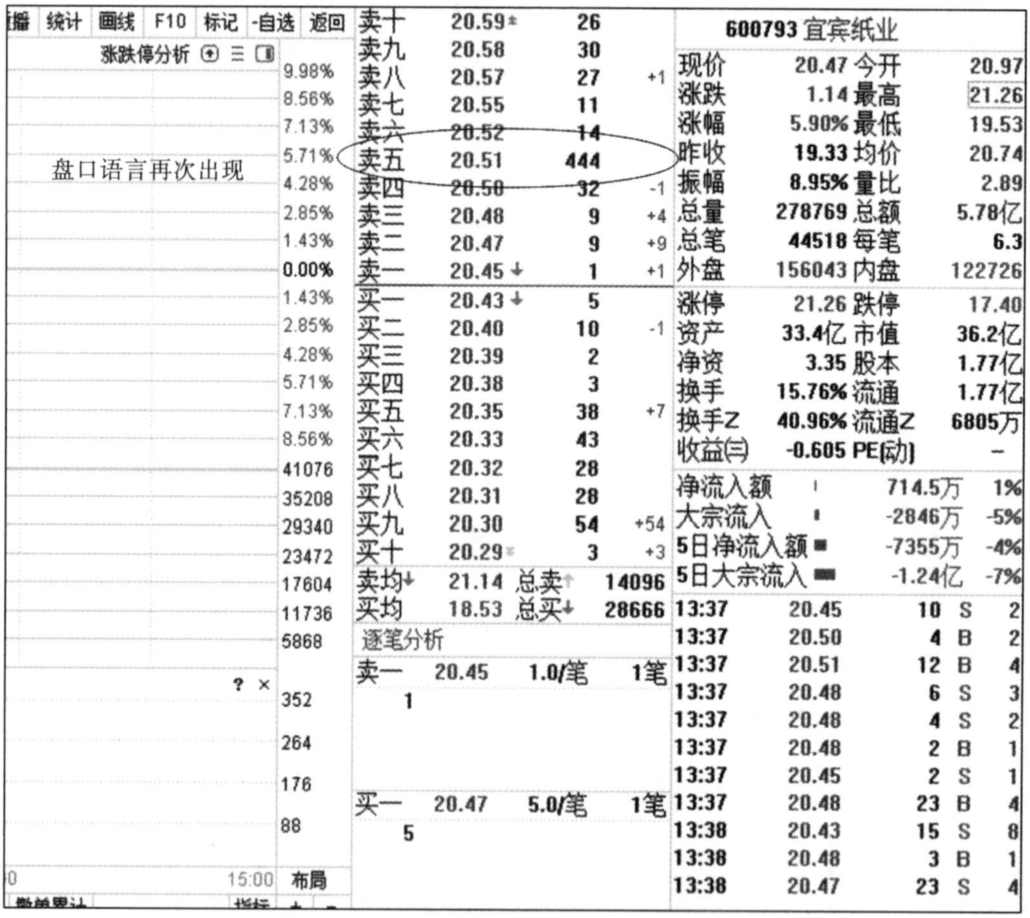

图 10-26 13:38 委卖盘再次出现 444 的盘口语言

就这样涨停板打开、再涨停、再打开，主力全天都在盘中出货，尾盘最后 3 分钟，偷袭封板，这又是主力惯用的伎俩（见图 10-27、图 10-28、图 10-29）。

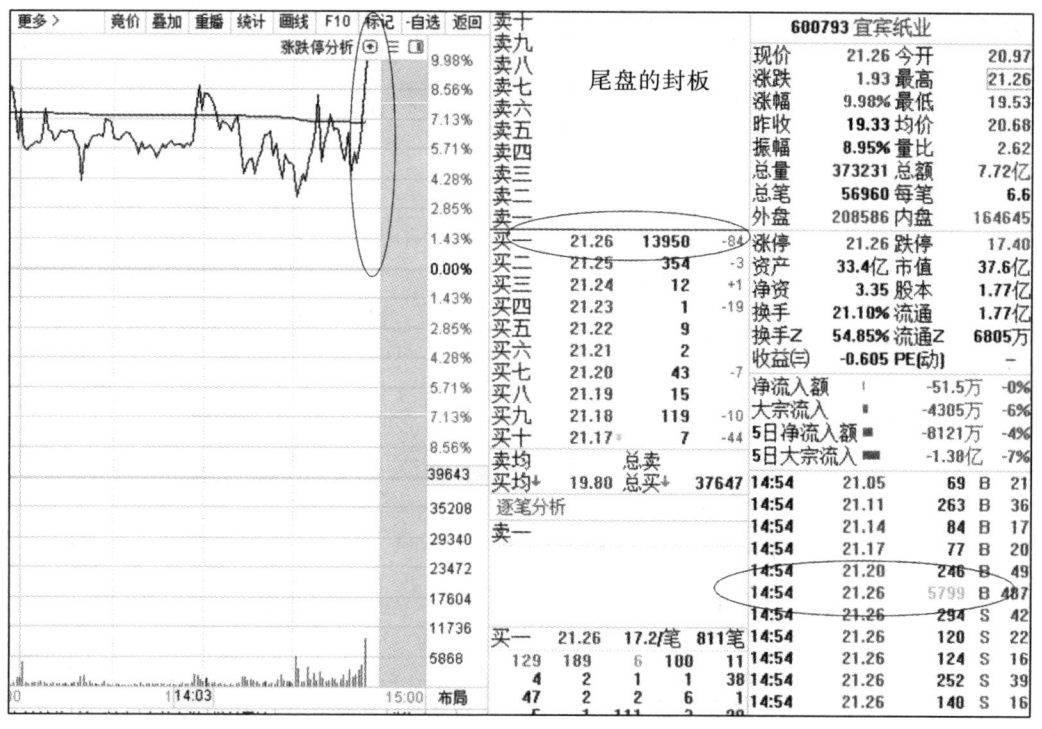

图 10-27　2021 年 1 月 19 日宜宾纸业尾盘封板

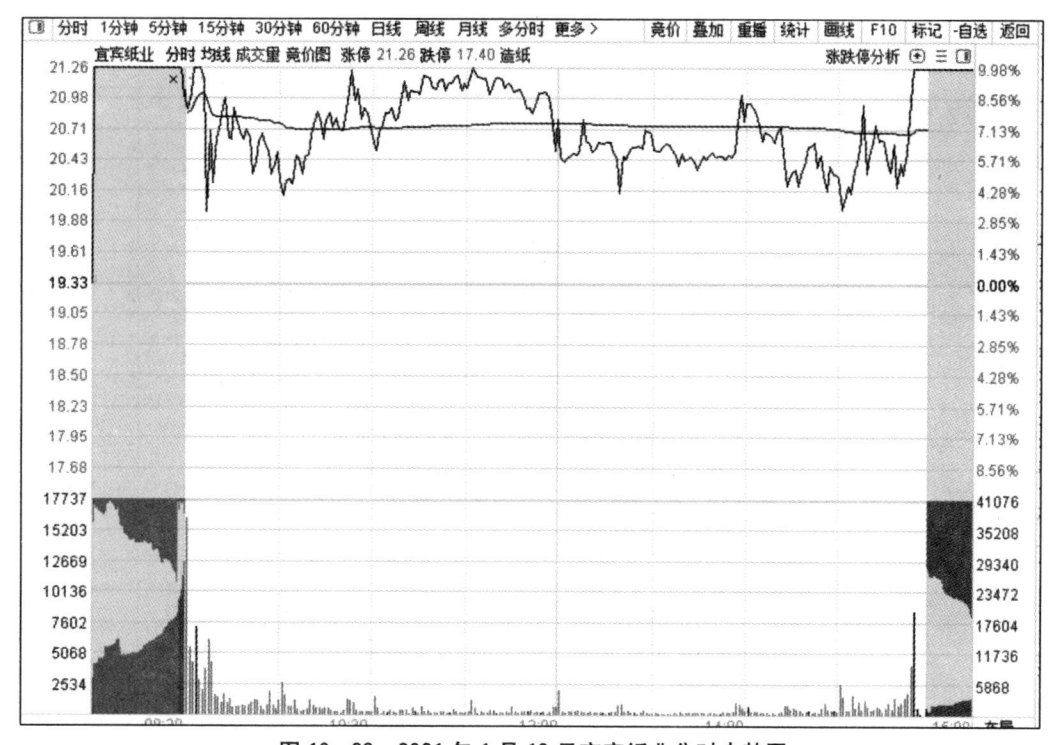

图 10-28　2021 年 1 月 19 日宜宾纸业分时走势图

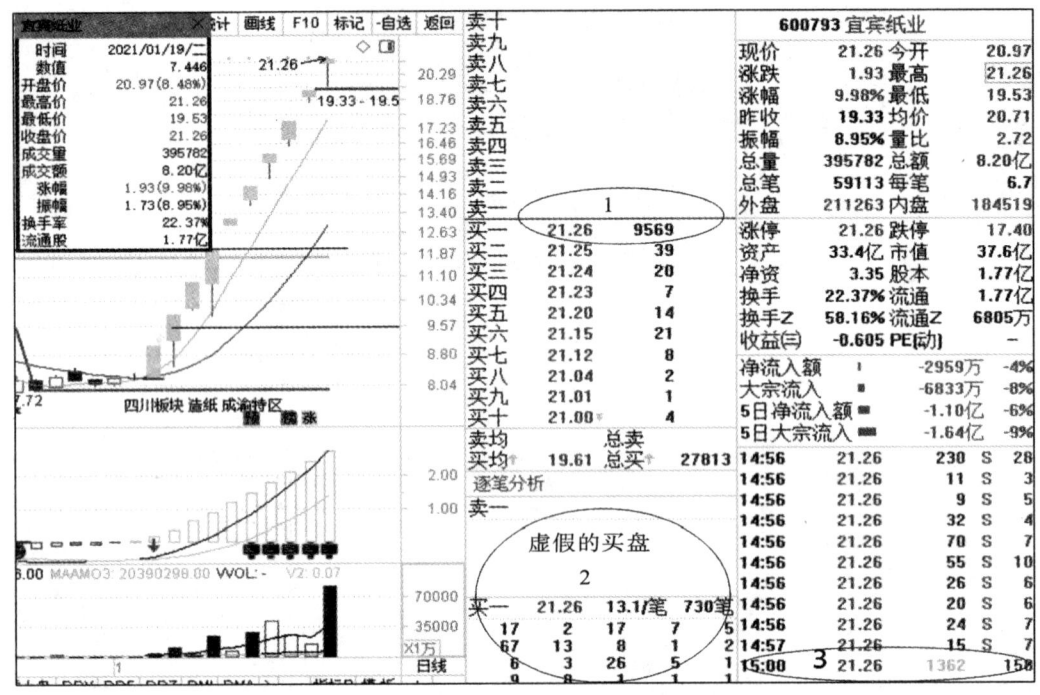

图 10-29　2021 年 1 月 19 日宜宾纸业数据图

2021 年 1 月 20 日，宜宾纸业跳空低开低走，把前一个交易日买进的人牢牢地套住（见图 10-30）。

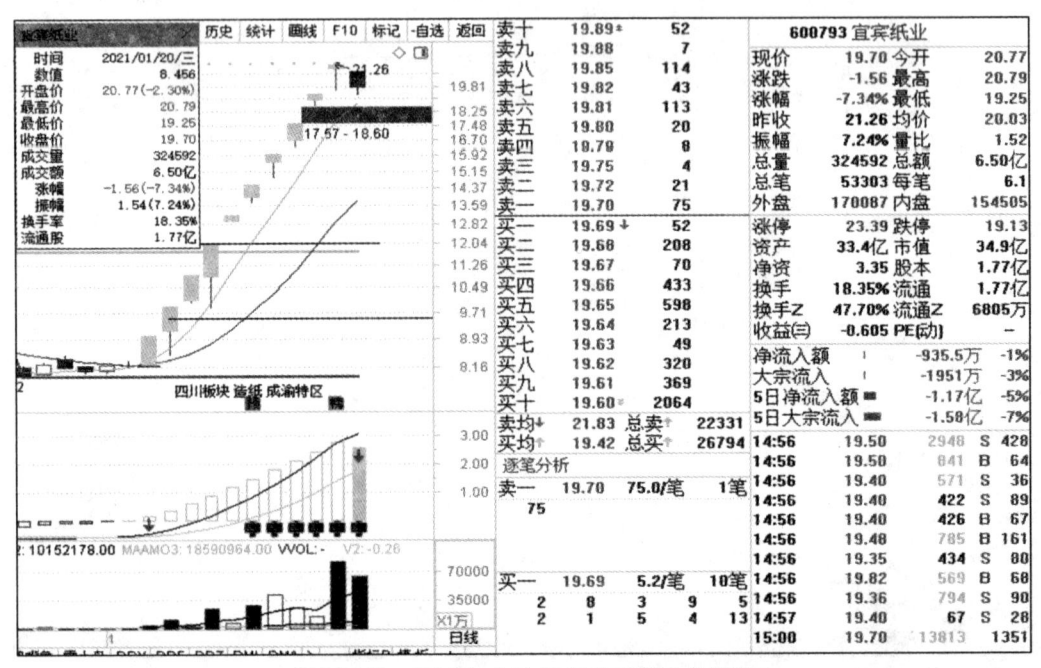

图 10-30　2021 年 1 月 20 日宜宾纸业数据图

第十章　机构与游资的盘口语言

上边我们分析了在盘口 1 号位置，也就是委卖盘的数字语言 444，下面再看看在委买盘的 444 寓意为何。

2020 年 10 月 19 日星期一，弘高创意（002504）封板后 2 号盘口委买盘出现了 444 的排队，有人解析这是主力誓死封板的语言，看似主力意图坚决，誓死捍卫涨停板（见图 10－31、图 10－32）。

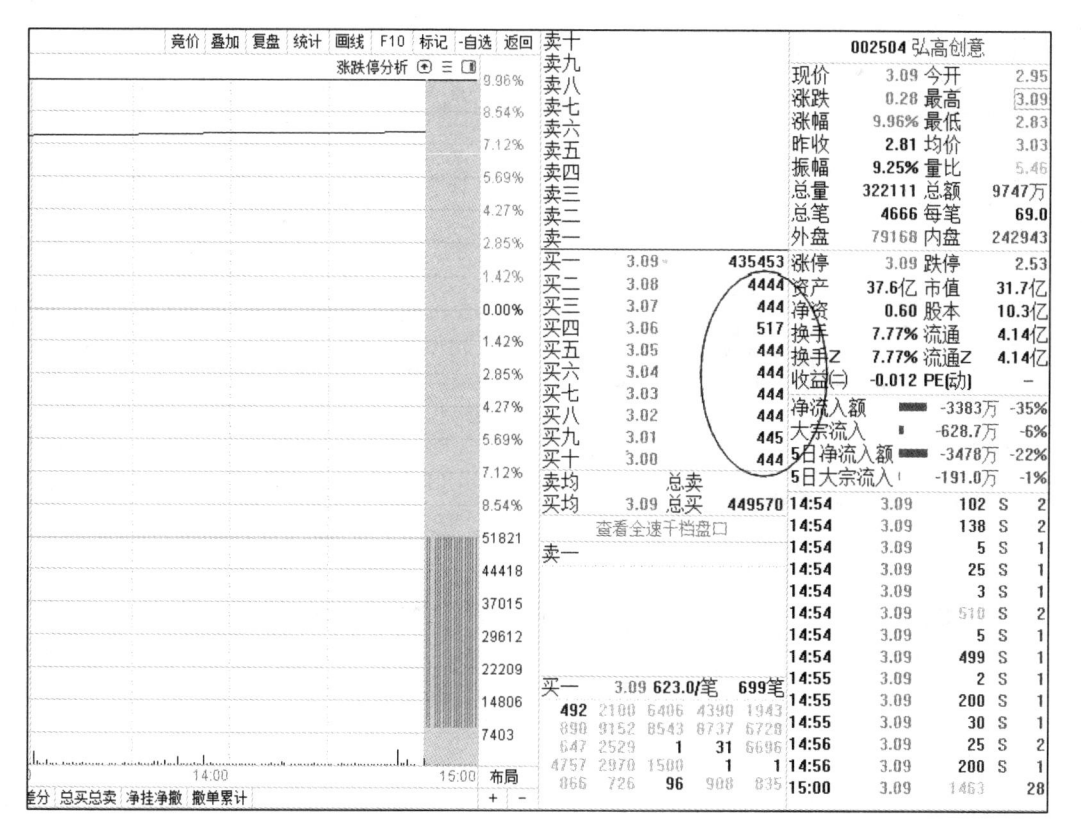

图 10－31　2020 年 10 月 19 日弘高创意盘口语言

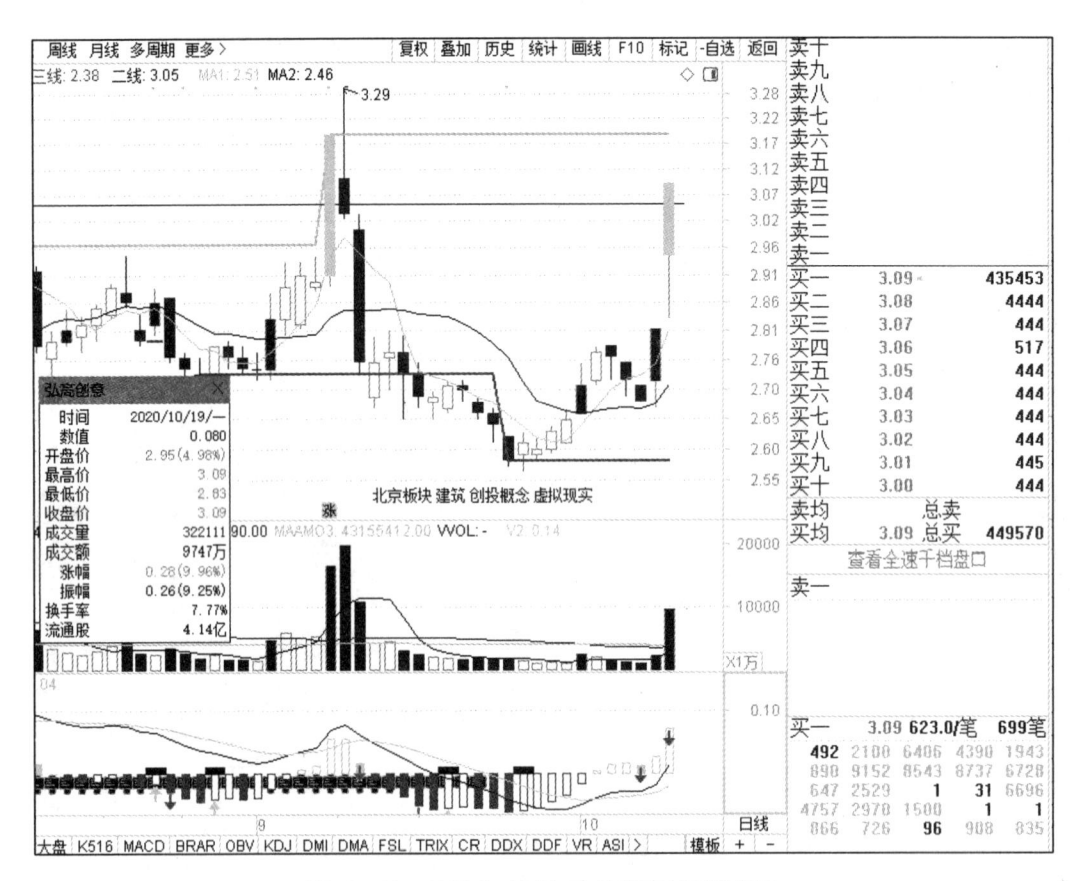

图10-32　2020年10月19日弘高创意数据图

这个有意而为之的盘口到底是谁操作的？从龙虎榜数据来看，这个盘口的语言是华鑫证券有限责任公司上海分公司的杰作（见图10-33）。

● 交易日期:2020-10-19 信息类型:涨幅偏离值达7%的证券
涨跌幅(%):9.96 成交量(万股):3221.11 成交额(万元):9746.94

买入前五营业部		
营业部名称	买入金额(万元)	卖出金额(万元)
华鑫证券有限责任公司上海分公司	1726.22	0.00
联储证券有限责任公司深圳深南大道金运世纪证券营业部	1217.14	0.00
长城国瑞证券有限公司晋江东华街证券营业部	883.43	0.00
长城国瑞证券有限公司深圳深南大道证券营业部	691.73	0.00
光大证券股份有限公司武汉光谷大道证券营业部	598.10	0.00

卖出前五营业部		
营业部名称	买入金额(万元)	卖出金额(万元)
平安证券股份有限公司上海分公司	3.23	769.46
国泰君安证券股份有限公司襄阳襄城西街证券营业部	0.00	612.05
中信证券股份有限公司临安钱王街证券营业部	0.00	259.44
中国银河证券股份有限公司杭州体育场路证券营业部	0.00	236.15
东方证券股份有限公司上海浦东新区张杨路证券营业部	0.00	231.90

图10-33 2020年10月19日弘高创意龙虎榜数据

我们再看看弘高创意这个涨停板后次日（2020年10月20日）低开低走阴线后到2021年1月11日的区间统计，从区间统计我们看出，该股后势下跌幅度为44.01%（见图10-34、图10-35）。

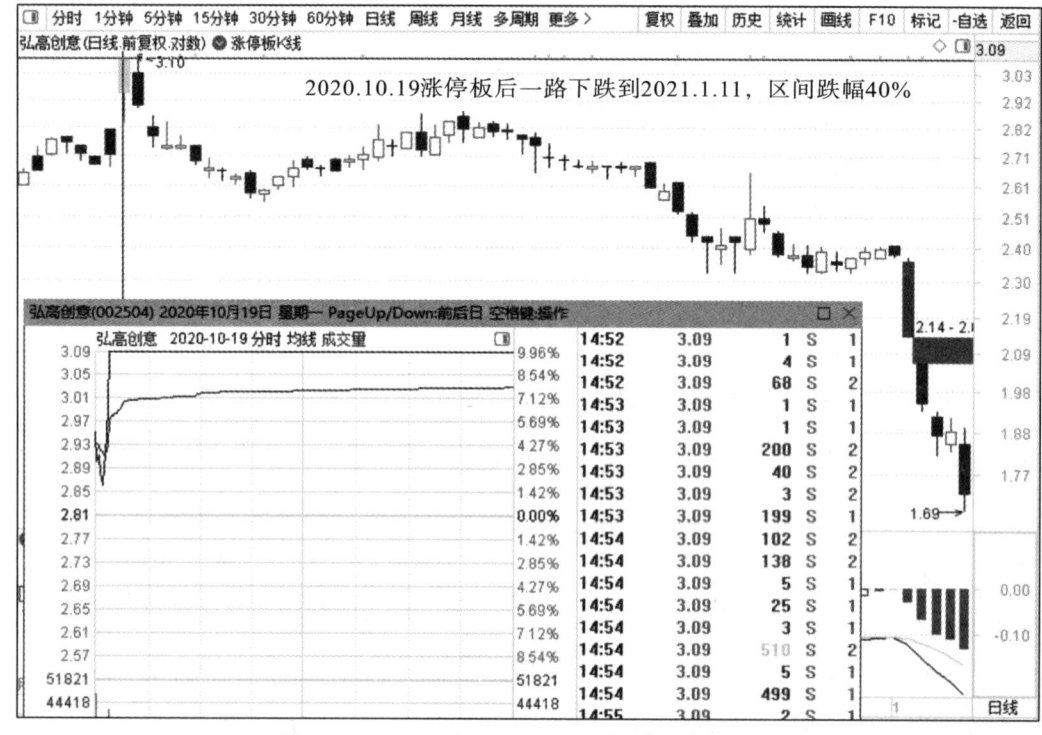

图 10-34 2020年10月19日后弘高创意走势图

图 10-35 弘高创意区间统计

第五节　路畅科技的"能而示之不能"

2021年1月14日，路畅科技（002813）在封四连板后出现了多次开板的形态，看盘口的委买单就是一副弱势形态（见图10-36、图10-37）。

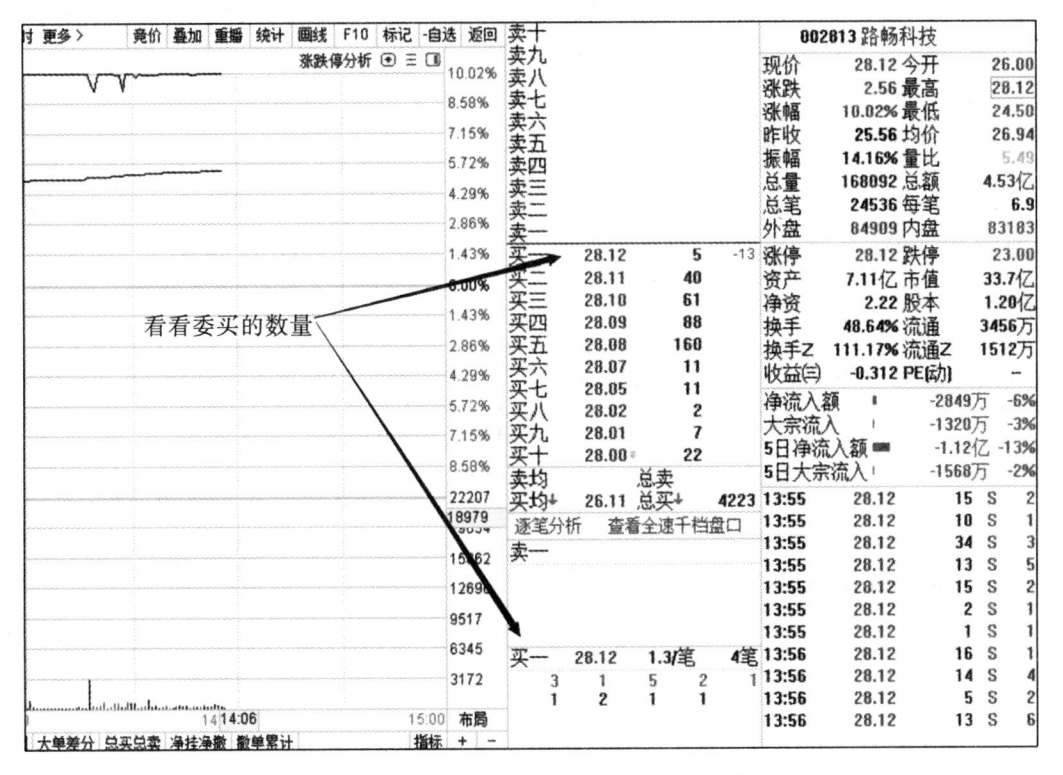

图10-36　2021年1月14日路畅科技盘口数据

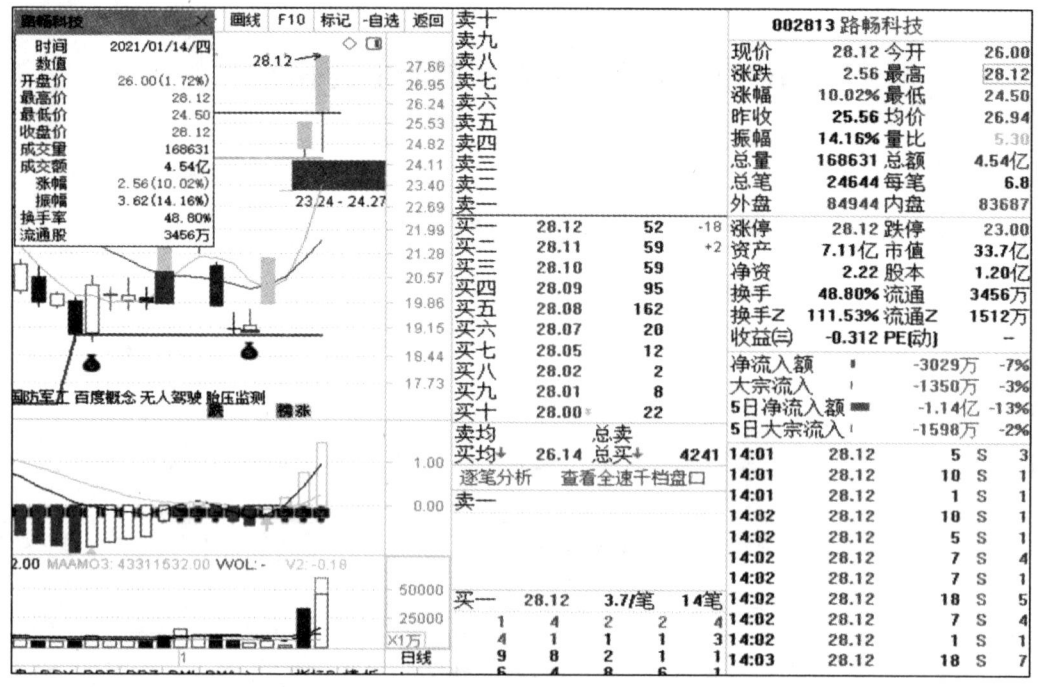

图10-37　2021年1月14日路畅科技数据图

委买盘、委卖盘量的萎缩，正是主力锁定了筹码，市场上流通的筹码比较少的缘故（见图10-38、图10-39、图10-40）。

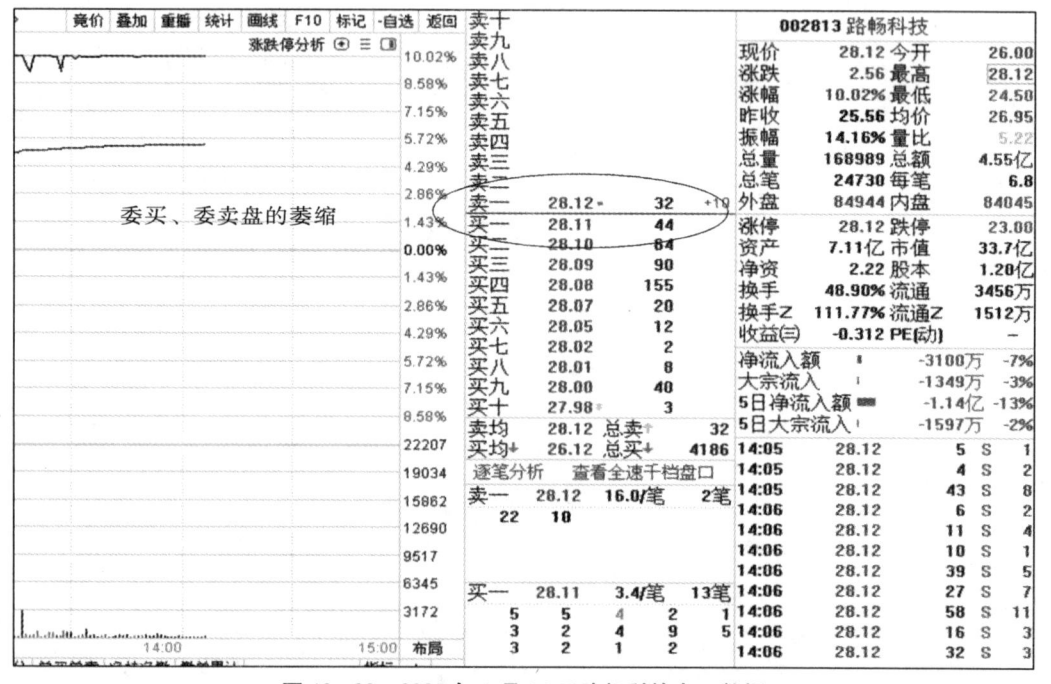

图10-38　2021年1月14日路畅科技盘口数据

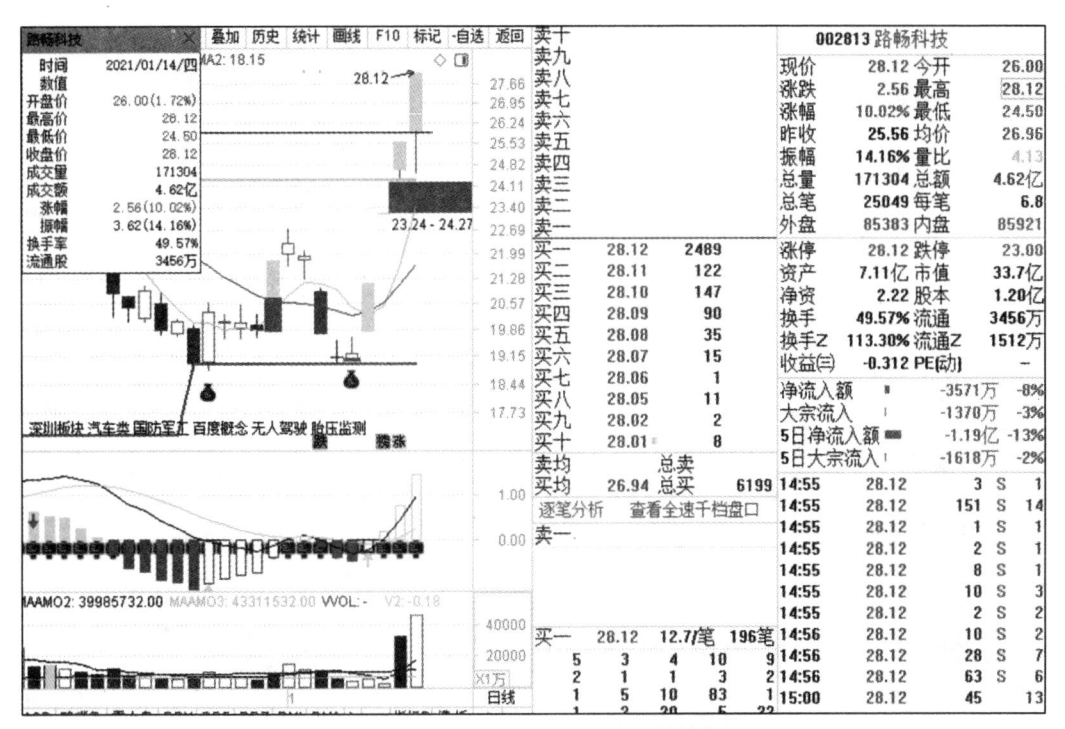

图 10-39 2021 年 1 月 14 日路畅科技数据图

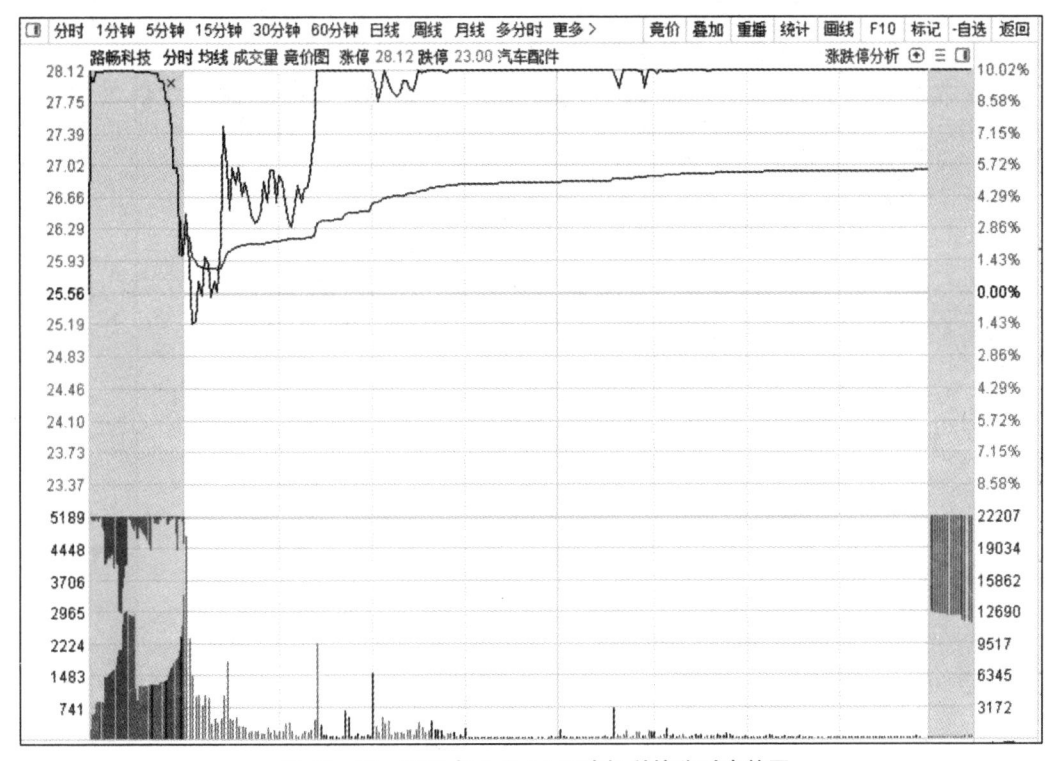

图 10-40 2021 年 1 月 14 日路畅科技分时走势图

2021年1月15日,路畅科技低开高走,一波直接封板,走出了五连板形态(见图10—41、图10—42)。

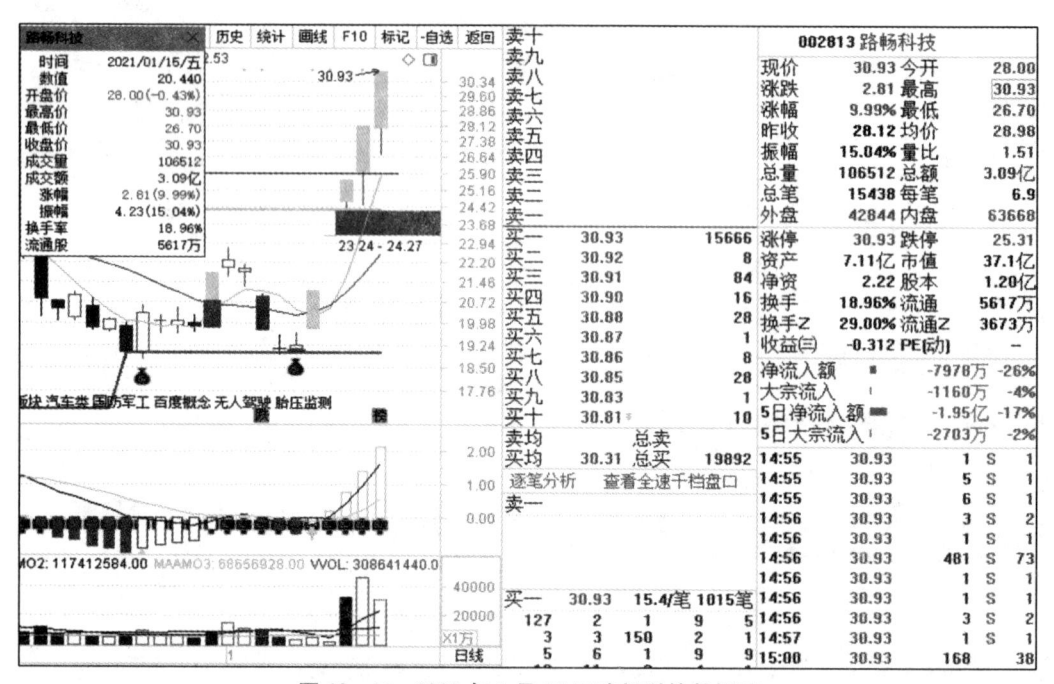

图10—41　2021年1月15日路畅科技数据图

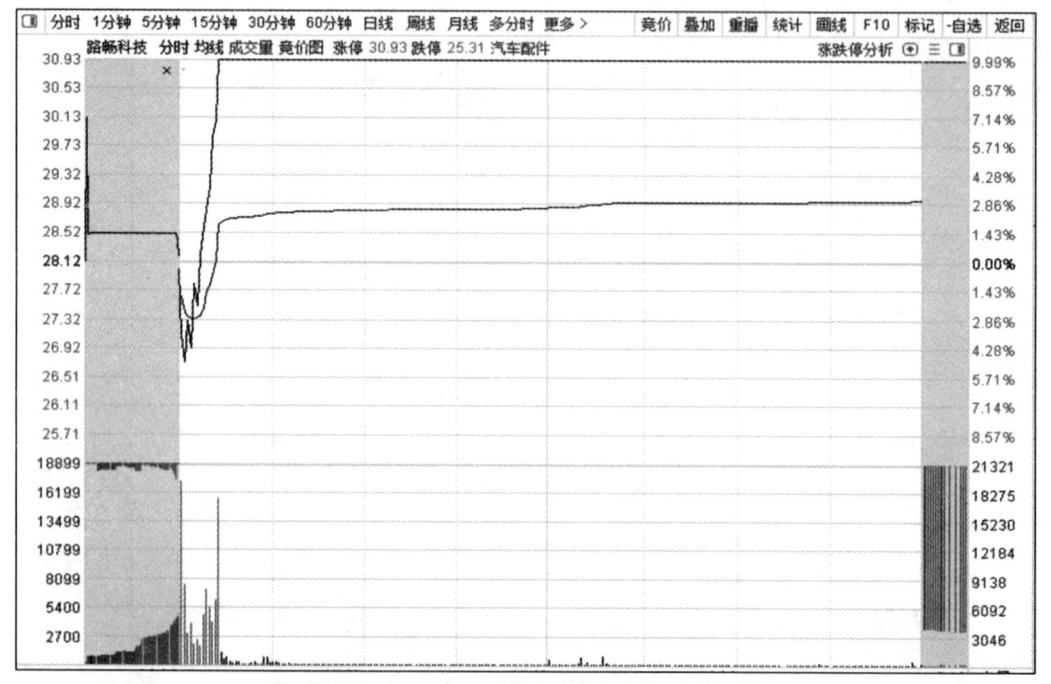

图10—42　2021年1月15日路畅科技分时走势图

路畅科技在 2021 年 1 月 14 日 "能而示之不能" 后再拉 3 个涨停板，走出了七连板，1 月 20 日低开高走骗线后一路下跌至 2021 年 2 月 10 日（见图 10-43）。

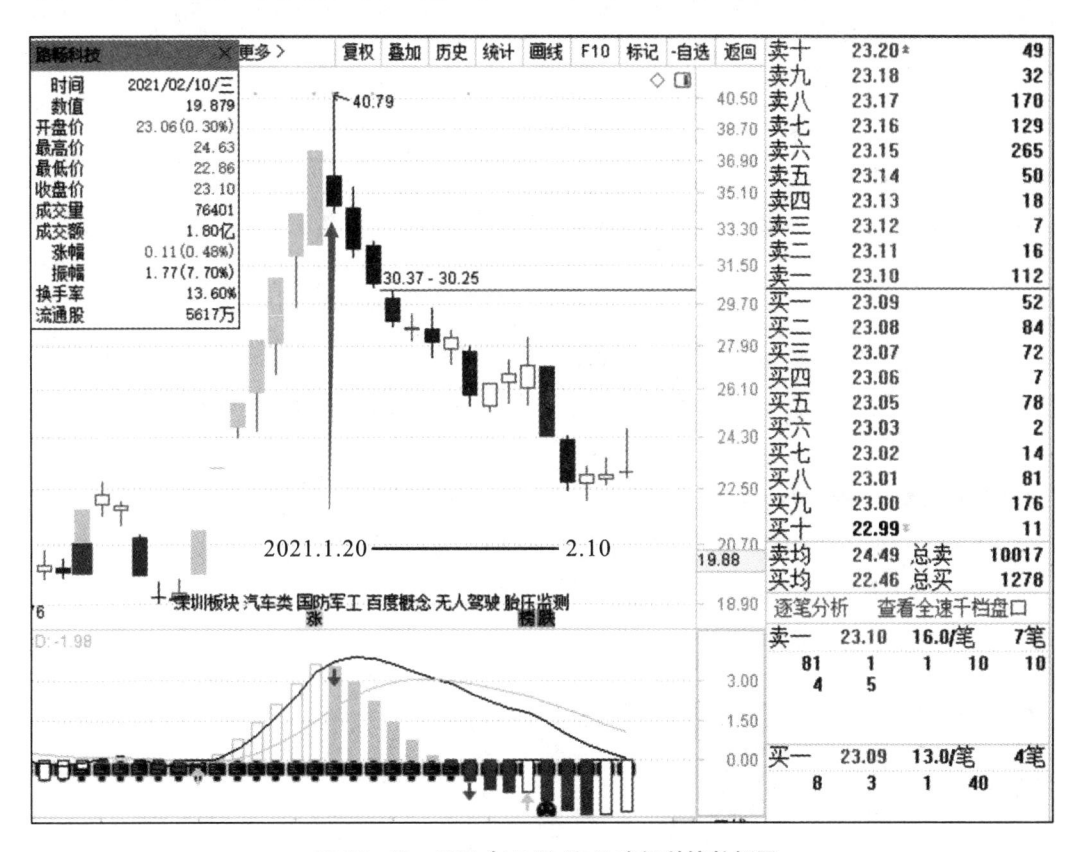

图 10-43　2021 年 2 月 10 日路畅科技数据图

第六节　南方轴承的"不能而示之能"

2021 年 1 月 14 日星期四，南方轴承（002553）连拉四板时，在委买盘里出现了大量的托板（见图 10-44），这就是主力即将出货的迹象，如果当天没有出，次日就要千万小心。

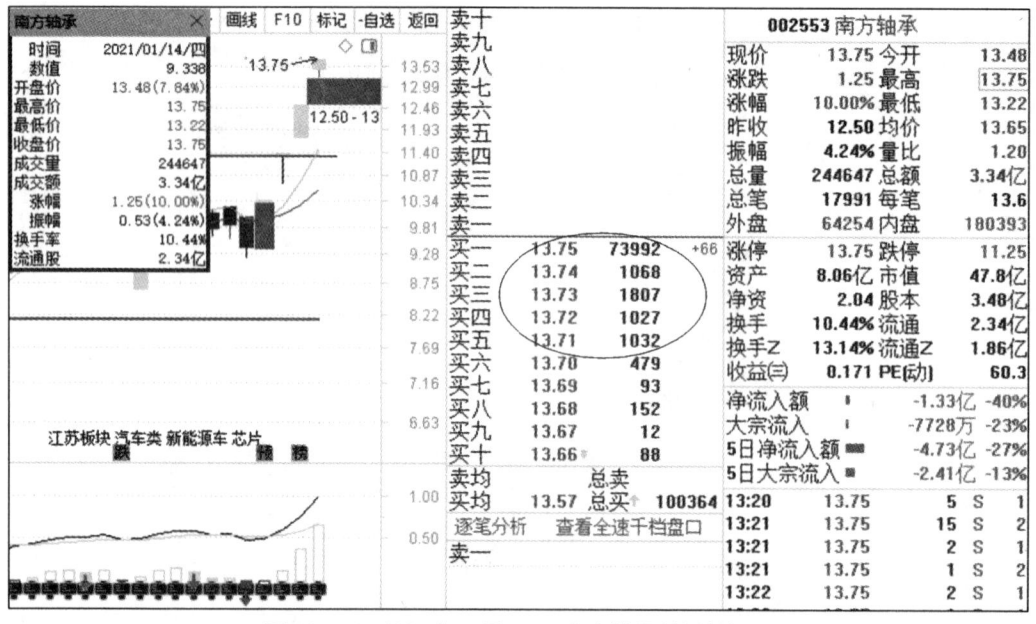

图 10-44 2021 年 1 月 14 日南方轴承封板数据图

2021年1月15日,南方轴承高开低走,收出了大阴线形态,四连板后的高开就是逢高卖出的良机(见图10-45、图10-46)。

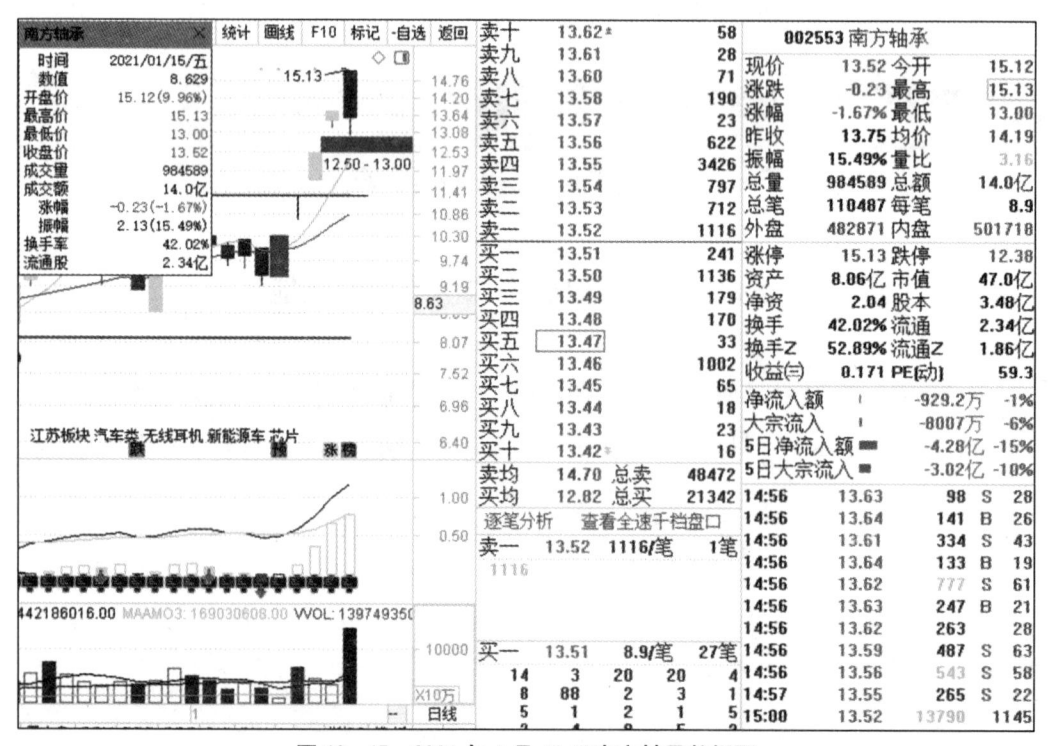

图 10-45 2021 年 1 月 15 日南方轴承数据图

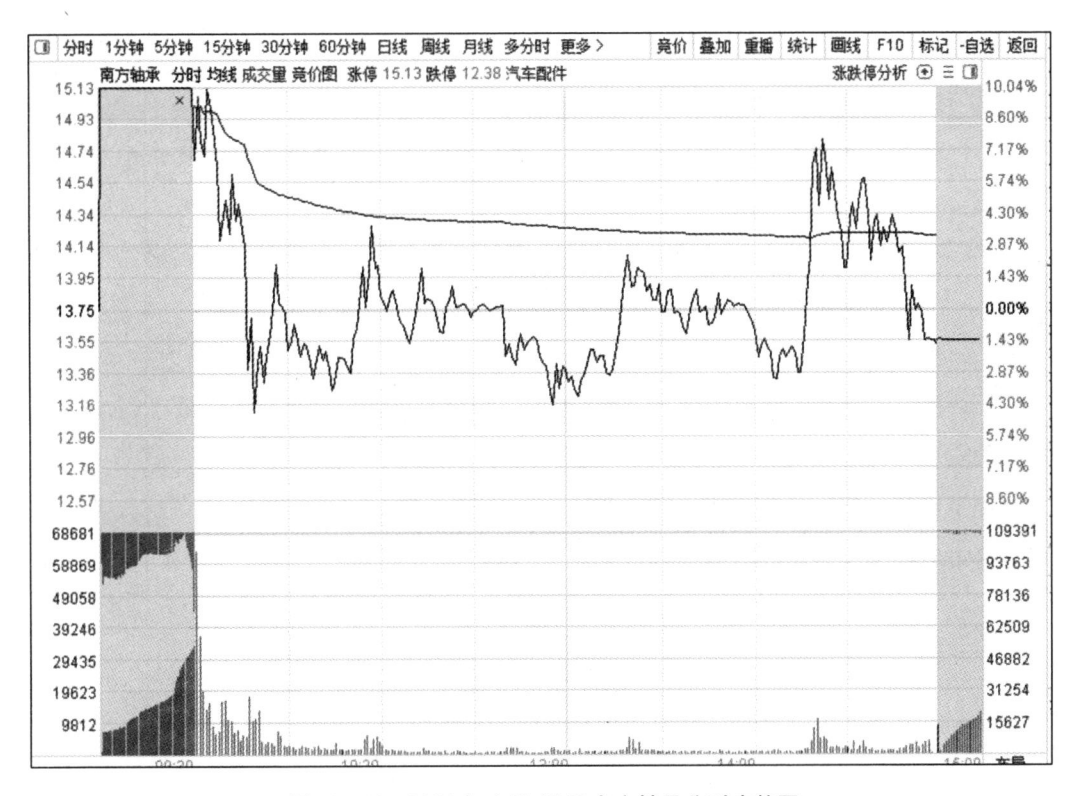

图 10-46　2021 年 1 月 15 日南方轴承分时走势图

交易策略

《孙子兵法·计篇》写道："兵者，诡道也。"诡是千变万化、出其不意的意思。道，原义是途径，引申为方法与计谋。一个"诡"字，道出了军事上的制胜法宝。全句意思为：用兵打仗是一种变化无常之术，需要运用种种方法欺骗迷惑敌人。在孙子兵法里，诡道是一切战略的核心与基础。简单地说，诡道就是不断地制造玄虚，让敌人摸不透我方的真实意图，从而打乱敌人的战略思想、兵力部署和运行节奏，在这种情况下，敌人就会由实转虚，由有备转化为无备。

在股市这个经济战场上，盘中的主力也把"诡道"用在了股价走势图上，用在了主升浪上，用在了涨停板上，用在了分时图上，用在了盘口上。他们用无数的诡道来欺骗迷惑看不懂的散户，从而达到自己获利的目的。

为此，我希望每一位想从股市里赚钱的散户仔细地、认真地想一想，你的智慧能否战胜股市那些诡计多端的主力？扪心自问你是否能化茧成蝶？你是否能达到炒股的四种境界？

炒股的四种境界：

第一境界：先知先觉。在起涨之前几个交易日买进，在下跌之前一天卖出是为先知先觉。

第二境界：及时知觉。在开始上涨之时之日买进，在下跌之时之日卖出是为及时知觉。

第三境界：后知后觉。在上涨一日之后买进，在下跌一日之后卖出是为后知后觉。

第四境界：执迷不悟，看股评、看公众号……寻求精神上的安慰，最后在事后诸葛亮的安慰下无可奈何花落去。

如果你经过努力后还不能化茧成蝶，还达不到炒股的四种境界，我奉劝你谨慎入场，股市里充满了诱惑和欺骗，盘口到处是陷阱。

第十一章
散户的误区

股市里有多少个亏损的散户，就有多少个误区。有的误区大同小异，有的误区则带有鲜明的个人特色，正是这些误区伤害了许许多多亏损的散户；走不出误区，风险就在眼前。

在这里，我选择了2021年春节前与一些散户交流的部分内容以飨读者。在此期间，上证指数上涨276.05点，深证成指上涨1992.04点，中小板指上涨1536.92点，创业板指一波上涨600.81点，从前几章讲述的机构与游资炒作的案例中，我们可以对比一下自己账户里的股票，从中看出差距。

在这里感谢与我交流的朋友提供的素材，我隐去了交流者的姓名、昵称以及涉及的相关人员、名称。我同时衷心希望给更多误入歧途的读者一个借鉴。

第一节　看抖音学炒股的误区

抖音，很方便、也很普及，在抖音里也有一些如何炒股的教学视频，于是乎一些炒股的人就开始跟着抖音学习了，下面是一个读者在与我交流时的截图。

这个读者说："以前我炒股还好一点，现在越学越差，抖音教学视频看多了。现在亏得自己姓什么都不知道了。"（见图11—1、图11—2）

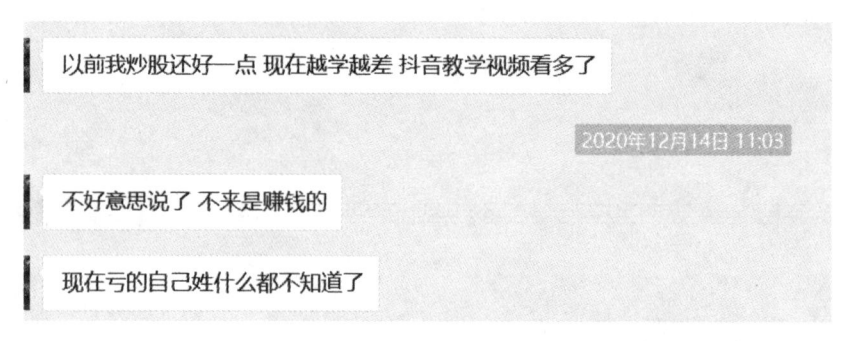

图11-1 2020年12月14日微信截图

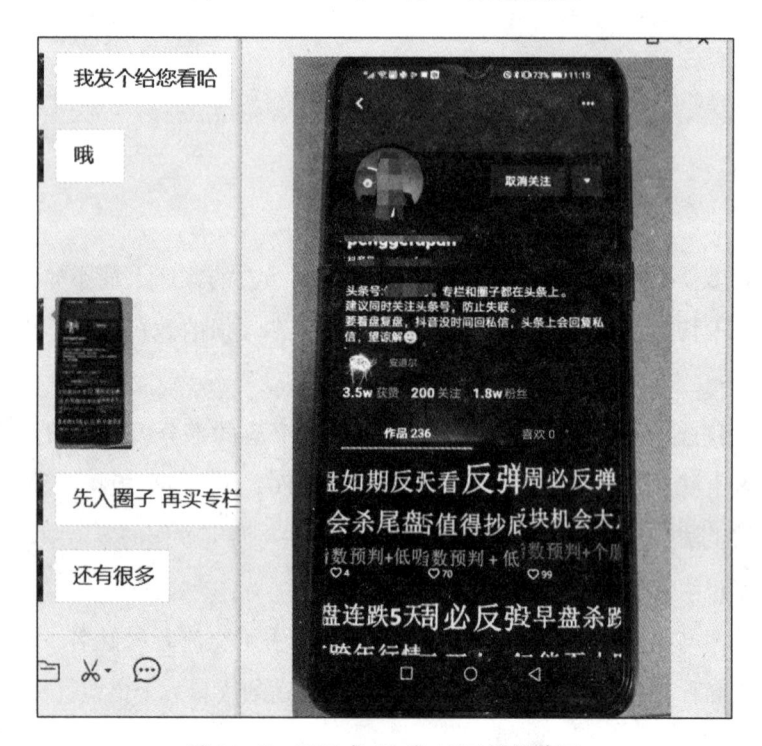

图11-2 2020年12月14日微信截图

图11-3是读者发来的他与抖音客服的聊天记录截图，左边白框的文字是客服的问候："您做得怎么样呢？"右边灰色框的文字是读者的回答："现在什么股票都没有办法买啊 亏多了 不敢割 太痛了"（见图11-3）。

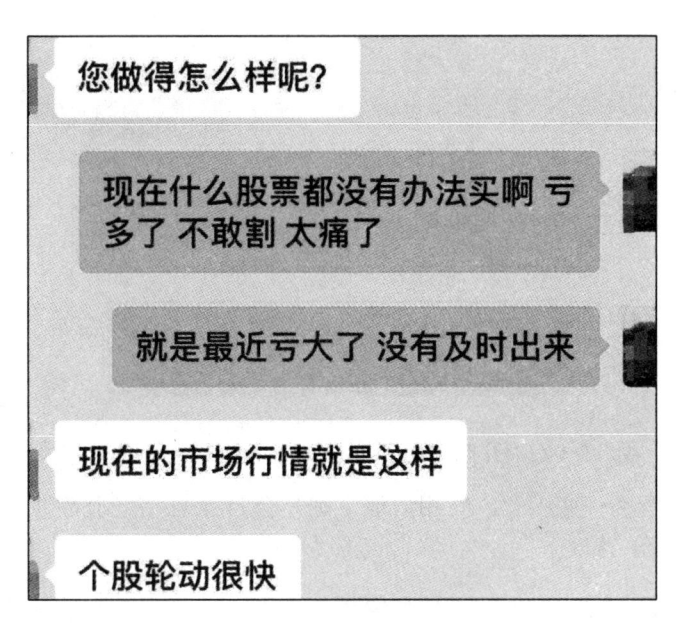

图 11-3　抖音客服与粉丝的聊天记录

从图 11-4 中我们看到，读者说进入了抖音的粉丝群"都不知道怎么加上的，一个人收 28000，一年"。

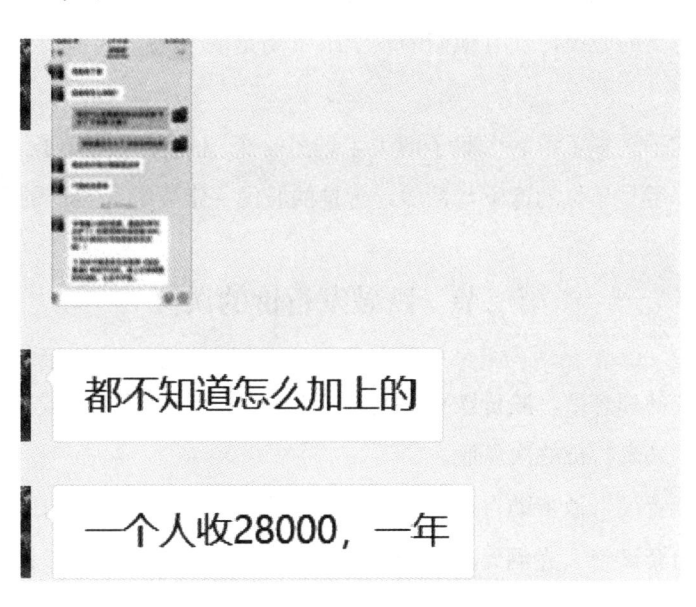

图 11-4　2020 年 12 月 14 日微信截图

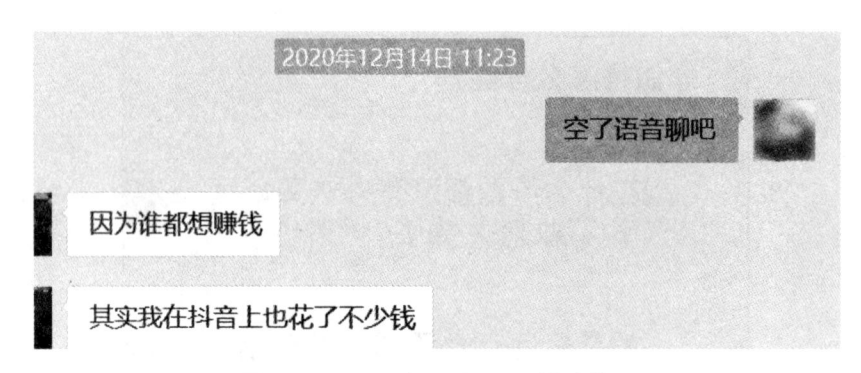

图 11-5　2020 年 12 月 14 日微信截图

从图 11-1、图 11-2、图 11-3、图 11-4、图 11-5 中,我们看到了这位读者自我曝光误入抖音的一些内容。我相信他(她)会自我总结经验教训,自我改正,自我前进的。

需要提醒的是,在很多地方,比如深圳、上海,一些半瓶水的骗子靠剽窃来的知识在开班培训,有合法的,有非法的,上当受骗者何止成千上万,亏损者更是不计其数,一些人亏损得甚至开始怀疑人生了。骗子都会包装,骗子也要名,高级骗子更会把自己和经济学家、经济名人捆绑,利用明星效应收割股民经济的同时,不断靠营销来宣传,来引诱新的股民,而且他们的教学跟市场是脱节的,因此受蒙蔽了的散户还会继续亏损。

股市里的骗子太多了,一个骗子消失了,另一个骗子又冒出来了。其实再精心的包装,也掩盖不了其品位的低下与拙劣,善良的股民一定要擦亮自己的眼睛。

第二节　跌破发行价的误区

在价值投资的理念中,股价跌破了发行价就具备投资价值,于是一些散户专门买进那些上市后跌破发行价的次新股。

下面这位读者说,他帮助自己的一个朋友选择了"北元集团 601568 与时空科技 605178,满仓给套该怎么弄啊?不卖天天跌,卖了亏 30%"(见图 11-6、图 11-7、图 11-8、图 11-9、图 11-10)。

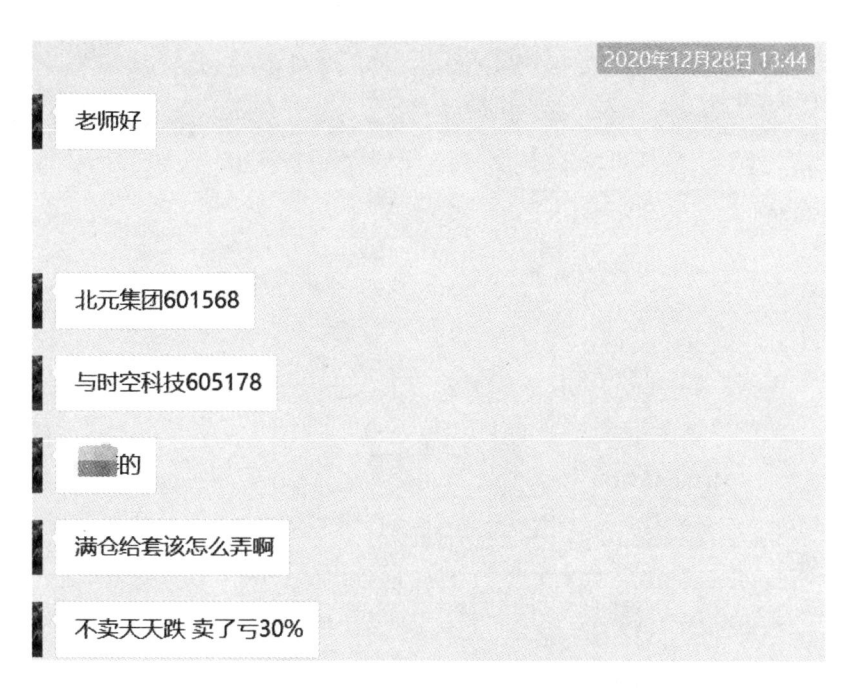

图 11-6　2020 年 12 月 28 日微信截图

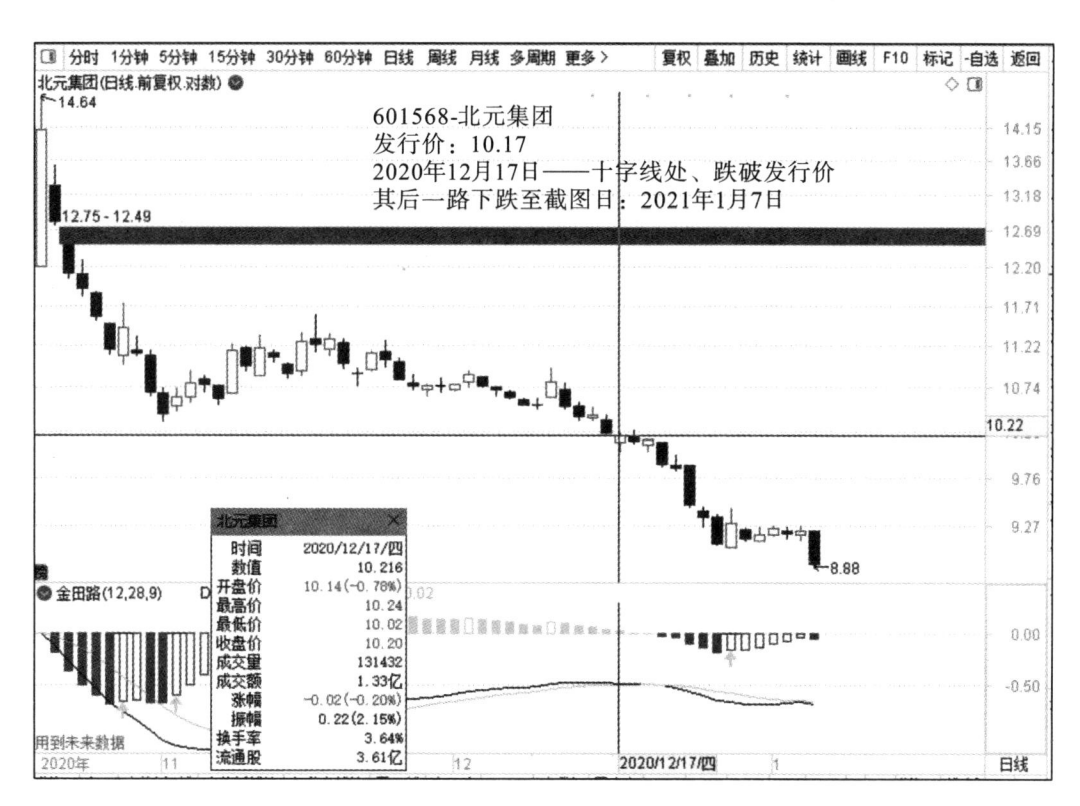

图 11-7　2021 年 1 月 7 日北元集团走势图

图 11-8　2021 年 1 月 7 日北元集团区间统计图

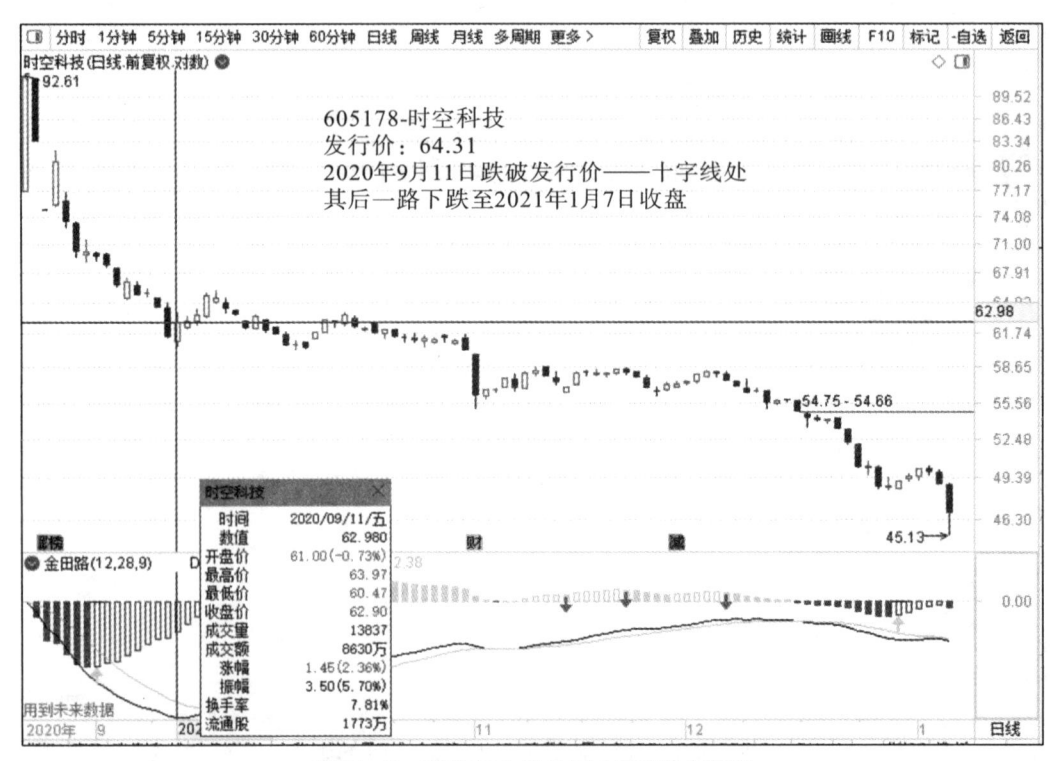

图 11-9　2021 年 1 月 7 日时空科技走势图

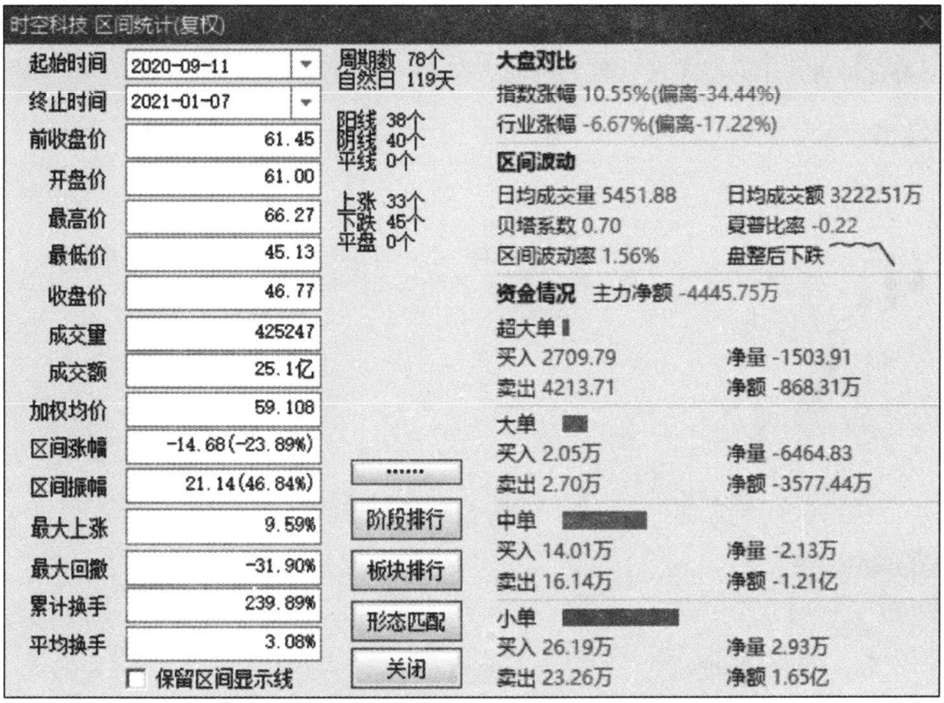

图 11-10　2021 年 1 月 7 日时空科技区间统计图

从图 11-7、图 11-9 我们可以看出，北元集团、时空科技在上市后一直处于下跌趋势，即使跌破发行价依然没有止跌。持有这种走下跌趋势的股票，就眼睁睁地错过了 2021 年春节前的那一波行情。当日如果该股筑底反转后再上涨那就是后话了。

散户买进股票一旦亏损，就耐心地持有待涨，即使是亏损跌破止损价还在幻想中持有，这是许多散户由小亏酿成大亏的根本原因。

如果每一个散户能把止损位设置在自己本金的 4%、5%、6%……即自己能承受的幅度之内，一旦股价破位就止损出局，那么就绝对不会酿成大亏。早早地抛弃这些背离了市场上涨趋势的股票吧，抛得越早，痛苦越少；否则最后就是痛不欲生。

第三节　市盈率的误区

长期以来，信奉价值投资的人看重低市盈率股票，认为其有投资价值。结果一些不明真相的散户就信以为真，看到低市盈率的股票就激动不已，以为自己找到了金矿，岂不知，如果低市盈率的股票没有资金介入，则会在低价位震荡盘旋，持有它经常就会错失行情。实际上，股市里只要是主力资金介入炒作的股票，哪怕市盈率是负的，也会连拉涨停板。当然亦有低市盈率的股票在上涨（多数是恰逢市场当时炒作的热点），除此而外，不必留恋（见图11-11、图11-12）。

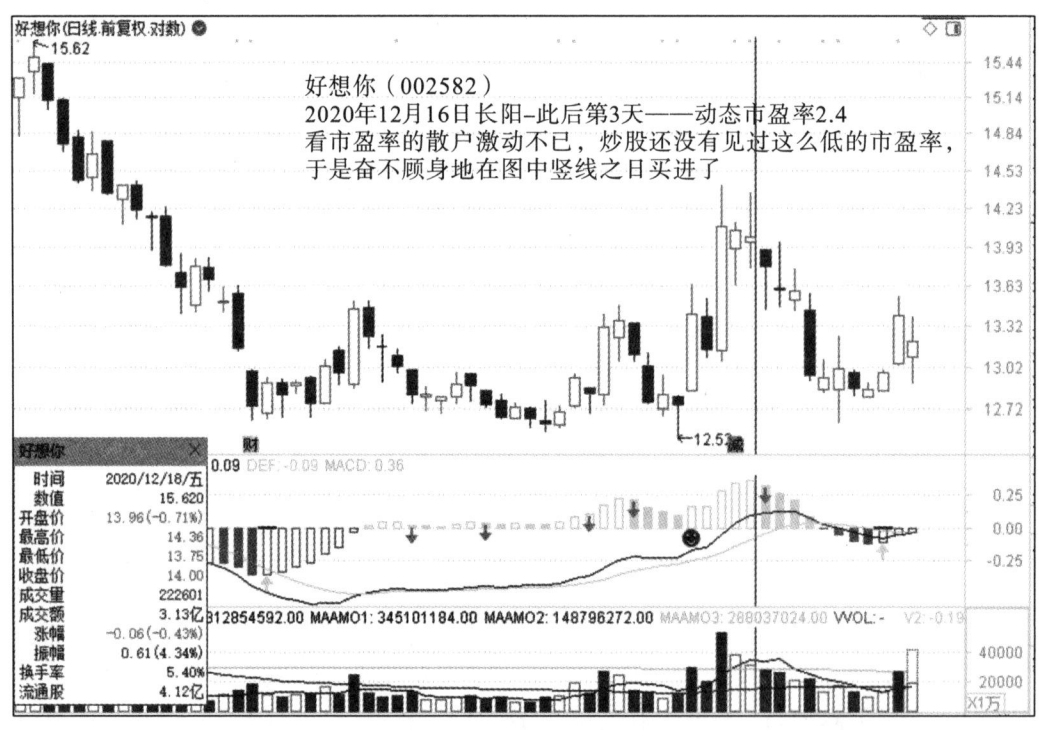

图11-11 好想你在横向盘整

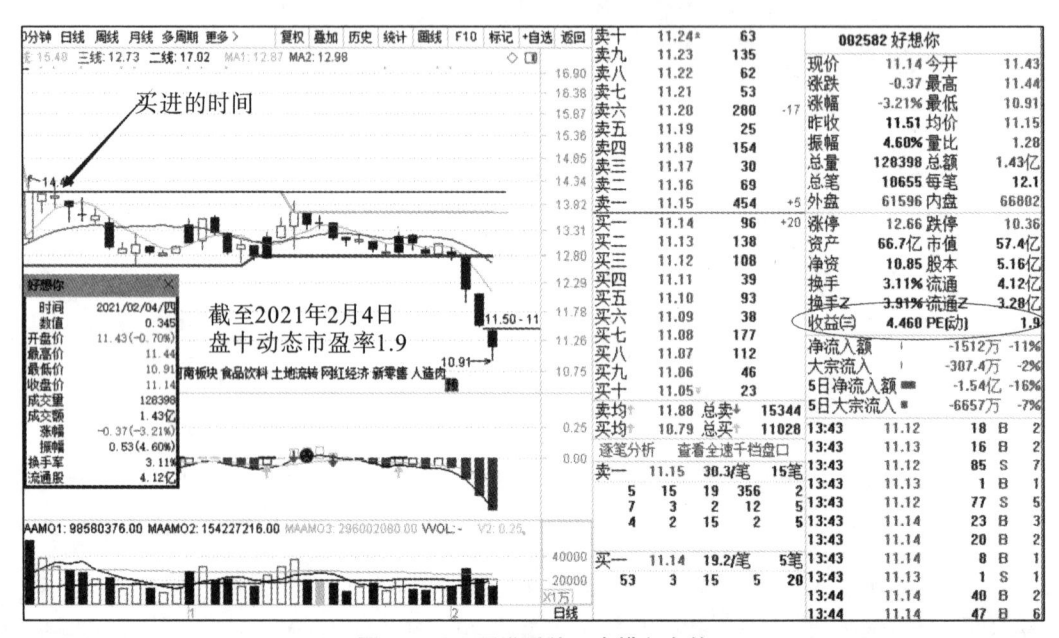

图11-12 买进后就一直横向盘整

其实市盈率越低说明该股越没有炒作的题材。

市场演绎着一个个实体与资本背离的情况，正常的应该是利润增长，股价上涨；而目前的许多公司是利润没有增长反而下降，甚至亏损，相反股价在上涨。什么原因，是资本控制着股价的运行，请看图11－13、图11－14。

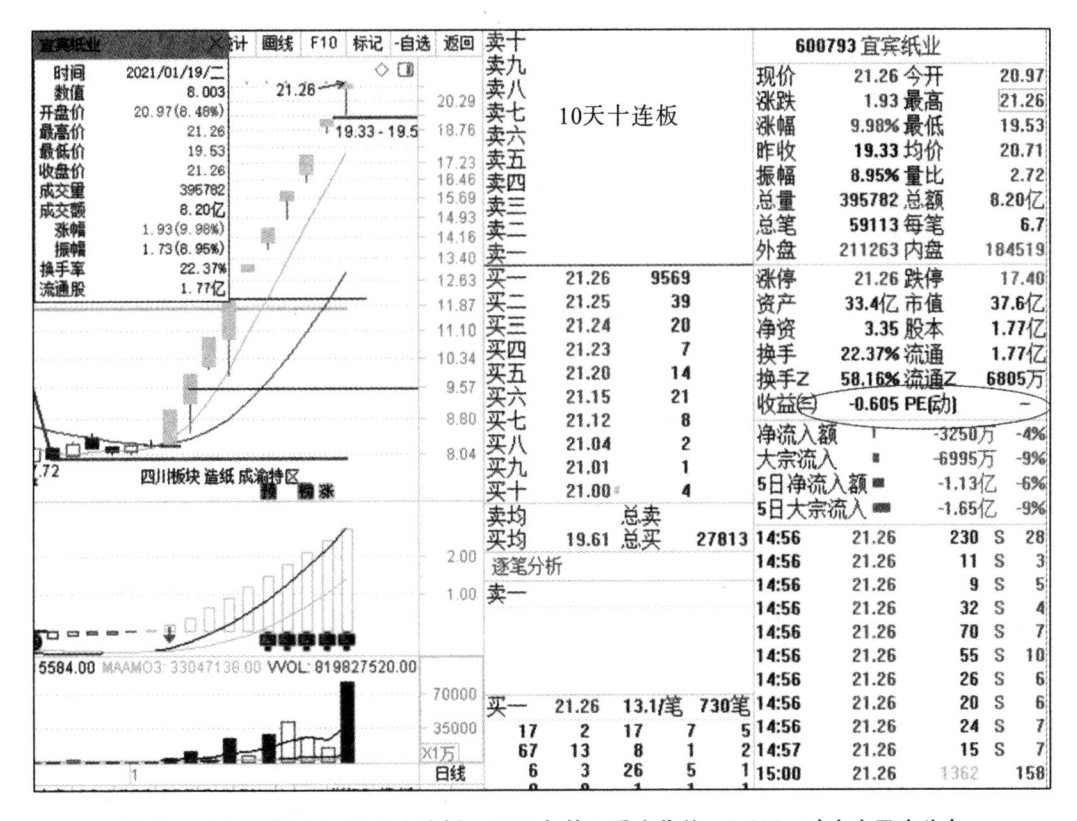

图11-13　宜宾纸业10天十连板，2020年第三季度收益－0.605，动态市盈率为负

图 11-14 宜宾纸业区间涨幅 159.27%

再请看看巨力索具（002342），连续 6 个涨停板，截至 2021 年 1 月 8 日，其动态市盈率是 233.8（见图 11-15）。

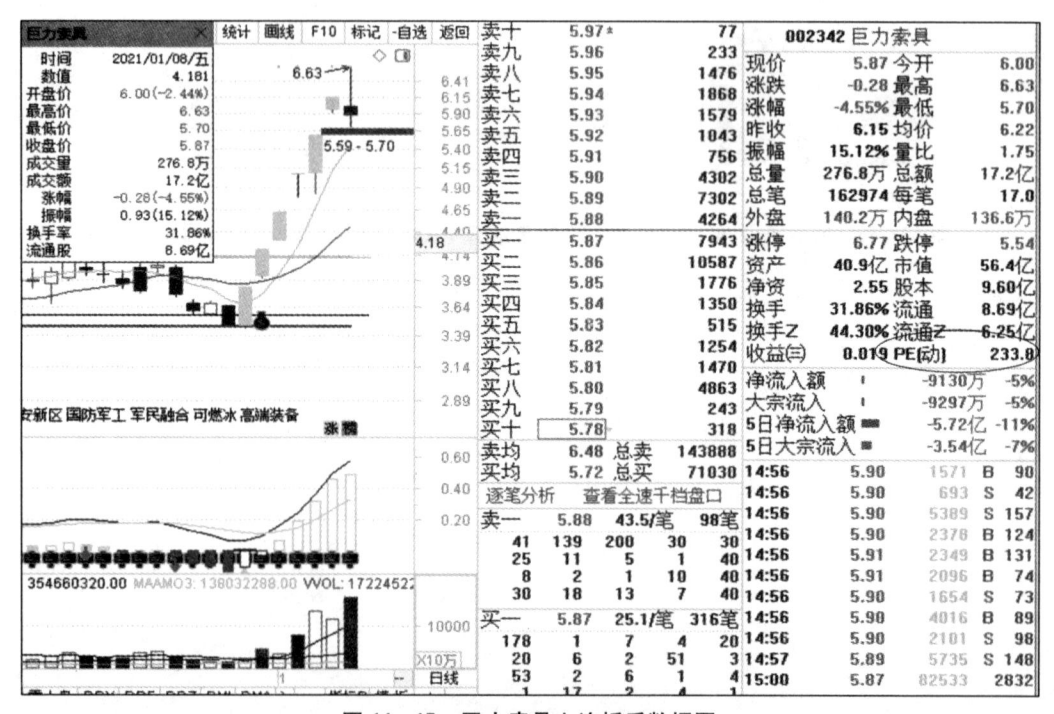

图 11-15 巨力索具六连板后数据图

游资赵老哥在 2021 年 1 月 8 日买进的天齐锂业，截至当天，动态市盈率是负的，该股 2020 年第三季度的收益是－0.750（见图 11－16）。

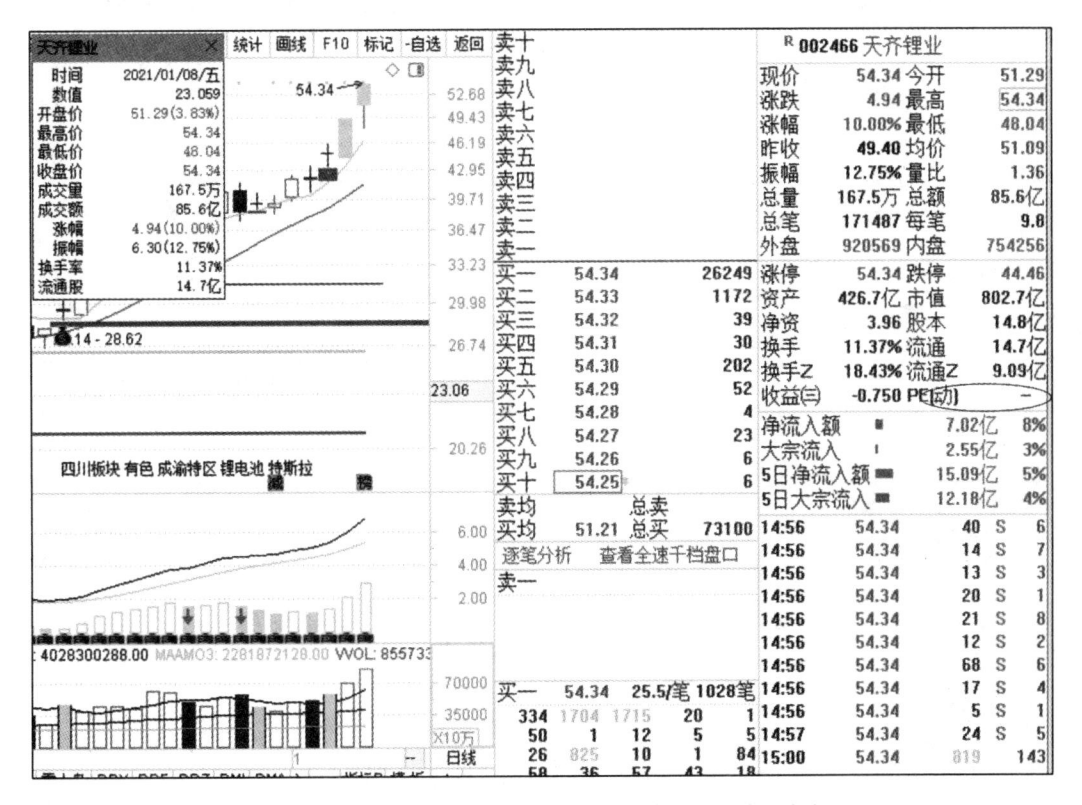

图 11－16　天齐锂业 2021 年 1 月 8 日走势图及盘口数据

当然亦有低市盈率的股票在上涨（多数是恰逢市场当时炒作的热点），如截至 2021 年 1 月 4 日的豫能控股 15 天 11 个涨停板，当天市盈率 22.1（见图 11－17）；截至 2021 年 1 月 8 日的豫园股份 6 天 6 个涨停板，当天市盈率 26.3（见图 11－18）。这些都是妖股，有特殊的题材，有游资、机构的介入炒作，并不是低市盈率的结果。

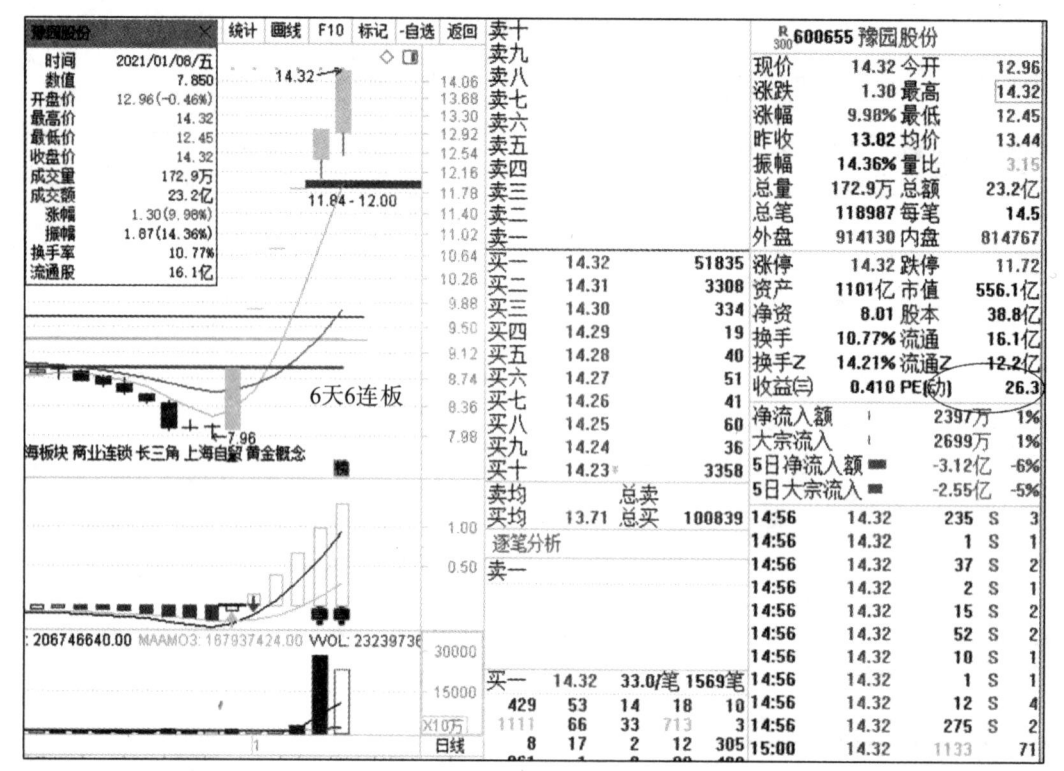

图 11-17 豫园股份数据图

第四节 长期持有的误区

很多散户买进股票被套后，就长期持有待涨，有持有 1 年的，还有持有几年的，其结果是越套越深，最后许多都是惨不忍睹。

下面以某散户为例，其账户一百多万元，在 2020 年持有一年，到 2021 年元月 7 日，当天亏损 31401.20 元，持有期间累计亏损高达 755336.78 万元（见图 11-18、图 11-19）。

图 11-18　2021 年 1 月 7 日亏损数据

图 11-19　持股 1 年亏损数据

我们来看看富通鑫茂（000836）截至 2021 年 1 月 7 日的股价走势图（见图 11—20）。

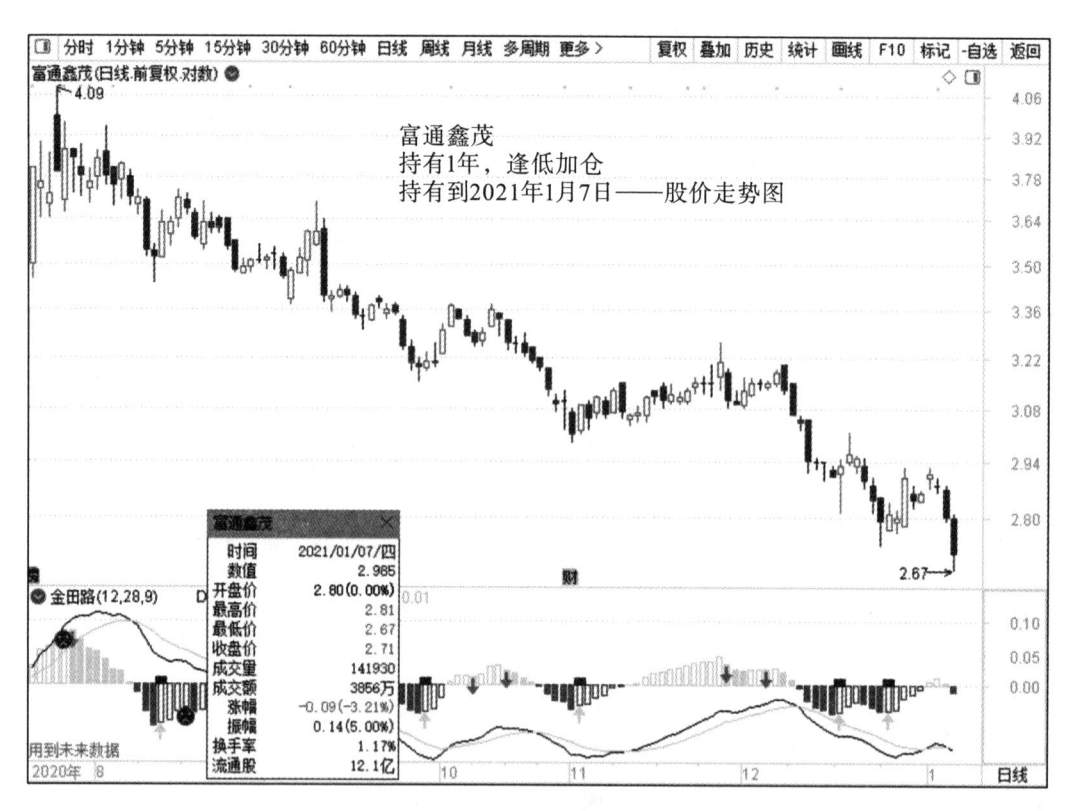

图 11-20 富通鑫茂走势图

我们再看看宜通世纪（300310）截至 2021 年 1 月 7 日的股价走势图（见图 11—21）。

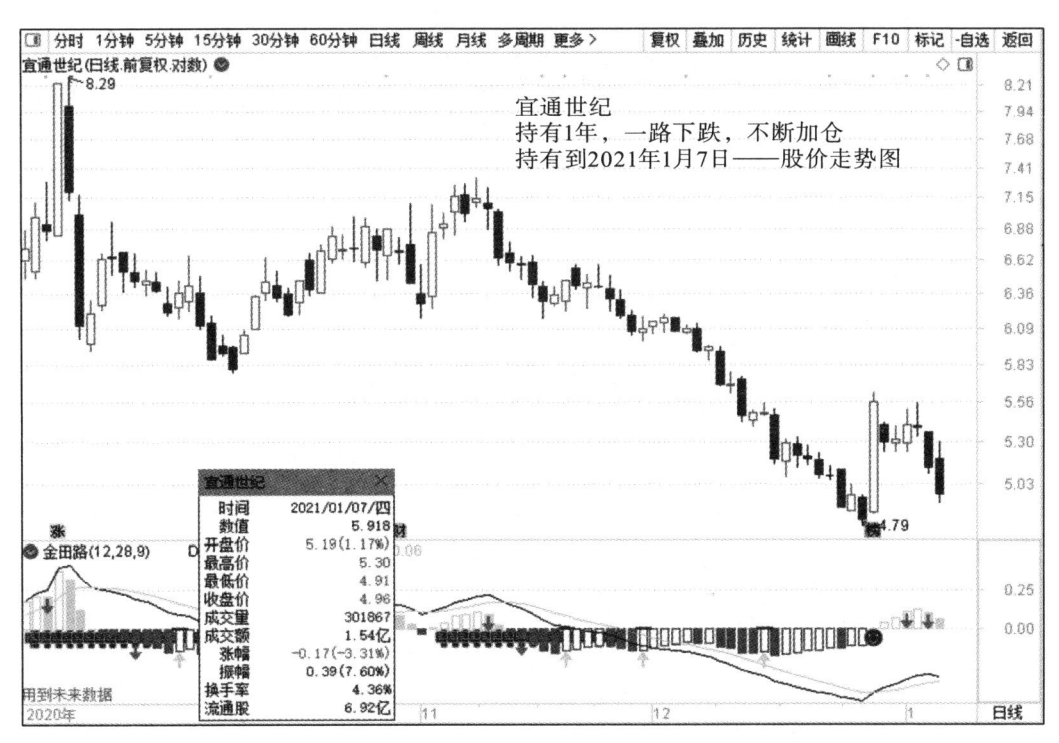

图 11-21　宜通世纪走势图

一位读者在 2021 年 2 月 4 日给我发来微信（见图 11-22、图 11-23），他在下跌趋势中持有先河环保（300317）已经 3 年了。

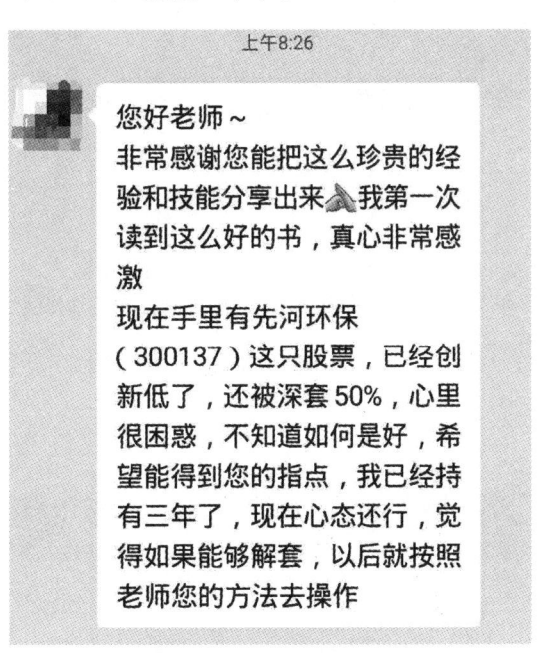

图 11-22　读者微信截图

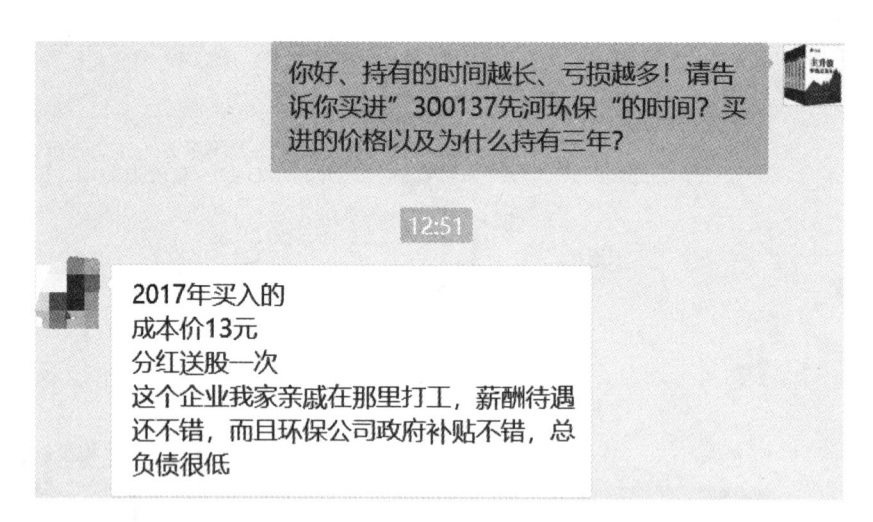

图 11-23 微信交流截图

持有一路下跌的股票，其间还不断加仓，等着反转，这样操作不但忍受着股价一直下跌的痛苦，还错失了市场正在上涨的行情。

股市里最大的敌人有两个：一个是贪得无厌的资本家，另一个就是不遵守纪律的交易者自己。

这样的交易者的问题在于：第一，没有建立一个能盈利的交易系统；第二，没有有效的市场交易策略；第三，没有正确地管理资金，在下跌的股票上错误地再加仓。

炒股的时候会形成许多坏习惯，坏的习惯一旦形成，就很难克服，除非自省，外人是根本帮不上你的。

第五节　代客理财的误区

2021年1月7日星期四，一散户发来其交给代客理财的账户持股截图，持有的海峡环保（603817）盈亏比例－2.15%，持有的读者传媒（603999）盈亏比例－12.24%（见图11-24）。

图 11-24　一个散户交给代客理财的账户持股

在微信交谈中,我让他把××操作的那两只股票买进的时间告诉我,他告之我 603999 在 9 月 23 日买进,603717 在 7 月 28 日买进(见图 11-25)。

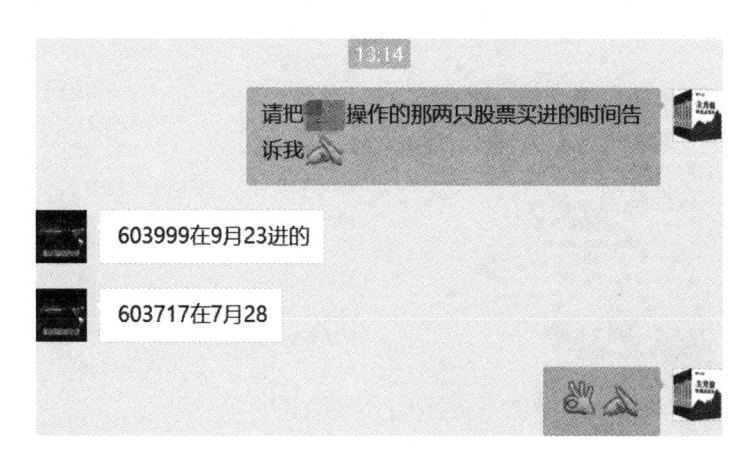

图 11-25 微信截图

我们再截图看看这两只股票的走势图及其区间跌幅数据(见图 11-26、图 11-27、图 11-28、图 11-29)。

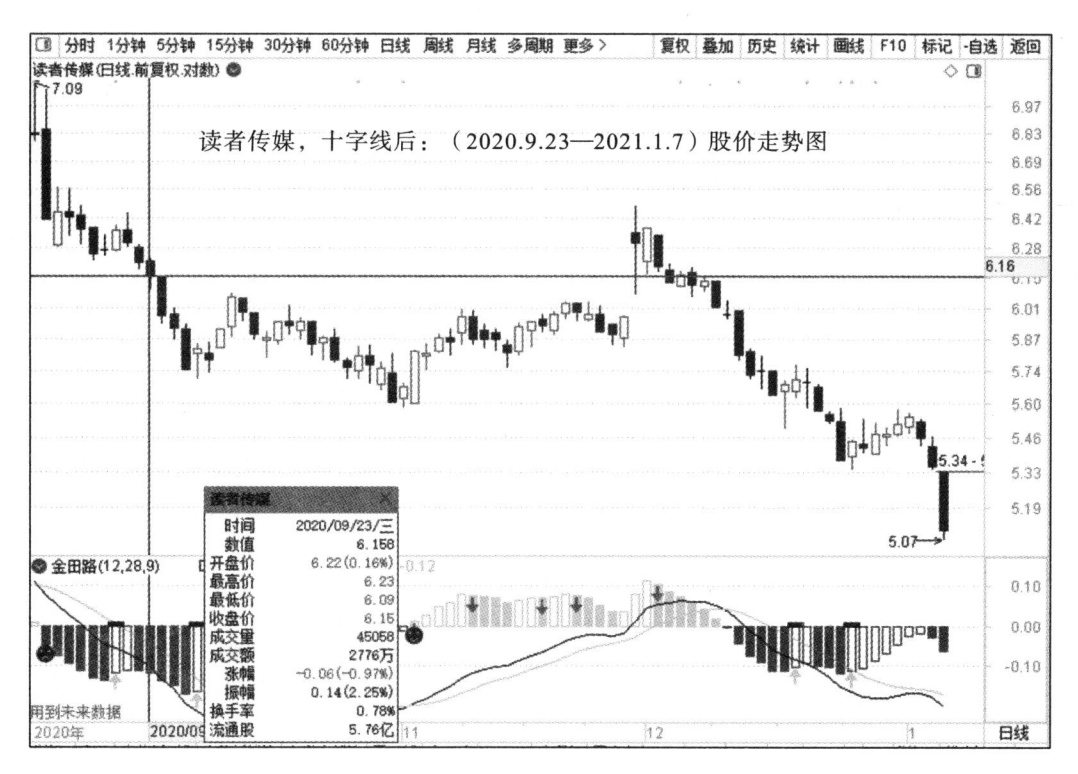

图 11-26 读者传媒走势图

图 11-27　读者传媒区间统计

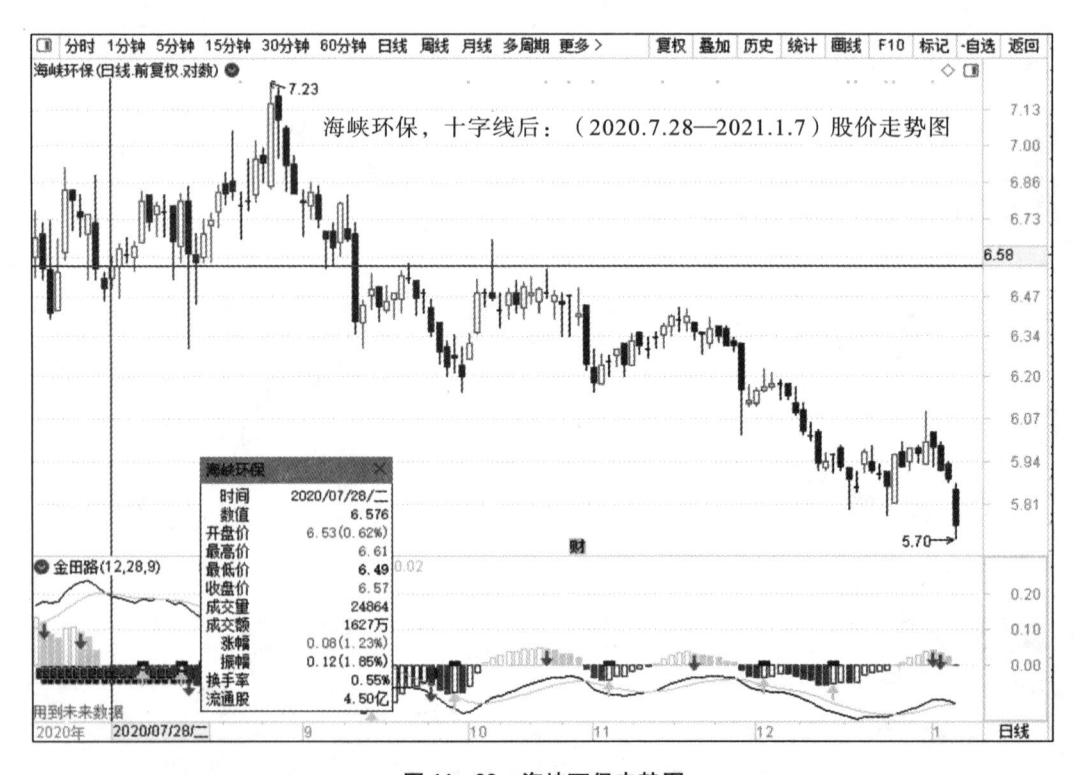

图 11-28　海峡环保走势图

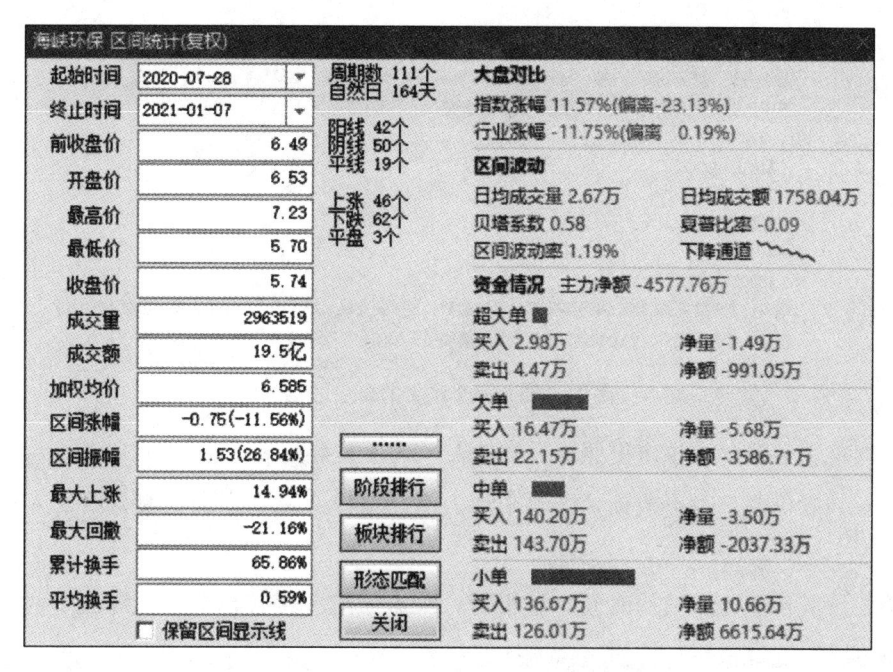

图 11-29　海峡环保区间统计

从这两只股票的走势图来看，都处于下降趋势。持有这样的股票既赚不了钱，还会错失市场行情；最后只能以时间换取空间，何年何月时来运转，只有等待。依我之见，与其等待，还不如一刀砍断，跟上市场上涨的步伐。

炒股一定要回避下降趋势的个股，因为大多数的情况是该股盘中的主力已经出局，不跌到极致是不会再有主力光顾的；只有新的主力光顾之后，才可能有反转。没有主力的光顾，即使反弹，反弹之后也会继续下跌。

注意，目前的 A 股没有做空机制，且是 T+1 交易制度，也就是说股价一旦在下跌趋势中，是很难赚钱的。什么时候 A 股实行了做空机制，且实行了 T+0 的交易制度，在下降趋势中做空也可以赚钱时，才可以关注下降趋势的个股。

第六节　重复换股的误区

一位读者在 2020 年 12 月 24 日给我发来微信，自我总结道："追涨杀跌，割了一股又一股，有时候很坚定对自己说一定要持股，结果又把持不住，飞了，又过不了心理关去买回，换股又是相同错误重复犯。"（见图 11-30）

> 2020/12/24 20:39:45
> 追涨杀跌，割了一股又一股，有时候很坚定对自己说一定要持股，结果又把持不住，飞了，又过不了心理关去买回，换股又是相同错误重复犯
>
> 2020/12/24 20:44:22
> 一震就把震出去了
>
> 2020/12/24 21:04:28
> · 可能是心里压力太大了
> · 安静下
>
> 2020/12/24 21:19:37
> 平平安安是快乐的源泉，平平安安是幸福的基础，平平安安是如意的核心，平平安安是吉祥的根基，平安夜到了，送上我最真挚的祝福，愿您平安相伴，平安夜开开心心！！！

图 11-30 一个读者的自我总结

在熊市里亏钱，在牛市里照样亏钱的人，原因大都如下：

第一，股价调整时不敢买，涨起来却去追。这样要么喝点汤，要么给别人解套自己被套。

第二，股价上涨赚钱的时候心里很慌，赚点就跑，经常是捡了芝麻丢了西瓜；相反股价下跌时比谁都坚持，拼了命地扛着拿着。

第三，频繁换股，换股又是重复犯相同的错误，买了一堆被主力淘汰了趴着不动的股，牛市都结束了还没表现。

第七节　读书的误区

2020年12月30日，一位读者发微信给我，微信中说，"原来看的书，太垃圾了，注重了指标"。我问他原来看了哪些书，请详细列出来（见图11-31）。

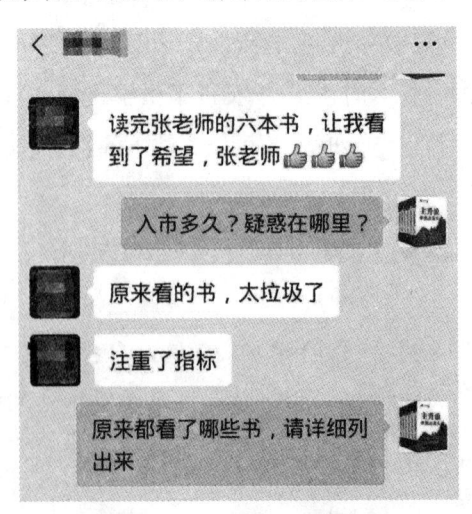

图 11-31 微信交流截图

晚上，他抽时间列出了读过的几十本书。次日他发微信给我，截图如下（见图11—32）。

张老师上午好

张老师上午好！对不起！又打扰到百忙之中的您了，非常感谢您昨日加了我的微信，且那么亲切的与我沟通，令我感动！真心地谢谢老师！！！昨天我炒股的总结由于不知怎么去写，只写了个概述似的，不全面、不到位，见谅见谅！我是▆▆市的人，今年56岁了，大学文化，公务员（30年工龄已退休），现与朋友在管理一个▆▆▆区，没什么具体任务，所以有时间参与到股市中来。原来在公务工作中忙，也没什么时间看股市和看书，退休后就可以专心看书看股市了，退休后别闲着就在书海股市里泡，立志成为一名牛散！这三年期间大约已阅读100本股市方面的书了，每天五点多起床看书，一个月看三本左右，特别是十月份买了你的六本书以后，一口气认真阅读完了。你的书通俗易懂，且是干货全是真材实料！我就想用我毕生精力专心致志地学习和实践，实现我的梦想！现在钱不多，近十万元，努力在余生成为牛散，成为千万亿万的牛散！按张老师的书上写的去认真研究认真实践再实践！到时请张老师多多指教指教！！！

图 11-32 读者的微信

读书要读名著，读经典，有道是"读一部经典胜过读百家杂书"。读杂书会浪费时间，稍有不慎还会误入歧途。

股市里的杂书滥竽充数者比比皆是，有编著的（内容到处抄袭），有剽窃的（剽窃内容，甚至连书名都剽窃，如我的《狙击涨停板》一书），有捉刀的，有空谈的，有研究的，有速成的，有事后诸葛亮的（看看书中的截图就知道了，事后写作的截图没有盘口数据；凡带有盘口数据的都是最真实的实盘数据）。

归根到底，如缺少实战价值的书，则会误人子弟。但愿读者慧眼识珠，以避免误入歧途。

第八节　贷款炒股的误区

2021年1月15日星期五，一位读者发微信告诉我他贷款炒股的经历，我隐去其姓名、昵称，原文如下：

我今年做了个错误决定，把房子抵押了，贷了150万，还了30万按揭，剩下120万做了10万定期存款，还了10万信用卡，用剩下的100万去做，当时想得很简单，感觉上要起牛市，因为15年牛市几乎什么都不懂，都从1.8万做到7万多……这没想到，这100万，从去年9月2号开始做，也跟一些投顾，也自己做一点，刚开始还有赢有亏，后来到了11月份，就剩下50万左右了，不敢跟了，因为又每天看书，就想着自己做，12月中下旬的时候就自己做了长春燃气、诺德股份、华银电力……一些票，回到了60，那时候感觉可能没什么问题，大盘又涨的好，就沿着方法继续做，但是做到这两天，就只有41万了，老师，我心态崩了，现在就一个感觉，手软了，好几天没睡好了，真是像您书上说的，愧对儿女父母，愧对媳妇，难得她那么支持我……我真不知道该怎么办了，后悔贷款啊，但是逼到这里，还不上，没有退路走了。

下面是他发的累计收益截图（见图11—33）。

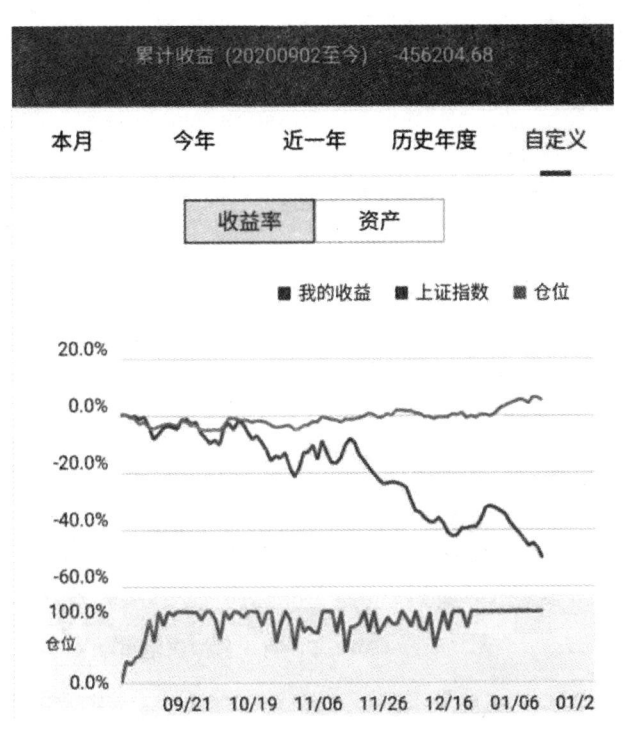

图 11-33　某读者所发累计收益截图

下面是他发的账户持股截图（见图 11-34）。

图 11-34　某读者所发其账户持股截图

无独有偶，2021 年 2 月 1 日，又一位读者发来微信告诉了他的一个亲戚高息借款 300 万炒股，在亏损 100 万后想跳楼自尽（见图 11-35、11-36）。

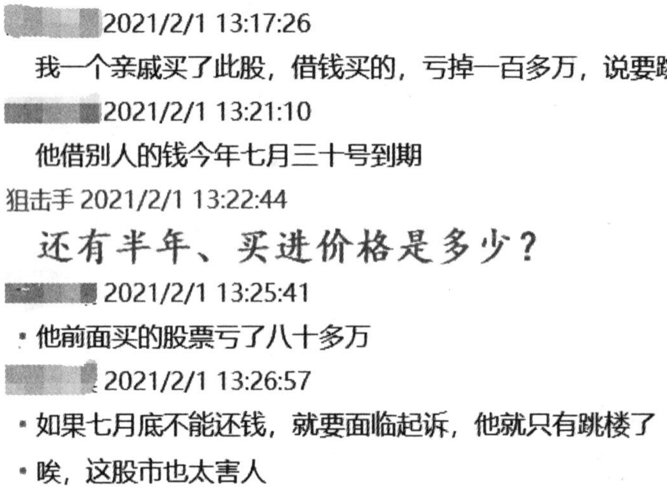

2021/2/1 13:17:26
我一个亲戚买了此股，借钱买的，亏掉一百多万，说要跳楼了

2021/2/1 13:21:10
他借别人的钱今年七月三十号到期

狙击手 2021/2/1 13:22:44
还有半年、买进价格是多少？

2021/2/1 13:25:41
·他前面买的股票亏了八十多万

2021/2/1 13:26:57
·如果七月底不能还钱，就要面临起诉，他就只有跳楼了
·唉，这股市也太害人

图 11-35　2021 年 2 月 1 日微信截图

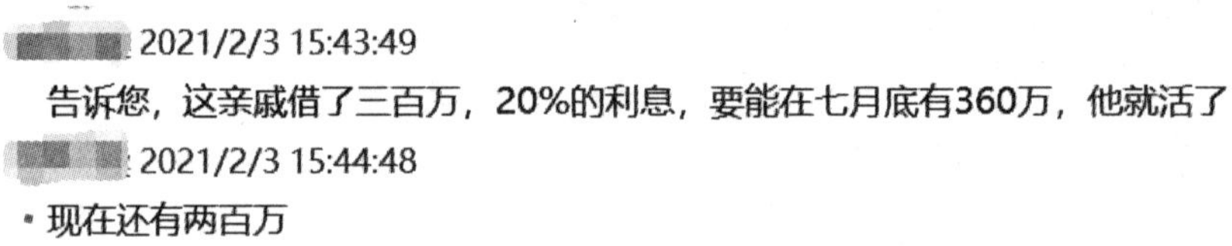

2021/2/3 15:43:49
告诉您，这亲戚借了三百万，20%的利息，要能在七月底有360万，他就活了

2021/2/3 15:44:48
·现在还有两百万

图 11-36　2021 年 2 月 1 日微信截图

股市里，没有知识、没有技术而有胆量贷款炒股的人绝不是少数。我奉劝各位读者、各位散户，在你没有绝对胜算时，千万不要贷款炒股，那将是万劫不复的深渊！！

如果你有时间，不妨看看电视剧《流金岁月》，剧中的蒋先生是上海一个典型的借款、贷款炒股的散户。他借款甚至偷用老母亲在上海小洋房的房产证抵押贷款来炒股，他一直不甘心亏损，越借款亏得越多，最后累计亏损高达一千多万。最后家里卖掉小洋房弥补亏损后，他无缘面对自己一手造成的苦果，抛下老母亲、抛下妻子、抛下女儿跳楼自尽。自己一了百了，但还是给女儿留下了几十万元的债务。虽然是电视剧，但其素材绝对来源于生活、高于生活，这给所有借款、贷款炒股的人一个警示。但愿每一位读者朋友们不会再做借款、贷款炒股的傻事情了。

交易策略

带着满脑子不正确的见解到股市里来操作，最后必将亏损累累，还不知道问题出在哪里；没有认真地学习，就没有能力在股市里操作。

股市是资本经济的产物，它的本质是有利于资本家，不利于散户的；绝大多数散户也没有优势，却有许许多多的误区，误区不消除，就会越做越亏。

看完这一章，请每一位身在其中的散户好好地思考一段时间，思考一天、一周、一个月，你能战胜个人的失误吗？战胜不了，就不要在错误的地方、错误的道路上再走下去，有道是"苦海无边，回头是岸"。

第十二章
股市里冰火两重天

第一节 牛市里的股灾

2020年12月31日,大盘突破了长达120个交易日的横向盘整,上证指数突破了3450的压力线。

2021年元旦后,大盘又连涨4天,2020年12月30日至2021年1月7日大盘六连阳,连续4天成交量破万亿,似乎是牛市到了。但看涨跌家数对比,却是冰火两重天:2021年1月7日(周四)跌幅5%的近1000家,超过3300只个股下跌,比股灾时还惨淡,且看2021年1月4日到7日(周一至周四)统计数据(见图12-1)。

2021年1月（4-7）日		4个交易大盘每日下跌家数
2021-01-04	周一	三大指数爆红,两市下跌个股达到1100家;
2021-01-05	周二	三大指数爆红,两市下跌个股却达2385家;
2021-01-06	周三	三大指数全红,两市下跌个股更达2980家;
2021-01-07	周四	三大指数全红,两市下跌个股再达3282家。

图12-1 指数与个股背离数据统计

同步	代码	名称	涨幅%	现价	涨跌	买价	卖价	总量
1	999999	上证指数	0.71	3576.20	25.32	—	—	4.05亿
2	399001	深证成指	1.11	15356.40	168.79	—	—	4.69亿
3	399005	中小板指	1.88	10328.11	190.11	—	—	1.96亿
4	399006	创业板指	1.52	3162.40	47.31	—	—	1.27亿

图 12-2　2021 年 1 月 7 日的收盘数据

许多亏损的散户懵了，这叫牛市吗？对应指数的大涨，只能用一个词形容：股灾式牛市！

在这股灾式的牛市里，一位散户 2021 年 1 月 21 日在微信里说："在这大盘指数飙高的情况下，我的账户是越来越缩水，炒股炒的找不到北了……"（见图 12-3）。

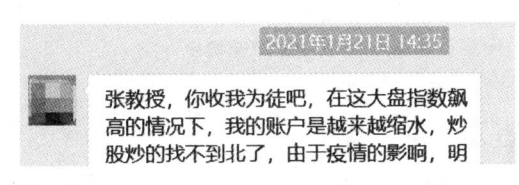

图 12-3　2021 年 1 月 21 日微信截图

在这波行情中，指数连续上涨飘红，机构抱团拉抬白酒、新能源车、军工、光伏……锂电池、生物制药、医疗保健等来回切换。大盘连阳上涨，但大部分股票却在跌跌不休。

为了给大家呈现一个完整的大盘上涨阶段的走势图，特截取了四大指数在 2020 年 12 月 30 日至 2021 年 1 月 8 日的走势图，以记录这段股灾式牛市的形态（见图 12-4、图 12-5、图 12-6、图 12-7、图 12-8）。

在图中椭圆形处，则是 2020 年 12 月 30 日至 2021 年 1 月 8 日四大指数的 K 线形态，在这 7 个交易日里，上证指数涨幅 5.65%，深证成指涨幅 9.66%，中小板指涨幅 11.42%，创业板指涨幅 12.01%。

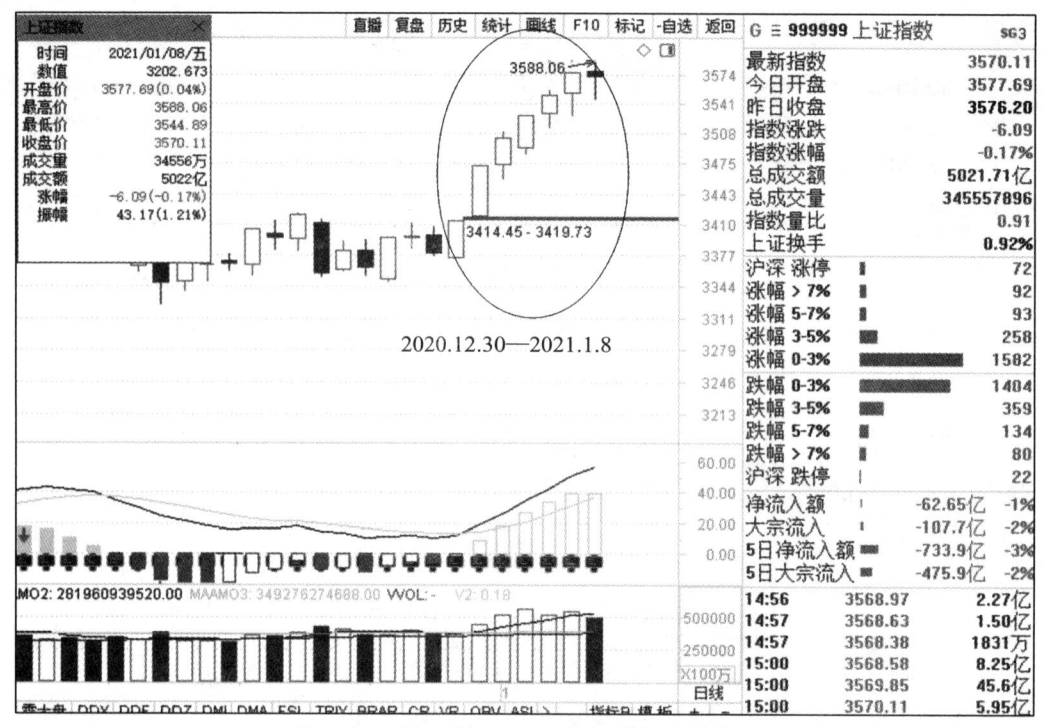

图 12-4　2021 年 1 月 8 日上证指数收盘截图

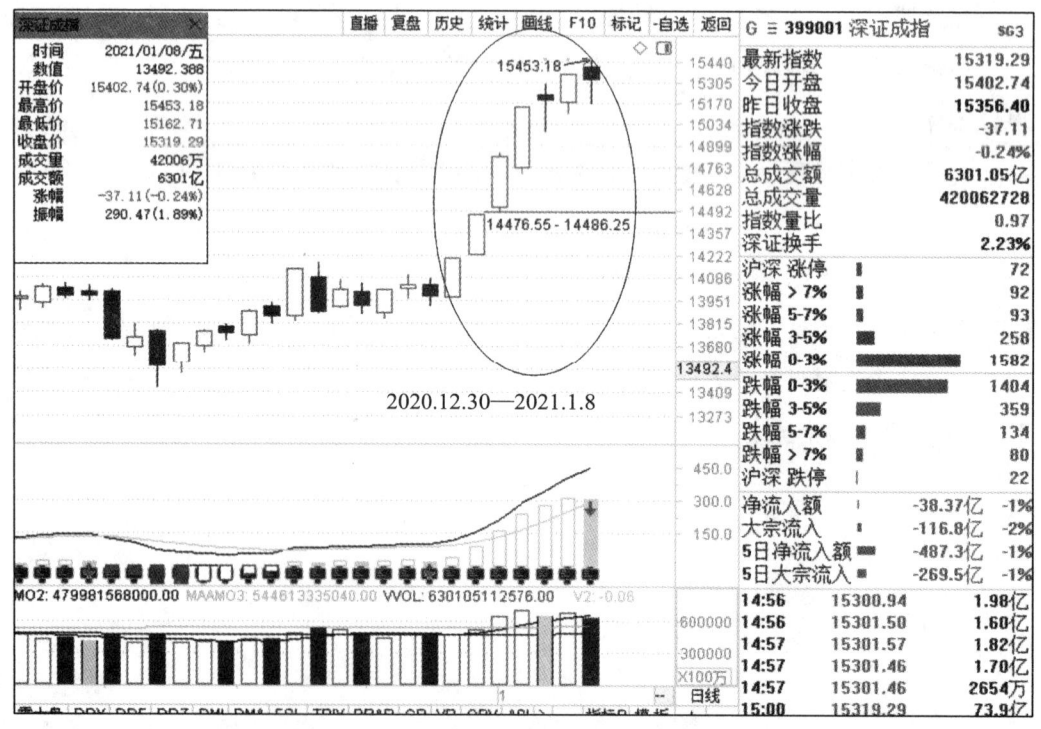

图 12-5　2021 年 1 月 8 日深证成指收盘截图

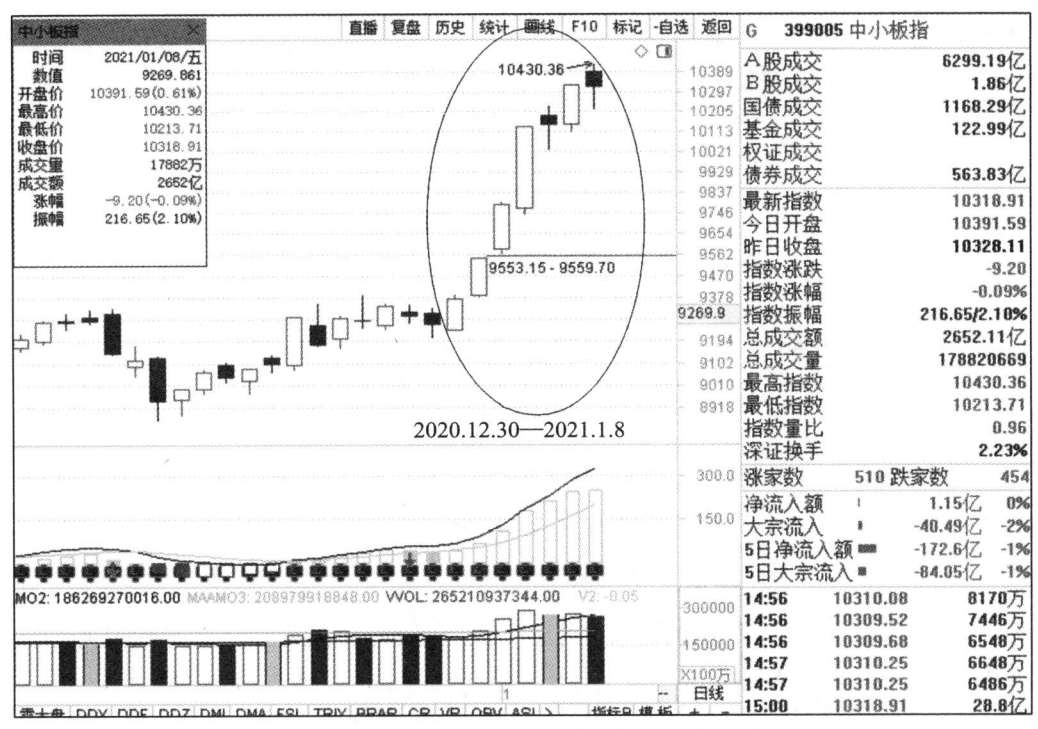

图 12-6　2021 年 1 月 8 日中小板指收盘截图

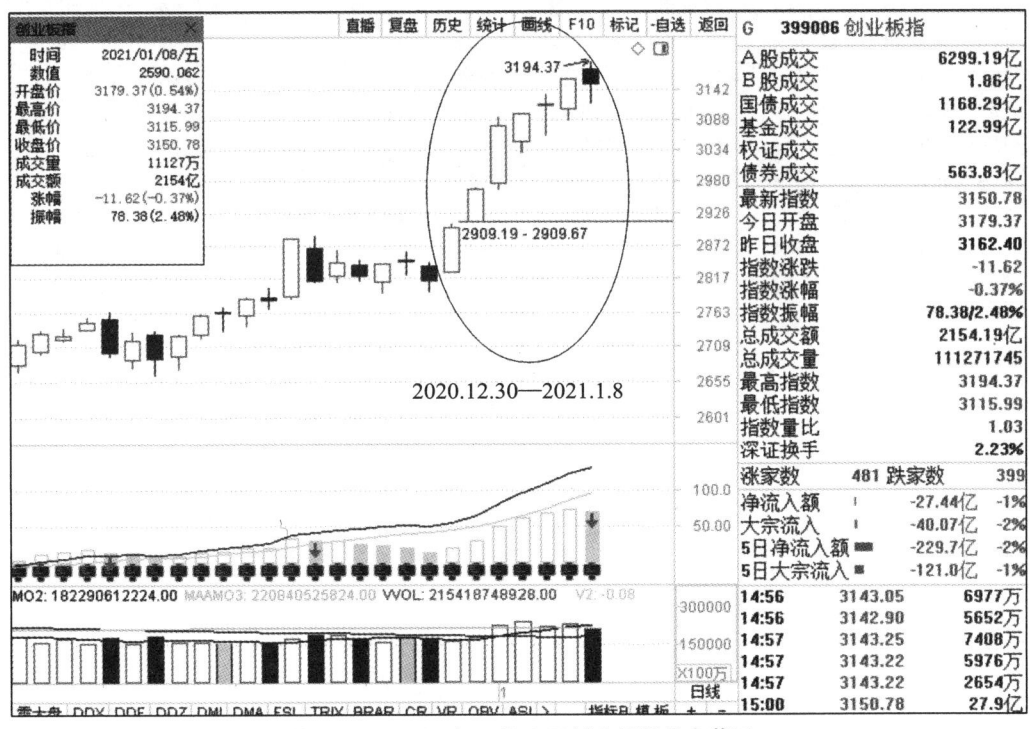

图 12-7　2021 年 1 月 8 日创业板指收盘截图

同步	代码	名称	涨幅%	现价	涨跌	买价	卖价	总量
1	999999	上证指数	-0.17	3570.11	-6.09	-	-	3.46亿
2	399001	深证成指	-0.24	15319.29	-37.11	-	-	4.20亿
3	399005	中小板指	-0.09	10318.91	-9.20	-	-	1.79亿
4	399006	创业板指	-0.37	3150.78	-11.62	-	-	1.11亿

图 12-8 2021 年 1 月 8 日四大指数的收盘数据

第二节 创业板背离牛回头

截至 2021 年 1 月 22 日星期五，创业板共计 900 只股票，当天上涨的股票 256 只，占比 28.4%；平盘股票 6 只，占比 0.07%；下跌股票 638 只，占比 70.8%；上涨与下跌家数严重背离（见图 12-9、图 12-10）。

▼	代码	名称		涨幅%	现价	涨跌	买价	卖价	总量	细分行业
251	300294	博雅生物	R	0.12	32.62	0.04	32.62	32.63	69790	生物制药
252	300907	康平科技	Z	0.12	34.00	0.04	33.99	34.00	47270	电气设备
253	300499	高澜股份		0.11	9.43	0.01	9.42	9.43	27304	专用机械
254	300715	凯伦股份		0.08	38.23	0.03	38.23	38.25	21480	其他建材
255	300464	星徽股份		0.06	16.95	0.01	16.95	16.96	20101	机械基件
256	300839	博汇股份	N	0.05	22.03	0.01	22.02	22.03	12116	石油加工
257	300795	米奥会展		0.00	16.55	0.00	16.55	16.57	15477	综合类
258	300449	汉邦高科		0.00	11.44	0.00	11.43	11.44	146577	IT设备
259	300343	联创股份	R	0.00	3.08	0.00	3.08	3.09	620890	互联网
260	300219	鸿利智汇		0.00	10.12	0.00	10.12	10.13	36443	元器件
261	300217	东方电热		0.00	3.34	0.00	3.33	3.34	389118	电器仪表
262	300112	万讯自控		0.00	8.89	0.00	8.89	8.90	49181	电器仪表

图 12-9 2021 年 1 月 22 日创业板红盘数据

	代码	名称		涨幅%	现价	涨跌	买价	卖价	总量	细分行业
885	300819	聚杰微纤	N	-7.49	30.39	-2.46	30.38	30.39	36888	化纤
886	300429	强力新材	R	-7.87	12.29	-1.05	12.29	12.30	221814	化工原料
887	300611	美力科技		-8.02	9.06	-0.79	9.06	9.07	79724	机械基件
888	300476	胜宏科技	R	-8.53	23.90	-2.23	23.89	23.90	301349	元器件
889	300010	豆神教育	R	-8.78	8.21	-0.79	8.21	8.22	415469	软件服务
890	300433	蓝思科技	R	-9.30	36.30	-3.72	36.30	36.31	201.6万	元器件
891	300283	温州宏丰		-9.54	5.88	-0.62	5.88	5.89	564679	电气设备
892	300709	精研科技		-10.21	48.35	-5.50	48.34	48.35	52076	元器件
893	300221	银禧科技		-10.73	9.40	-1.13	9.39	9.40	975978	塑料
894	300742	越博动力		-10.90	23.38	-2.86	23.38	23.39	89835	汽车配件
895	300906	日月明	Z	-10.93	57.30	-7.03	57.30	57.31	100875	专用机械
896	300641	正丹股份		-11.90	7.18	-0.97	7.18	7.19	644818	化工原料
897	300659	中孚信息		-12.16	49.98	-6.92	49.98	50.08	131927	软件服务
898	300935	C盈建科	Z	-12.26	151.10	-21.12	151.10	151.12	57199	软件服务
899	300931	C通用	Z	-14.38	13.87	-2.33	13.86	13.87	265584	运输设备
900	300930	C屹通	Z	-14.61	31.15	-5.33	31.14	31.15	128906	小金属

图 12-10　2021 年 1 月 22 日创业板绿盘数据

2021 年 1 月 22 日，在当天下跌比高达 70.8% 的态势下，创业板指数竟然以阳线报收（见图 12-11）。

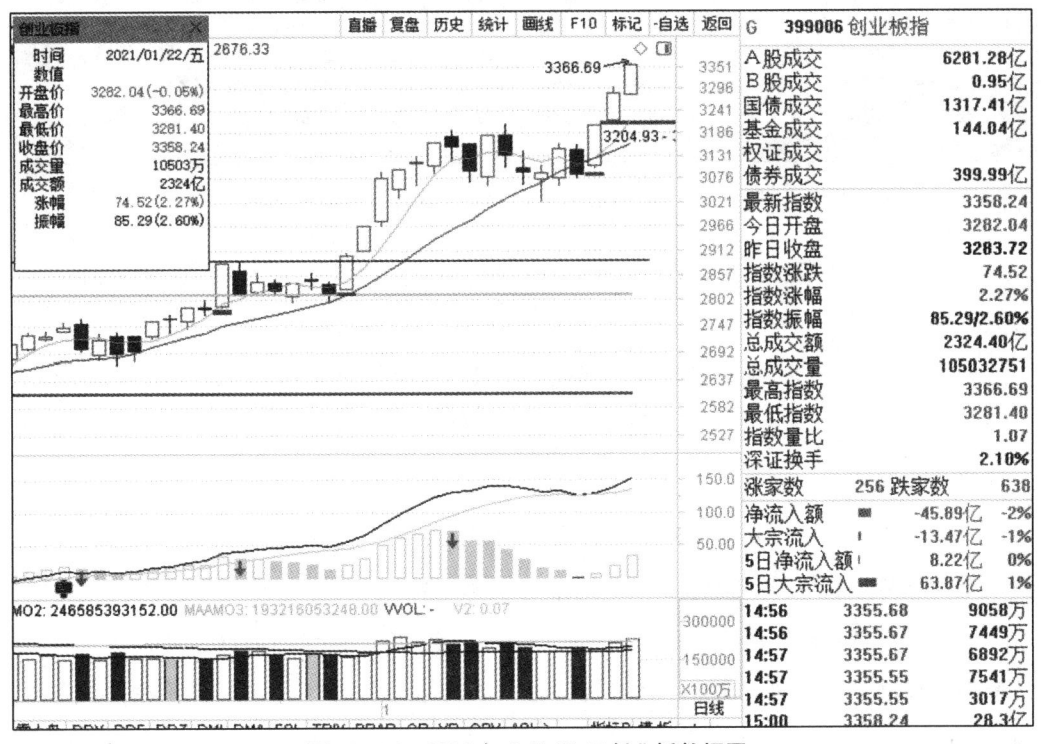

图 12-11　2021 年 1 月 22 日创业板数据图

从流通市值来看，是创业板的巨无霸制造了指数的阳线与70.8%股票的阴线的背离（见图12-12）。这种态势，也表明了市场主力机构持有的大盘股左右着市场的运行。

▼	代码	名称	·	涨幅%	现价	涨跌	买价	卖价	总量	细分行业	流通市值
1	300750	宁德时代	R	4.27	408.00	16.70	407.99	408.00	190442	电气设备	5037.32亿
2	300059	东方财富	R	-0.83	39.35	-0.33	39.34	39.35	313.3万	证券	2806.52亿
3	300015	爱尔眼科	R	6.90	80.70	5.21	80.69	80.70	415343	医疗保健	2771.62亿
4	300760	迈瑞医疗	R	4.66	478.18	21.27	478.17	478.18	56868	医疗保健	2386.76亿
5	300014	亿纬锂能	R	4.68	110.55	4.94	110.54	110.55	350895	电气设备	1964.49亿
6	300433	蓝思科技	R	-9.30	36.30	-3.72	36.30	36.31	201.6万	元器件	1586.00亿
7	300122	智飞生物	R	8.68	164.00	13.10	163.99	164.00	322887	生物制药	1476.61亿
8	300124	汇川技术	R	-3.14	98.80	-3.20	98.79	98.80	222383	电器仪表	1390.06亿
9	300274	阳光电源	R	5.78	98.80	5.40	98.79	98.80	543419	电气设备	1073.28亿
10	300347	泰格医药	R	4.46	183.90	7.86	183.90	184.00	98713	医疗保健	995.80亿
11	300450	先导智能	R	1.26	98.00	1.22	97.99	98.00	141792	专用机械	887.67亿
12	300498	温氏股份	R	-1.42	18.08	-0.26	18.08	18.09	291203	农业综合	874.53亿
13	300413	芒果超媒	R	1.62	91.98	1.47	91.98	91.99	117502	影视音像	856.66亿
14	300601	康泰生物	R	2.80	169.80	4.62	169.80	169.83	82409	生物制药	832.27亿
15	300782	卓胜微	R	-2.26	669.00	-15.44	669.00	669.68	24756	元器件	707.71亿
16	300408	三环集团	R	-1.83	40.85	-0.76	40.85	40.86	349774	元器件	676.44亿
17	300454	深信服	R	3.28	315.00	10.00	314.23	315.00	13970	软件服务	673.09亿
18	300677	英科医疗	R	11.80	284.36	30.01	284.35	284.36	172179	医疗保健	665.12亿
19	300142	沃森生物	R	3.94	38.82	1.47	38.81	38.82	716193	生物制药	576.23亿
20	300558	贝达药业	R	3.85	143.10	5.30	143.09	143.10	49688	化学制药	574.78亿
21	300316	晶盛机电	R	4.97	45.00	2.13	45.00	45.01	417373	专用机械	543.28亿
22	300661	圣邦股份	R	1.55	330.39	5.03	330.39	330.43	21717	元器件	513.16亿
23	300595	欧普康视	R	3.26	113.87	3.59	113.87	113.89	63380	医疗保健	498.32亿
24	300699	光威复材	R	3.77	96.07	3.49	96.06	96.07	83022	化工原料	496.26亿
25	300012	华测检测	R	11.61	31.35	3.26	31.35	31.36	327885	电器仪表	473.36亿

图12-12 2021年1月22日创业板流通市值数据

在研究分析了以上数据与图形后，2021年1月23日星期六的中午12:18我给学员群做了如下分析：

截止2021年1月22日星期五，创业板共计900只股票，当天上涨的股票256只，占比28.4%；平盘股票6只，占比0.07%，下跌股票638只，占比70.8%；指数上涨与股票呈背离状态。

从流通市值来看，是创业板的巨无霸制造了指数的阳线与70.8%股票的阴线的背离，这种态势，告诉了市场主力机构持有的大盘股左右着市场的运行。

创业板"注册制"的实行，大市值、高价股被机构抱团聚集，这些是散户买不起的股票，散户能买得起小市值、低价股却被市场的主力抛弃了，这大致是牛市里股灾的原因所在。

在"注册制"的配套举措"退市制新规"的新形势下，股市里的背离将会成为常态，股市里的淘汰运动将会更加剧；散户如不随机应变，将会死得更惨，许多散户将会血流成河直至灭亡。这绝不是危言耸听，而是每一个身在股市的散户不可回避、不可不慎重考虑的生死存亡之大事。

以上分析，仅供参考；买卖自定，盈亏自负！

在分析完后，我判断出"下周一指数大概率的是先阳后阴，最终以阴线报收，不要过于乐观！"见图12-13、图12-14。

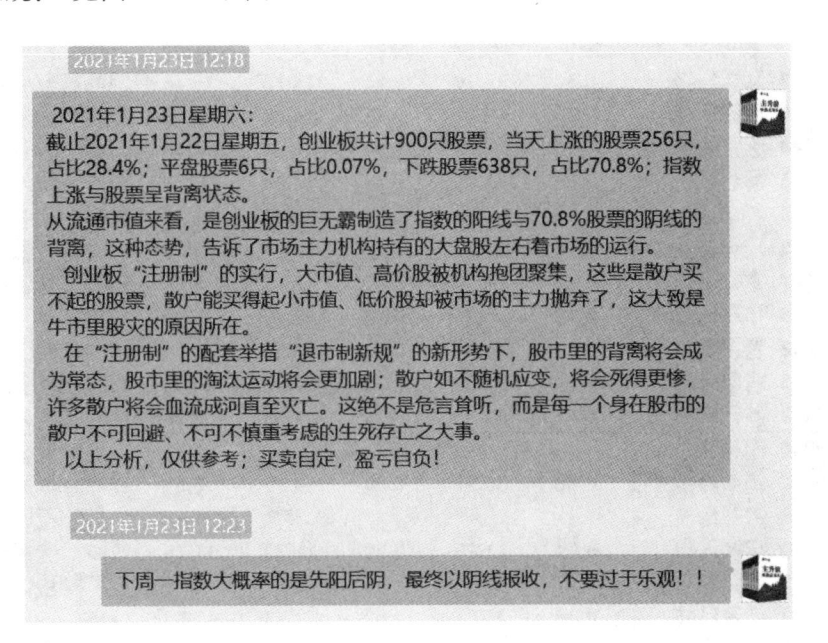

图 12-13　2021 年 1 月 23 日星期六分析微信截图

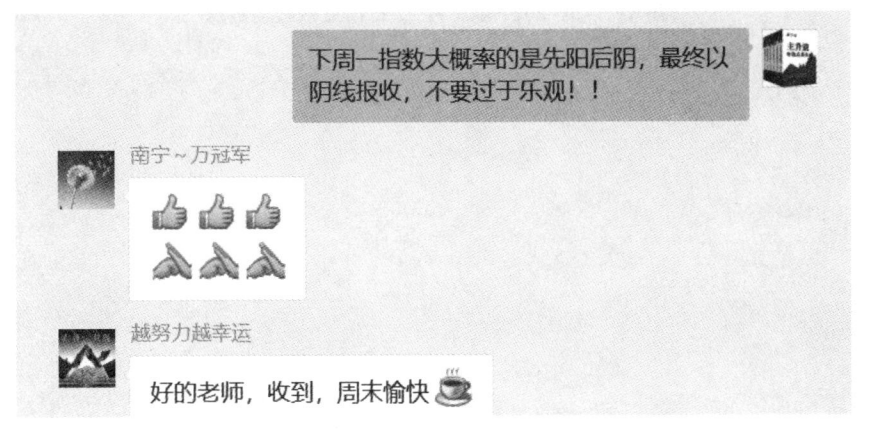

图 12-14　2021 年 1 月 23 日星期六分析微信截图

2021年1月25日星期一，三大指数红盘报收，盘中再创今年新高，但上涨个股仅有990只，下跌却达到3100只。股市撕裂了，机构兴奋了，散户悲哀了，指数又在走牛市，这种场面真的罕见。

创业板在背离后果然先阳后阴，且以阴线报收。1月23日的盘前分析果然应验。

截至2021年1月25日，创业板共计900只股票，当天上涨的股票186只，占比20.7%；平盘股票2只、停牌2只，占比0.01%；下跌股票708只，占比78.7%（见图12－15、图12－16、图12－17）。

	代码	名称		涨幅%	现价	涨跌	买价	卖价	总量	细分行业
176	300550	和仁科技		0.30	16.70	0.05	16.70	16.72	4027	软件服务
177	300709	精研科技		0.25	48.47	0.12	48.47	48.48	21005	元器件
178	300344	太空智造		0.22	4.55	0.01	4.54	4.55	53432	软件服务
179	300125	聆达股份		0.22	13.88	0.03	13.88	13.90	13379	电气设备
180	300890	翔丰华	Z	0.18	51.48	0.09	51.48	51.49	22971	矿物制品
181	300689	澄天伟业		0.14	36.74	0.05	36.70	36.74	7646	元器件
182	300387	富邦股份		0.12	8.13	0.01	8.13	8.14	53193	化工原料
183	300496	中科创达	R	0.12	148.95	0.18	148.95	149.00	70837	软件服务
184	300442	普丽盛		0.12	33.55	0.04	33.55	33.58	15035	轻工机械
185	300551	古鳌科技		0.11	27.38	0.03	27.38	27.39	23962	IT设备
186	300472	新元科技		0.11	9.35	0.01	9.35	9.36	19673	专用机械
187	300940	南极光	Z	—	—	—	—	—	0	元器件
188	300232	洲明科技	R	0.00	8.91	0.00	8.90	8.91	143299	半导体
189	300038	数知科技	R	—	—	—	停牌		0	互联网
190	300023	宝德股份		0.00	11.26	0.00	11.25	11.26	36832	专用机械
191	300005	探路者		—	—	—	—	—	0	服饰
192	300768	迪普科技	R	-0.05	37.83	-0.02	37.83	37.84	11161	软件服务
193	300415	伊之密		-0.06	15.68	-0.01	15.68	15.69	117852	专用机械

图12－15　2021年1月25日创业板红盘数据

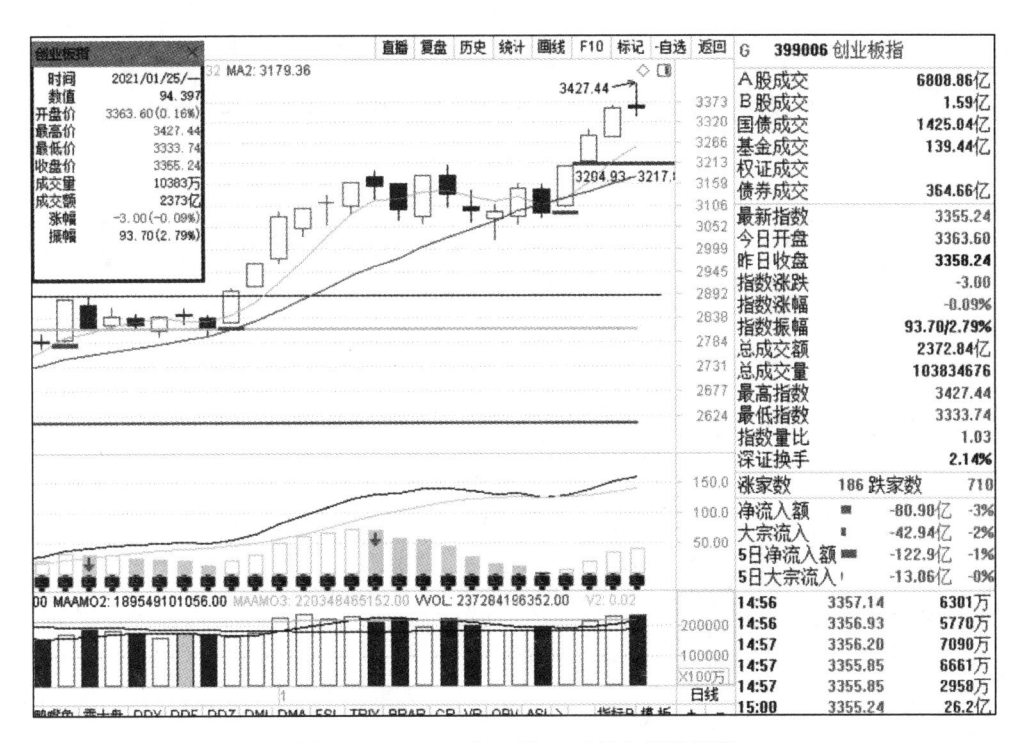

图 12-16　2021 年 1 月 25 日创业板数据图

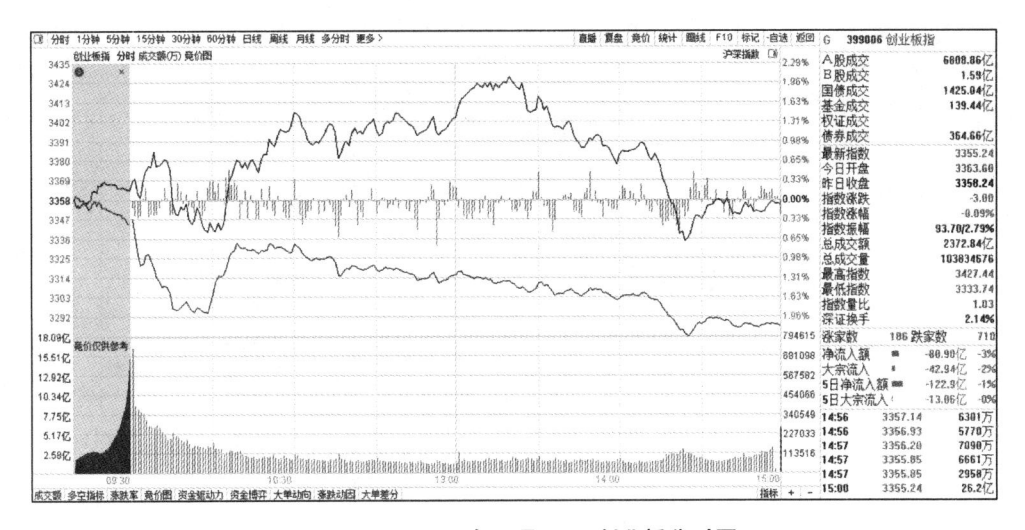

图 12-17　2021 年 1 月 25 日创业板分时图

第三节　四大指数全部大跌

2021 年 1 月 26 日星期二开盘前的 9:08，我作出了"创业板昨天的这个阴十字线，预告创业板的回调开始了,也有扩散到沪深指数回调的迹象,应该考虑连锁反应。谨慎!"的判断,并在微信、QQ 上给学员、给读者做了提示(见图 12-18)。

> 星期二 9:08
> 创业板昨天的这个阴十字线,预告创业板的回调开始了,也有扩散到沪深指数回调的迹象,应该考虑连锁反应。谨慎!

图 12-18　盘前分析微信截图

2021 年 1 月 25 日创业板给出顶部信号后,四大指数从第二天也就是 2021 年 1 月 26 日开始全部下跌(见图 12-19、图 12-20、图 12-21、图 12-22、图 12-23)。

同步	代码	名称	涨幅%	现价	涨跌	买价	卖价	总量
1	999999	上证指数	-1.51	3569.43	-54.81	—	—	2.78亿
2	399001	深证成指	-2.28	15352.42	-357.77	—	—	3.50亿
3	399005	中小板指	-1.69	10350.53	-178.16	—	—	1.53亿
4	399006	创业板指	-2.89	3258.36	-96.88	—	—	9218万

图 12-19　2021 年 1 月 26 日四大指数收盘数据

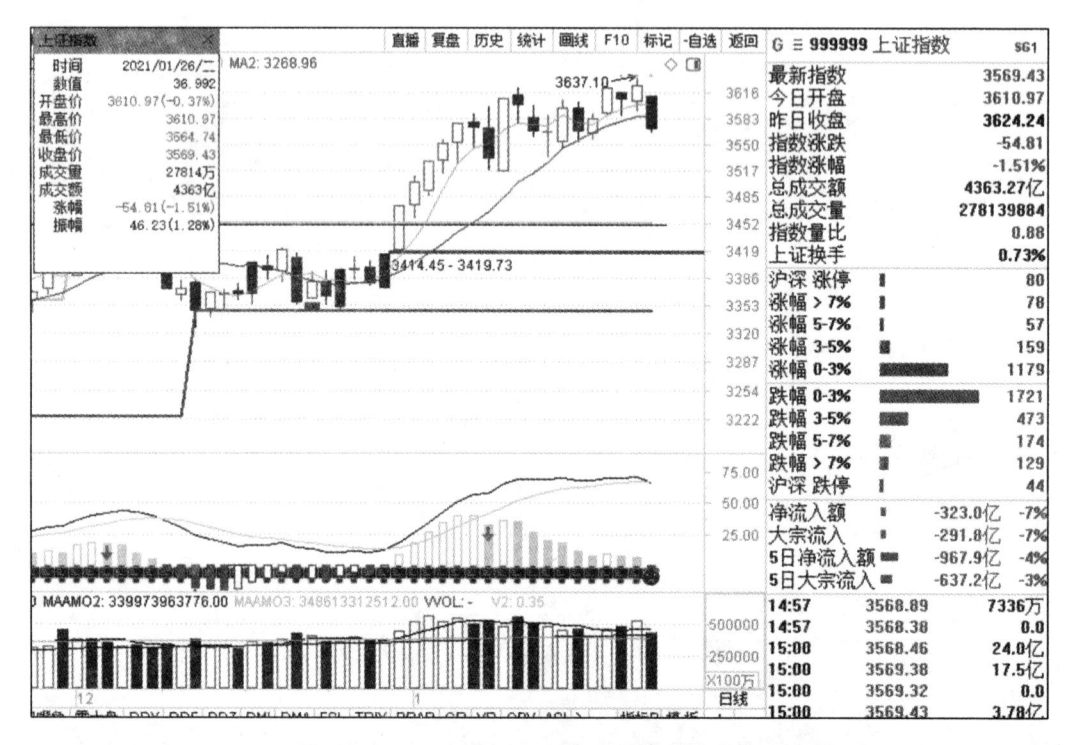

图 12-20　2021 年 1 月 26 日上证指数收盘截图

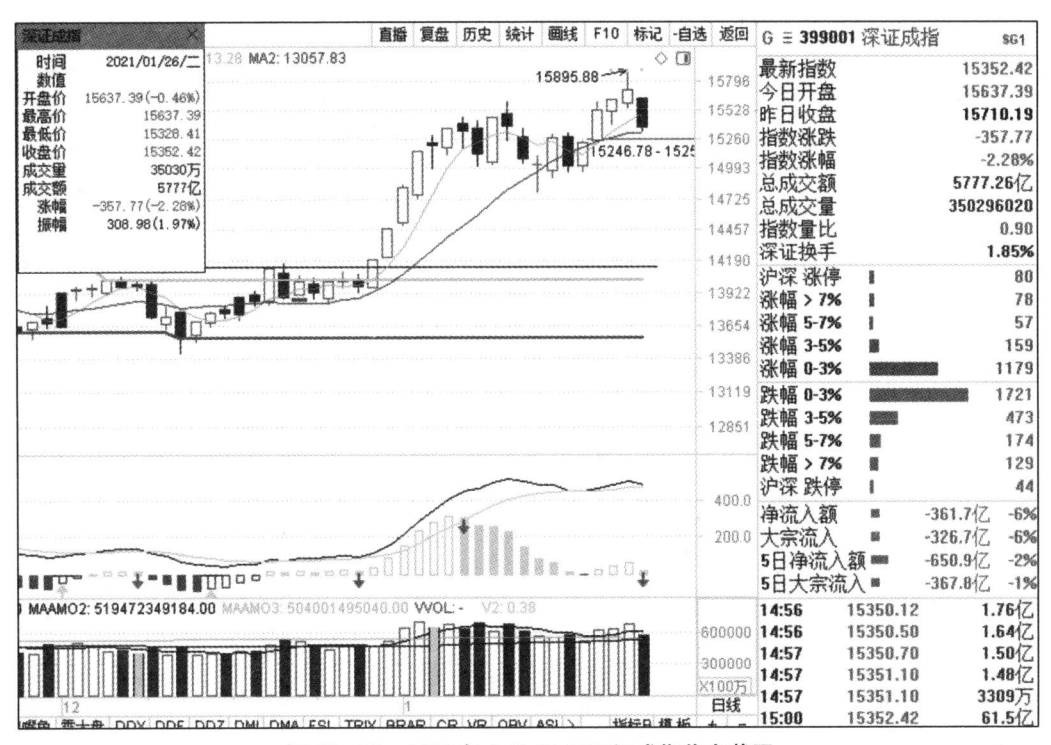

图 12-21　2021 年 1 月 26 日深证成指收盘截图

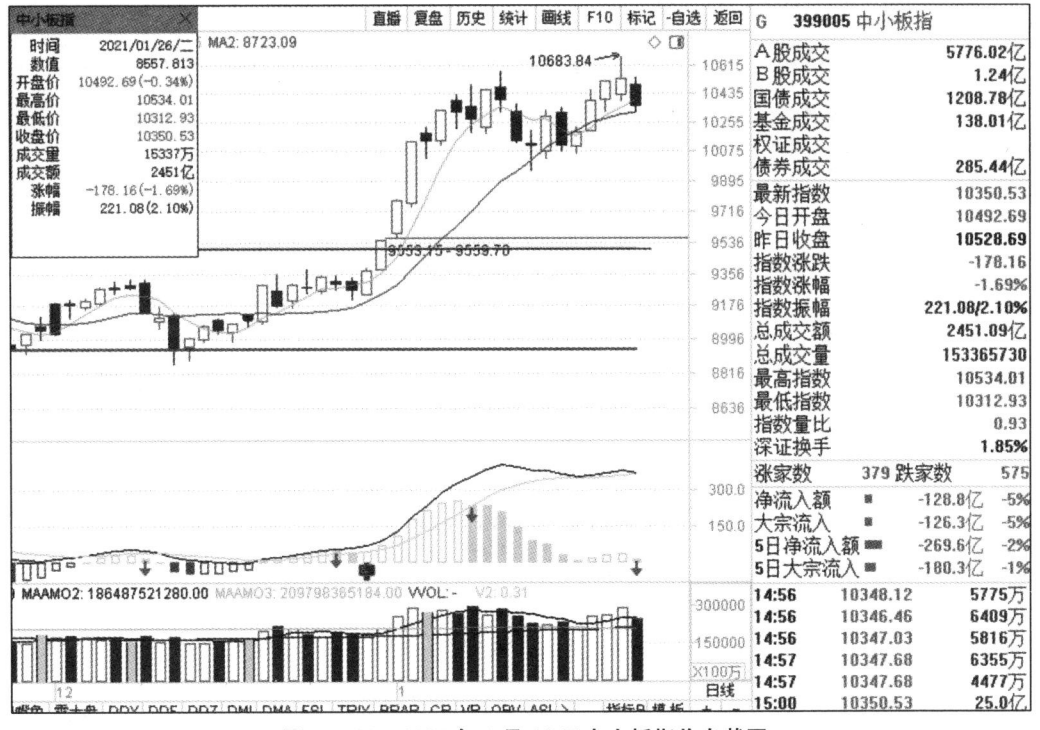

图 12-22　2021 年 1 月 26 日中小板指收盘截图

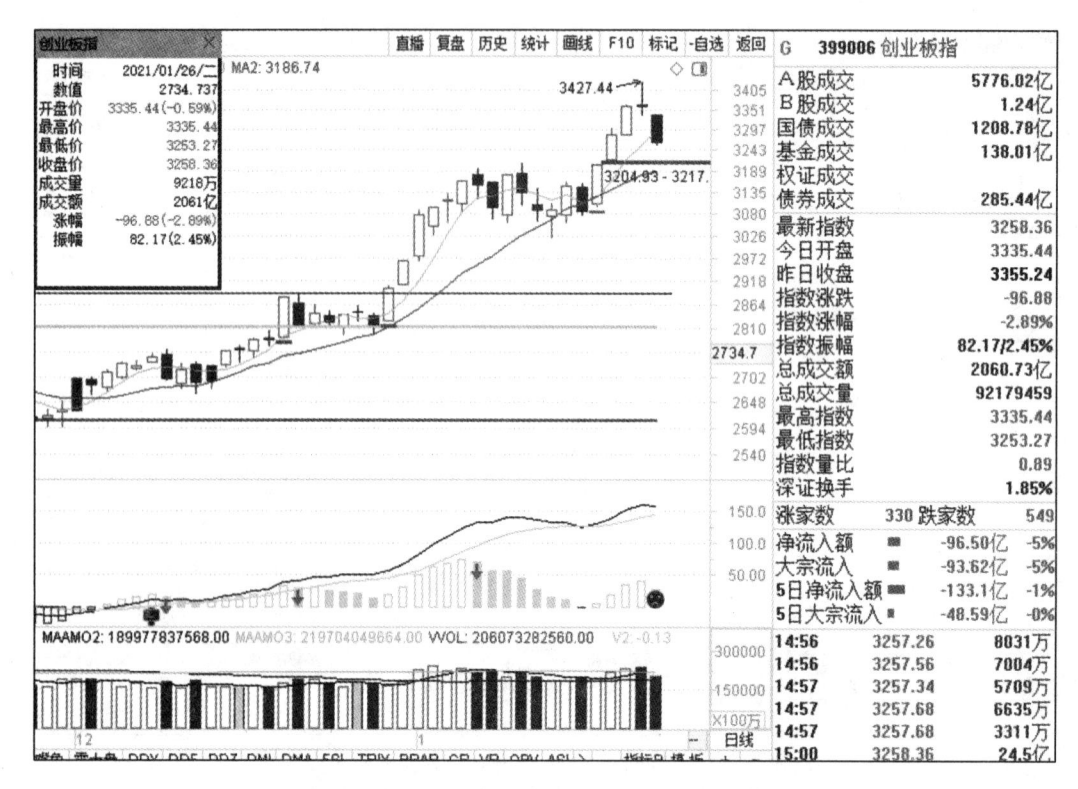

图 12-23　2021 年 1 月 26 日创业板指收盘截图

至此，四大指数出现了牛回头形态，在这明显的确认了波段顶部的形态时，我提前做了提示；如果你还执迷不悟，那就是不懂技术分析，看不懂市场必将遭受市场的折磨。

2021 年 1 月 28 日星期四 10:11，我再次截图告诉大家"千万不要被目前这个小阳线欺骗了，它不会再走出 1 月 12 日那根怀抱线"（见图 12-24、图 12-25、图 12-26）。

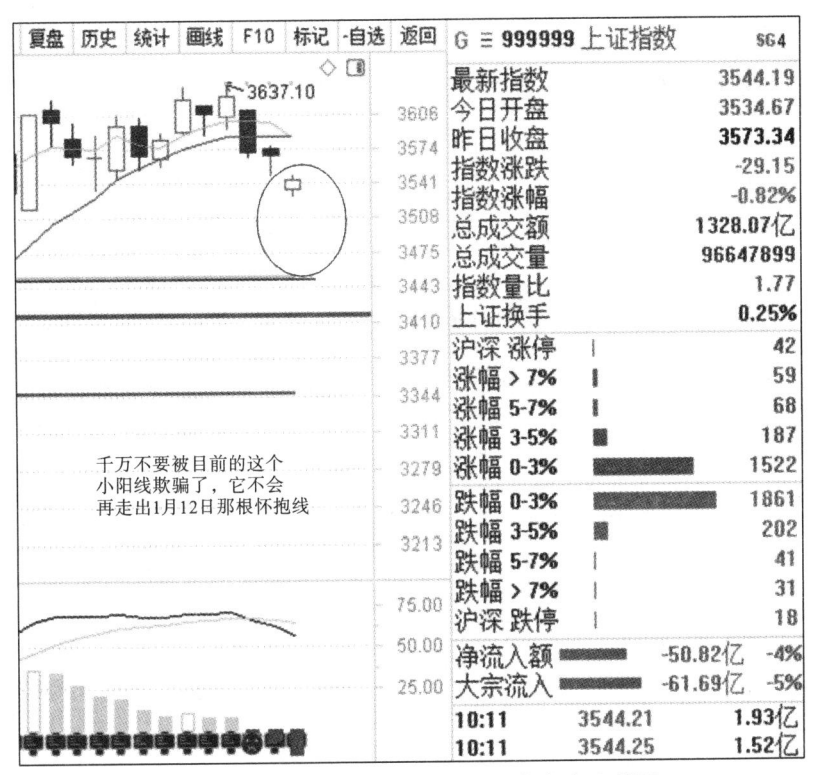

图 12-24　2021 年 1 月 28 日上证指数盘中截图

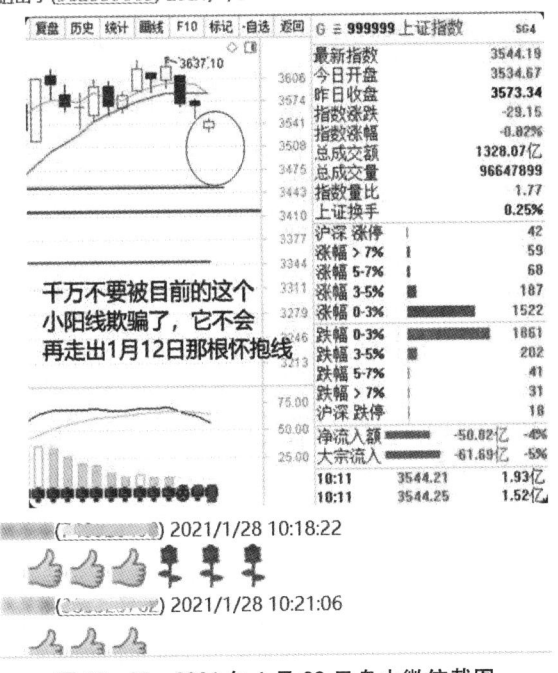

图 12-25　2021 年 1 月 28 日盘中微信截图

同步	代码	名称	涨幅%	现价	涨跌	买价	卖价	总量
1	999999	上证指数	-1.91	3505.18	-68.16	—	—	2.71亿
2	399001	深证成指	-3.25	14913.21	-500.63	—	—	3.54亿
3	399005	中小板指	-3.76	10056.76	-392.98	—	—	1.54亿
4	399006	创业板指	-3.63	3161.86	-119.17	—	—	9566万

图 12-26　2021 年 1 月 28 日四大指数收盘数据

2021 年 1 月 29 日星期五四大指数回调，盘中 14:31 下跌到当天的最低价，出现了一根大阴线，我截图"从哪里来—到哪里去"（见图 12-27、图 12-28、图 12-29）。

同步	代码	名称	涨幅%	现价	涨跌	买价	卖价	总量
1	999999	上证指数	-0.14	3500.40	-4.78	—	—	9714万
2	399001	深证成指	-0.24	14877.56	-35.65	—	—	1.26亿
3	399005	中小板指	-0.50	10006.13	-50.63	—	—	5393万
4	399006	创业板指	-0.07	3159.72	-2.14	—	—	3399万

图 12-27　2021 年 1 月 29 日四大指数盘中 10:11 数据

同步	代码	名称	涨幅%	现价	涨跌	买价	卖价	总量
1	999999	上证指数	-1.61	3448.85	-56.33	—	—	2.56亿
2	399001	深证成指	-1.98	14618.63	-294.58	—	—	3.22亿
3	399005	中小板指	-2.05	9850.44	-206.32	—	—	1.34亿
4	399006	创业板指	-2.85	3071.66	-90.20	—	—	8562万

图 12-28　2021 年 1 月 29 日四大指数盘中 14:30 数据

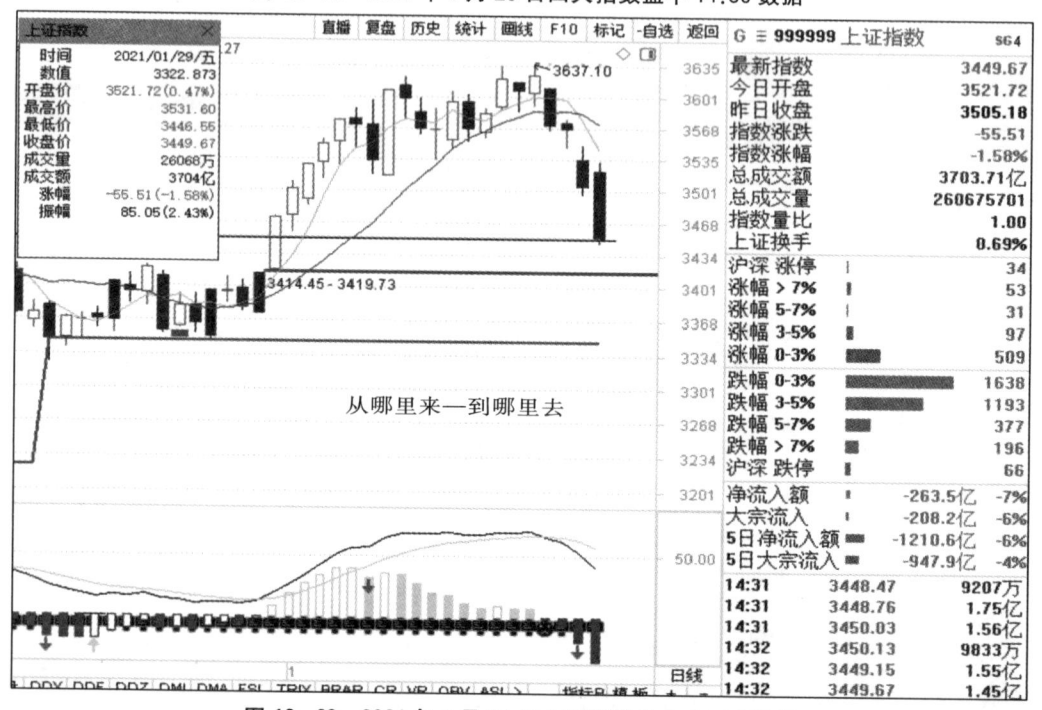

图 12-29　2021 年 1 月 29 日上证指数盘中 14:32 数据

2021年1月29日，四大指数大幅回调后收出带下影线的阴线（见图12－30、图12－31、图12－32、图12－33），完成了牛回头的形态。

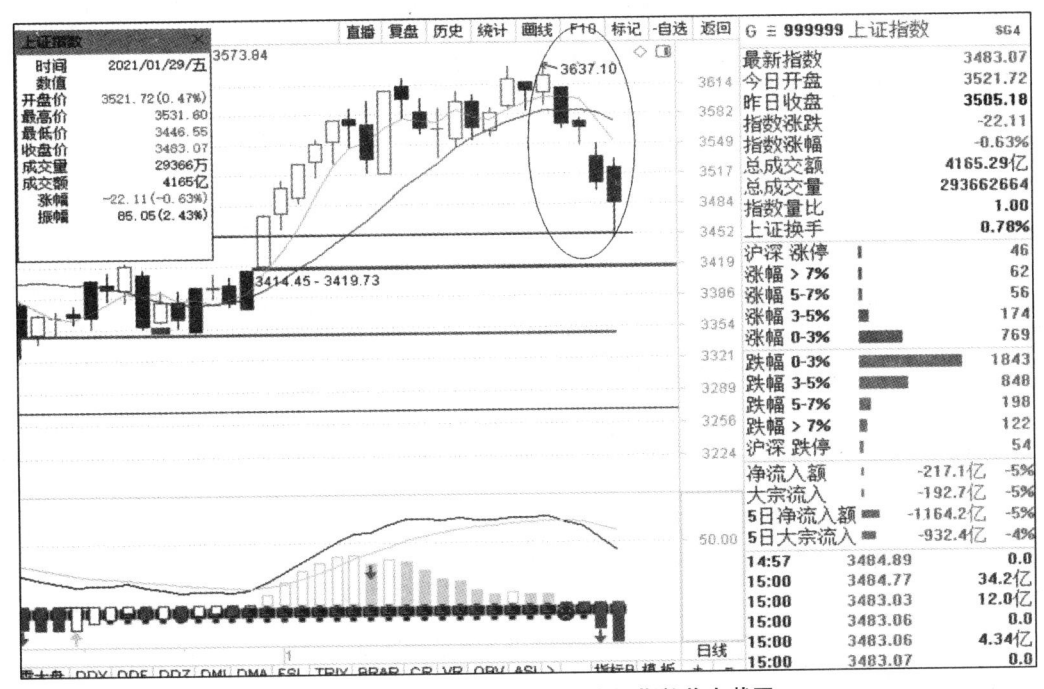

图12－30　2021年1月29日上证指数收盘截图

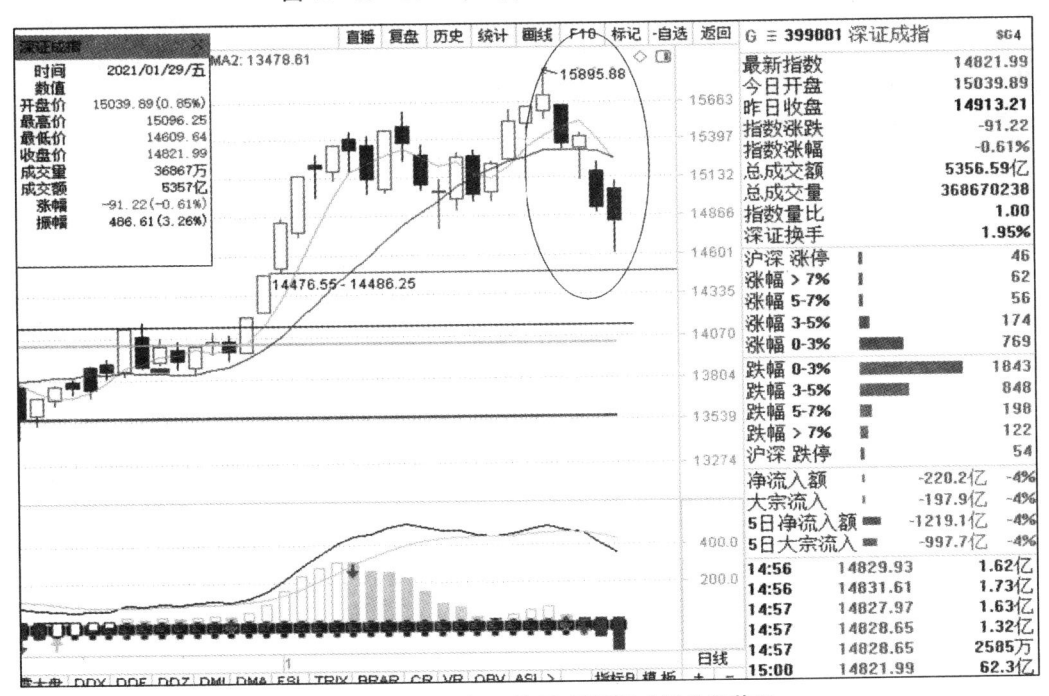

图12－31　2021年1月29日深证成指收盘截图

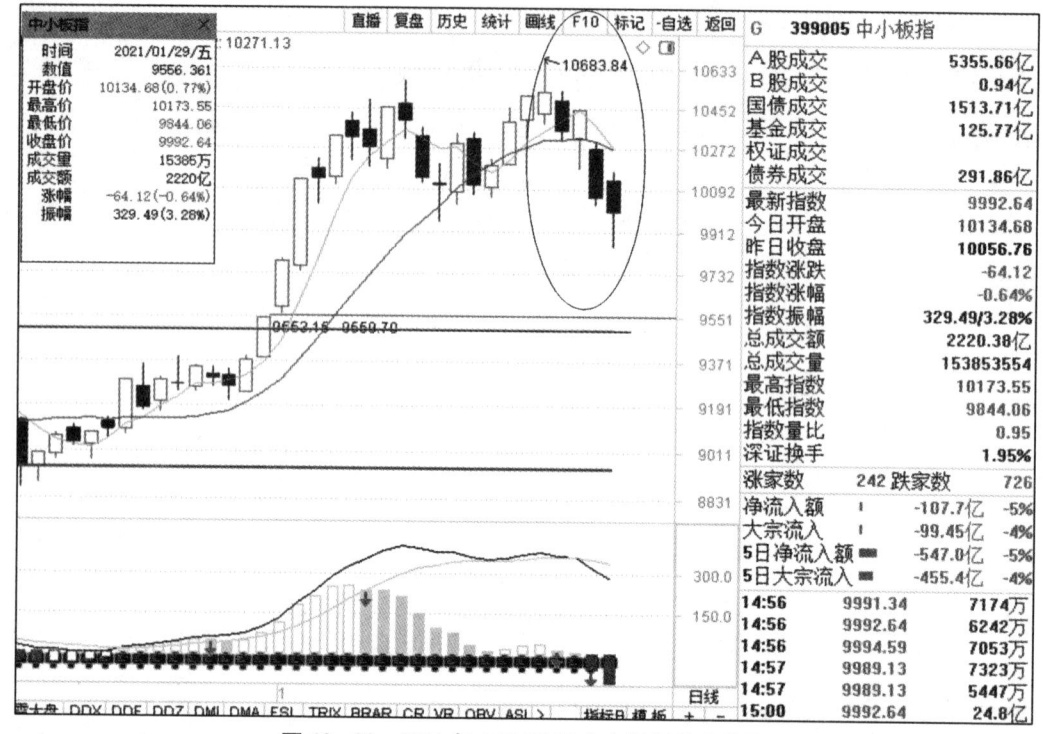

图 12-32　2021 年 1 月 29 日中小板指收盘截图

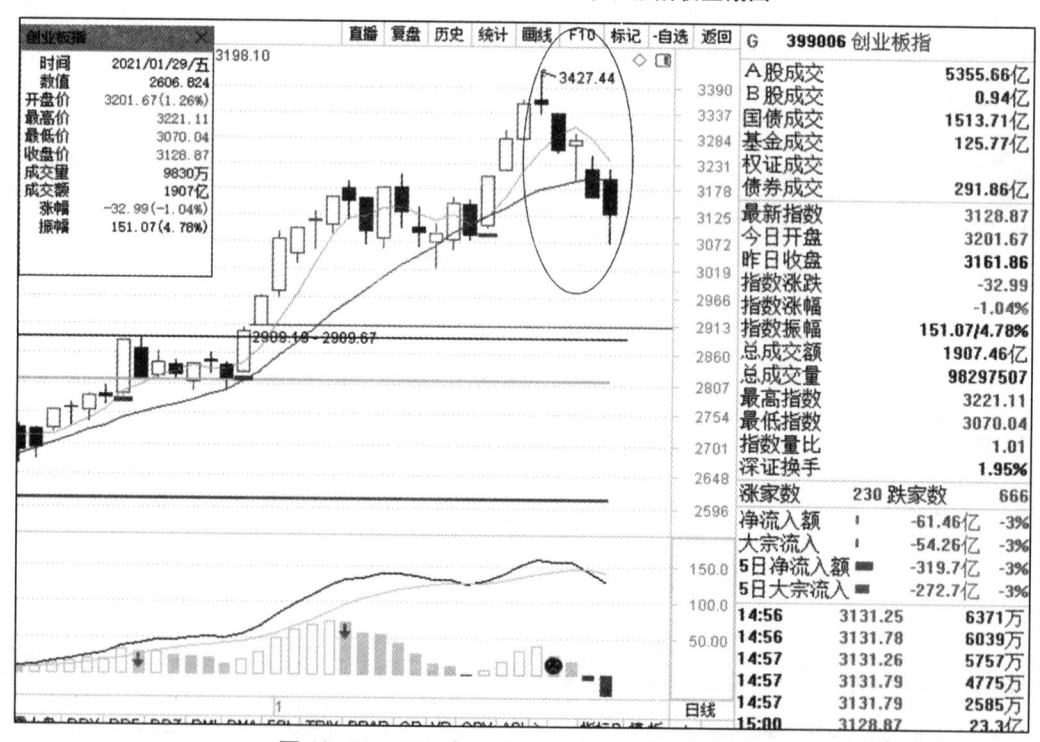

图 12-33　2021 年 1 月 29 日创业板指收盘截图

第四节　牛回头止跌缩量再上涨诱多

2021年2月4日星期四，大盘止跌企稳，虽然收复了3500，但A股的市场又是冰火两重天。这一天两市下跌股票多达3200只，只有860只股票上涨；机构抱团牟利的龙头贵州茅台依然涨疯了，收盘涨幅接近6%，总市值逼近3万亿，是两个中国平安的市值，相当于四个半中石油的市值。

2021年开始后指数不算差，大盘还能顽强守住3500，但只要关注A股，就会发现市场跌得惨不忍睹！据统计显示，2021年2月4日收盘后，两市4200只股票，跌破2440点的个股，达到1985只；比2440点股价低的个股数量达到1796只，占市场比例的42%。

截至2021年2月4日，上证指数累计涨0.83%，深证成指涨4.39%，创业板指大涨7.9%，走势的确是慢牛。但翻开个股看，两市涨幅中位数是－11.4%，3088只股票在跌，只有1000多只是红的！

这种形态、这些数据，记录了指数繁荣背后掩盖的真相，也记录了市场转型时期的残酷；实事求是地记录、实事求是地写作才会给后人留下真实的有价值的历史资料。

2021年2月10日星期三是农历2020年12月29日，也是农历2020年最后一个交易日，大盘再次创出机构抱团牟利行情的新高（见图12－34、图12－35、图12－36、图12－37），但这波上涨却是缩量的，大有诱多的嫌疑。

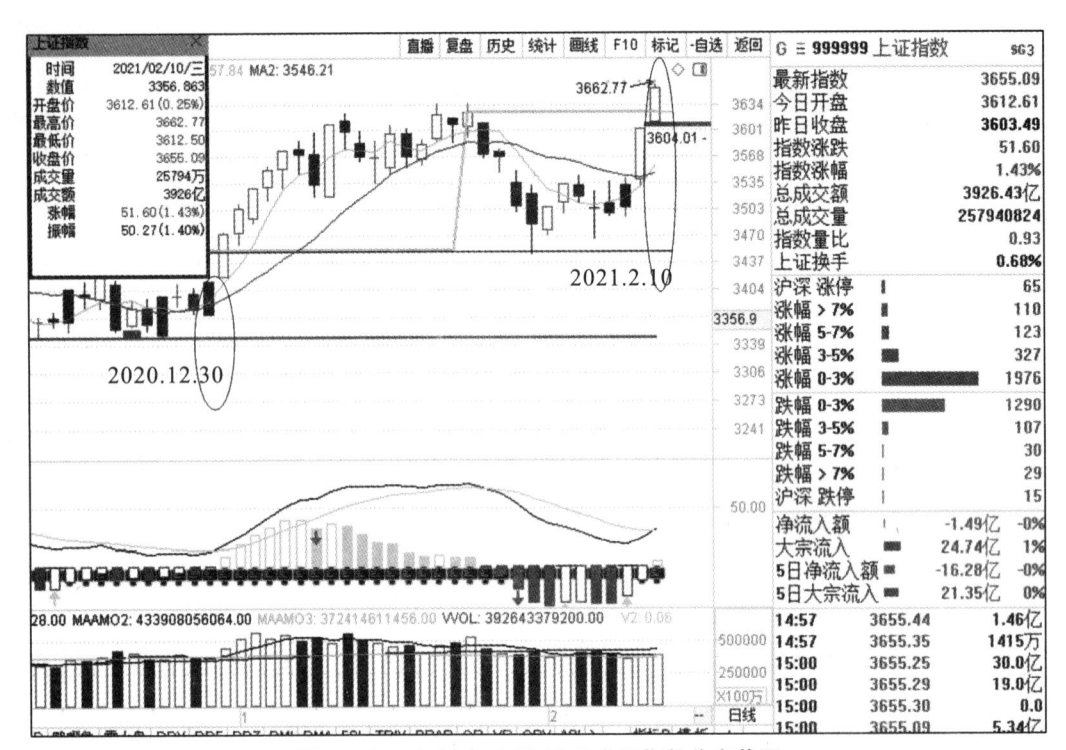

图 12-34　2021 年 2 月 10 日上证指数收盘截图

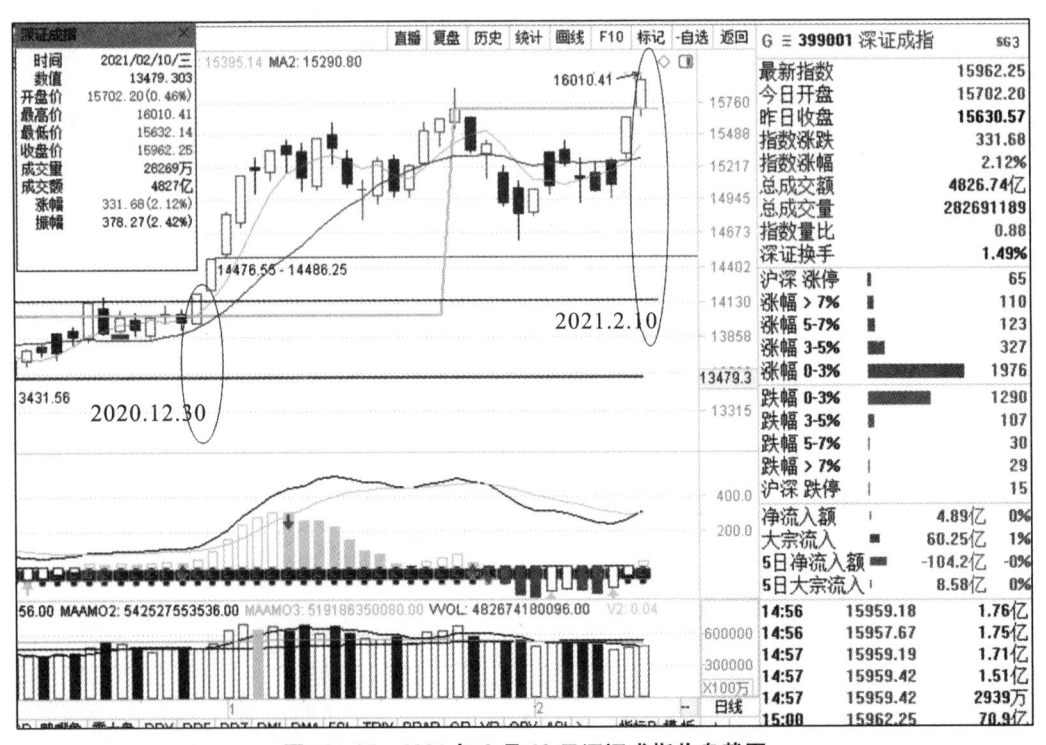

图 12-35　2021 年 2 月 10 日深证成指收盘截图

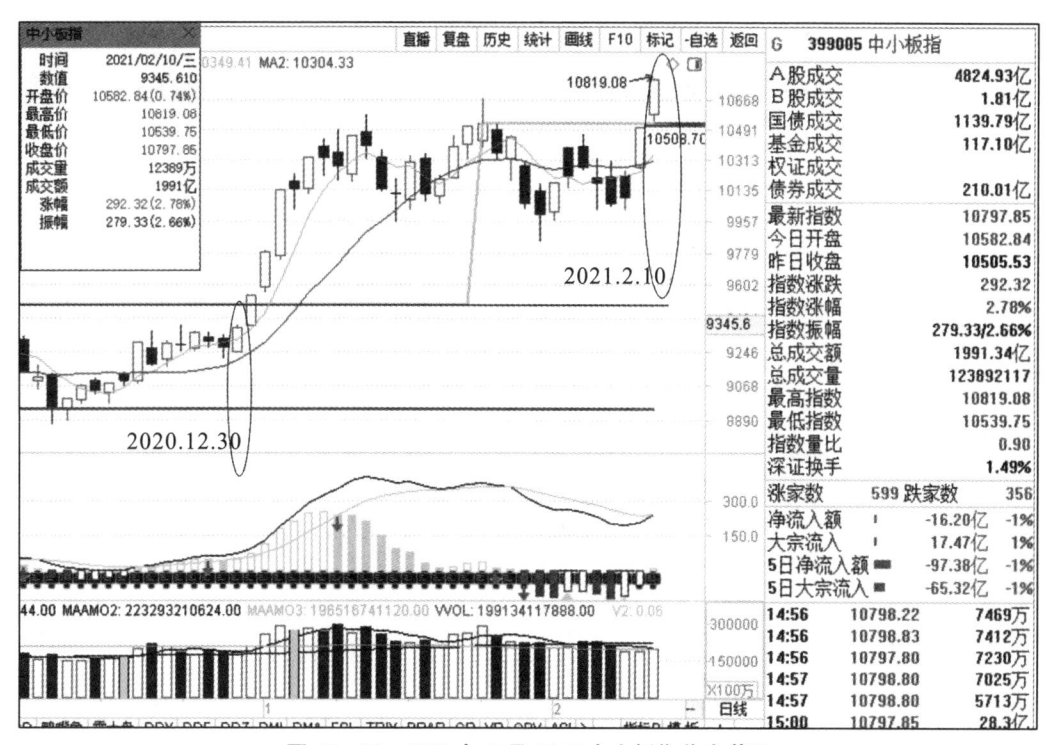

图 12-36　2021 年 2 月 10 日中小板指收盘截图

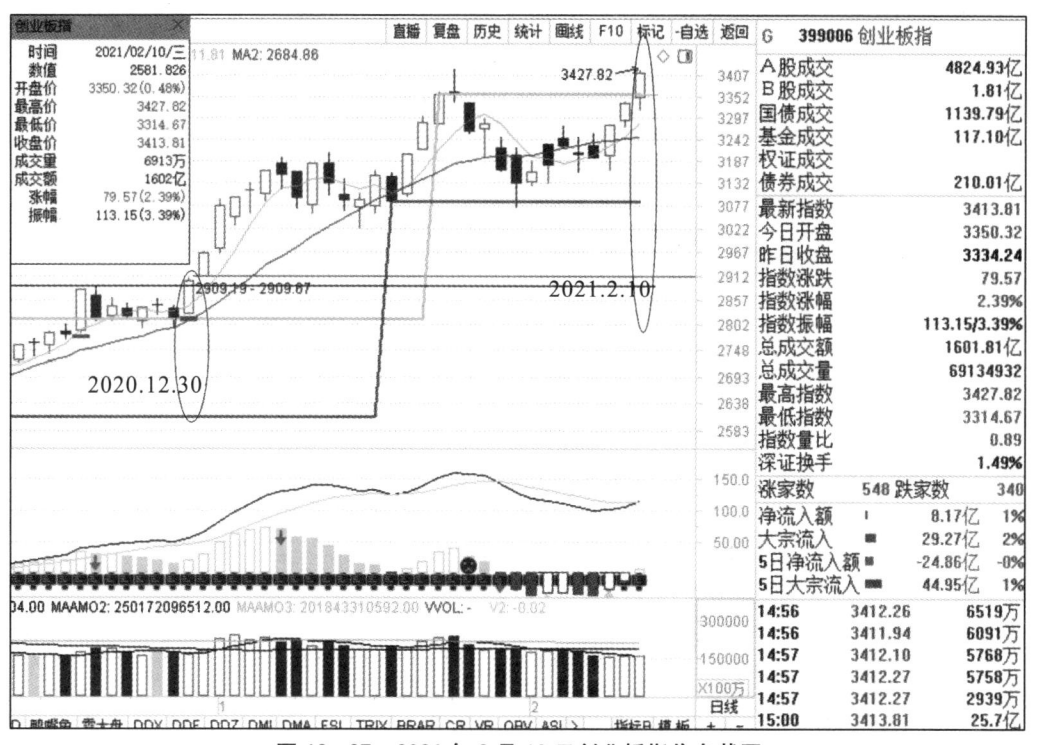

图 12-37　2021 年 2 月 10 日创业板指收盘截图

看 A 股指数红盘，一片繁荣，背后却是亏损累累的散户，散户的亏损比股灾还严重，股市被严重地撕裂了。股市的残酷再次提醒进入股市的新人，股市有风险，投资需谨慎。

第五节　路在何方

看完本书第七、第八、第九章，你就清楚了在 2021 年春节前的这波行情中，游资、机构是如何操作的。再看看本书的第十一章分析的散户的误区，复盘一下散户在此期间（截至 2021 年 2 月 10 日本书截稿）持有的个股都是跌跌不休，你就会发现，其中的散户是如何白白错失了行情。

散户的失误主要在思路，思路一定要正确才能跟得上股市的上涨，思路不正确就会错失行情！

思路就是财富。

散户的路在何方？

就在这本书里；

就在紧跟游资的巧取豪夺里；

就在紧跟机构的抱团牟利里；

就在紧跟游资与机构的共同炒作里。

舍此之外，不是散户的失误，就是散户无路可走！

明白紧跟游资、紧跟机构、猎取主升浪是散户唯一的出路，这就是本书的主旨。

第六节　芝麻开门

"芝麻开门"是阿拉伯民间故事集《一千零一夜》（又名《天方夜谭》）里一篇故事《阿里巴巴和四十大盗》中的一句开山洞门的咒语。

故事讲述的是出身穷苦、一贫如洗的樵夫阿里巴巴在去砍柴的路上，无意中发现了强盗集团的藏宝地。他轻而易举地得到了大批财宝，但他并没有完全据为己有。强盗们为除后患，密谋要杀了阿里巴巴。阿里巴巴得到了聪明、机智、疾恶如仇的女仆莫吉娜的帮助，才化险为夷，并战胜了强盗。莫吉娜先后三次机智地破坏了强盗们的罪恶计划，使两名匪徒死在自己同伴的刀下，另 37 名匪徒被她用滚油烫死。她又利用献舞的机会，用匕首刺死了匪首。最后，阿里巴巴把宝库的一半财物送给了她，并让自己的儿子娶她为妻。作品语言通俗易懂，情节曲折奇妙，生动地表达了人们对美好生活的向往与追求。

股市里的藏宝地在哪里？

在天天涨停里，读懂了涨停板，就会猎取主升浪；

在我自己设计的涨停板监控表里，看懂了涨停板监控表，就会选出上涨的股票（见图12－38）。

涨停板监控表											
时间	游资	机构	空间板	换手板	五连板	四连板	三连板	二连板	首板	涨停总数	跌停总数
2021.2.8-周一							2	4	43	65	32
买进	36	17									
卖出	37	14									
四指-小阳											
时间	游资	机构	空间板	换手板	五连板	四连板	三连板	二连板	首板	涨停总数	跌停总数
2021.2.9-周二						1	2	7	48	86	11
买进	42	18				天山铝业					
卖出	30	17									
收盘选股	大族激光	中国重汽	东阿阿胶	章源钨业							
时间	游资	机构	空间板	换手板	五连板	四连板	三连板	二连板	首板	涨停总数	跌停总数
2021.2.10-周三							2	1	8	23	60	16
买进	16	22									
卖出	29	11									

图12－38 涨停板监控表

看盘就是看主图和副图，主图主要看的是直线、曲线和K线，副图主要看的是成交量和波段的节奏，也是我在这本书里所用的看盘系统。这个系统以及涨停板监控表只给我近期的学员讲解过，这也是狙击涨停板最实用的交易系统；在这本书里系首次公开，欲知详情，可加微信私聊；祝大家有阿里巴巴的好运。

交易策略

在市场转型后散户应该只研究游资炒作的股票、只研究机构操作的股票、只研究游资与机构合力炒作的股票。散户要学会从涨停板上瞄准主力（这里专指游资和机构）、紧跟主力的硬功夫，就这一招就足以使你笑傲股市，踏上主升浪。

后 记

本书取材时间从2020年8月24日创业板实施注册制开始，截至2021年2月10日也就是农历鼠年最后一个交易日，农历金牛年春节假期修改完毕。

本书的取材除第十一章外，全部来自每一个交易者都能看得见的公开资料，不涉及任何游资、机构的内部资料，况且我也没有义务为谁代笔做宣传，更不能泄露他们的隐私。

本书的第十一章，全部是读者朋友与我在微信或QQ上的交流，再次感谢这些朋友的信任与无私，是他们的坦诚相告让我们看到了在股市中散户的艰难，也看到了股市转型时期的残酷。同时我也敬告这些散户朋友们，不要受股市内外骗子的影响去朝三暮四地学习所谓的新理论、新技术，没有人能超越经典理论，如道氏理论、K线理论、波浪理论、箱体理论和约翰·墨菲"期货市场技术分析"等。撇开那些众多令人眩晕的分析工具，散户学会从涨停板上瞄准主力（这里专指游资和机构）、紧跟主力的硬功夫，就这一招就足以使你笑傲股市，踏上主升浪。

这也是本书第七章、第八章、第九章的核心所在！

散户不要忘记来到股市的目标就是猎取主升浪、谋取盈利，别无他求。

A股的主升浪绝大多数都是从涨停板开始的，涨停板都是大大小小的主力所为，涨停板暴露了主力，涨停板才是市场的风向标，抓住涨停板才有盈利！但是有百分之八十以上的涨停板是不能追的，只有个别的涨停板才可以去追击。看了我的涨停板战法八本系列图书，你就会知道哪些涨停板可追、哪些涨停板不可追，你就会知道怎从涨停板上瞄准主力了。只有紧跟主力，才能猎取主升浪。

虽然注册制改变了涨停板的幅度，但涨停板的本质没有变，拉起涨停板的主力没有变，涨停板所处的市场没有变，就像天山生物六个20%的连板，就像日月明四个20%的连板等，今后A股全面实行注册制后还会出现类似的、更多的20%的连板主升浪。

德国哲学家卡尔·雅思贝尔斯说过"在科学里，一知半解的知识，使人放弃了信仰，完整的知识，使人返回信仰"。我对涨停板与主升浪的理解与分析，分散在我的八本书里，这八本书既独立成篇、自成体系，又互相联系，都是我研究涨停板与主升浪的心血与真言。

我的第一本书《狙击涨停板》专为喜欢涨停板的交易者写作。该书首次提出涨停板位置与性质理论、成交量性质与形态理论、顶部三个信号理论。畅销十年后全面修订，案例更新，理念优化，又增加了涨停板战法黄金忠告100条。

我的第二本书《猎取主升浪》从周线角度论述了如何猎取主升浪；破解了被骗线的烦恼，追踪主力的动向，抓住主力与题材两大本质才能与浪共舞；放弃微波小浪，只抓主升浪才能走向财务自由之路。

我的第三本书《借刀斩牛股之酒田战法解析》，是对K线理论"酒田战法"78种形态的逐条解析，"酒田战法"解释会使您掌握K线形态的基本知识，也是最重要的交易知识之一。读懂K线才能创造奇迹。

我的第四本书《借刀斩牛股之79种经典形态》，是理解K线理论的更多实例的分析。历史会不断地被重复，了解历史上更多的经典实例，你会在机会来临之时乘机而动；反之即使机会来临了也会束手无策。

我的第五本书《主升浪之快马加鞭》从均线、价格、成交量、筹码、盘口、基本面六个方面论述了涨停板战法的操作系统的工具，提供翔实可操作的观念、技巧、步骤和实例。

以上五本书都做过修订。

我的第六本书《主升浪之巧取豪夺》告诉你炒股的"三大纪律和八项注意"。"三大纪律"告诉了牛市、熊市、震荡市操盘的策略和应该遵守的三大纪律；"八项注意"论述了选择热点、牛股、妖股、龙头股买进、止损、加仓、持有、卖出应该注意的八个关键点。

我的第七本书《主升浪之热点龙头》告诉你主升浪要从热点中猎取，要从牛股、妖股、龙头股中猎取。学会了猎取牛股、妖股、龙头股的技术，你才能在股市里纵横驰骋。如何打造一个稳定地捕捉牛股、妖股、龙头股的有灵魂的交易系统，从本书中你会找到答案。

我的第八本书《主升浪之交易策略》告诉你在市场转型后散户应该只研究游资炒作的股票、只研究机构操作的股票、只研究游资与机构合力炒作的股票。散户学会从涨停板上瞄准主力（这里专指游资和机构）、紧跟主力的硬功夫，就这一招就足以使你笑傲股市、踏上主升浪。

以上八本书既独立成篇、自成体系，又互相联系，共同构成了涨停板战法的精髓。

祝愿我的读者朋友们，在金牛年到来之际，踏上牛市的主升浪，在牛市里紧跟主力，狙击主力的涨停板，猎取主力的主升浪。

感谢读者朋友们的信任与选择！谢谢你们这些年来与我一路同行！

在这里还要感谢李雪梅、张译元、张译匀，她们参与了本书部分内容构思、写作与图形处理，谢谢她们的辛勤劳动与付出。

最后，感谢四川人民出版社的王定宇主任为本书的出版所付出的辛勤劳动。在我的伯乐余其敏女士完成我前两本书的出版后，其余在四川人民出版社出版的书以及前两本书的修订工作都是由王定宇主任完成的，其工作量之巨大、审稿之仔细、过程之艰辛都是常人不能忍受的，在这里再次向王定宇主任表示最诚挚的感谢；也再次诚挚地感谢余其敏女士的慧眼识珠；与你们的缘分令我终生难忘。

张 华

2021 年 2 月 17 日于上海国际财富中心